Fink · Immer wieder töten

Immer wieder töten

Serienmörder und das Erstellen von Täterprofilen

von
Peter Fink

VERLAG DEUTSCHE POLIZEILITERATUR GMBH
Buchvertrieb

Die Deutsche Bibliothek – CIP-Einheitsaufnahme

Fink, Peter:
Immer wieder töten : Serienmörder und das Erstellen von Täterprofilen / von Peter Fink. –
2., völlig durchges. Aufl. - Hilden/Rhld. : Verl. Dt. Polizeiliteratur, 2001
(VDP-Sachbuch)
ISBN 3-8011-0447-8

2., völlig durchgesehene Auflage 2001

Titelfoto: Comstock Fotoagentur, Luxemburg
Satz: VDP GMBH Buchvertrieb, Hilden/Rhld.
Druck und Bindung: Bonifatius Druckerei, Paderborn
Printed in Germany
ISBN 3-8011-0447-8

Für Jan und Julian.
Und für Ruth.

Vorwort

Serienmörder sind eine Erscheinung unserer Zeit. Solange man Aufzeichnungen zurückverfolgen kann, tauchen immer wieder unglaubliche Berichte über derartige Menschen auf. So wird bereits aus dem Jahr 1435 von einer schottischen Familie Beane berichtet, die gemeinsam fast ein Vierteljahrhundert lang Reisenden, die auf den Hochlandwegen unterwegs waren, aufgelauert hat, um sie zu berauben und zu töten. Erst nachdem Überlebende von dem Treiben dieser 47-köpfigen Sippe berichten konnten, fanden Soldaten schließlich die Höhle, in der die Sippe hauste. Von der Decke hingen Körperteile der Beraubten, zum Räuchern und späteren Verzehr. Nach damaligen Berichten fielen bis zu 1 000 Menschen dieser Sippe zum Opfer.

Populär in der heutigen Zeit wurde das Thema Serienmörder erst, nachdem einige Kinofilme zu regelrechten Kassenschlagern wurden. In ihnen wurden Dichtung und Wirklichkeit allerdings so zurechtgerückt, dass eine Plattform für eine Wunderwaffe namens „Profiling“ hochstilisiert wurde, an der auch heute noch Befürworter und Kritiker, Polizeipraktiker und Psychologen Maßstäbe ansetzen und Erwartungshaltungen aufbauen.

Im vorliegenden Buch wird dem Leser umfangreiches Material zur Erarbeitung von Grundlagen an die Hand gegeben, damit die vielen Ansätze zur Klassifizierung der Serienmörder überhaupt verstanden werden. Kein Rezeptbuch also, sondern ein Buch, das dem fachkundigen und interessierten Leser die Möglichkeit bietet, sich mit dem Phänomen Serienmörder kritisch auseinander zu setzen, ohne sich mit blutrünstigen Details beschäftigen zu müssen. Eine Auseinandersetzung erscheint umso wichtiger, da kein anderes kriminalstatistisch gesehen seltenes Deliktsfeld so viel Aufwand verlangt und auf der anderen Seite in der Öffentlichkeit so viel Fahndungsdruck erzeugt.

Der Serienmörder ist ein Faktum und ein Alptraum, der die klassischen Vorstellungen von Ursache und Wirkung, von nachvollziehbaren Motiven in Frage stellt. Es erscheint dringend notwendig, Ermittlungstechniken weiterzuentwickeln und Fachwissenschaften intensiv an der Praxis zu beteiligen.

Das vorliegende Buch macht auch transparent, dass psychologische Täterprofilerstellung von Wahrsagerei oder Glaskugel-Guckerei weit entfernt ist. Es zeigt, dass es angesichts der Vielzahl von wissenschaftlichen Ansätzen und Studien ein Zeichen mangelnder geistiger Flexibilität ist, die Qualität des Gutachtens nur an Fachbegriffen festzumachen.

Wir wissen nicht genau, wie Serienmörder entstehen!

Letztlich haben wir es beim Serienmörder immer wieder mit ähnlichen Verhaltensmustern zu tun, mit Menschen, die ihre Phantasien, die für sich genommen alles andere als einzigartig sind, nicht mehr kontrollieren können, mit dem Effekt der Grenzüberschreitungen, der bei Tötungsdelikten zur Herabsetzung von Hemmschwellen führt und mit dem mindestens unterschwelligen Einfluss sexueller Motive.

Wie in jüngster Vergangenheit gezeigt wurde, leben auch Kriegsverbrecher, Freizeit-Soldaten, ihre Phantasien aus. Dies deutet darauf hin, dass in mehr Menschen, als wir glauben, eine derartige Veranlagung steckt. Sie kann bei den meisten Menschen kontrolliert oder kompensiert werden, weil es vieler Mechanismen bedarf, damit es zum Kollaps oder Zusammenbruch aller Schutz- und Kontrollmechanismen kommt. Ein klassisches Beispiel für Letzteres stellt der Amokläufer dar.

Im Versuch, die Taten aufzuarbeiten, zu verstehen, legen diese Täter auch Zeugnis ab, von dem Teil der Gesellschaft, in dem sie aufgewachsen sind. Aufgrund eines unüberschaubaren Feldes möglicher Wirkungsfaktoren, die alle wiederum untereinander in zum Teil ungeklärter Wechselwirkung stehen, gestaltet sich die Herausarbeitung einer eindeutigen Kausalbeziehung allerdings als sehr schwierig.

Wann versagen die Mechanismen, in welcher Reihenfolge und in welchem Alter?

An den wichtigen Nahtstellen der Persönlichkeitsentwicklung und der Sozialisation, in der Kindheit, in der Schulzeit, in den Familien könnte am ehesten eingegriffen werden.

Die Polizei kann nur aktiv werden, wenn es in der Regel bereits zum Schlimmsten gekommen ist.

Nicht Repression, Erhöhung von Strafrahmen oder Fortschritte in der Polizeiarbeit, sondern Prävention und Früherkennung sind es, die letztlich die Anzahl ständig neu heranwachsender Täter entscheidend reduzieren helfen. Dies bedeutet in unserem Fall die Wichtigkeit von Täter- und Opferarbeit auf der einen Seite und die Früherkennung von Verhaltensauffälligkeiten, die nicht als entwicklungsbedingte Bagatellen abgetan werden, auf der anderen Seite. Es bedeutet aber auch die Identifizierung von Mehrfach- und Intensivtätern, die sozialpolitische Reaktion auf Multiproblem-Umgebungen, Klärung, Beratung und Intervention bei Auffälligkeiten sowie Forschungsmittel für die Bereiche Diagnostik, Therapie, Rückfallprognose und Begutachtung von Tätern. Von der Aus- und Weiterbildung von Fachleuten in diesen Bereichen gar nicht zu sprechen.

Prävention bedeutet aber auch Vernetzung innerhalb der Gesellschaft, in einer Zeit, in der unsere Computer immer perfekter vernetzt erscheinen. Prävention bedeutet Informationsaustausch und Handlungsbereitschaft. Es gilt, in einer zunehmend fremden Welt, deren Funktionieren immer weniger durchschaut wird, sensibel zu bleiben für Notlagen und Übergriffe. Der verbreiteten Kultur des Wegschauens ist der Kampf anzusagen. Wer erst durch die Strafbewehrung des Tatbestands der unterlassenen Hilfeleistung zum Handeln ermutigt werden muss, steht schon viel zu weit am Rande unserer Gesellschaft. Wer immer nur nach Verantwortlichen, Schuldigen oder nach Zuständigkeit sucht, ist keine Hilfe mehr. Wer sich immer nur hinter dem Datenschutz versteckt, trifft oft eine Güterabwägung zum einseitigen Schutz der noch aktiven Täter.

Vielleicht fällt es dann leichter, zu akzeptieren, dass Menschen, die verabscheuungswürdige Taten vollbringen, mitten aus unserer Gesellschaft kommen. Wahlfreiheit gehabt zu haben, weist nicht nur auf Schuldfähigkeit, sondern auch auf die Zufälligkeit von kriminellen Karrieren hin, an deren Verlauf viele Menschen beteiligt waren, die sich allzu gerne aus einer moralischen Mitverantwortung stehlen.

Der nur einmal im Leben zum Täter gewordene Mensch ist in allen Deliktsbereichen die Ausnahme, denn Grenzüberschreitung, Tabuverletzung, Täterschaft verändern die Persönlichkeit.

Professor Adolf Gallwitz,
Villingen-Schwenningen,
12. Mai 2000

Inhaltsverzeichnis

Seite

Vorwort 6

Ob es Sinn macht, ein Buch über Serienmörder zu schreiben – und zu lesen 17

Teil I

Serienmörder unter uns: Erklärungsversuche und -ansätze 21

1 Was sie sind – und was nicht 23
1.1 Abgrenzung zu anderen Begriffen 23
1.1.1 „Normale, einfache“ Mörder 23
1.1.2 Wiederholungsmörder 23
1.1.3 Massenmörder 24
1.1.4 Sterbehilfe durch „Todesengel“ 28
1.1.5 Amokläufer 31
1.1.6 „Spree“-Mörder oder Streumörder 39
1.1.7 Lustmörder 40
1.1.8 Deutschland: Lustmörder in Zahlen 45
1.1.9 Triebmörder 46
1.2 Allgemeines zum Serienmörder 49
1.2.1 „Cooling down phase“, „Cooling off period“ 50
1.2.2 Serienmörder in Deutschland: Ein Zahlenwerk 52
1.3 Definitionsversuche 55
1.3.1 Holmes und De Burger 56
1.3.2 Lane und Gregg 57
1.3.3 National Institute of Justice 57
1.3.4 Holmes / Holmes und Lester 58
1.3.5 Egger 58
1.3.6 FBI-Definition 59
1.3.7 Hickey 59
1.3.8 Kelleher / Kelleher 60
1.3.9 Harbort 60
1.4 Die Täterkategorien 61
1.4.1 „Organized“ / „Disorganized“ 61
1.4.2 Sadistischer Sexualmörder: Sonderform des „organized“ Täters 70
1.4.3 „Mixed Sexual Homicide“ 75
1.4.4 Psychopathisch / Psychotisch 75
1.4.5 „Visionary“ / „Mission oriented“ / „Hedonistic“ / „Power-control-oriented“ und „Act-focused“ / „Process-focused“ 85

1.4.6 Typisierung nach Canter 87
1.4.7 Typisierung nach Dickson 88
1.4.8 Typsierung nach Palmer 89
1.4.9 Der „wahnsinnige“ Täter 89
1.4.10 Der „Durchschnittsmörder“ 90
1.4.11 Oder doch kein „Psycho“? 90
1.4.12 Typisierung nach Leibman 90
1.4.13 „Pimary psychopath“ / „Secondary psychopath“ und „Überkontrolliert“ / „Unterkontolliert“ 91
1.4.14 Die fünf Tätertypologien nach Hazelwood / Dietz / Warren 95
1.4.15 „Predictable“ / „Respectable“ 97
1.4.16 Typisierung nach James 98
1.4.17 Pathologische Typisierung nach Gee 99
1.4.18 Der „typische“ Serienmörder 99
1.4.19 „Traveling“ / „Local“ / „Place-specific“ 103
1.4.20 Typisierung nach Harbort 104
1.5 Das feminine Pendant 107
1.5.1 Gibt es sie – die weiblichen Serienmörder? 107
1.5.2 Täterinnen in Zahlen 110
1.5.3 Mobilität 112
1.5.4 „Visionary“ / „Comfort“ / „Hedonistic“ / „Power seeker“ / „Disciple“ 113
1.5.5 Die neun Gruppen von Kelleher / Kelleher 114

2 Die Frage nach dem Warum 117
2.1 Allgemeines 117
2.1.1 Gewalt – Aggression 118
2.1.2 Nicht wer hat es getan, sondern warum hat er es getan oder: Was + Warum = Wer 122
2.2 Die Kindheit und die Familie 122
2.2.1 FBI-Studie 124
2.2.2 Hirschi 127
2.2.3 Tierquälerei 128
2.2.4 Die „mörderische Triade“ 128
2.2.5 Widom und Langevin 129
2.3 Die Mutter-Kind-Beziehung 130
2.3.1 Sicherheit und Geborgenheit 130
2.3.2 „Fremde Situation“ für A-, B-, C- und D-Kinder 130
2.4 Aggression als Schutz 133
2.5 Die unerfüllten phantastischen Kindheitsträume 134
2.5.1 Externe und interne Phantasie 134
2.5.2 Sexuelle Phantasie 134

2.5.3 Über-Ich ... 135
2.5.4 Gewalt-(tät-)ige Phantasien ... 136
2.6 Sexualität ... 139
2.6.1 Die fünf Freudschen Stufen ... 140
2.6.2 Frust ... 142
2.6.3 Perversion ... 143
2.6.4 Sadismus ... 160
2.6.5 Normale und kriminelle Sexualität ... 164
2.7 Kontrolle und Macht ... 165
2.8 Die Perfektion ... 167
2.9 Eine Krankheit ... 169
2.9.1 Wer oder was ist krank? ... 169
2.9.2 Das kranke Hirn ... 170
2.9.3 Exkurs: Kastration ... 171
2.9.4 Psychische Erkrankungen ... 172
2.9.5 Schizophrenie ... 174
2.9.6 Die Multiple Persönlichkeit ... 178
2.10 Das angeborene Mörderchromosom: Hat Lombroso doch Recht? ... 180
2.11 Der Weg nach unten ... 182
2.11.1 Schritt für Schritt: Phasenmodelle ... 183
2.11.2 Ereignisse vor der Tat ... 187
2.11.3 Die Schere zwischen Normalität und Kriminalität ... 188
2.12 Das Opfer ... 189
2.12.1 Wer wird warum Opfer? ... 189
2.12.2 Opfer in Zahlen ... 192
2.12.3 Mord in den USA im Jahr 1990 ... 193
2.12.4 Das Opfer Kind ... 194
2.12.5 Tot? Berufsrisiko! ... 195
2.12.6 Opfer eines Mordes – oder eines Serienmordes ... 197
2.12.7 Opfer einer Serienmörderin ... 197
2.12.8 Opferverhalten ... 197
2.12.9 Das tägliche Jagen ... 199
3 Von A bis Z ... 200

Teil II
Das Täter-Profiling: Eine Ermittlungshilfe bei der Fahndung nach Serienmördern ... 207

1 Historisches ... 209
1.1 Das Erkennen von Bildern ... 210
1.1.1 Morelli ... 210
1.1.2 Castelnuovo ... 211

1.1.3 Freud (1) 213
1.1.4 Medizinische Semiotik 213
1.2 Es begann vor 160 Jahren 213
1.2.1 Lombroso 213
1.2.2 Ferri 215
1.2.3 Aschaffenburg / Mezger / Exner / Seelig und Weindler 215
1.2.4 Kurella 216
1.2.5 Freud (2) 216
1.2.6 Kretschmer und Eysenck 216
1.2.7 Das Profil Hitlers 218
1.2.8 Freud (3) 218
1.3 Das FBI in einer Vorreiterstellung 219
1.3.1 BSU / ISU 219
1.3.2 NCAVC 221
1.3.3 Crime Analysis Unit, Redding / Kalifornien 223
1.3.4 Bureau of Criminal Apprehension, St. Paul / Minnesota 224
1.4 Europäische Varianten 224
1.4.1 University of Surrey (Großbritannien) 224
1.4.2 Paul Britton (Großbritannien) 226
1.4.3 National Crime Faculty (Großbritannien) 226
1.4.4 Offender Profiling Research Programme (Großbritannien) 227
1.4.5 Unit for Crime Analysis and Offender Profiling (Schweden) 228
1.4.6 Centrale Recherche Informatiedienst (Niederlande) 228
1.4.7 Kriminalpsychologischer Dienst (Österreich) 230
1.4.8 Alexander Buchanowski (Russland) 231
1.4.9 Operative Fallanalyse (Deutschland) 232
2 In Gedanken bin ich bei dir – Persönlichkeit 234
2.1 „Was und wie eine Person denkt, steuert ihr Verhalten!“: Die Fallanalyse 237
2.1.1 Schlüsselreize 237
2.1.2 Die vier Phasen der Tat 238
2.1.3 Seine Handschrift 243
2.1.4 Eine Art Wiedergutmachung 246
2.1.5 Toter als tot 246
2.1.6 Die Tat wird in Szene gesetzt 247
2.1.7 Die Methode der Analyse 248
2.2 Das dritte Element: Das psychologische Profil 251
2.2.1 Grundsätzliches 251
2.2.2 Was ist Profiling? 251
2.2.3 In welchen Fällen Profiling und in welchen nicht? 257
2.2.4 Eingeschränkt verwendbar 257
2.2.5 Fehlerquote / Fehlerquelle 259

2.2.6 Stärken und Schwächen ... 261
2.2.7 „Wenn Sie lernen wollen, befragen Sie die wahren Experten – die Täter!“ ... 261
2.2.8 Das Profiling-Schema ... 262
2.3 Gefährlichkeit – BASIC ID ... 264
2.4 Hinweis auf eine bestimmte Person: Das empirische Täterprofil ... 270
2.4.1 Made in Germany ... 270
2.4.2 Wertigkeit ... 271
2.4.3 18 und 20 Merkmale ... 272
2.4.4 Fahndungsraster für den sexuell motivierten Mehrfach- und Serienmörder ... 272
2.4.5 Fahndungsraster für den gewinnorientierten Mehrfach- und Serienmörder ... 273
2.4.6 Verfahrensweise ... 275
2.4.7 Unterschied zum psychologischen Täterprofil ... 275
2.5 Die Methode der verformelten statistischen Werte: Das mathematische Profiling ... 276
2.5.1 Entwicklung ... 276
2.5.2 Verfahrensweise ... 279
2.5.3 Möglichkeiten und Grenzen der Mathematik ... 280
2.6 My home is my castle: Die geographische Profilerstellung ... 281
2.6.1 Heute hier, morgen dort ... 282
2.6.2 „Ankerpunkte“ / „Pufferzone“ / „Komfortzone“ ... 282
2.6.3 „Circle Hypothesis“ / „Range Hypothesis“ / „Safe Area“ ... 284
2.7 Exkurs: Brandstiftung ... 287
3 Wie Profiling zum Erfolg führt – Ein Fall ... 291
3.1 Der Fall ... 291
3.2 Der Entscheidungsprozess ... 292
3.3 Rekonstruktion und Schlussfolgerung ... 293
3.4 Das psychologische Täterprofil ... 294
3.5 Der Täter ... 295
4 Die elektronische Jagd nach der Seele ... 297
4.1 Guy´s Hospital, London ... 298
4.2 CATCHEM und SHOP ... 299
4.3 H.O.L.M.E.S ... 299
4.4 Criminal Geographic Targeting: ORION ... 300
4.5 VICAP ... 301
4.5.1 HITS ... 305
4.5.2 VICIS ... 306
4.6 VICLAS ... 307
4.6.1 Kanadische Erfahrungen ... 307

4.6.2 Zusammenhänge erkennen ... 308
4.6.3 Datenerhebung ... 309
4.6.4 Ablauf eines VICLAS-Falles ... 310
5 Das Verhältnis zur Justitia in Deutschland ... 312
5.1 Spezifischer Sachverstand ... 312
5.2 Profiling im Zeugenstand ... 312
5.3 Das Allgemeinwissen des Richters oder die Sachkunde des Profilers ... 312
5.4 Der Profiling-Profi ... 313
5.5 Beweiserhebung ... 314
5.6 Weder Zeuge noch sachverständiger Zeuge ... 314
5.7 Das Täterprofil im rechtlichen Sinne ... 315
5.8 Wohin mit den Profiling-Akten? ... 315

Nachwort: Nicht ohne sie ... 317
Besser ein Ende mit Schrecken als ein Schrecken ohne Ende ... 319
Last but not least ... 320

Literaturverzeichnis ... 323

Stichwortverzeichnis ... 359

„Und wir, die wir dies lesen?
Der Blick auf das Opfer versetzt
uns in die prickelnde Situation,
mit dem Mörder einen Pakt einzugehen. (...) Wir folgen mit derselben (Neu-)Gier dem erzählenden
Mörder, der wissen will, was sich
hinter (...) der menschlichen Haut
versteckt, der es uns mitteilt."

(Annette Keck und Ralph J. Poole in:
„Serial Killers, das Buch der blutigen
Taten", 1997)

„Der Tod ist die einzige wahre
Gewissheit. Beim Tod ändert sich
die Welt nicht, sondern hört auf.
Der Tod ist kein Ereignis des
Lebens. Aber Töten ... Töten ist
ein Ereignis."

(Philip Kerr in:
„Das Wittgenstein-Programm", 1994)

Ob es Sinn macht, ein Buch über Serienmörder zu schreiben – und zu lesen

Nicht erst seit dem Film „Das Schweigen der Lämmer" nach dem gleichnamigen Roman von *Thomas Harris* rückt die Psyche des Verbrechers im Allgemeinen und die des sadistischen Serienmörders im Besonderen immer mehr in den Mittelpunkt des Interesses derer, die sich sowohl in ihrem beruflichen Wirkungskreis als auch in ihrem privaten Umfeld damit beschäftigen (müssen oder wollen).

Nach Taten von Serienmördern, die mit unbeschreiblicher Grausamkeit begangen werden und nahezu immer ein Bild der absoluten Unmenschlichkeit hinterlassen, tauchen ob dieser Begehensweisen zwangsläufig immer wieder die gleichen Fragen auf: „Wer hat so etwas Grauenhaftes getan? Wie kann jemand so brutal sein? Warum begeht ein Mensch solche bizarren, abartigen Verbrechen? Muss der Täter nicht **krank** oder gar **verrückt** sein?"

Gerade bei solchen Taten, deren Begehungen im ersten Augenblick motivlos erscheinen, muss man sich vergegenwärtigen, dass kein Mensch, kein Täter, ohne Motivation handelt, ungeachtet der Tatsache, dass oftmals nur der Täter selbst genau diese Motivation kennt. Verschiedene Täter zeigen manchmal sich gleichendes Verhalten, aber aus total unterschiedlichen Beweggründen heraus. Und zwei Verbrechen sind – bedingt durch die natürlichen Gegebenheiten im menschlichen Verhalten, im zwischenmenschlichen Umgang und in den Umwelteinflüssen – manchmal ähnlich, aber nie gänzlich gleich. Kriminelles Verhalten kann sich über eine gewisse Zeit und aufgrund der Erfahrungen des Täters aus mehreren Straftaten entwickeln, weiterentwickeln.

Mit dem vorliegenden Buch möchte ich versuchen, ansatzweise diesen **Fragekatalog** zu beantworten oder dem Leser zumindest entsprechende Denkanstöß e zu geben, um Antworten auf die Fragen nach der Persönlichkeit und den Motiven des Serienmörders, nach dem „Wer" und „Warum", zu finden. Über Serienmörder zu schreiben gleicht dem Versuch, dem scheinbar Sinnlosen Sinn zu geben.

Das Buch, in dem ich mich bemüht habe, sowohl den wissenschaftlichen Ansprüchen zu genügen als auch eine gewisse Lesbarkeit zu gewährleisten, umfasst zwei Themenkomplexe:

Im ersten Teil will ich den Serienmörder beschreiben, indem ich ihn von anderen multiplen Mördern abgrenze, ihn anhand seiner Charaktereigenschaften zu typisieren versuche und mögliche psychologische und soziologische Beweggründe und Ursachen darlege, die ihn zu seinen Taten veranlasst haben.

Im zweiten Teil befasse ich mich mit der in Deutschland noch relativ neuen Fahndungsmethode des „Profiling", also der Erstellung von Täterprofilen, die zwar nicht nur, aber bislang vorwiegend, bei der Ermittlung von Serienmördern Anwendung findet – einer Methode, die ihren Ursprung im angloamerikanischen Raum hat und später ihre europäischen Schwerpunkte in Großbritannien, in den Niederlanden und in Österreich fand. Ich will hier den historischen Hintergrund dieser interdisziplinären Wissenschaft, die sich nicht nur als ein Ableger der Kriminologie und Psychologie darstellt, aufrollen, damit verbunden auch die Grundlagenforschung des amerikanischen FBI sowie der bedeutendsten europäischen Varianten vorstellen. Darüber hinaus werde ich die internationalen Computerprogramme in ihren Funktionsweisen und Einsatzmöglichkeiten aufzeigen, die es den Ermittlungsbehörden ermöglichen sollen, schnell und flexibel auf Schwerverbrechen, nicht nur auf Serienmorde, und auf ihre Urheber reagieren zu können. Der Methode des Profiling muss in Deutschland eine Chance gegeben werden – diese Chance muss genutzt werden: Ich denke, dass wir jede noch so zunächst abwegig erscheinende Möglichkeit ergreifen zu müssen, um den Täter zu ermitteln; dass wir es den Opfern und deren Angehörigen einfach schuldig sind.

Profiling unterliegt einem ständigen Wandel und einer andauernden Weiterentwicklung. Und genau so wie Roboter und Computer in den industriellen Fertigungsprozess Einzug hielten, muss auch Profiling im kriminalistischen Handwerkskoffer Platz und Berücksichtigung finden und als ganz normales Ermittlungsinstrumentarium akzeptiert und angewandt werden. Doch bis dahin ist es ein langer Weg, auf dem Öffentlichkeit, Polizei, Justiz und Wissenschaft an einer interdisziplinären Debatte teilnehmen können oder sogar müssen; an einer Debatte, in der das Für und Wider von Täterprofilerstellungen diskutiert werden soll. Das vorliegende Buch will hierzu seinen Beitrag leisten.

Und noch eine Anmerkung: Im hannoverischen Stadtteil Stöcken wurde in Gedenken an die 27 Opfer des Serienmörders Fritz Haarmann auf dem Friedhof ein Denkmal errichtet – übrigens im selben Jahr, in dem das Todesurteil gegen Haarmann vollstreckt wurde. Der Friedhof ist der Ort, an dem die Lebenden der Toten gedenken. Und in ihren Gedanken, denen sie nachhängen, stellen sich die Hinterbliebenen, die Angehörigen und Freunde, nicht nur die der Opfer Haarmanns, oft die Frage nach dem Warum. Auch dieses Buch will versuchen, diese **Frage nach dem Warum** zu beantworten und dem Anspruch des Denkmals in gewissem Umfang gerecht zu werden, nämlich nicht nur den Täter verstehen zu wollen, sondern auch das Opfer zu berücksichtigen. Somit wird das Buch zu einer Hilfe für diejenigen, die nicht nur für die Ursache, sondern auch oder gerade für die Folgen von Verbrechern und Verbrechen eine Erklärung, eine Antwort suchen.

Vielleicht wird sich der eine oder andere Leser die Frage stellen, ob es der künftigen Arbeit von Ermittlungsbehörden nicht zum **Nachteil** gereicht, dass ein solches Buch veröffentlicht wird. Ich glaube nicht, dass sich hierdurch ein befürchteter Bumerangeffekt einstellt, bei dem der potentielle Täter durch den Erwerb dieses Buches hinzulernt oder vielleicht erst recht motiviert wird: Zum einen existiert bereits, insbesondere auf dem englischsprachigen Markt, eine unüberschaubare Anzahl von Publikationen unterschiedlichster Art, bei den Printmedien von Studienarbeiten und Erfahrungsberichten bzw. Autobiographien ehemaliger FBI-Agenten, die als Profiler tätig waren, über unzählige Artikel in Fachzeitschriften und Tageszeitungen und „True-Crime-Stories" bis hin zu Film- und Diskussionsbeiträgen in den Bildmedien, teils mit dokumentarischem, teils mit aufreißerischem und effekthaschendem Hintergrund. Zum anderen schließe ich mich der Meinung eines amerikanischen Kriminalpsychologen an. Er geht nämlich davon aus, dass der Täter Fehler begehen wird, die ihn überführen können, je mehr er sein ureigenstes persönliches Verhalten aufgrund äußerer Einflüsse ganz von selbst verändert oder sich hierzu gezwungen fühlt und hierbei versucht, sich auf Ermittlungsmethoden einzustellen. Es ist unmöglich, seine Gewohnheiten restlos zu ändern. Und selbst dann, wenn man es versucht, kann man nicht alle seine Gewohnheiten ändern, weil viele uns überhaupt nicht gewahr sind.

Die Frage, warum dieses Buch in einer Zeit veröffentlicht wird, in der eine geradezu inflationäre Überflutung der Gesellschaft durch die Massenmedien mit Beiträgen gleich welcher Art und Qualität über „blindlings um sich schießende Massenmörder, geistig abwesende und unbeherrschte Amokläufer, Kinder und Frauen schändende Lustmörder" hereinbricht, ist leicht beantwortet: Erstens liegt ein Teil der Antwort bereits in der Frage selbst. Viele dieser Beiträge lassen an Seriosität viele Wünsche offen und spiegeln, wenn überhaupt, nur einen Teil des Wissens und der Erfahrungen aus Forschung und Wissenschaft, von Ermittlungsbehörden und Medizinern, wider. Und zweitens findet sich im deutschsprachigen Raum kein Werk, in dem auf konzentrierte und zugleich verständliche Weise das Thema „Verbrecherische Psyche" behandelt wird.

Leser mit **voyeuristischer** Neigung und dem Drang nach bluttriefender Literatur, in der minutiöse und detaillierte Beschreibungen von zerschundenen Frauenleibern erfolgen, die von unberechenbar erscheinenden Geisteskranken zu Tode gequält werden, werden sicherlich **nicht** auf ihre Kosten kommen: Das Buch handelt zwar auch davon, gibt aber in erster

Linie den Blick in den Kopf, in die Seele und Gedanken eines Menschen frei, der andere, aus welchen Gründen auch immer, tötet. Der Blick richtet sich nur dort, wo es für Erklärungen notwendig erscheint, dort, wo nach dem „Warum" gefragt wird, auf das Opfer, auf seinen Körper und seine Psyche, auf seine Verletzungen, Erniedrigungen, Qualen, Ängste und natürlich sein Sterben.

An dieser Stelle sehe ich mich zu folgender Erklärung in eigener Sache verpflichtet: Mir stand zur Erstellung dieses Buches eine Flut von Literaturquellen zur Verfügung, ohne die mein Ansinnen, das Thema „Serienmörder und Täterprofile" komplex darzustellen, nicht hätte realisiert werden können. Nach Erscheinen der 1. Auflage musste ich leider feststellen, dass sich dieser umfassende „Quellenpool" für mich – im Nachhinein betrachtet – als nahezu unüberschaubar darstellt; so unüberschaubar, dass ich in meinem Manuskript einige aus Originalquellen übernommene Passagen nicht in dem erforderlichen Umfang mit Zitierzeichen versehen habe, wie es eigentlich geboten gewesen wäre. Dieser Umstand machte eine Überarbeitung der 1. Auflage erforderlich, die nunmehr vorliegt. Davon besonders betroffen waren Jens Hoffmann und Cornelia Musolff mit ihrer aus dem Jahr 1996 stammenden und seinerzeit noch unveröffentlichten Diplomarbeit „Psychologische Täterprofile von Serienmördern und Serienvergewaltigern für polizeiliche Ermittlungsarbeit", Jens Hoffmann mit seinen Beiträgen in „Psychologie Heute" aus den Jahren 1994 und 1999 mit den Titeln „Profiling – die Psychofahndung nach Serienkillern" und „Profiling – Psychogramm des Täters" sowie Jo Reichertz mit einer seinerzeit noch unveröffentlichten Arbeit mit dem Titel „Meine Mutter war eine Holmes". Es lag und liegt mir fern, die Früchte der Arbeit von anderen zu ernten. Transparenz für die neue Fahndungsmethode der Täterprofilerstellung, insbesondere im Kreis der Ermittlungsbehörden zu verbreitern, Interesse in der Öffentlichkeit an der seriösen Fertigung von Täterpsychogrammen zu wecken und das „Profiling" aus der dunklen Nische des „Hokus Pokus" und der diffusen Wahrsagerei zu holen und unter das Licht einer interdisziplinären Wissenschaft zu stellen: diese drei Ziele leiteten mich, dies war mein Bestreben – nicht mehr und nicht weniger. Bei den betroffenen Autoren bitte ich deshalb hier und jetzt um Nachsicht und Entschuldigung.

Die Reise in die Gedankenwelt von Menschen, die oftmals von Menschen nicht als Menschen bezeichnet werden, beginnt hier und jetzt.

Peter Fink,
Sommer 2001

Teil I
Serienmörder unter uns: Erklärungsversuche und -ansätze

„Glaubt es oder glaubt es nicht: Ich hatte sie alle gern, ich habe es jedes Mal bereut und doch getan! Ich habe mich gewehrt, aber – Es war stärker ! – Wer mir verzeihen kann, tue es. Ich selbst kann mir nicht verzeihen! Nie!“

(Jürgen Bartsch in einem Brief an seine Eltern, in die Wand seiner Zelle geritzt.)

„Ich will nicht anklagen, sondern Sie nur sehen lassen, was in meiner Seele vorgeht. (...) Mit stiller Sehnsucht habe ich in meiner Jugend manchmal in andere brave Familien hineingeschaut und gewünscht, wäre es doch in meiner Familie ebenso.“

(Peter Kürten in seiner Schlussrede vor dem Düsseldorfer Schwurgericht.)

1 Was sie sind – und was nicht

„Beißer, Bestie, Dämon, Kannibale, Killer, Monster, Ripper, Satan, Schlächter, Schlitzer, Schwarze Witwe, Teufel, Todesengel, Ungeheuer, Unmensch, Vampir, Werwolf, Würger, Zombie" – Umschreibungen für Serienmörder, die mit ihren Verbrechen für Angst und Schrecken unter der Bevölkerung gesorgt haben, immer wieder sorgen und sicher auch künftig sorgen werden. Und diese Umschreibungen finden gerade heute wieder bei der Vermarktung des Phänomens „Serienmord / Serienmörder" mit Vorliebe durch die Massenmedien Verwendung. Diese Begriffe, zumeist nur für männliche Täter benutzt, orientieren sich in aller Regel an den bizarren Tötungsarten, die die Mörder an den Tag legen, bilden so eine Aura von Mysterium und Faszination, verlieren aber dadurch schnell jeglichen Bezug zur Realität. Dies ist auch der Grund, warum hier auf solche oftmals verwirrenden und zudem auch nicht immer zutreffenden Bezeichnungen verzichtet wird; sie sollen an dieser Stelle nur der Vollständigkeit halber erwähnt sein. Nachfolgend soll grundsätzlich nur vom „Serienmörder" die Rede sein und der Versuch unternommen werden, diesen Typ Mörder so objektiv wie möglich zu charakterisieren.

1.1 Abgrenzung zu anderen Begriffen

Zunächst zu dem, was Serienmörder nicht sind.

1.1.1 „Normale, einfache" Mörder

Sie sind keine „normalen, einfachen" Mörder, also Täter, die eine direkte Verbindung zu ihrem Opfer aufweisen oder aus dem unmittelbaren Umfeld, aus dem sozialen Nahraum des Opfers stammen. Solche Beziehungstaten sind überwiegend Morde, die von Männern an Frauen begangen werden, selten umgekehrt. Diese Täter töten ein Opfer während eines Ereignisses, wobei die Tat zumeist aus einem andauernden Konflikt oder einem aktuellen Streit resultiert. Unter diese Rubrik fallen auch so genannte „Doppelmörder", Täter also, die im Laufe eines Geschehens und aus einer Ursache heraus zwei Menschen töten.

Zudem ist bereits auf den ersten Blick ein Motiv klar erkennbar und die Tat in relativ kurzer Zeit geklärt.

Nahezu 95% aller Mordfälle sind übrigens diesem Bereich zuzuordnen.

1.1.2 Wiederholungsmörder

Sie zählen ebenfalls nicht zu diesen Mördertypen, bei denen es sich um wegen eines vorsätzlichen Tötungsdeliktes verurteilte Personen handelt, die nach Verbüßung oder Teilverbüßung ihrer Strafe wieder töten, obgleich zwischen der ersten und der folgenden Tat hinsichtlich Lebensalter, Charakterentwicklung, Beeinflussung durch die lange Strafzeit erhebliche Unterschiede bestehen.

1.1.3 Massenmörder

Auch sind sie nicht mit Massenmördern zu verwechseln, die nach herrschender Auffassung Täter sind, die am gleichen Ort zur gleichen Zeit mehrere Morde begehen. Im Allgemeinen versteht man unter Massenmord die Summe der Tötungen, die in zeitlichen Abständen erfolgen, wobei alle Motive denkbar sind.

Das „National Center for the Analysis of Violent Crime (NCAVC)", das Analysezentrum für Gewaltverbrechen beim „Federal Bureau of Investigation", der amerikanischen Bundespolizei FBI, bezeichnet den Massenmörder als einen Täter, der **vier oder mehr** Opfer am selben Ort und im Laufe ein und desselben Geschehens tötet.

Holmes und *De Burger* sind hingegen der Ansicht, dass der Massenmord **mindestens drei** Opfer aufweisen muss.

Eine weitere Auffassung vertritt *Dietz*, der beim Massenmord zugleich **mindestens fünf** verletzte und mindestens drei getötete Opfer voraussetzt.

Die Erfahrung des FBI zeigt, dass sich die Massenmörder gelegentlich vor der Tat schriftlich mit dem Verbrechen auseinander gesetzt haben: Oft kündigen sie in Briefen, die sie an öffentliche Stellen (Polizei, sonstige Behörden, Politiker) richten, oder in minutiös geführten Tagebüchern, in denen sie ihren Hass und ihre Wut zum Ausdruck bringen, ihr verbrecherisches Vorhaben an.

Das Durchschnittsalter des Massenmörders beträgt 31,15 Jahre; in fast allen Fällen haben die Täter weiße Hautfarbe.

Die meisten Massenmörder werden nicht lebend gefangen genommen, sondern werden im Laufe von oft spektakulären Festnahmeaktionen durch die Polizei erschossen. Die Täter verfolgen hierbei eine Art Endspielstrategie. In der Regel treten sie ihre „Reise" an im Wissen, dass sie am Ziel nicht lebend ankommen. Sie suchen die abschließende Konfrontation mit der Polizei – die Konfrontation, in der sie getötet werden. Man kann diese Mörder, die überwiegend als Einzeltäter auftreten, als inkonsequente Verlierertypen charakterisieren, die wissen, dass sie nicht fliehen können, und die nicht wollen, dass die Polizei sie festnimmt, um sie einem Gerichtsverfahren zuzuführen.

Es werden dennoch mehr Massenmörder festgenommen (oder, wie eben geschildert, von der Polizei getötet) als Serienmörder. Auch scheint die Öffentlichkeit der Auffassung zu sein, dass Massenmörder – wenigstens zeitweilig – „verrückter“ sind als Serienmörder. Es hat den Anschein, dass Massenmörder nicht aus reiner Freude ihre Verbrechen begehen. In den seltensten Fällen werden Massenmörder zu Serienmördern oder begehen einen weiteren Massenmord. Und so verhält es sich auch umgekehrt: Die wenigsten Serienmörder – wenn überhaupt – begehen einen Massenmord.

Die geeignete Bezeichnung und bildhafte Umschreibung dieses Typs des Mörders ist die einer „menschlichen Zeitbombe“, die ohne Vorwarnung explodiert und die in der näheren Umgebung jeden tötet. Durchschnittlich hinterlassen Massenmörder im Vergleich zu Serienmördern mehr Opfer (so z. B. tötete der Serienmörder Jeffrey Dahmer 17 Menschen, der Massenmörder Charles Whitman, der im Jahr 1966 von einem Wasserturm herab wahllos mit einem Gewehr auf Passanten schoss, 21 Menschen).

Im Gegensatz zum Serienmörder, der in aller Regel von der Bevölkerung, speziell von seiner Nachbarschaft, seinem Freundes- und Verwandtenkreis, als freundlich und unauffällig, als eine Person, der man diese Verbrechen nie zugetraut hätte, als der „nette Mann von nebenan“ beschrieben und später als „Wolf im Schafspelz“ entlarvt wird, gilt die Person des Massenmörders als seltsamer, scheinbar verbitterter, sozial auffälliger Typ, als Einzelgänger, dessen spätere Identifizierung nicht allzu sehr überrascht.

Einer Studie von *Levin* und *Fox* zufolge, in der 42 Mörder untersucht wurden, ist der typische Massenmörder männlich, weiß und Ende zwanzig/Anfang dreißig. In aller Regel erschießt er seine Opfer mit einer Faustfeuerwaffe oder einem Gewehr. Selten sind es hartgesottene Schwerverbrecher mit einem langen Vorstrafenregister. Zu Massenmorden kommt es häufig infolge einer nicht abreißenden Kette von **frustrierenden Erfahrungen**. Ein bestimmtes Schlüsselerlebnis kann dann zum Blutrausch führen.

Diese Täter waren oftmals zum wiederholten Male in einer geschlossenen Anstalt, bevor sie zu Morden begannen. *Wetzel* stellt u. a. fest, dass Epilepsie in engem Zusammenhang zwischen Krankheit und Massenmord steht: Es findet sich hier das aus der besonderen seelischen Veränderung, elementar hervorbrechende wahllose und unbegrenzte Morden, bei dem die Masse im Sinne der Massenhaftigkeit gemeint ist.

Statistische Zahlen besagen, dass in den USA Monat für Monat drei neue Massenmörder auftauchen. *Ressler* meint dazu, dass „gemessen an der Anzahl der Massenmorde, mit der wir es Jahr für Jahr zu tun haben, dieses Phänomen typisch amerikanisch ist (...).“

In seinem Buch „Serial Murderers and their Victims“ aus dem Jahr 1997 geht *Hickey* davon aus, dass in den USA ein Massenmord pro Woche begangen wird. Er definiert hierbei den Massenmord als eine Tat, in der zum einen mehrere Opfer innerhalb weniger Momente oder Stunden, zum anderen einige oder alle Mitglieder der Familie des Täters getötet werden. Mit Ausnahme derer, die ihre Familie töten, begehen die meisten Mörder ihre Taten an Örtlichkeiten, die der Öffentlichkeit zugänglich sind und von ihr auch stark frequentiert werden: Postämter, Schnellimbiss-Restaurants, Einkaufszentren, Schulen, Verwaltungsgebäude, Spielplätze, Raststätten. *Hickey* nennt als ihre Motivation den Verlust des Selbstwertgefühls und das Gefühl des Zurückgewiesenwerdens; beides überkommt die Täter, so dass sie sich gezwungen sehen, sich dagegen zu wehren. Und für viele dieser Täter stellt die Zerstörung der Kinder dieser Gesellschaft die beste Möglichkeit dar, sich dagegen zu wehren.

Die „Zielgruppen" der Massenmörder sind Menschen, die mit den Problemen des Täters nichts zu tun haben. Der Massenmörder interessiert sich in der Regel **nicht** für die **Identität** seiner **Opfer**. Eine Studie zu diesem Aspekt von *Lindquist/Lidberg* aus dem Jahr 1998 bezog sich auf insgesamt 14 Massenmorde in den Jahren 1960 bis 1995 in Schweden (alle durch Erschießen, in 7 „Massen"-, 6 „Spree"-Tötungen und 1 „Serien"-Tötung unterteilt). Die 14 männlichen Täter töteten hierbei 32 Menschen, 57 wurden verletzt. Bei 68,8 % der Getöteten und bei 89,5 % der Verletzten bestand keine Beziehung zum Täter.

Schwierig ist es, den Begriff „Masse" im Zusammenhang mit der Vielzahl von begangenen Morden zu definieren. *Wetzel* setzt den „Masse"-Begriff „dem Mehrfachen der Einheit" gleich und wählt alle Fälle aus, bei denen sich die Tat gegen mehr als einen Menschen richtet. „Masse" lässt sich festlegen als eine zumeist einem organisierten Anlass nach, zeitlich begrenzte Menschenansammlung, in der eine Identifikation mit einer bestimmten Idee zustande kommt, die zu einem „Kollektiv-Verhalten" führt.

Dieser Definitionsversuch zeigt, dass der Täter von vornherein alle seine Opfer schon zu dem Zeitpunkt ausgewählt hat, als er noch gar nicht mit Morden begonnen hat.

Beispiele dafür sind die Konzentrationslager der nationalsozialistischen Machtherrschaft im Dritten Reich sowie die Kriegsverbrechen in den Gefangenenlagern des ehemaligen Jugoslawien.

Eine weiterführende Unterteilung nach *Müller*, der sich hierbei an einer Klassifizierung des FBI orientiert, ist die in den klassischen und in den familiären Massenmörder.

a) **Der klassische Massenmörder:**
Bei ihm handelt es sich um eine Person, die an einer Örtlichkeit über eine bestimmte Zeitspanne tötet. Die Zeitdauer kann Minuten, Stun-

den oder Tage umfassen. Typischerweise ist dieser Mörder, dessen Probleme sich aufgestaut haben, schwer psychologisch gestört.

b) Der familiäre Massenmörder:
Dieser Täter tötet in „Familientragödien, welche damit abschließen, dass das Familienhaupt alle seine Nachkommen und den anderen Gatten tötet und dann sich selbst aus dem Leben schafft", so *von Muralt* bei *Wetzel*, mehr als vier Mitglieder seiner Familie. Wenn er mehr als drei Familienangehörige und anschließend sich selbst tötet, spricht man von einem „Massenmord/Suizid", einem „suizidalen Massenmord" oder von einem „erweiterten Suizid". Eine große Gruppe dieser Mehrfachtötungen wird auch unter dem Begriff „Mitnahmeselbstmord" geführt, insbesondere dann, wenn Frauen ihr Kind oder ihre Kinder mit in den Tod genommen haben. *Wetzel* zitiert hierzu *Straßmann*, der in diesen Fällen als wesentliches Ziel der Tat „die Vernichtung der eigenen Persönlichkeit sieht", und „die gleichzeitige Tötung der meist jugendlichen und eines selbständigen Willens noch nicht fähigen Familienmitglieder nur geschieht, weil sie nach Verlust des Vaters oder, was häufiger vorkommt, der Mutter einer hoffnungslosen Zukunft entgegengehen würde."

Ein wesentlicher Unterschied zu den Massenmorden außerhalb der Familie findet sich im Verhalten der Täter nach dem Ereignis. So wird in aller Regel kein Versuch unternommen, die Spuren zu verwischen. Die Täter machen durch Briefe und Benachrichtigung der Polizei oder von Bekannten auf ihre Tat aufmerksam.

Der familiäre Massenmord wird vorwiegend von Frauen und fast nur im engeren Lebenskreis der Täterin/des Täters begangen. Die Altersstruktur der Täter bestätigt die Erfahrung, dass diese durchschnittlich jünger als beim einfachen Suizid, aber älter als bei sonstigem Mord und sonstigen Tötungsdelikten sind. Beim Tatort handelt es sich meistens um die gemeinsam genutzte Wohnung.

Darüber hinaus unterscheiden *Holmes / Holmes* den Massenmörder in fünf Kategorien; in den 1. „disciple type", 2. „family annihilator type", 3. „pseudo commando type", 4. „disgruntled employee type" und 5. „set-and-run type".

a) Der „disciple type":
Dieser Mörder tötet, weil er seine Befehle hierzu von einem charismatischen Führer mit Vaterfunktion erhält, der seinen Anhängern befiehlt, sich wie unterwürfige Kinder zu verhalten, die das tun, was ihr Vater von ihnen verlangt.

b) Der „family annihilator type":
Dieser Mörder tötet seine eigene, ganze Familie in einer einzigen Tat; er ist typischerweise das älteste Kind in der Familie und weist in

seiner persönlichen Geschichte Depressionen und Alkoholmissbrauch auf.

c) **Der „pseudo commando type“:**
Dieser Mörder hortet zunächst Waffen und plant dann einen Alleingang an einem bestimmten Ort (z. B. in einem Schnellimbiss-Restaurant oder in einer Schule).

d) **Der „disgruntled employee type“:**
Dieser Mörder such seine (ehemalige) Arbeitsstätte auf und tötet dort wahllos (frühere) Vorgesetzte und Mitarbeiter.

e) **Der „set-and-run type“:**
Dieser Mörder wird als Täter beschrieben, der eine Bombe in einem Gebäude platziert oder mit Gift angereicherte Nahrungsmittel in den Regalen von Supermarktketten deponiert und die Wirkungsweise seiner Tat, insbesondere den Todeseintritt, aus sicherer Entfernung, oft auch in Berichten der Massenmedien, beobachtet.

1.1.4 Sterbehilfe durch „Todesengel“

Unter Sterbehilfe als „aktive, direkte und vorsätzliche Hilfe zum Sterben“, die auch trotz dringlichen Wunsches des Patienten nicht nur nach deutschem Recht strafbar ist, wird die gezielte Tötung zur Leidensbeendigung oder das Unterlassen oder der Abbruch lebenserhaltender Maßnahmen verstanden.

Diese Art von Tötungsdelikten ereignete sich in den zurückliegenden zwei bis drei Jahrzehnten, verfolgt man entsprechende Berichte in den Medien, meist in Form von einzigartigen Mordserien in Krankenhäusern, seltener in Altenpflegeheimen. Die Tötungsart kann unter Zugrundelegung entsprechender Definitionsversuche als eine Mischform aus Massen- und Serienmord betrachtet werden.

Dieses Phänomen der Mehrfachtötung von Patienten, das Mitte der siebziger Jahre bekannt wurde, ist durch folgende sechs Merkmale gekennzeichnet:

„a) Es ist das einzige Tötungsdelikt, bei dem der Tatort mit der Arbeitsstelle des Täters übereinstimmt - wo also Opfer und Täter berechtigt anwesend und die beruflichen Mittel und Instrumente gleichzeitig Tatwerkzeuge sind.

b) Bei den Tätern handelt es sich um Menschen, die von Berufs wegen verpflichtet sind, das Leben zu erhalten und zu retten, das Leiden zu mindern und die Gesundheit wiederherzustellen.

c) Die Tat verletzt eines der vermutlich noch intaktesten Tabus unserer westlichen Hemisphäre: Das Tabu des vor Gewalt geschützten Raumes für die psychische und physische Integrität Kranker und Verletzter; das Tabu, das selbst in Kriegszeiten Gültigkeit besitzt.

d) Beim Tatort handelt es sich nahezu ausschließlich um Krankenhäuser, selten um Pflegeheime, also um Orte, wo 80 % der Menschen unserer westlichen Gesellschaft sterben.

e) Bei der Motivforschung sind mehrere Aspekte erkennbar, die sich allesamt weder kriminalistisch-kriminologisch noch psychologisch-psychiatrisch einordnen lassen und sich so den Erklärungsversuchen und -ansätzen bei der traditionellen Tötungskriminalität entziehen.

f) Wahrscheinlich weist dieser Deliktsbereich das größte Dunkelfeld auf.“ (*Oehmichen* 1996, s. 218 f.)

Bei der Erforschung der **Motivation** der überwiegend im Pflegepersonal, weniger unter der Ärzteschaft, zu suchenden Täter treten vordergründig folgende Aspekte zu Tage: Zum einen wird „falsch verstandene Sterbehilfe ohne Todeswunsch der Patienten“, zum anderen der Umstand erwähnt, dass die Patienten „lästig“ geworden sind.

Ein weiteres zwingendes Motiv stellt das Gefühl dar, Herr über Leben und Tod zu sein. Gestützt wird dies durch Aussagen von Täterinnen, dass Patienten frech gewesen seien – und dann „habe der liebe Gott für die ein Zimmer freigehabt“.

Oft wird von den überwiegend weiblichen Tätern, die in den Medien als „eiskalte, berechnende Todesengel“ oder „Hexen“ bezeichnet werden, angegeben, aus Mitleid gehandelt zu haben, so dass die Todesfälle keinen finanziellen Hintergrund oder einen finanziellen Gewinn erzielt hatten. Auch sei keine wirkliche physische oder psychische Entlastung des Personals eingetreten, wie häufig als Motiv erwähnt wird, da das frei gewordene Bett sofort neu belegt wurde.

Ein weiterer Aspekt bei der Frage, was ein Krankenpflegepersonal zum Töten veranlassen kann, ist das so genannte „Burnout-Syndrom“. „In zunehmendem Maße sind insbesondere idealistisch eingestellte Ärzte und Pfleger durch berufliche Überlastung von psychischen Symptomen, wie z. B. Verlust von Begeisterungsfähigkeit und Einsatzbereitschaft, Unlust und Gleichgültigkeit der Arbeit gegenüber, Selbstzweifel und negativer Einstellung zu sich selbst und zur Arbeit und zunehmender Reizbarkeit und Aggressivität betroffen. Dieser Zustand verschlechtert sich durch Übermüdung und psychosomatische Symptome wie z. B. Schlafstörungen. Schließlich folgt eine Depression, gelegentlich begleitet von Alkohol- und Medikamentenmissbrauch.“ (*Oehmichen* 1996, S. 187)

Hinzu kommen in der **Ursachenforschung** bei diesen Massentötungen neben einer möglichen Gesamtverantwortung der Gesellschaft, die als durch und durch gnadenlos beschrieben wird und die die Tötung von Pflegebedürftigen bewusst in Kauf nimmt, sowohl die ärztliche Verantwortung als auch mögliche Fehler in der Organisation, worunter insbesondere die Führungsschwäche von leitenden Ärzten, Kompetenzgerangel in der politischen Ebene und der Personalnotstand fallen.

Hickey nennt die folgenden **fünf Gründe** dafür, dass die Zahl der Serientötungen in den vergangenen Jahrzehnten sprunghaft angestiegen ist bzw. deren Existenz in dieser Dimension überhaupt registriert wurde:

a) Die Opfer sind jederzeit verfügbar und angreifbar.

b) Ein Angreifer kann ungestört vorgehen, ohne sich der Gefahr auszusetzen, entdeckt zu werden, da niemand damit rechnet, dass Verbrechen dieser Art an solchen Örtlichkeiten wie Pflegeheimen und Krankenhäusern verübt werden.

c) Ein Täter hat Zugang zu einer Vielzahl von Mordinstrumenten, die nach der Tat schnell beseitigt werden können.

d) Obduktionen an so genannten „Krankenhausleichen" werden in den seltensten Fällen durchgeführt. Es steht auf der Tagesordnung, dass Menschen im Krankenhaus sterben. Die Konsequenz ist, dass selten ein Bedürfnis besteht, Verdacht zu hegen und nach der eigentlichen Todesursache zu forschen.

e) Von Seiten der Krankenhausverwaltung und der Ärzteschaft wird mit allen Mitteln verhindert, negative Schlagzeilen in den Massenmedien hervorzurufen. Den Skandalen über angebliche Mordtaten steht die unweigerliche Zulassungsentsagung der Ärztekammer für das Weiterführen der Anstalt entgegen. Verwaltungsbeamte und leitende Ärzte werden demzufolge alles daran setzen, interne Unterlagen zu ändern oder gänzlich zu unterdrücken, um Verdachtsmomente gar nicht erst aufkommen zu lassen, selbst oder gerade dann, wenn diese berechtigt sind.

Psychiatrische Untersuchungen, exemplarisch durchgeführt am Fall der Todesserie im Wiener Krankenhaus „Lainz" im Jahr 1989, bei der vier Pflegerinnen insgesamt 41 Taten begingen, ergaben bei den Täterinnen einen durchschnittlichen IQ von 97.

Zwischen 1976 und 1995 wurden in den Niederlanden, in Norwegen, Österreich, Großbritannien und Deutschland insgesamt 20 Pflegekräfte wegen mehrfachen Patientenmordes in insgesamt 448 Fällen angeklagt; allein in den USA wurden im Berichtszeitraum 5 Schwestern und 6 Pfleger wegen zusammen 141 Tötungsdelikten, davon 34 Versuche, verurteilt.

Als Tötungsarten kommen überwiegend die aktive Verabreichung von Medikamenten in Überdosen bzw. das passive Überlassen solcher Medikamente zur Suizidermöglichung vor. Gelegentlich wurden auch Ersticken, das Beibringen von Embolien durch Injektion von Luft in die Venen, seltener das Spritzen von Insulin oder, wie in einem einzigen bekannt gewordenen Fall in den USA, das Spritzen des nicht nachweisbaren Kaliumchlorids, beobachtet.

„Das herausragendste Merkmal bei dieser Erscheinungsform der multiplen Tötung ist die **Vielzahl der Tötungen** im Einzelfall: 2 bis 33 ist die Streubreite pro Serie, 10 Pflegekräfte töten zwischen 5 und 33 Patienten.

Eng damit verbunden sind die langen Tatzeiträume, in denen die Taten zwar unentdeckt, aber nicht gänzlich unbemerkt bleiben. Diese Zeitspanne erstreckt sich von 2 bis 6 Jahren.

Die **Altersstreubreite** bei den Opfern beträgt 62 bis 95 Jahre; überwiegend handelt es sich um Menschen über 70 Jahre und Hochbetagte über 80 Jahre. Dies ist übrigens auch das durchschnittliche Lebensalter, in dem heutzutage 70 % aller Menschen der westlichen Welt sterben.

In der Mehrzahl der Fälle erfolgt die Tat zwischen einem und drei Tagen nach stationärer Aufnahme des Patienten in der Klinik, bisweilen sogar noch am selben Tag. Längere Pflegeverhältnisse zwischen Personal und Patient sind eher die Ausnahme, woraus sich ergibt, dass sich eine tiefer gehende emotionale Beziehung zum Patienten erst gar nicht entwickeln konnte.“ (*Oehmichen* 1996, S. 220 f.)

Diesem Tätertypus des mordenden Altenpflegers oder der mordenden Krankenschwester entspricht der Serienmörder nicht.

1.1.5 Amokläufer

Serienmörder zählen ebenfalls nicht zu dieser Kategorie der multiplen Mörder.

Unter Amok versteht man laut einer Definition des Lexikons der Psychologie von *Arnold/Eysenck/Meili* „eine plötzlich und selten auftretende Geistesstörung, die in erster Linie bei Malaien auftritt, obwohl auch in anderen Kulturen ähnliche Erscheinungen zu beobachten sind. Die Patienten werden wild und beginnen Menschen anzugreifen. Der hyperaktive Zustand dauert bis zur totalen Erschöpfung an.“

Nach *Daly/Wilson* versteht man unter Amok, das aus dem Malaysischen stammt und so viel bedeutet wie „Wut, wütend“ oder, was dem Phänomen noch näher kommt, „im Kampf sein Letztes geben“, eine „mörderische Raserei, die ein offenbar wahlloses Töten von jedem, der unglücklicherweise dem Täter über den Weg läuft, zur Folge hat. Möglicherweise wird der Amokläufer überwältigt, er tötet sich selbst oder er bricht erschöpft zusammen. Sollte er überleben, so kann er sich meist an nichts erinnern und versucht dies auch nicht.“

Amok wird auch als eine „Homicide-Suicide-Handlung“, also als eine „Tötung anderer mit anschließender tateinheitlicher Selbsttötung“ (*Adler* 2000, S. 44) bezeichnet.

Der kanadische Kriminologe *Ellenberger* definiert den Amoklauf als einen „erweiterten Suizid in einer besonderen, kulturell bedingten Form“, in der eine große aufgestaute, aber diffuse Aggression entladen wird. Der Amoklauf sei keine ursprünglich malaysische Sitte, sondern aus dem Südwesten Indiens importiert worden, wo man mit dem Begriff „amoucos“ solche Menschen bezeichnet, die sich und andere aus Ehrgefühl oder Rache unter gleichzeitiger Beachtung einer mystischen Zeremonie töten.

Das Phänomen betrifft folglich nicht nur die Malaien, sondern auch die anderen Völker des Malaysischen Archipels (Malaysia, Indonesien, Singapur, Brunei, Thailand, Philippinen, Südindien).

Die Wurzeln des Amoklaufes liegen demnach in subtropischen Stammesgebieten, wo Amok als kriegerische Kampfform gilt: Um den Erhalt eines Stammes bei Angriffen zu sichern, wurden junge Männer auserwählt, um Amok zu laufen, vergleichbar mit den japanischen Kampffliegern Kamikaze. Entscheidend ist hierbei, dass der Amoklauf gesellschaftlich anerkannt und geachtet wird: Die gehobene Stellung eines Amokläufers zu erreichen gilt als ehrenwertes Ziel.

Andere Ursachen solcher Handlungen können in Problemen mit Frauen oder in Spielschulden, aber auch in möglichen medizinischen Befunden wie Epilepsie, Malaria, Schizophrenie oder halluzinatorischer Verwirrtheit liegen. Die Frage nach dem Motiv bleibt dennoch oftmals das Geheimnis des Täters, das er in sein selbst gewähltes Grab mitnimmt.

Die Amokläufer, in der Regel schwer bewaffnet, befinden sich im Laufe der Tathandlung in einem Zustand, in dem sie nicht ansprechbar sind und der sich erst nach Ende der Tat ändert.

Der klassische Ablauf eines Amoklaufes gestaltet sich nach *Gimlette* und *Pfeiffer* nach folgendem Schema:

a) Es liegt zunächst ein Vorstadium des „Brütens“ zugrunde, in dem der Täter leicht reizbar ist und in dem die soziale Ordnung verloren geht. Die Bewusstseinslage verschiebt sich allmählich. Für den Täter verdunkelt sich die Umwelt und nimmt eine Rotfärbung an, er „sieht rot“. Nach vorangegangener Kränkung folgt diese erste Phase des intensiven Nachdenkens bzw. der Depression mit Rückzug aus der Realität. Diese Phase des Rückzugsverhaltens wurde in einer Untersuchung von *Schmidt / Hill / Guthrie* im Jahr 1977 bei 17 von 20 Fällen festgestellt. In nur wenigen Fällen fiel dieses Verhalten der direkten Umgebung des Betroffenen auf; dabei wurde dann von ungewöhnlicher Unberührtheit durch belastende Ereignisse berichtet.

b) Danach folgt in der zweiten Phase ein mörderischer Wutanfall, begleitet von einem Ausbruch eines Bewegungsdranges und des Schreiens, dem sich eine Reihe von Tötungshandlungen an Menschen und Tieren anschließt. Die Aggression kann sich gelegentlich in Form von Suizid oder Selbstverstümmelung gegen den Amokläufer selbst richten. Diese Phase beschreibt die „explosionsartige, unvorhersehbare Attacke unter absoluter Tötungsbereitschaft" (*Adler* 2000, S. 13) und gleichzeitiger Wieder- herstellung der Realitätskontrolle. Hierbei ist die Familie/Verwandtschaft oftmals Ausgangspunkt des Amoklaufes, der sich mit der Zeit in einen Blutrausch über Bekannte bis hin zu Fremden ausweiten kann.
c) Eine oft „mehrstündige, ungesteuerte mörderische Raserei" (*Adler* 2000, S. 13) kennzeichnet die dritte Phase. Diese Raserei dauert so lange an, bis der Täter entweder durch Fremd- oder Eigenwirkung getötet, kampfunfähig verletzt oder überwältigt wird.
d) Schließlich, nach Beendigung der Tat, fällt der Täter in einen Tiefschlaf oder in eine Benommenheit, in einen oft stunden- oder gar tagelangen schlafähnlichen Trancezustand. Oft wird für die Tat des Amokläufers Amnesie angegeben: Typischerweise gibt der Täter an, keine Motive gehabt zu haben. Vielmehr meint er, dass er gar keine Erinnerung an die Tat hat. In der o.g. Studie von *Schmidt / Hill / Guthrie* fand sich nur ein Täter, der sich vollständig erinnerte. Übrigens: Aus dieser Untersuchung litten 9 an Schizophrenie, 5 an Psychosen, 3 wiesen hirnorganische Schädigungen auf oder litten an einer Paranoia. Die Psychotiker waren mit einer durchschnittlichen Todesopferrate von 1,25 Toten am gefährlichsten.

Da es keine Definition, keine Abgrenzung zum Massenmord und keine Statistiken gibt, ist die kriminologische Forschung auf dem Gebiet des traditionellen Amoklaufes noch weit am Anfang. Eine Untersuchung der Täterpersönlichkeiten war bisher kaum möglich, da die Täter nur selten lebend gefangen genommen werden konnten. Soweit jedoch bekannt, wurden bisher nur männliche Täter als Amokläufer festgestellt. Die überwiegenden **Tatorte** liegen in **Tropengebieten** mit entsprechendem Klima. Häufig ist eine Zweiteilung zwischen vorangegangenem Familienmord und anschließendem Amoklauf nach kürzerer oder längerer Pause zu beobachten.

Die Gruppe der Täter eines Amoklaufs weist eine Zweiteilung auf. Der erste Teil umfasst ledige Männer im Alter von 30 Jahren, die in der gesellschaftlichen Mittelschicht zu finden sind. Der zweite Teil beinhaltet Familienväter, die gewöhnlich ihre eigene Familie ausrotten.

Gottlieb hat anlässlich einer Untersuchung im Jahr 1987 festgestellt, dass bis zu einem Drittel aller Täter gleich oder später Suizid oder -versuche begehen.

Im Vergleich zu „normalen“ Mördern scheint der Amokläufer, insbesondere in Ländern mit einer hohen Mordrate wie z. B. in den USA, älter, seltener vorbestraft, weniger mit Suchproblemen belastet und öfter verheiratet zu sein. Ergänzend hierzu wurde in Studien aus Ländern mit einer niedrigeren Mordrate festgestellt, dass die Täter überwiegend Familienangehörige töten, psychisch krank und depressiv sind.

Nach *Adler / Lehmann / Räder / Schünemann* in ihrer Studie aus dem Jahr 1993 sind die Täter mit einer Geschlechtsrelation von ca. 1:20 überwiegend Männer im mittleren Lebensalter (34,8 +/- 12,1 Jahre) und beruflich normal qualifiziert, aber mit ca. 40 % deutlich überproportional oft arbeitslos. Die Hälfte der untersuchten Täter ist bereits vor der Tat in ihrem persönlichen Umfeld durch Eigenheiten und Besonderheiten aufgefallen: Sie sind kontaktscheu, aggressiv, sexuell abstinent oder pflegen ungewöhnliche sexuelle Handlungen und Praktiken, sie weisen Vorstrafen oder kriminelle Handlungen in ihrem Lebenslauf auf oder zeigen hypochondrische, querulatorische Syndrome. Auffallend ist die besondere Beziehung zu Waffen oder Waffen tragenden Institutionen: Von den 196 untersuchten Tätern waren 30 Soldaten und 26 Waffennarren, einige wenige waren Angehörige der Polizei (7), von Sicherheitsunternehmen (3) und Mitglieder von Schützenvereinen (2). Lebensältere, bis zur Tat unauffällige Täter begehen das Verbrechen mit einer meist vorbereiteten Schusswaffe, greifen nur die eigene Familie an und bewirken vollendete Tötungen, ehe sie sich selbst fast ausnahmslos töten. Erstaunlich ist, dass kein einziger Amoklauf bekannt wurde, bei dem der Täter unter Alkohol- oder Drogeneinfluss stand.

In dieser Studie an 196 Amokläufern weltweit lassen sich folgende charakteristischen Merkmale festhalten:

Gruppenbeschreibung	Variablenbeschreibung	Anzahl
Geschlecht	männlich	187
	weiblich	9
Familienstand	unbekannt	95
	ledig	41
	uneheliche Partnerschaft	2
	verheiratet	45
	geschieden, verwitwet	13
soziales Umfeld	unbekannt	101
	lebt bei den Eltern	4
	lebt bei allein stehender Mutter	4

Gruppenbeschreibung	**Variablenbeschreibung**	**Anzahl**
soziales Umfeld	lebt mit einem Partner zusammen	56
	allein stehend	29
Berufsausbildung	unbekannt	82
	ungelernt	9
	Arbeiter, Handwerker	61
	Beamter, Angestellter	24
	Selbstständiger	14
	Student	6
Arbeitsverhältnis	unbekannt	80
	arbeitslos	32
	Gelegenheitsarbeit	13
	feste Anstellung	64
	in Ausbildung	5
	Rente, Pension	2
Waffenbeschaffung	unbekannt	52
	vorbereitet	92
	zufällig greifbar	50
Waffenart	Arsenal	20
	Schusswaffe	97
	andere	36
	atypische Gegenstände	43
Zugang zu Waffen	Soldat	30
	Polizist	7
	Schützenvereinsmitglied	2
	Angehöriger eines Wachdienstes	3
	Waffennarr	26
Dauer der Tat	unbekannt	42
	länger als 2 Stunden	43
	maximal 2 Stunden	111
Verhalten nach der Tat	unbekannt	25
	Flucht	84
	Verbleib am Tatort	87

Gruppenbeschreibung	Variablenbeschreibung	Anzahl
Emotionen während der Tat	aggressives Verhalten	61
	ruhiges Vorgehen	52
	unbekannt	83
Motive	unbekannt	72
	motivlos	6
	wahnhaft (pseudopolitische, hypochondrische Vorstellungen)	7
	Bagatelle	9
	Liebesobjektverlust (Trennung vom Partner oder dessen Tod)	27
	Verlust sonstiger nahe stehender Personen	6
	Familienstreit	19
	Behördenkonflikt (mit Gericht, Polizei usw.)	23
	finanzielle Probleme (Entlassung, Konflikt am Arbeitsplatz, Börsenverluste)	27
Opfer	unbekannt	5
	eigene Kinder	4
	Intimpartner	2
	Familie	8
	nähere Verwandtschaft (inkl. Familie)	11
	nähere Verwandtschaft und Fremde	21
	nähere Verwandtschaft und Bekannte	17
	Fremde und Bekannte	15
	Fremde	113
psychische Auffälligkeiten	kontaktscheu	22
	aggressiv	39
	sexuell abstinent	36
	ungewöhnliche sexuelle Praktiken	6
	kriminelles Verhalten	18
	sonstige Auffälligkeiten	21

Gruppenbeschreibung	Variablenbeschreibung	Anzahl
psychiatrische Erkrankungen	unbekannt	88
	Wahn	10
	Psychopathie	29
	Affekttat	11
	Psychose	30
	Intoxikation	28
Ausgang des Amoklaufs	unbekannt	29
	vollendeter Suizid	56
	versuchter Suizid	9
	Tod bei Festnahme durch Polizei	11
	Entwaffnung nach Widerstand	67
	Entwaffnung ohne Widerstand	18
	Selbststellung	6

Mergen (s. S. 151, 156) zählt acht Merkmale auf, die den Amoklauf und den Amokläufer charakterisieren:

„a) Der Amokläufer gleicht einem Roboter, bei dem die Sicherungen durchgebrannt sind und der sich selbständig gemacht hat – Der Aggressionstrieb überschlägt sich.

b) Amok ist Angst und Panik, ist Chaos in der Unordnung, ist entfesselte Verwirrung.

c) Amokläufer drehen durch. Auf der Strecke bleiben Leichen, bleibt Ratlosigkeit im Grauen. (...)

d) Der Amokläufer ist von einer geheimnisvollen, erschreckenden Atmosphäre umgeben.

e) Die im Amoklauf begangenen Taten sind von der sozialen Atmosphäre oder von Umweltfaktoren unabhängig, werden aber oft durch banale, an sich harmlose Außenreize ausgelöst.

f) Die Motivation des Amokläufers bleibt unverständlich und im Dunkeln. Sie ist nicht einfühlbar.

g) Schon eine banale, nicht verstehbare, sogar selbst gemachte Frustration kann den Amoklauf programmieren.

h) Fast immer spielen Rachegefühle für vermeintliche Ungerechtigkeiten eine Rolle.“ (*Mergen* 1995, S. 151, 156)

Der Begriff Amok umfasst (siehe *Adler* 2000, Seite 50 f.) in der o. g. Studie der 196 Fälle, die sich in westlichen Industrieländern zwischen dem

1. Januar 1980 und dem 30. August 1989 ereignet haben und in deren Verlauf von 135 Tätern 575 Menschen getötet und von 115 Tätern 735 Menschen verletzt wurden, folgende vier Kriterien:

„a) Amok ist eine Gewalttat, die mindestens ein Todesopfer gefordert hat oder doch so angelegt war, dass sie dazu hätte führen können, wenn nicht äußere (d. h. nicht in der Täterpersönlichkeit liegende) Gründe den Eintritt des Taterfolges verhindert hätten.

b) Amok verläuft wenigstens zeitweilig ohne Rücksicht auf das eigene Leben oder führt direkt zum Tod durch Selbsttötung oder Fremdeinwirkung.

c) Amok beginnt zumindest äußerlich impulsiv und explosionsartig: Tötendes und selbst tötendes Moment müssen tateinheitlich auftreten.

d) Amok wird nicht durch politische, ethnische, religiöse oder kriminelle Motive bestimmt.“ (*Adler* 2000, S. 50 f.)

Die Vereinigten Staaten von Amerika wurden im Jahr 1999 auffällig häufig und mit besonders heftiger Wucht von solchen Amokläufen heimgesucht:

Einer der ersten und zugleich auch folgenschwersten Amokläufe dieses Jahres war der der beiden 17- und 18-jährigen Schüler Dylan Klebold und Eric Harris in Littleton/Colorado im April, als sie mit Sprengsätzen und Gewehren bewaffnet die dortige Colombine-High-School betraten und innerhalb einer halben Stunde wahllos insgesamt 12 Mitschüler und einen Lehrer erschossen, ehe sie sich selbst töteten. Hintergründe und Motive zu dieser Tat wurden nie gänzlich geklärt, wurden aber seinerzeit in Verbindung der beiden Täter zu einer sektenartigen Jugendgruppe vermutet.

Kaum drei Monate später trat ein weiterer Amokläufer in Atlanta im Bundesstaat Georgia in Erscheinung und hinterließ eine ebenso blutige Spur: Der 44-jährige Mark Barton, der als Börsenspekulant schwere finanzielle Verluste hinnehmen musste, tötete Ende Juli nach Vorankündigung in einem Abschiedsbrief zunächst seine dreiköpfige Familie (seine Ehefrau und seine zwei Kinder aus erster Ehe), bevor er tags darauf zwei Investmentfirmen, bei denen er seine Einlage aus einer Lebensversicherung in Höhe von 50 000 Dollar hinterlegt und verspekuliert hatte, aufsuchte, dort neun Angestellte erschoss und 13 weitere Menschen verletzte. Nach fünfstündiger Flucht konnte Barton zwar von der Polizei in seinem Fahrzeug gestellt, aber nicht festgenommen werden: Er erschoss sich vor den Augen der Beamten.

Im September 1999 ereignete sich ein dritter folgenschwerer Amoklauf, diesmal im texanischen Fort Worth. Der 47-jährige Larry Gene Ashbrook stürmte in einen mit 150 Jugendlichen besuchten Gottesdienst der

Wedgwood Baptist Church und tötete, mit zwei Pistolen wahllos um sich schießend und unter gleichzeitigem Ausstoßen von wilden Flüchen und Drohungen gegen die Baptistenkirche, sieben Menschen: Sechs fanden auf der Stelle den Tod, das siebte Opfer erlag kurz darauf seinen Verletzungen im Krankenhaus. Zusätzlich ließ der Amokläufer, dem Verfolgungswahn attestiert wurde, eine Rohrbombe detonieren, die acht Schwerverletzte forderte. Schließlich erschoss sich Ashbrook noch vor seiner Festnahme.

1.1.6 „Spree“-Mörder oder Streumörder

Der Amokläufer wird oftmals auch als „Spree“-Mörder oder Streumörder bezeichnet.

Der „Spree“-Mörder oder Streumörder („spree“ stammt aus dem englischen Wortschatz und bedeutet so viel wie „Spaß, Orgie, Welle, Streuung“), den das FBI auch als „Mörder auf Vergnügungstour“ bezeichnet, tötet in einem relativ kurzen Zeitraum mehrere Opfer an unterschiedlichen Tatorten. Die Taten ergeben sich aus einem einzigen Geschehen, sie brechen mit großer Reichweite wellenartig herein – deshalb der Begriff „spree“. Ihre Abfolge kann sich über eine gewisse Zeitspanne erstrecken.

Im Vergleich zum Serienmörder ist der „Spree“-Mörder oder Streumörder, dem *Clark* und *Morley* „Wahnsinn“ bescheinigen, ein Täter, der eine Vielzahl von Menschen an verschiedenen Örtlichkeiten ohne Abkühlungsphase zwischen den einzelnen Tötungshandlungen tötet. Er stellt somit die Art eines „mobilen Massenmörders“ dar: Während der Massenmörder in aller Regel seine Taten an einem Ort begeht, zieht der „Spree“-Mörder oder Streumörder von Ort zu Ort, wobei sein „Tobsuchtsanfall“ im Grunde genommen ein einziges, ausgedehntes Massaker darstellt, selbst wenn es sich über einen längeren Zeitraum erstreckt.

Der Täter ist durchschnittlich 29,85 Jahre alt.

Dieser Tätertypus weist mit anderen Mehrfachmördern einige Gemeinsamkeiten auf. Er ist z. B. **nicht** an der **Identität** seiner Opfer interessiert und tötet jeden, der ihm über den Weg läuft. Er hat weder sich noch die Situation, die er sich selbst geschaffen hat, unter Kontrolle. Eine solche unkontrollierte Situation, in die sich der „Spree“-Mörder oder Streumörder hineinmanövriert hat, kann beispielsweise das Entdecktwerden, die drohende Festnahme oder gar die Tötung durch die Polizei darstellen. Die daraus resultierende Spannung verringert die zeitliche Distanz zwischen den einzelnen Taten, die bevorstehende Konfrontation mit der Polizei wird zu einem Element seiner Verbrechen.

Diese Merkmale treffen auf den Serienmörder nicht unbedingt oder ausschließlich zu.

1.1.7 Lustmörder

Der so genannte Lustmörder wird als ein Täter beschrieben, der einerseits (so vom Bundesgerichtshof) aufgrund eines abwegigen Trieblebens schon in der Tötung eines Menschen geschlechtliche Befriedigung sucht, und der andererseits (so von *Lange*) eher vom Beweggrund der reinen Mordlust erfasst werden sollte. Eine solche Tat erregt wegen ihrer Seltenheit die Öffentlichkeit am meisten und geht als außergewöhnliches Ereignis in die Kriminalgeschichte ein. Erfasst werden hier durchweg sadistische Tötungen im Sinne der Tötung als Höhepunkt oder als psychisches Äquivalent für den Geschlechtsakt.

Dieser absolute Inbegriff des sexuell motivierten Mehrfachmörders, als Kombination von Lust und Mord, der sowohl Elemente des hedonistischen als auch des machtorientierten Tätertyps in sich vereint, hat seinen Ursprung in Deutschland und taucht erstmals 1876 im Grimmschen Wörterbuch auf. Dort wird der Lustmord als Mord aus Wollust, aus der abnormen und übersteigerten sexuellen Begierde, definiert.

Nach Ansicht von *von Krafft-Ebing*, einem der bedeutendsten Neuropsychiater seiner Zeit (1840-1902), der die gesamte Palette der Perversionen untersuchte, ist der Lustmörder eine rein **deutsche Wortschöpfung** und zudem ein Begriff aus dem Bereich der menschlichen Verhaltensforschung. Seinen Ausführungen zufolge ist (siehe Seite 393) „die Wahrscheinlichkeit eines Lustmordes immer dann gegeben, wenn Verletzungen der Genitalien vorhanden sind und viel mehr noch, wenn der Körper geöffnet oder Teile davon (Darm, Genitalien) herausgerissen wurden." Denn im Lustmord, so *von Krafft-Ebing*, kann es aufgrund perverser Gefühlsbetonungen zu weiteren Akten der Brutalität gegen den Leichnam kommen, so z. B. zum Zerstückeln der Leiche oder zu wollüstigem Wühlen in den Eingeweiden. Diese Täter setzen sich dem Verdacht aus (siehe Seite 76), „dass ihnen der Mord und das Grauenhafte nicht um des Zweckes willen zu überwindende Unlustgefühle, sondern im Gegenteil Lustgefühle erweckt" hat. *Von Krafft-Ebing* sieht den Lustmord als eine über den Sadismus hinausgehende Eskalation bei gleichzeitigem Hemmungsverlust. „Richtunggebend", so *von Krafft-Ebing*, „dürfte irgendein Vorfall in der Kindheit sein. Hierbei wird eine einmal wollustbetonte Vorstellung vom Kind sehr oft reproduziert, so dass eine psychische Onanie einsetzt (...)."

U. a. untersuchte er den Fall des deutschen Lustmörders Andreas Bichel, der bis zu seinem 41. Lebensjahr in einem Zeitraum von 10 Jahren gänzlich unentdeckt sechs ältere Prostituierte erwürgte. Den Opfern riss er Därme und Nieren durch die Vagina heraus, einigen von ihnen schon vor der Tötung. Bichel gab *von Krafft-Ebing* gegenüber an, dass er bei dieser Tatausführung anfing, „zu zittern, ein Stück herausschnitt und es aß."

Diese Untersuchungen *von Krafft-Ebings* machten seinerzeit schockierend bewusst, dass zwar die Zahl solcher Mordhandlungen zweifelsohne anstieg, aber dass das Kriminelle an sich schon immer im Menschen vorhanden war.

In Anlehnung an *von Krafft-Ebing* definieren sowohl *Hickey* als auch *Wilson* und *Seaman* den Lustmord als das **sadistische** und **brutale Töten**, das das Zerstückeln des Körpers des Opfers oder von Teilen davon, insbesondere der Genitalien, beinhaltet. *De River* beschreibt diesen Mördertyp als „sexuellen Psychopathen", der „gewöhnlich nach der Tötung seiner Opfer die Leichen an Körperregionen wie Geschlechtsteil, Anus, Brust, (...) Nacken, Hals und Gesäß schändet, zerschneidet, verstümmelt oder aufschlitzt, da diese Stellen für ihn sexuelle Bedeutung haben und in ihm sexuelle Erregung hervorrufen."

Der frühere Leiter der Kriminalpolizei in Berlin, *Sangmeister*, bezeichnet den Lustmord als einen „aufs Höchste gesteigerten Sadismus" und führt fünf Täter- und Tatmerkmale auf: 1. Sinnlosigkeit, 2. Heftigkeit, 3. Unbedachtheit, 4. Wiederholungstendenz und 5. Partnerlosigkeit.

Im Gegensatz zum „einfachen Sexualmord", bei dem die Triebanomalie des Täters dominiert, d. h. dass nach vorangegangenem freiwilligen Beischlaf, nach Vergewaltigung oder sonstigen sexuellen, insbesondere auch pädophilen Handlungen, die Tötung als sadistischer Höhepunkt erfolgt, dient dem Lustmörder ohne vorhergehende sexuelle Handlungen allein die Tötung seiner Triebbefriedigung. Der klassische Lustmord stellt dabei ein relativ ungewöhnliches Phänomen dar, das auf ernsthafte psychosexuelle Störungen des Täters hindeutet. Er stellt einen extremen Ausdruck, eigentlich den höchsten Grad und die schwerste Form von Sadismus, dar. Beim Geschlechtsverkehr ist der Sadist völlig rücksichtslos. Das kann so weit gehen, dass der Geschlechtspartner gepeinigt, geschlagen und verletzt wird, bis Blut fließt, damit der Sadist potent wird. Das Töten ist Selbstzweck. **Mord und Verstümmelung ersetzen den Geschlechtsakt**. Bei der Sucht, den Geschlechtstrieb auf jeden Fall zu befriedigen, kennt der Lustmörder keine Hemmungen.

So will *Ponsold* den Lustmord im eigentlichen Sinne nur dann gelten lassen, wenn der extrem seltene Fall vorliegt, bei dem die Tötung an die Stelle des sexuellen Vollzuges tritt.

Die Grundlage des Lustmordes können auch nekrophile Tendenzen bestimmen, bei denen nicht nur die Tötung selbst, sondern der sexuelle Verkehr mit dem Sterbenden bzw. dem Verstorbenen das Ziel des Täters ist.

Nach den Definitionen von *Schaeffer* aus dem Jahr 1970 und *Degen* aus dem Jahr 1992 stellt sich der Lustmord im engeren Sinne als Befriedigung der Geschlechtslust durch das Töten selbst, als die Ermordung eines Menschen aus Geschlechtslust dar, wobei das Quälen, Verstümmeln und das sadistische Morden an die Stelle der körperlichen Vereinigung treten; „Die Wollust besteht im Töten. Oder aber der Täter missbraucht sein Opfer sexuell, während er es umbringt“. Beim Lustmord ist insofern die Tötungshandlung ein integrierendes Element des Sexualaktes selbst. Die Tötung soll unmittelbar ein sexuelles Lusterlebnis vermitteln.

Vielen Lustmördern verschafft dieser sadistische Akt, das Entsetzen der gepeinigten Frauen und besonders der Augenblick ihres Sterbens ein explosionsartiges Hochgefühl. Nach diesem Gipfelpunkt sacken sie jedoch schlagartig in eine tiefe emotionale Leere zurück. Nur in der Hälfte der Fälle gehen diese Morde auch mit einer vollzogenen Vergewaltigung einher. Oft genug werden die geschlechtlichen Wonnegefühle auch allein durch den Akt der Aggression und der Unterwerfung sowie durch die Beobachtung der gepeinigten und entsetzten Opfer gespeist.

Nach *Lane* und *Gregg* läuft der Lustmord in **vier Phasen** ab:

a) In der ersten Phase dominiert die Phantasie, in der der Wunsch zum Töten heranwächst, wobei oftmals pornographische Schriften und Filme zur Verstärkung der Wunschvorstellungen Verwendung finden.
b) Die zweite Phase wird bestimmt durch die Jagd, durch die Suche des Täters nach seinem „richtigen“ Opfer.
c) Die dritte Phase beinhaltet die eigentliche Tötung, für den Mörder den Moment der Ekstase. Hierbei nimmt der Täter regelrecht Experimente an den Körpern der Opfer vor, fertigt Lichtbilder des Szenarios an und behält Körperteile seiner Opfer zur Erinnerung bei sich.
d) Die vierte und letzte Phase ist die Zeit nach dem Morden, in der der Täter in tiefe Depressionen verfällt und realisiert, dass er sich, um weitere Genugtuung finden zu können, zu weiterem Töten verpflichten muss.

Reich gelangt zu dem Schluss, dass der Lustmord aus enttäuschter Triebbefriedigung resultiert, die zu einer „Sperrung der Fähigkeit, auf natürliche Weise genitale Lust zu genießen“ führt. Für diesen Tätertyp spielt die seinen Vorstellungen entsprechende Gesamtinszenierung der Tat (Überwältigung, Wehrlosmachung und Tötung des Opfers) die entscheidende Rolle, um sexuell aktiv zu werden oder zu sein.

Folgende **drei Aspekte** beleuchten den Lustmord ...

a) ... im engeren, eigentlichen Sinne:
Eine sexuelle Handlung im herkömmlichen Sinne unterbleibt. Das Ziel liegt im Herbeiführen des Todes oder in den zum Tode führenden Handlungen. Der Täter gelangt zur sexuellen Befriedigung allein durch die

Bluttat, ohne sich den Geschlechtsorganen seines Opfers zu widmen. In vielen Fällen kommt es auch gar nicht zum Geschlechtsverkehr, sondern die sadistische Handlung selbst mündet in den Orgasmus. Der Täter verfügt hier in aller Regel über eine schwach ausgeprägte Potenz. Erst das Quälen verstärkt die sexuelle Reizung und befähigt zum Geschlechtsakt. Dieser Täter macht eine Entwicklung durch, an deren Ende nicht mehr das Würgen, sondern allein die Tötung des Opfers zum sexuellen Erfolg führt.

b) ... als sadistischen Höhepunkt eines Sexualaktes:
Die Tötung dient als Auslöser für den Orgasmus oder der Steigerung der Lust. Oftmals ist die Tötung Voraussetzung für den Eintritt eines Orgasmus, wobei sie entweder von vornherein geplant war oder sich im Laufe einer einvernehmlichen bzw. gewaltsamen sexuellen Handlung einstellt.

c) ... als Ermöglichung eines Sexualaktes:
Hier wird mit dem im Verlauf der Überwältigung tödlich verletzten oder bereits toten Opfer Geschlechtsverkehr oder sonstige geschlechtliche Handlungen vollzogen. Es handelt sich um den Täter, der die Tötung zwar nicht notwendigerweise von Beginn an angestrebt hat, aber den Tod bei dessen Eintritt billigend in Kauf nimmt, wenn er sich zur Vollendung der Notzucht als notwendig darstellt.

Dieser Tätertyp, der wahrscheinlich den Großteil der Mehrfachmörder ausmacht, genießt die **Wehrlosigkeit** seines Objekts und schlachtet seine Opfer als krönender Abschluss seiner ritualisierten sadistischen Phantasie ab. Das ihm wehrlos ausgelieferte Opfer ist für ihn die Erfüllung aller Begierden, sein uneingeschränktes Eigentum. Hierbei vermischen sich die Lust an der Unterjochung und das Bedürfnis nach Grausamkeit zu einem zentralen Thema: Zum sexuellen Sadismus als ekstatische geschlechtliche Wollust durch den Akt des Verstümmelns und letztlich des Tötens.

Liebert, der als beratender Psychiater mehrere amerikanische Strafverfolgungsbehörden bei ihren Ermittlungen von Serienmördern unterstützte, charakterisiert die Lustmörder als Menschen mit „primitiven Abnormitäten, die für normale Beziehungen unfähig sind. Sie mögen vielleicht fähig sein, normale Menschen zu imitieren, aber sie selbst sind nicht normal genug, intensive Beziehungen einzugehen, die die sinnvolle Psychotherapie voraussetzt. Lustmörder repräsentieren das äußerste sadomasochistische und soziopathische Ende eines (...) allerletzten Teils eines behandlungsfähigen Spektrums."

Die Täterpersönlichkeit ist gekennzeichnet durch Kontaktarmut, Bindungsschwäche bis hin zur Gemütsarmut, dabei äußerlich jedoch vielfach gut angepasst und in der bisherigen Lebensentwicklung unauffällig.

Es lässt sich eine lange Vorgeschichte mit fast typischem Verlauf feststellen: Schon während der Pubertätszeit leidet der spätere Täter unter sadistischen oder sadomasochistischen Überwältigungsvorstellungen bis hin zu Tötungsphantasien. Im Laufe der Jahre erfahren diese Szenen unter begleitenden Masturbationszwängen eine fortschreitende Entwicklung hin zur Intensivierung dieses Verlangens mit gleichzeitiger Flucht in diese Phantasiewelt. Die Trennung dieser Welt von der Realität gelingt immer weniger.

Das Opfer wird regelrecht als Objekt der Leidenschaft aus einer pervertierten, triebhaften Genusssucht hingerichtet, wobei der Täter oftmals nekrophile Handlungen vornimmt und Andenken an seine Opfer in Form von abgetrennten Körperteilen an sich nimmt, um sie seinen masturbatorischen Phantasien zuzuführen. Dieses Töten aus rein sexueller Lust ist – soweit ersichtlich – ausschließlich menschlich und nach derzeitigem Forschungsstand im Tierreich so nicht beobachtet worden.

Die amerikanische Kategorie des Serienmörders – im Gegensatz zum Lustmörder – hebt nicht auf das Motiv der Taten ab, sondern auf die Anzahl der Opfer, auf den zeitlichen Verlauf und auf den fehlenden Sozialbezug zwischen Täter und Opfer.

Das **deutsche Strafrecht** unterscheidet den Mörder vom Totschläger u. a. durch die beiden Merkmale der Mordlust und der Befriedigung des Geschlechtstriebs. Es sind die den Mord qualifizierenden Merkmale der niederen Beweggründe, die am 4. September 1941 die bis dahin geltenden gesetzlichen Bestimmungen änderten und in ausländischen Rechten keine Parallele haben. Ursächlich hierzu waren die zu dieser Zeit gängigen und vor allem staatlich erwünschten Versuchsreihen in den so genannten Euthanasieprogrammen, in denen das Verstümmeln und Abschlachten von Menschen an der Tagesordnung und nicht unter Strafe stand. Es erschien nötig, die Grenze zwischen diesem staatlich gewollten und dem ungewollten Töten neu zu definieren. Die niederen Beweggründe dienten zur Absetzung der „hoch stehenden“ staatlich geforderten Taten gegen die unerwünschten. Wenn man schon die Taten selbst nicht mehr unterscheiden konnte, dann doch wenigstens ihre zugeschriebenen Motive.

Hierzu vertritt *Schetsche* die Meinung, dass die Gesellschaft „weniger die Handlung des Verstümmelns und Tötens selbst als verwerflich“ ansieht, „sondern eher den Zufall, die Umstände und das Motiv, unter denen sie vorgenommen wird.“ Und nur das ist dem Lustmörder zumindest moralisch vorzuhalten, nämlich dass er sich in diesen drei Punkten geirrt hat – im Zeitpunkt, im Umstand und im Motiv seiner Tat.

1.1.8 Deutschland: Lustmörder in Zahlen

Für den „einfachen“ Sexualmord, der im deutschen Strafrecht als Tötung eines Menschen „zur Befriedigung des Geschlechtstriebes“ definiert wird, findet man für das Jahr 1995 in der polizeilichen Kriminalstatistik folgende Zahlen:

Die Tat:
Insgesamt wurden 24 Fälle registriert, davon 11 Versuche, was 45,8% entspricht.

Der Täter:
Es wurden 19 Täter ermittelt, 18 davon waren Männer. Bei den Tätern handelte es sich um 1 Kind (bis 14 Jahren), 2 Heranwachsende (zwischen 18 und 20 Jahren) und 11 Erwachsene (ab 21 Jahren, 9 davon zwischen 25 und 39 Jahren, 1 zwischen 40 und 49 Jahren und 1 zwischen 50 und 59 Jahren).

Das Opfer:
Von den insgesamt 24 Opfern waren 22 Frauen. Bei den Opfern handelte es sich um 3 Kinder, 4 Jugendliche, 1 Heranwachsenden und 13 Erwachsene (zwischen 21 und 59 Jahren).

Die Täter-Opfer-Beziehung:
Bei 2 Fällen bestand eine verwandtschaftliche Beziehung, bei 3 eine Bekanntschaft, bei 6 eine flüchtige Vorbeziehung und bei 9 keine Vorbeziehung.

Der Psychiater *Pfäfflin*, der Lust als eine „etwas verkrampfte Geilheit und Sexualisierung“ bezeichnet, stellte bei Untersuchungen von Lustmördern fest, dass sie „in ihrem Leben wenig Lust genossen hatten, eher dumpf vor sich hinbrütend dasaßen, unbeholfen den Ablauf ihrer Tat rekonstruierend, mühsam und stotternd beschreibend, was ihnen jetzt, wo sie darüber sprechen sollten, so fremd und selber irrsinnig erschien. Und dies gilt auch für diejenigen, die wortgewandter beschreiben konnten, wie sie bei ihren Handlungen sexuell erregt waren.“

Hickey ist der Ansicht, dass unsere Gesellschaft zwar bislang keine weiblichen Lustmörder kannte, Frauen aber einfach andere Tötungsmethoden wählen und so schon bewiesen haben, dass sie zum Massen- und Serienmord fähig sind.

Cameron und *Frazer* stellen eine Verbindung her zwischen dem männlichen Geschlecht und der Lust zu töten. Die Sexualität des Mannes, des Täters, wird nicht nur von der Gesellschaft als triebhaft angesehen, sondern von den Männern auch so empfunden. Und weil Männer Sexualität nicht anders als triebhaft denken und empfinden können, handeln sie auch so. Weil sie triebhaft gemacht werden, sind sie es auch, was sich auch in vielen Einlassungen von Lustmördern widerspiegelt: „Ich konnte mich nicht beherrschen." Aus dieser gesellschaftlichen Bestimmung heraus erstaunt es auch nicht, dass viele Täter schon wissen, was ein Lustmörder denkt und tut, bevor sie es selbst gedacht und getan haben.

Danach stellt der Lustmord eine Form **männlicher Gewalt**, eine Form von Sexualterror, der von Männern gegen die Autonomie aller Frauen als potentielle Opfer gerichtet ist, dar. D. h., Mord ist als die ins Extreme gesteigerte männliche Gewalt anzusehen, bei der aus Erniedrigung Vernichtung wird. Der Tod ist die äußerste Ablehnung der Autonomie der Frau, und die von vielen Lustmördern zugefügte Todesart (aufgeschlitzte Geschlechtsteile, abgetrennte Brüste, herausgerissene Gebärmutter) ist die äußerste Schändung des weiblichen Geschlechts und Körpers.

Der Begriff „Lust" steht hierbei für zwei Komponenten der Tat: Ursprünglich ein Begehren oder einen Wunsch bezeichnend, bedeutet es hier sowohl sexuelle Begierde als auch das Verlangen nach Blut.

Die Wortkonstruktion „Mordlust" wirkt monströs: An Mord ist nichts Lustiges. Dass es dabei lustig oder lustvoll zugehen könnte, scheint eher absurd. Bei den von *Pfäfflin* untersuchten Tätern war Lust nicht zu spüren, allenfalls eine „angestrengt und unecht wirkende Geilheit". Die Tat selbst ist für sie kein lustvoller Akt, sondern Ergebnis ungebremster aggressiver Impulse. Lust und sexuelle Begierde werden in dieser Untersuchung nicht als Motiv nachvollziehbar. Die umgangssprachliche Auffassung, die Lust sei das Motiv zur Mordtat, stellt jedoch eine Verkehrung der wahren Verhältnisse dar: Nach *Pfäfflin* wird „nicht aus Lust (...) gemordet, sondern der Täter schlägt mit seinem Opfer auch die aufkeimende Lust tot; die Lust ist nicht Motiv, sondern Objekt der Tat."

Umgangssprachlich ist derjenige ein Lustmörder, dessen Taten umso grausamer und monströser erscheinen als man sie eigentlich von gewöhnlichen Tötungsdelikten her kennt. In den aktuellen Diskussionen um diese so genannten Lustmörder tauchen neuerdings Bezeichnungen wie „Sexualmörder" oder „Triebmörder", zumeist in Verbindung mit dem Begriff „Serienmörder" auf.

Serienmörder handeln zwar auch, aber nicht ausschließlich sexuell, triebhaft, unbeherrscht, wollüstig motiviert, so wie dies bei Lustmördern der Fall ist.

1.1.9 Triebmörder

Dieser Ausdruck, oft im Zusammenhang mit Lustmord verwandt, reduziert die Problematik der Sexualstraftat auf eine rein **biologische** Ebene.

Der Triebmörder wird einmal als triebhaft-psychopathisch, ein anderes Mal als Täter mit starker biologischer Triebhaftigkeit charakterisiert. In vielen Gutachten wird auf eine unnormale Triebstärke und auf einen überdurchschnittlichen oder überhöhten Geschlechtstrieb abgehoben, wobei sich die Frage stellt, was in diesem Zusammenhang „unnormal“ und „übersteigert“ ist. Ist jemand schon besonders triebstark, wenn er zweimal täglich den Geschlechtsverkehr ausübt? Oder beginnt diese gesteigerte Triebstärke erst bei einer höheren Frequenz?

Der Triebbegriff wird u. a. nach *Pschyrembel, Selg* und *Witter* dargestellt als die „Bezeichnung für eine körperlich fundierte Strebung, die der Befriedigung vitaler Bedürfnisse dient“ oder als eine Antriebskraft, die rhythmisch-automatisch zum Vorschein tritt und zu inneren Spannungszuständen führt, die selbständig, ohne äußere Einwirkung, zur Entladung drängen. Im Zusammenhang mit Sexualität beschreibt er diesen „dranghaften Spannungszustand“ oder eine „Bedürfnisspannung“, dauernd nach wiederholter „Reiz- und Lustsuche“ treibend. Der Trieb ist somit geeignet, den „Organismus so lange in Unruhe zu versetzen, bis durch Erreichen des Triebziels die Spannung gelöst und Befriedigung eingetreten ist“. Da hierbei das sexuelle Verlangen als Auslöser dient, wird er demzufolge gewöhnlich als Geschlechtstrieb bezeichnet.

Der Phänomenologe *Pfänder* unterscheidet scharf zwischen **Trieben** und **Motiven**. Triebe, so *Pfänder*, mögen etwas bewirken, aber sie motivieren nicht. Für ihn stellt die Motivation die Bestimmung eines reinen Willensaktes dar. Der uneinheitlich verwendete Begriff „Motiv“ orientiert sich einmal am Zweck, dann wieder am Anlass der Tat, ein anderes Mal am Opfer oder aber an der psychischen Verfassung des Täters.

Trieb wird von den Tätern selbst oft als etwas Fremdbestimmtes erlebt, als ein Drang, der nicht zu vergleichen ist mit einer Sucht nach gewöhnlicher sexueller Stimulation und Betätigung.

Der Triebmörder stellt sich als ein Täter dar, bei dem das Auslöschen fremden Lebens direkt oder indirekt über zum Tode führende Körperverletzungshandlungen der bewussten und gewollten geschlechtlichen Trieberregung oder Befriedigung dienen soll.

Beschrieben wird der Tätertyp als lieblos, egoistisch, brutal, gleichgültig, gefühlsarm, ohne Stolz, ohne Schuldgefühle, ohne Reue, ohne Gewissen, gemütsarm aus Mangel der im Gefühlsgrund verankerten Fähigkeit zur Aufnahme zwischen- oder mitmenschlicher Beziehungen und Anteilnahme an menschlichen Werten, behaftet mit einem Minderwertigkeitskomplex, schüchtern, zurückhaltend, willensschwach.

Steigleder charakterisiert die Persönlichkeit des Triebmörders mit Eigenschaften wie Egoismus, fehlende personale Objektbeziehung, gestörte Sexualität mit stärkerer biologischer Triebhaftigkeit, Willensschwäche und Neigung zu impulsiven, kurzschlüssigen Verhaltensweisen.

Schumacher unterscheidet zwischen „echten“ und „unechten“ Triebmördern.

a) „Echte“ Triebmörder:

Bei diesen Tätern ist Aggression ein Bestandteil ihres sexuellen Erlebens; oder sie setzen die sexuelle Gewalt als Abwehr ihrer Impotenz ein.

Im letzteren Fall gelingt ein „normaler“ Geschlechtsverkehr immer weniger, so dass er schließlich völlig unterbleibt. Es bedarf also einer besonderen Stimulierung. Diese läuft oftmals nach folgendem Schema ab:

Der Täter tut der Frau Gewalt an, löst in ihr Angst, Todesangst aus. Diese Handlung nimmt immer wieder den gleichen Ablauf, die er gleichermaßen wie einen Film nach einem von ihm selbst verfassten Drehbuch erlebt und die stets das gleiche Muster hat.

Im Laufe der Zeit erfährt dieser Vorgang eine Abwandlung: Der Täter schlägt und tritt sein hilfloses Opfer, wobei es, ohne dass sexuelle körperliche Berührungen erfolgen, beim Täter zum Orgasmus kommt.

Die letzte Stufe und Variante dieser Tathandlung besteht darin, dass er ein Opfer so heftig würgt, bis der Tod eintritt – während sein Glied in der Scheide des Opfers eingeführt ist. Indem er sich den Tod der Angstgepeinigten ausmalt und auskostet, erlangt er ein Höchstmaß an sexueller Befriedigung.

b) „Unechte“ Triebmörder:

Diese Täter erzwingen mit aggressiven Mitteln ihr sexuelles Erleben. Sie reagieren ihr aggressives Verhalten über die Sexualität ab. Gewalt oder Aggression sind nicht Ursprung des sexuellen Lustgewinns, sondern Mittel zum Zweck.

Bei den meisten Triebmördern wurde zudem beobachtet, dass sie über eine eher unterdurchschnittliche und gestörte sexuelle Potenz verfügten. Viele waren bei ihren Taten nicht einmal sexuell erregt, so dass die Opfer vor ihrer Tötung ihre Mörder sexuell stimulieren mussten.

Eine sexuelle Triebanomalie, die weitgehend verborgen bleibt, wird oftmals als „echter sexueller Sadismus“ bezeichnet, in dem die Gewalt nicht nur als Mittel dargestellt wird, um Sexualität zu erreichen oder Aggressionen abzubauen. Vielmehr stellt die Gewalt den sexuellen Akt an sich dar. Der Täter kann sich Sexualität nicht anders vorstellen als in Verbindung mit sadistischen Praktiken und dem Verspüren der Todesangst seiner Opfer.

Diese Triebstörung lässt sich nach *Giese* möglicherweise in einem „süchtigen Sexualverhalten“ erklären. Bei solchen Tätern setzt eine „süchtige Sexualentwicklung“ ein; ihre Phantasien füllen den inneren Vorstellungsraum immer mehr aus und führen zu einer „dranghaften Realisation der inneren Vorstellung in äußere Handlungsvollzüge".

Aber Sexualität ist komplex. Und sexuelles Fehlverhalten ist noch komplexer. Nicht nur die Befriedigung des Sexualtriebs ist Grund, Menschen aus sexuellen Motiven heraus zu töten: Die eigene Lebensgeschichte, die eigenen Probleme und Umstände tragen ebenso dazu bei.
Somit kann der Serienmörder nicht mit dem Triebmörder gleichgestellt werden.
Also, was sind Serienmörder dann?

1.2 Allgemeines zum Serienmörder

Entgegen der weit verbreiteten Meinung, *Ressler* und *Shachtman* vom FBI seien in den siebziger Jahren die Urheber der Wortschöpfung „Serienmörder" gewesen, wurde bereits 1966 von *Brophy* in seinem Werk „The Meaning of Murder" erstmals die Bezeichnung „Serienmörder" verwendet, nämlich für den immer noch unbekannten Londoner Prostituiertenmörder „Jack the Ripper". Und sogar schon im Jahr 1950 berichtete der Gerichtsgutachter *Barnstorf* in einem Zeitungsartikel über den „Serienmörder" Rudolf Pleil. Der im Jahr 1924 in Sachsen geborene Pleil tötete zwischen März 1946 und April 1947 insgesamt mindestens 7 (möglicherweise sogar 9) Frauen, um Gelegenheit zu unzüchtigen Handlungen zu haben. Als Rechtfertigung bzw. Motiv für seine Taten gab er an: „Wenn ein Mensch das haben muss, dann muss er es sich eben holen, wenn sie es sich nicht gefallen lassen." Eine noch frühere Erwähnung des Begriffes „Serienmord" erfolgte in der kriminologischen Fachliteratur durch *Engelhardt* im Jahr 1934, auch hier im Zusammenhang mit der Erforschung der Tötungsdelikte des „Jack the Ripper".

Folgende, grundsätzliche Merkmale beschreiben den Serienmörder, der bis Anfang der achtziger Jahre unter der Einheitsbezeichnung „Massenmörder" eingeordnet und zumeist als Sexualmörder bezeichnet wurde, der erfahrungsgemäß aus allen Bevölkerungsschichten kommt, sich äußerlich unauffällig verhält und den Nimbus des Noch-nie-Dagewesenen um sich breitet.
„Serienmorde zeigen in schockierender Weise absolute **Sinnlosigkeit** und **Willkür**; es sind furchtbare Verbrechen, bei denen gewöhnliche Menschen, die ein zufriedenes, ruhiges Leben führen, „einfach so" umgebracht werden. Diese Gewalttaten zerstören völlig unerwartet das Leben von Opfern und deren Angehörigen." (*David Canter*, zitiert nach *Hoffmann* 1994, S. 74)

Die meisten Serienmörder sind laut Psychiatern weder schizophren, verspinnen sich nicht in Wahnwelten, verlieren nie den Kontakt zur Wirklichkeit, noch geraten sie außer Kontrolle.

Sie sind äußerst sadistisch und behandeln ihre Opfer mit extremer Brutalität. Allen Serienmördern ist gemein: Mit ihrem ersten Mord begeben sie sich auf eine verhängnisvolle Talfahrt, die nicht mehr zu bremsen ist. Denn die Tat hinkt immer ihren Phantasien hinterher. So viel sie auch quälen und morden – sie kommen nie zu dem erträumten und erhofften Genuss. Und darum töten sie wieder und wieder.

Ein Grund, warum Serienmörder sich immer wieder dem grausamen Nervenkitzel eines Mordes hingeben, scheint in ihrer **Unfähigkeit** zu liegen, **Gefühle** zu haben. Erst eine so entsetzliche Tat wie ein Mord gibt ihnen das Empfinden, dass sie leben. Dafür müssen ihre Opfer sterben. Serienmörder können auf keine Art und Weise davon geheilt werden, weder durch Psychiater noch sonst irgendwie. Die Rückfälligkeit dieser Täter ist mit an Sicherheit grenzender Wahrscheinlichkeit gewiss.

Es gibt keinerlei Hinweise auf eine mögliche Verbindung zwischen dem Täter und dem Opfer.

Seine Motivation liegt in der Regel in der Befriedigung seines Tötungsbedürfnisses und ist in seiner Persönlichkeit begründet. Manipulation – Dominanz – Kontrolle: Diese drei Faktoren kennzeichnen hierbei diesen gewaltorientierten Serientäter. Alles, was er tut und denkt, ist darauf ausgerichtet, sein ansonsten leeres Leben auszufüllen. Er begeht Taten teils aus Wut, teils aus Feindseligkeit und insbesondere aus Machtbehauptung heraus – Sexualität ist dabei, entgegen der Ansicht von *Abrahamson* aus dem Jahr 1973, der davon ausgeht, dass „sexuelle Elemente immer enthalten sind“, nahezu gänzlich untergeordnet und erfährt keine Berücksichtigung oder Bedeutung.

Serienmörder behalten oft Andenken an ihre Opfer, um in ihrer Phantasie die Tat später erneut durchleben zu können.

Der erste Mord geschieht im Vergleich zu den in einer Reihe weiterer folgenden Taten oft planlos oder wenig geplant, mehr im Affekt und nicht mit dem eigentlichen Ziel des Tötens.

1.2.1 „Cooling down phase“, „Cooling off period“

Serienmörder erleben im Gegensatz zu anderen multiplen Mördern zwischen ihren einzelnen Tötungshandlungen eine „Abkühlungsperiode“, die Tage, Wochen oder gar Monate dauern kann. Danach wählen sie sich ihre Opfer aufs Neue aus und führen ihre Pläne nach ihren Phantasien aus. Eine eindeutige Erklärung für diese Beruhigungsphasen, auch als „Cooling down phase“ oder „Cooling off period“ bezeichnet, gibt es momentan noch nicht. Sie sind vergleichbar mit den befriedigten/befriedigenden Ruhepausen, sie sich im „normalen“ Sexualleben nach dem Geschlechtsverkehr einstellen. Diese Phase, die den Serienmord grundlegend von allen anderen (Serien-)Straftaten unterscheidet, beinhaltet Aktivitäten wie z.B. das Phantasieren über einen bereits begangenen oder über einen künftigen, geplanten Mord, d. h. der Täter überdenkt seine gegenwärtige Situation, in der er sich befindet, wird sich dieser bewusst und weiß schließlich, was er getan hat und was er als Nächstes tun wird. In dieser Zeit wird er möglicherweise auch schon sein nächstes Opfer auswählen.

Im Umkehrschluss ist das anwachsende Bedürfnis des Täters nach erneutem Töten korrespondierend mit dem Verlangen nach „normaler" Sexualität. Überspitzt lässt sich dieses Zusammenspiel in der Aussage festhalten, dass „Serienmörder zunehmend geiler nach Blut werden".

Solche zeitlichen Unregelmäßigkeiten der Abkühlungsphase lassen sich am Beispiel der Serie von 16 Morden in Italien gut nachvollziehen: „Il Monstro", der im August 1993 als der 69-jährige Landarbeiter *Pietro Pacciani* identifiziert werden konnte und der als das „Monster von Florenz" sein Unwesen trieb, ermordete Liebespaare überwiegend in ihren auf Parkplätzen in der Toskana abgestellten Autos und Wohnmobilen. Der **Modus Operandi** des Täters ließ erkennen, dass er vor der eigentlichen Tötung die Paare einige Zeit beobachtete und dann erst erschoss – immer zuerst den Mann und anschließend die Frau. Danach zerstückelte der Täter die Frauenleichen und schickte abgetrennte Körperteile auf dem Postweg an die Polizei. Der erste Doppelmord ereignete sich 1968, die folgenden sieben Doppelmorde in den Jahren 1974, 1981 (in diesem Jahr zwei Taten), 1982, 1983, 1984 und 1985. Zwischen der ersten und zweiten Tat lagen also 6 Jahre, zwischen der zweiten und dritten Tat sogar 7 Jahre – dann nur 10 Wochen zwischen der dritten und vierten Tat im Jahr 1981. Schließlich lässt sich ein regelmäßiges, einjähriges Intervall bis 1985 erkennen.

Der Serienmörder ist zum Zeitpunkt seiner ersten Tat ein durchschnittlich 27,27 Jahre alter Mann, zum Zeitpunkt seiner letzten Tat ist er durchschnittlich 31,44 Jahre alt. Nach *Harbort* beträgt das Durchschnittsalter zum Zeitpunkt der ersten Tat 27,6 Jahre mit einer Streubreite von 14 bis 50 Jahren; Sexualmörder töten erstmals mit 22,3 Jahren, Raubmörder mit 28,5 Jahren und Beziehungsmörder mit 33,8 Jahren.

71 % der Serienmörder begehen ihre erste Tat vor dem 30. Lebensjahr.

Das Phänomen „Serienmörder" scheint mit den USA auf besondere Weise verknüpft zu sein, wenn man bedenkt, dass sich der Anteil der US-Amerikaner an der Gesamtweltbevölkerung gerade mal auf 5 % beläuft, in den vergangenen 20 Jahren aber rund 75 % aller Serienmörder amerikanischer Herkunft sind, d. h. von den 160 Serienmördern, die in dieser Zeitspanne tätig waren und gefasst wurden, stammten mindestens 120 aus den USA.

Ergänzend hierzu noch einige Zahlen: 19 % der bislang bekannt gewordenen Serienmörder stammen aus Europa. Davon nimmt England einen Anteil von 28 % ein, gefolgt von Deutschland mit 27 % und Frankreich mit 13 %.

Nach inoffiziellen Schätzungen des FBI und amerikanischer Kriminologen beläuft sich die Zahl der aktuell aktiven Serienmörder in den USA auf 35 bis 100. Andere Zahlen sprechen sogar von erheblich mehr Tätern, wenn man davon ausgeht, dass zwischen einem Viertel und zwei Drittel aller ungeklärten Mordfälle von einem den Opfern völlig fremden Mehrfachmörder begangen worden sind. Einige wenige Wissenschaftler, unter ihnen *Linedecker* und *Burt*, nehmen an, dass ein Drittel aller Morde auf das Konto von Serienmördern geht.

Legt man zum einen die Zahlen des FBI für das Jahr 1983 zugrunde, in dem ca. 5 000 Morde ungeklärt blieben, und zum anderen die Zahl derjenigen, die einem „durchschnittlichen" Serienmörder zum Opfer fallen, so ergibt sich für die USA eine Zahl von ca. 350 bis 500 aktiven Serienmördern. Auch *Holmes* und *De Burger* gehen von diesem Wert aus.

Eine weitere Zahl bringt *Leyton* in die Diskussion ein; demnach sind in den USA ca. 100 Serienmörder aktiv.

Neuere und zugleich ganz andere Zahlen liefern *Holmes / Holmes* aus dem Jahr 1994, die für den Zeitraum von 1900 bis 1994 184 Serienmörder (und 54 Massenmörder) in den USA annehmen.

Nichtsdestotrotz sind Serienmorde extrem selten; in den USA machen sie etwa 1-2 % aller Tötungsdelikte aus (Stand: 1993).

Hickey stellte im Jahr 1997 ergänzend fest, dass folgende US-Bundesstaaten die meisten Serienmorde aufweisen (Klammervermerk entspricht der Anzahl der Opfer): Kalifornien (50), New York (31), Texas, Florida, Illinois (je 25), Ohio (15). In Relation zur Einwohnerzahl jedoch werden Alaska, Idaho, Wyoming, Utah, Nord- und Süd-Dakota, Kansas und Delaware genannt.

Aufgrund eigener Untersuchungen schätzt *Bourgoin* vom Pariser „Centre International de Sciences Criminelles", dass 17 % der Serienmörder schwarzer Hautfarbe und 83 % weißer Hautfarbe sind. Das Verhältnis der Geschlechter liegt bei 89 % Männer zu 11 % Frauen.

1.2.2 Serienmörder in Deutschland: Ein Zahlenwerk

Eine Studie des Düsseldorfer Kriminalbeamten *Harbort*, der sich anhand von Ermittlungsakten aus dem Zeitraum von 1945 (Ende des Zweiten Weltkrieges) bis Ende 1995 mit Serienmördern in der Bundesrepublik Deutschland befasste, und deren Ergebnis er 1999 vorlegte, ergibt folgendes Zahlenwerk:

„Im genannten Zeitraum wurden 54 Männer und 7 Frauen als Serienmörder abgeurteilt. 21 Mordserien mit insgesamt 79 Einzeltaten wurden bislang nicht geklärt. Diese mindestens 82 Täter begingen beim derzeitigen Ermittlungsstand insgesamt 453 Einzeltötungsdelikte (davon 56 Versuche).

Über den Berichtszeitraum hinaus liegen folgende Zahlen vor: Von Anfang 1996 bis Mai 1999 wurden 6 weitere Täter ermittelt, denen 24 Tötungsdelikte zur Last gelegt werden. Auch dürfen weitere 79 Täter nicht übersehen werden, die wegen zweifachen Sexual- und/oder Raubmordes und teilweise weiterer versuchter Tötungsdelikte verurteilt wurden und die als potentielle bzw. verhinderte Serienmörder anzusehen sind – nicht zuletzt aufgrund ihrer neurotischen, pathologischen Motivations- und Persönlichkeitsstruktur, ihrer speziellen Opferauswahl, die sich regelmäßig über Personen erstreckte, zu denen keine Vorbeziehung bestand, der erheblichen Wiederholungsgefahr und ihrer oft geäußerten Selbsteinschätzung („Ich hätte weitergemacht.").

Diese **Fallzahlen** steigen seit 1945 kontinuierlich. Im Zeitraum 1986 – 1995 ereigneten sich ca. 63 % mehr Serientötungen als in den zehn Jahren zuvor. Und von den 1855 Sexual- und Raubmorden, die die Polizeiliche Kriminalstatistik des BKA für diesen Zeitraum ausweist, gehen ca. 8,5 % auf das Konto von Serienmördern.

Harbort geht davon aus, dass sich derzeit 8 Serienmörder in Deutschland frei bewegen und denen bis jetzt 31 Tötungsdelikte zugeschrieben werden – und die weiterhin töten werden.

In nahezu 80 % der untersuchten Fälle bestand keine Täter-Opfer-Beziehung. Und nur in knapp 27 % der Delikte stand der Täter unter dem Einfluss von berauschenden Mitteln (Alkohol und/oder Betäubungsmittel).

Nur 60,6 % der Untersuchten verübten ihre Taten als Alleintäter; in den übrigen Fällen wurden die Taten entweder gemeinschaftlich (27,9 %) oder wahlweise in Allein-/Mittäterschaft (11,5 %) begangen. Lediglich Sexualmörder erwiesen sich als überzeugte Alleingänger (94,4 %).

Die Tatorte lagen mit 58,1 % überwiegend in Großstädten mit den geographischen Schwerpunkten Berlin, Hamburg, Hannover, Frankfurt/Main, München und das Ruhrgebiet. In 67,9 % aller Fälle lagen die Tatorte nicht weiter als 30 km voneinander entfernt (davon 39,9 % weniger als 10 km).

Für den Berichtszeitraum (1945 – 1995) liegt die Verurteilungsquote bei sexuell motivierten Serienmördern bei etwas mehr als 56 %. Es bleibt festzustellen, dass jeder fünfte Serienmord ungeklärt, jeder dritte ungesühnt bleibt." (*Harbort* 1999, S. 642 ff.)

Der Serienmörder bevorzugt den direkten Kontakt zu seinem Opfer, d. h. er benutzt weniger häufig Schusswaffen. Er sticht mit einem Messer auf sein Opfer ein – er würgt sein Opfer – er schlägt mit einem Gegenstand auf sein Opfer ein, da er, so *Hazelwood* und *Douglas*, „zu wenig psychosexuelle Befriedigung durch eine unpersönliche Waffe erlebt.“

Es wurde, insbesondere bei psychotischen Tätern, die ihre Taten spontan begehen, beobachtet, dass die Tötungsmethode geändert wurde.

Weiterhin wurde festgestellt, dass weibliche Serienmörder weniger gewalttätig vorgehen als männliche. So haben 45 % der weiblichen Serienmörder eine auffallende Vorliebe für Gift als Tatmittel gezeigt.

Der Serienmörder hört mit seinem Töten erst dann auf, wenn er getötet oder festgenommen wird – oder wenn er sich selbst tötet. Diese letzte Möglichkeit wählen die wenigsten. Beobachtet wurde der Weg der Selbsttötung bei psychotischen Tätern, die sich einer bevorstehenden Festnahme entziehen wollten.

Seit Beginn des 20. Jahrhunderts haben folgende Serienmörder Selbsttötung begangen:

Vermilyea, Louise	09.02.1910
Ball, Joe	24.09.1938
Edwards, Mark	30.10.1971
Costa, Antone	12.05.1974
Chase, Richard	26.12.1980
Prudom, Barry	04.07.1982
Yukl, Charles	22.08.1982
Cota, Fernando	14.10.1984
Hatcher, Charles	03.12.1984
Lake, Leonard	06.06.1985
Macek, Richard	02.03.1987

Nach ihrer Festnahme gestehen sie in aller Regel ihre Verbrechen uneingeschränkt und neigen sogar dazu, darüber hinaus mehr Taten zuzugeben, als sie tatsächlich begangen haben. Viele von ihnen wissen jedoch auch nicht mehr, wie viele Morde sie eigentlich begangen haben. Sie streiten deshalb auch Verbrechen nicht ab, weil sie sich einfach nicht mehr erinnern können.

Schon allein der Begriff „Serienmörder“ umfasst zwei Kriterien, nämlich das der „Serie“ und das des „Mörders“.

a) Die Serie:

Lt. Duden wird „Serie“ definiert als eine „bestimmte Anzahl, Reihe gleichartiger, zueinander passender Dinge, die ein Ganzes, eine zusammenhängende Folge darstellen“. Der „Serien“-Mord beschreibt eine zeitlich unterbrochene Aufeinanderfolge gleichartiger Handlungen, also nacheinander an verschiedenen Orten begangene Morde, in der Regel jeweils einen. Der Serienmörder kann aber auch durchaus mehrere Opfer auf einmal umbringen.

b) **Der Mörder:**
Ein Serien-„Mörder“ ist kein Serientäter im herkömmlichen Sinn. Auch Betrugs- und Körperverletzungsdelikte sowie Trunkenheitsfahrten im Straßenverkehr und Banküberfälle können in Serie begangen werden. Es handelt sich um Mord als Form der extremsten Gewaltanwendung, die nahezu überall mit größten Sanktionen belegt wird. Der Mord fordert neben intensivsten polizeilichen Ermittlungen zudem die Gesellschaft zu einer moralisch negativen Bewertung dieser Tat heraus.

Der Zweck von Sanktionen und moralischer Einstufung ist es, eine psychologische Hemmungsschwelle aufzubauen und eine Abschreckung zu erzielen, solche Taten zu begehen. Die Aggressionsqualität bei Mord ist eine andere als bei Betrugsdelikten. Und selbst der „normale, einfache“ Mord bleibt bis zu einem gewissen Grad rational verarbeitbar. Doch diese Verarbeitung scheitert bei Serienmorden, bei denen keine Rationalität erkennbar ist.

In den Serienmördern steckt etwas, was wir „unerfüllte Wünsche“ nennen müssen. Diese werden Teil ihrer Phantasie – und treiben sie zum nächsten Mord. Das sind Serienmörder.

1.3 Definitionsversuche

Vorab die Bemerkung, dass es keine **juristische Legaldefinition** der Begriffe „Serienmord“ oder „Serienmörder“ gibt.

Der an der Täter-Opfer-Beziehung orientierte Kriminologe *Schneider* rechnet den Serien- wie auch den Massenmord zur Gruppe der „Tötungen zwischen Fremden, nicht verbunden mit anderen Delikten“, einer Gruppe, auf die etwa 1 % aller Tötungsdelikte entfallen. *Schneider* unterscheidet die Serienmörder in vier Gruppen: 1. Geisteskranke, 2. „Sendungsbewusste“, die z. B. Homosexuelle oder Prostituierte töten („hate crime“), 3. Personen, die erregt oder vergnügt töten (z. B. Sexualmörder) und 4. Personen, die aus Machtgier Kontrolle über Leben und Tod ausüben wollen und dabei besonders brutal vorgehen.

Eine andere Unterscheidung trifft *Bauer,* der die Taten des Serienmörders einteilt in: Kannibalismus (der zum Teil Gewinnmotive enthält), in Sexualmorde, in Gewinn-/Raubmorde und in Verbrechen, die eine ausgeprägte Mordlust (mitunter geradezu einen Tötungstrieb) sichtbar werden lassen, oder der eigenen Selbstbestätigung dienen soll. Für *Bauer* wiederholen sich die Mordtaten von Serienmördern in gewissen Abständen bei gleicher oder ähnlicher Gelegenheit, wobei rational geplante Taten (z. B. des organisierten Verbrechens) ausgeklammert werden.

1.3.1 Holmes und De Burger

Eine erste Definition erfolgte im Jahr 1988 durch *Holmes* und *De Burger* in ihrem Buch „Serial murder: Studies in Crime, Law and Justice".

Demnach ist beim Serienmord das zentrale Element der wiederholte Mord. Mit anderen Worten: Der Serienmörder tötet immer wieder, bis er gestoppt wird. Ergänzend hierzu sagt *Ressler*, dass „Serienmörder nicht mehr aufhören können zu töten. Sie haben sich dem Zwang zur Serie unterworfen."

Nur in extrem seltenen Fällen hört der Serienmörder wie von selbst auf mit seinen Taten und bleibt dadurch gänzlich unentdeckt. Ein Beispiel ist die bislang immer noch ungeklärte Reihe von insgesamt 13 Leichenfunden in Cleveland/USA in den Jahren 1935 - 1938.

Die Zeitspanne, in der ein Serienmörder handelt, kann sich von wenigen Wochen über Monate bis hin zu vielen Jahren erstrecken.

Ein weiterer Aspekt ist die „one-to-one"-Handlung, d. h., dass in der Regel eine Tat nach der anderen geschieht, bei der jeweils ein Mord (mit einem Opfer) begangen wird.

Opfer und Täter sind sich fremd; es bestand maximal eine lockere Bekanntschaft. In den seltensten Fällen morden die Täter nur im Familienkreis.

Bei den Tätern besteht schließlich absolute **Motivation zum Töten** – und nur zum Töten. Sie töten aus freiem Willen, d. h. auch wenn ein großer Anteil an unbewussten Trieben während der Taten vorhanden ist, scheint es erwiesen, dass der Mörder sich dazu entscheidet, zu töten. Habgier und Eifersucht beispielsweise spielen nicht die geringste Rolle. Dieser letzte Punkt führt unweigerlich zum Nichterkennen bzw. zum offensichtlichen Fehlen von klaren Motivlagen.

Keine Berücksichtigung finden bei der Definition diejenigen Täter, die bereits nach ihrem ersten Mord gefasst wurden, bei denen aber nach Abwägung der Gesamtumstände die Annahme begründet war, dass sie weiter gemordet hätten.

Es stellt sich demzufolge die Frage, ob es dann überhaupt so etwas wie Gemeinsamkeiten bzw. verallgemeinerbare Eigenschaften von Serienmördern gibt, die Prognosen bei solchen Tätern zulassen. Diese imaginäre Grenze zwischen „normaler" Kriminalität und Serienmorden wird eben nur in seltenen Fällen überschritten.

Ein weiteres Kriterium, dass ein bestimmter Fall Berücksichtigung findet, um als Serienmord definiert zu werden, ist der Umstand, dass der Täter zum Zeitpunkt der Tat im Vollbesitz seiner geistigen Kräfte und dementsprechend zurechnungsfähig war – also fähig, zwischen Gut und Böse zu unterscheiden – und zudem weder Hirnschädigungen noch sonstige biologisch-medizinische Defekte vorlagen.

1.3.2 Lane und Gregg

Zu einer ganz ähnlichen Charakterisierung des Serienmordes bzw. des Serienmörders kommen *Lane* und *Gregg* in ihrem Buch „The New Encyclopedia of Serial Killers“ aus dem Jahr 1992. Sie führen die folgenden sechs Punkte als wesentliche Merkmale auf (siehe Seite 2 f.):

a) Die Tötungshandlungen wiederholen sich mit wachsender oder abnehmender Häufigkeit, wobei die Taten oft eskalieren. Sie werden über eine gewisse Zeitdauer begangen, die manchmal über Jahre hinweg dauern kann. Die Verbrechen erfolgen solange, bis der Mörder festgenommen wird, stirbt oder sich selbst tötet.
b) Es gibt eine Gemeinsamkeit zu den „einfachen, normalen“ Morden: Es wird in der Regel im Laufe einer Handlung immer nur ein Opfer getötet.
c) Es gibt nahezu keine erkennbaren Beziehungen zwischen dem Täter und seinen Opfern. In den seltensten Fällen sind die Opfer Verwandte oder Bekannte des Mörders.
d) Bei den Verbrechen sind zunächst eigenartige, seltsam anmutende Verhaltensmuster oder Charakterzüge des Täters festzustellen; klar definierte oder rational erklärbare Motive sind auf den ersten Blick nicht erkennbar.
e) Oft ist eine hohe Mobilität des Täters vorhanden, zumeist verfügt er über ein eigenes Fahrzeug, das es ihm ermöglicht, den Tatort rasch und rechtzeitig zu verlassen, bevor die Tat bzw. das Opfer überhaupt entdeckt wird.
f) Gewöhnlich zeigen die Verbrechen Anzeichen von übermäßiger, überflüssiger Gewalteinwirkung, Anzeichen eines so genannten „Overkill“, des „Übertötens“; im Verlauf der Gewalttat ist das Opfer einer unverhältnismäßigen Brutalität ausgesetzt, die zur eigentlichen Tötung nicht erforderlich gewesen wäre.

1.3.3 National Institute of Justice

1988 veröffentlichte das amerikanische „National Institute of Justice“ eine **Definition** des Serienmordes, wonach sich dieser als „eine Serie von zwei oder mehreren Morden“ darstellt, „die als einzelne Handlungen üblicherweise, aber nicht immer, von einem Täter allein begangen werden. Die Verbrechen können sich über einem Zeitraum von Stunden bis zu Jahren erstrecken. Oftmals sind die Motive psychologisch begründet, und sowohl das Täterverhalten als auch die Beweislage, beides sich am Tatort widerspiegelnd, zeigen sadistische, sexuelle Züge."

1.3.4 Holmes / Holmes und Lester

Holmes und *Holmes* definieren in ihrem im Jahr 1994 erschienen Buch „Murder in America" den Serienmord als Tathandlung mit mindestens drei Opfern, wobei die Zeitspanne zwischen dem ersten und letzten Mord mehr als 30 Tage umfassen muss. Ist die Zeitspanne kürzer, sprechen *Holmes / Holmes* vom „Spree"-Mörder oder Streumörder. Diesem Definitionsversuch schließt sich der US-amerikanische Psychiater *Lester* in seinem im Jahr 1995 erschienenen Buch „Serial Killers" an.

1.3.5 Egger

Der Serienmord stellt sich nach einer Definition von *Egger* als die Ermordung zweier Fremder, also als die Tötung von zwei Menschen, zu denen der Täter **keinerlei Beziehung** aufweist, dar. Die Tötung erfolgt aus keinen anderen Gründen als aus Zwang oder Freude. In seinem 1998 erschienenen Buch „The Killers Among Us" geht *Egger* davon aus, dass ein Serienmord dann vorliegt, wenn folgende Aspekte erfüllt sind (s. S. 5 f.):

a) Eine oder mehrere Personen (in den meisten Fällen männlichen Geschlechts) begeht/begehen zwei oder/und weitere, aufeinander folgende Mordtaten.
b) Grundsätzlich ist keine offenkundige Beziehung zwischen Opfer und Angreifer zu erkennen; sollte dennoch eine solche Beziehung existieren, wird der Mörder das Opfer in eine unterjochende Rolle drängen.
c) Nachfolgende Tötungen ereignen sich zu unterschiedlichen Zeiten und zeigen keine ersichtliche Verknüpfung zum ersten Mord.
d) Die Morde werden an den unterschiedlichsten Orten begangen.
e) Die Motivation liegt nicht im materiellen Gewinndenken begründet, sondern basiert vielmehr auf dem Wunsch des Mörders, Macht und Dominanz über seine Opfer ausüben zu können.
f) Opfer haben meist symbolische Bedeutung für den Täter und/oder werden entweder als nutz- und rechtlos, in den meisten Fällen unfähig, sich selbst zu verteidigen oder andere auf ihre Notlage aufmerksam zu machen, oder als machtlos, ihrer zeitlichen und örtlichen Situation und Umgebung ausgeliefert, wahrgenommen.

g) Beispiele solcher Opfer sind Obdachlose, Landstreicher, Prostituierte, Montagearbeiter, Homosexuelle, vermisste Kinder, allein stehende und/oder ältere Frauen, Studenten und Patienten.

1.3.6 FBI-Definition

Ein weiterer Versuch, den Begriff klar zu umschreiben, ist die in den USA allgemeingültige Definition des FBI.

Ursprünglich als Mord mit „drei oder mehr einzelnen Handlungen mit einer emotionalen Abkühlungsperiode zwischen den Mordhandlungen, die alle an verschiedenen Orten stattfinden", bezeichnet, wurde diese Definition zwischenzeitlich modifiziert zu „drei oder mehr Morden ohne erkennbare Täter-Opfer-Beziehung, wobei die Tathandlungen durch eine Abkühlungsperiode unterbrochen werden und sadistisch-sexuelle Gewalt beinhalten."

Darüber hinaus tötet der Serienmörder aus sexuellen Motiven nach einem rituellen Muster. Diesem Ritual kommt bei allen Tätern eine große Bedeutung zu. Die Mörder geben zu, dass sie sich ihre Verbrechen in der Phantasie unzählige Male vorstellten, bevor sie sie begangen haben.

Der sexuelle Aspekt enthält selten direkte Vergewaltigungen, so doch oftmals Verstümmelungen der äußeren Sexualorgane oder nekrophile Komponenten.

Nicht unerwähnt soll hier jedoch bleiben, dass erfahrungsgemäß lange Zeitabstände zwischen den Taten und auch deren Entdeckung, insbesondere zwischen den ersten zwei Morden, liegen. So bleibt es oft dem Zufall oder der Intuition des ermittelnden Polizeibeamten überlassen, rechtzeitig Verbindungen zwischen den Taten herzustellen.

1.3.7 Hickey

Nach *Hickey* umfasst der Begriff „Serienmörder" im Wesentlichen alle Mörder gleich welchen Geschlechts, die zeitlich unbegrenzt töten. Serienmörder hinterlassen mindestens drei bis vier Opfer. Gewöhnlicherweise ist ein ganz bestimmtes Tötungsmuster bei allen Taten erkennbar, das Rückschlüsse auf die Opferauswahl, auf die Tötungsmethode und auf die Motivation zulässt.

Diese Definition beinhaltet zum einen diejenigen Mörder, die innerhalb ihrer vier Wände töten. Zum anderen werden aber auch diejenigen Mörder erfasst, die innerhalb der Grenzen einer Stadt, eines Landes oder aber über solche Grenzen hinweg töten. Zudem bleibt festzustellen, dass einige Opfer persönliche Beziehungen zu ihren Mördern unterhielten, andere wiederum nicht. Manche der Opfer wurden aus reinem Tötungswillen ermordet, manche aus Gewinnsucht und Profitgier, also in Raubabsicht. Von größter Wichtigkeit ist aber, dass unter diesen Opfern ein gemeinsamer Nenner besteht.

In den Einzeltaten der Mordserie ist vielmehr ein **schleichender Entwicklungsprozess** zu erkennen als nur eine finale Tötungshandlung, d. h. der Täter variiert in seinen Angriffen, die zwar nicht sofort und unmittelbar zum Tode führen, aber letztlich doch ein tödliches Potential beinhalten. Die abschließende Tötung, zumeist Strangulation, Erstechen oder/und Erschießen, folgt in aller Regel den noch zu Lebzeiten vorgenommenen Quälereien, Folterungen und den sexuellen und körperlichen Misshandlungen und Verstümmelungen an den Opfern.

1.3.8 Kelleher/Kelleher

Kelleher und *Kelleher* beschränken sich in ihrer Definition des Serienmordes auf zwei Aspekte.

Sie definieren ihn als die Tötung von mindestens drei Personen, bei der die einzelnen Mordtaten durch die so genannte „cooling off period" voneinander getrennt werden. Unberücksichtigt bleiben hierbei Elemente wie die Tötungsmethode und die Gesamtumstände der Tat sowie eine genau festgelegte Zeitspanne zwischen den einzelnen Taten.

1.3.9 Harbort

Harbort, Kriminalbeamter beim Polizeipräsidium Düsseldorf, beklagt die kontroverse Diskussion, welche Tatbestandsmerkmale den Serienmörder/ Serienmord definieren. Es herrscht, so *Harbort*, Uneinigkeit und Unstimmigkeit in folgenden Definitionsbereichen:

„a) Anzahl der Taten (Die variiert von „mindestens 2" bis „wenigstens 10")

b) Anzahl der Täter (Grundsätzlich soll es sich um einen Einzeltäter handeln. Es wird aber auch gelegentlich auf „gemeinschaftliches Handeln" abgestellt.)

c) Bestimmung des Tatortes (Es wird sowohl von „unterschiedlichen Tatorten" als auch von einem „innerhalb eines bestimmten/bestimmbaren geographischen Terrains" berichtet.)

d) Bestimmung der Tatzeit (Die Zeitspanne erstreckt sich von „einigen Stunden" über „zwei Tage" bis zu „Wochen, Monaten oder gar Jahre".)

e) Erkennen der Motivlagen (Hier werden „motivlose/irrational erscheinende", aber auch „sexuell motivierte" Taten erfasst, wobei „politische und/oder finanzielle Beweggründe" ausgeklammert werden.)"

Vor dem Hintergrund dieser beschriebenen terminologischen Unwägbarkeiten definiert *Harbort* (1999, S. 644) den Serienmörder/Serienmord wie folgt: „Der voll oder vermindert schuldfähige Täter (...) begeht allein verantwortlich oder gemeinschaftlich (...) mindestens drei vollendete und von einem jeweils neuen feindseligen Tatentschluss gekennzeichnete vorsätzliche Tötungsdelikte (...)." (*Harbort* 1999, S. 644)

1.4 Die Täterkategorien

Nach Untersuchungen von *Megargee* und *Bohn* aus dem Jahr 1979 findet sich in der Literatur eine Vielzahl von Tätertypologien und -kategorien, in denen jeweils zwischen zwei und elf verschiedene Mördertypen vorgestellt werden. So unterteilt z. B. *Wille* Mörder in 10 Gruppen: 1. depressive, 2. psychotische Mörder, 3. Mörder mit organischen Gehirnstörungen, 4. psychopathische, 5. passiv-aggressive, 6. alkoholkranke, 7. hysterische Mörder, 8. Kindesmörder, 9. geistig unterentwickelte, zurückgebliebende Mörder und 10. Mörder, die zum Zwecke ihrer sexuellen Befriedigung töten. Und obwohl Serienmorde einen relativ kleinen Anteil an allen Tötungsdelikten ausmachen, wurde von Forschern und Wissenschaftlern mit der schwierigen Aufgabe begonnen, Serienmörder zu klassifizieren. Folglich entstanden so die unterschiedlichsten Typologien und Kategorien von Serienmördern, und es überrascht auch nicht, dass sich viele dieser Untergliederungen widersprechen.

Eine häufig anzutreffende Methode ist es hierbei, „aufgrund des Tatverhaltens, welches durch die Analyse des Tatortes beziehungsweise durch Opferaussagen rekonstruiert wird, auf die Zugehörigkeit des unbekannten Täters zu einer bestimmten Klasse zu schließen. Diese wiederum ermöglicht Aussagen über ermittlungsrelevante Eigenschaften des Täters." (*Hoffmann*/*Musolff* 1996, S. 76)

1.4.1 „Organized"/„Disorganized"

Zwei Mitarbeiter des FBI, *Hazelwood* und *Douglas* von der zunächst als „Behavioral Science Unit (BSU)" bezeichneten und dann später in „Investigative Support Unit (ISU)" umbenannten Abteilung für Verhaltenswissenschaft, haben in einem im Jahr 1980 veröffentlichten Bericht Serienmörder in zwei Gruppierungen unterschieden: Zum einen in den systematisch kontrollierten und planvoll vorgehenden, den so genannten „organized" Täter, der in seinen Verbrechen eine gewisse Logik erkennen lässt, und zum anderen in den chaotisch unkontrollierten und planlos vorgehenden, den so genannten „disorganized" Täter, dessen Denkprozesse für einen „normalen" Menschen zunächst nicht nachvollziehbar sind. Diese nachfolgende Unterscheidung wurde mit den Jahren erweitert, vertieft und modifiziert.

Die Unterschiede lassen sich sowohl in den Hinweisen, die an einem Tatort gewonnen werden als auch in der Persönlichkeitsstruktur beider Tätertypen finden.

Die FBI-Forschungen ergaben, dass etwa 48 % der untersuchten Morde von „disorganized“, 32 % von „organized“ Tätern und 14 % der Mischform aus beiden begangen werden; die verbliebenen 6 % konnten nicht zugeordnet werden, da entweder der Leichnam in einem zu stark verwesten Zustand aufgefunden wurde oder aber der Tatort bereits zu alt war, um eine eindeutige Analyse erstellen zu können.
Es handelt sich hier um zwei so genannte Prototypen, d. h. in vielen Fällen tauchen Anzeichen aus beiden Kategorien auf. Bei der Übertragung dieser Katalogisierung von den amerikanischen auf die europäischen Verhältnisse müssen aber die unterschiedlichen sozialen Strukturen beachtet werden. Aufgrund dessen findet sich in Europa überwiegend der Typus des „organized“ Täters.

a) Der „organized“ Täter:
Dieser Täter entwickelt sich aus dem Umstand, dass er Schmerz, Zorn und Angst nach außen projiziert, überwiegend in sinnlosen, aggressiven Handlungen, wobei er eine Überlegenheitshaltung einnimmt. Der als Unruhestifter beschriebene Täter wechselt häufig seinen Sexualpartner und trat in zurückliegender Zeit mehrfach als Brandstifter (oftmals mit hohem Sachschaden an bewohnten Gebäuden) und als Tierquäler in Erscheinung. Er hat eine Wut auf sich selbst, auf seine Familie und auf die Gesellschaft im Allgemeinen und wählt solche Opfer, die er manipulieren, beherrschen und lenken kann. Er besitzt eine verantwortungslose und egoistische Einstellung. „Obwohl er Menschen im Allgemeinen ablehnt, meidet er sie nicht.“ (*Füllgrabe* 1997, S. 292) Stattdessen ist er fähig, eine freundliche Fassade zu zeigen, um andere Menschen auf seine persönlichen Interessen hin zu manipulieren. Er geht dabei methodisch vor und ist eine clevere Person, was er durch seine Taten beweist. Sein Vorgehen offenbart den Wunsch, die Gesellschaft herauszufordern. Es zeigt sich eine Geringschätzung der Akzeptanz durch die Gesellschaft, so dass es ihm gleichgültig ist, was die Leute von ihm und seinen Verbrechen halten.
Bei diesen Tätern spielen Faktoren wie Augenzeugen und Tatort keine übergeordnete Rolle, weil die eigene Phantasie als so gut ausgereift empfunden wird, dass sie alles unter Kontrolle zu haben glauben. Sie sind der Ansicht, sie können nie gefasst oder getötet werden und dass niemand sie aufhalten kann.
Soziale Anpassungsfähigkeit und **geistige Beweglichkeit** sind Kennzeichen des „organized“ Täters; er passt sein Verhalten den jeweiligen Erfordernissen der Situation vor, während und nach dem Verbrechen an. *Schorsch* berichtet hierzu von „Beobachtungen, dass Männer auch mit einer schweren sadistischen Perversionsbildung in ihrem sozialen Verhalten auffällig unaggressiv, sozial gut eingegliedert sind“.

Er lernt bei jedem weiteren Verbrechen hinzu, verbessert hierbei seine Methode und vergrößert mit dieser zunehmenden Erfahrung seinen geographischen Aktionsradius.

Die Opfer sind meist Fremde, die jedoch vorher nach bestimmten Kriterien (Alter, Aussehen) ausgesucht wurden; sie müssen einem bestimmten Typ entsprechen. Festgestellt wurde, dass ein großer Teil der überwiegend attraktiven, weiblichen Opfer im Alter zwischen 23 und 29 Jahren war.

„Wegen seiner Neigung zu einem bestimmten **Opfertyp** verbringt der Täter oft beträchtliche Zeit und Mühe damit, seine dem Schema entsprechende Opfer zu suchen." (*Ressler* et al. 1988, zitiert nach *Hoffmann/Musolff* 1996, S. 79)

Nach diesen Opfern wird regelrecht an deren Lieblingsorten (z. B. Parkplätze, Nachtlokale, Schulhöfe, Schnellimbiss-Restaurants) gefahndet und dann beobachtet. Ein Teil der Täter reagiert immer wieder erregt auf die übereinstimmenden Schlüsselreize, die seine jeweiligen Opfer senden. Diese Orte sind für den Mörder Arenen: Stätten, an denen er Opfer finden kann, wo er Verstecke, Beobachtungspunkte und Fluchtwege zur Verfügung hat und wo er in Gedanken schon mit den Opfern „spielt".

Ressler schildert das Beispiel eines Serienmörders, dem ausschließlich Anhalterinnen zum Opfer fielen:

„Sie spielte ihre Rolle gut, das große schöne Lächeln und das Einsteigen in das Auto, was irgendwie tragisch war, aber sie hatte durch ihr Verhalten (nämlich eine Frau im Allgemeinen und eine Anhalterin im Besonderen zu sein, d. Verf.) signalisiert, „weggefegt" zu werden."

Das Opfer wird durch Schmerz und Qual überwältigt. Von Anbeginn ist dieses Foltern in der **Logik der Herrschaft**, der Kontrolle, der Macht angelegt. Der Täter wünscht, dass das Opfer Angst zeigt und verlangt, dass das Opfer stillliegt und tut mehr Dinge, um die Aggression zu steigern. In den Augen des Täters gilt dabei der vorzeitige Tod als ein Kunstfehler und die Bewusstlosigkeit als ärgerlicher Zwischenfall. Die Tötungshandlung stellt sich als für den Täter erotisierend dar und erfolgt auf eine quälend langsame, sparsam dosierte und wohl überlegte Weise, wobei oftmals Ersticken als Tötungsart festgestellt wird.

Der Täter personifiziert das Opfer, d. h. er bezieht es in seine Tathandlungen mit ein und verdeckt z. B. nicht dessen Gesicht. Gleichzeitig wird er ständig bestrebt sein, eine aufkommende Konversation zu kontrollieren, zu beherrschen und zu steuern, wobei er dem Opfer gegenüber droht, gelegentlich auch höflich erscheint und es ausfragt. Sein Ziel ist es, das Opfer zum Schweigen zu bringen und es in Angst zu versetzen. *Sofsky* beschreibt solche Gespräche oder Befragungen für das Opfer als eine „Falle ohne Ausweg: Schweigt es, wird die Quälerei gesteigert“, da der Täter der Illusion unterliegt, „einen Kampf auszufechten.“ Redet das Opfer, zeigt es selbst, dass es „willenlos und somit nichts wert ist“. Das Befragen des Opfers ist „oftmals eine Kette von Fragen, mal leise, mal mit Gebrüll gestellt.“ Diese Fragen sind wie ein Sezieren: Sie schneiden ein, sie stellen bloß, „um alles aus dem Opfer herauszutrennen“. Die Reaktionen des Opfers haben hierbei keinerlei Einfluss auf den Tatablauf.

Zur Tatzeit steht der Täter oftmals unter dem Einfluss von Alkohol, seltener unter Drogen. Sein gesamtes Verhalten am Tatort ist von Kontrolle gekennzeichnet; der später aufgefundene Tatort spiegelt somit die Vorbereitung durch den Täter wider.

Vom Opfer verlangt er absolute Unterordnung; er unterwirft und erniedrigt es. Zur Durchsetzung seiner Ziele benutzt der Täter nahezu immer bereits mitgeführte Zwangsmittel wie beispielsweise Fesselwerkzeug. Er stellt zum einen mit der Fesselung sicher, dass er das Opfer schnell und mühelos in seine Gewalt bringen kann. Zum anderen muss das Opfer – weil die Phantasie des Täters das so vorsieht – wehr- und hilflos sein. Anhand der Fesselung, die zum einen einen funktionellen (also mit dem Ziel, die Kontrolle über das Opfer ausüben zu können), zum anderen einen sexuellen Charakter hat, lassen sich drei Merkmale feststellen, die in der angegebenen Reihenfolge den fortgeschrittenen Grad der Phantasieausbildung des Täters widerspiegeln: 1. Parallelität der Schlingenführung, 2. Sauberkeit der Schlingenführung und 3. Fesselung nicht notwendiger Körperstellen und -teile (z. B. Brüste, Geschlechtsteile).

Er begeht häufig sexuelle, seltener sadistische, gelegentlich auch masochistische Handlungen, meist vor der eigentlichen Tötung. Geschlechtsakte und andere sexuelle Handlungen wie z. B. das Einführen von Fremdkörpern in die Scheide des Opfers wurden selten registriert.

Unmittelbar vor der eigentlichen Tötung des Opfers zeigt der Täter aggressives, gewalttätiges, oft verärgertes Verhalten. Er reagiert seine Schmerz-, Wut- und Angstgefühle nach außen ab.

Oftmals fällt dieser Tätertypus in der Gesellschaft aufgrund seiner **Aggressivität** auf (z. B. ist er häufig in Schlägereien in Gaststätten verwickelt oder gilt an seiner Arbeitsstelle als Unruhestifter). Hierbei fühlt er sich dem Rest der Gesellschaft überlegen.

Nach eigenen Angaben ist der Großteil der Serienmörder bereits im Vorfeld seiner Taten seelischen Belastungen ausgesetzt. In dieser Situation steigert er sich in wilde, zornige und erregte, sadistisch geprägte Phantasien, die regelrecht zu Bewusstseinsveränderungen führen können, die dem Ausbruch epileptischer Anfälle oder Halluzinationen gleichen.

Nach der Tötung versteckt er die Leiche und nimmt die Tatmittel und sonstige Beweise mit. Somit ist der Tatort oft nicht mit dem Leichenfundort identisch. Es soll nicht unerwähnt bleiben, dass der Täter bereits vor dem Töten den endgültigen Ablageort ausgekundschaftet und sich mit den dortigen Gegebenheiten vertraut gemacht hat.

Verstümmelungen an der Leiche wurden in nur wenigen Fällen bekannt. In diesen Fällen richtete sich der Angriff, oft in Form von Amputationen, hauptsächlich gegen die Genitalien und die Brust.

Persönliche Gegenstände oder Körperteile des Opfers werden oft als eine Art **Trophäe** oder als Erinnerungsstück seines Erfolges von diesem Tätertypus einbehalten, vergleichbar mit dem Kopf eines Wildtieres oder dem Geweih eines Hirsches für den Jäger. Mitunter schenkt der Täter diese einbehaltenen Gegenstände seiner Frau, Freundin oder Mutter. Sein Triumph ist es, dass nur er allein über die eigentliche Bedeutung des Gegenstandes Bescheid weiß.

Der Täter weist einen hohen Intelligenzquotienten (IQ) und ein durchschnittliches bis hohes Sozialverhalten auf.

„Er wird sich deshalb seinem Opfer häufig unter einem Vorwand offen nähern. Er bevorzugt die Taktik des so genannten „Betrügerischen Überfalls“, d.h., dass beim Erstkontakt zwischen Täter und Opfer in der Regel verbale und nicht von Gewalt geprägte Interaktionen stattfinden.“ (*Hoffmann/Musolff* 1996, S. 79, 95) Diese Annäherung findet durch Überrumpelung bzw. Täuschung unter Verwendung der Sprache als Werkzeug statt. „Er fragt beispielsweise nach dem Weg oder gibt sich als Amtsperson aus. Anfänglich tritt er dem Opfer freundlich und höflich entgegen, denn sein Ziel ist es, Vertrauen zu gewinnen. Diese Freundlichkeit und Höflichkeit verlieren sich, wenn der Täter sein Opfer unter seine Kontrolle gebracht hat. Diese Form der Annäherung weist auf einen Täter hin, der Selbstvertrauen im Umgang mit Frauen besitzt.“ (*Hoffmann/Musolff* 1996, S. 95)

Aufgrund seiner sozialen Kompetenz kann er in seinem „normalen“ Leben eine abgeschlossene Ausbildung in einem qualifizierten Beruf und eine feste Anstellung nachweisen. Nach den letzten **FBI-Studien**, gemessen nach dem Stanford-Binet-Intelligenztest, weisen Serienmörder einen durchschnittlichen IQ von 110 auf, wenn man davon ausgeht, dass man die Intelligenz dann als einschneidend verändert bezeichnet, wenn der IQ unter 70 bzw. über 115 liegt. Überdurchschnittliche Werte, auch im Vergleich mit anderen Serienmördern, sind die von Charles Manson mit einem IQ von 124 , Joseph Joubert mit einem IQ von 125, Gary Heidnik mit einem IQ von 148 und von Ted Bundy mit einem IQ von 160. Jedoch haben die meisten Serienmörder ihre geistigen Anlagen verkümmern und sie auf die Existenz des Mordens degenerieren lassen.

Diese Aussagen und Werte, die nur auf FBI-Untersuchungen aus den 80er Jahren beruhen, können nicht verallgemeinert, sondern müssen differenziert betrachtet werden, hält man sich die Ergebnisse aus der *Harbort*-Studie aus dem Jahr 1999 vor Augen: Hier erreichten von den 61 Probanden nur 8 Täter (das entspricht 14,3 %) einen überdurchschnittlichen IQ von mindestens 110. Der IQ-Durchschnittswert aller Untersuchten lag bei 99,8 (bei den Sexualmördern bei 99,4, bei den Raubmördern bei 101,8).

Laut *Dietz* wählen Serienmörder auffallend häufig Berufe, in denen sie mit verletzten oder leidenden Mitmenschen zusammenkommen und die aufgrund dieser Situation ihnen ausgeliefert erscheinen.

Jürgen Bartsch schildert (siehe Moor) hierzu seinen Berufswunsch: „(...) ich träumte dann davon, einen Beruf zu haben, wo ich Kinder pflegen und ihnen helfen würde. (...) da hättest du vielleicht einen Beruf – und das ist auch einer meiner großen Wünsche immer gewesen – einen Beruf, der mit Kindern zu tun hat, wo du Kindern irgendwie etwas Gutes tun kannst, so eine Art Pfleger oder was weiß ich."

Da sie für die von ihnen oft erträumten, aber selten erreichten Wunschberufe wie z. B. Polizeibeamter oder Gefängniswärter nicht genügend Qualifikation mitbringen, werden viele von ihnen Wachmänner. Ihre weiblichen Pendants nehmen häufig eine Stellung in der Krankenpflege oder in der Beaufsichtigung von Behinderten und Kindern an.

Nach begangener Tat ist jedoch oftmals ein Wechsel im Beruf bzw. in der Arbeitsstelle unter gleichzeitiger Wohnsitzänderung feststellbar.

Der Täter kehrt oftmals an den Tatort zurück, um festzustellen, ob die Leiche bereits entdeckt worden ist und um den Stand der polizeilichen Ermittlungen in Erfahrung zu bringen.

In seinem engeren Ehe- und Familienumfeld, in dem er mit einem Partner zusammenlebt, hat er ein kompetentes, aktives Sexualleben. Er besitzt, sofern vorhanden, jüngere Geschwister. Sein Vater ist ebenfalls in einer festen, beruflichen Stellung und geht einer geregelten Arbeit nach.

Zurückblickend hat er in seiner Kindheit keine exzessiven disziplinarischen Strafen erfahren.

Faktoren wie finanzielle Schwierigkeiten, Ehe- oder Beziehungsprobleme sowie berufliche Stresssituationen beschleunigen die Tatbegehung.

Der Täter verfügt über ein gut erhaltenes Fahrzeug, das ihm eine weitreichende Mobilität verleiht. „Deshalb gilt es als typisch, dass er seine Tat an mehreren Plätzen begeht." (*Ressler* et al., 1988, zitiert nach *Hoffmann / Musolff* 1996, S. 79) Diese mobile Tatbegehung ist unter dem Begriff „Cruising" bekannt. „Der Ort des Erstkontaktes bzw. der Überwältigung, der Ort der Misshandlung bzw. der Tötung und der Leichenfundort sind also in aller Regel nicht identisch;" (*Ressler* et al., 1988, zitiert nach *Hoffmann / Musolff* 1996, S. 79) der sexuell motivierte Serienmörder geht in die Welt hinaus und sucht aktiv diejenigen Situationen auf, die ihm Befriedigung zu verschaffen versprechen.

In den Medien verfolgt er mit großer Aufmerksamkeit jede Berichterstattung über Verbrechen, insbesondere über Tötungsdelikte im Allgemeinen und seine Taten im Besonderen. Hierbei erlebt er ein Gefühl der Überlegenheit und mischt sich sogar aktiv in die polizeilichen Ermittlungen ein, was erneut zu einem Rausch von Macht und Dominanz, von Unantastbarkeit, führt. Es gibt Fälle, in denen der Täter mit der Polizei Telefonate führte und als angeblicher Zeuge auftrat oder Leichen aus ihren Verstecken holte, um sie der Polizei und der Öffentlichkeit regelrecht zu präsentieren. Ein Beispiel hierfür ist der Fall Charlie Davis, der als Sanitäter eines seiner Opfer in einen Straßengraben warf, die Polizei mit einem anonymen Anruf verständigte und in seiner beruflichen Eigenschaft erneut am Tatort erschien, um die Leiche abzutransportieren.
„Der Täter hat meist ausgeprägt sadistische Züge; er genießt die Angst seiner Opfer. Wenn sich das Verhalten des Opfers ändert und es plötzlich nicht mehr passiv und nachgiebig ist, kommt es zu **aggressiven Ausbrüchen**.
Ist die Tat allerdings von einem außergewöhnlichen Sadismus geprägt, spricht das FBI von einem „sadistischen Sexualmörder" als Sonderform des organisierten Tätertyps, der an späterer Stelle erläutert wird." (*Ressler* et al. 1988, zitiert nach *Hoffmann*/*Musolff* 1996, S. 79)

b) Der „disorganized" Täter:
Die Entwicklung dieses Tätertyps ist geprägt von der Verinnerlichung seines Schmerzes, seines Zornes und seiner Angst. Dies führt zu seiner Absonderung und sozialen Isolierung. Er lehnt die Gesellschaft ab, da er annimmt, dass sie ihn ablehnt. Im Allgemeinen wird er als nett, ruhig, schüchtern und zuvorkommend beschrieben. In zurückliegenden Fällen ist der Täter mehrfach wegen masochistischen Verhaltens, Brandstiftungen (überwiegend an Gegenständen), Verbrechen gegen Schwache und Hilflose (sehr junge, sehr alte Menschen, Tiere) oder wegen Ersatzhandlungen für seine Sexualität in Form von Voyeurismus, Wäschediebstahl oder Ausleben sexueller Phantasien in Texten und Zeichnungen aufgefallen.
Dieser Täter frisst von Kindheit an verletzte Gefühle, Schmerz und Angst in einer Weise in sich hinein, die weit über das Normale hinausgeht. Er hat nie gelernt, das Angestaute abzubauen und ist unfähig, seine Aggressionen angemessen auszudrücken.
Er neigt zu einem abseits der Gesellschaft geführten Leben. Zwischenmenschliche oder gar intime Beziehungen zum anderen Geschlecht bleiben die Ausnahme. Wenn er überhaupt mit jemandem zusammenlebt, dann mit einem meist allein stehenden Elternteil.
Im Umgang mit Arbeitskollegen ist er ein chronischer Störenfried, weil er seine Gefühle eben nicht ausdrücken kann.

Die Verbrechen werden spontan begangen, wobei aber dem Täter sowohl das Opfer als auch die Umgebung, insbesondere der Tatort, bekannt sind. Dennoch bezieht sich der Begriff „spontan" auf die Wahl der Tatorte und auf die impulsiven Gewalttaten mit wenig Hinweisen auf eine vorher exakt geplante Tat oder das Bemühen, der Entdeckung oder Aufklärung bewusst und systematisch vorzubeugen. Er trifft keine komplizierten Entscheidungen und sucht für sich den einfachsten Weg, der ihn zum Ziel führt, ohne die Folgen zu bedenken und abschätzen zu können. Der Mord ermöglicht ihm die sofortige Nähe zur Frau und den gewünschten körperlichen Kontakt. Aus der sexuellen Erregung hervorgerufene Impulse beschleunigen solche Entscheidungen. „Hier bevorzugt er die Taktik des „Blitzartigen Überfalls". Er überrascht beispielsweise sein Opfer aus einem Hinterhalt oder mordet unmittelbar nach dem Erstkontakt." (*Hoffmann / Musolff* 1996, S. 80, 95) Der Täter verwendet direkt und unmittelbar physische Gewalt, um das Opfer in seine Gewalt zu bringen. Beispielsweise geht er auf der Straße auf eine Frau zu und schlägt sie ohne Vorwarnung unvermittelt nieder. Dieser Umstand ist auch dafür verantwortlich, dass am Körper der Opfer in den seltensten Fällen Abwehrverletzungen festgestellt werden.

Dem Täter gelingt es nicht, die Mechanismen der **Selbstkontrolle** zu entwickeln, was bedeutet, dass er seine Instinkte und Triebe nicht beherrschen und auf normalem Wege beruhigen kann. Deshalb beruhigt er sie bewusst und mit Vorbedacht mit sofortiger Tötung unter Einfluss einer starken sexuellen Erregung. Er kann sich selbst nicht helfen, kommt zu dem Schluss, dass er nur durch sein verbrecherisches Verhalten seinen Stress und seine Komplexe wirksam bewältigen kann.

Er ist bemüht, seinem Opfer die Persönlichkeit zu rauben, sie durch bestimmte Handlungsweisen wie z. B. das Entstellen oder das Verdecken des Gesichtes „auszuschalten". Hierbei wird er kaum ein Gespräch mit dem Opfer führen; es soll nicht wieder zur Person werden. Hierzu *Ressler* und *Shachtma* (s. S.156): „Er will gar nicht wissen, wen er vor sich hat und versucht oft, die Persönlichkeit des Opfers vorzeitig auszuschalten, indem er es bewusstlos schlägt, das Gesicht zudeckt oder entstellt." Die Opfer werden somit lediglich sexuelle Requisiten. Die Psychiatrie spricht hier von „Verdinglichung": Das Opfer wird „verdinglicht", zum **Objekt** degradiert. Für den Täter ist es unnötig, dass das Opfer spricht, lacht, weint, schreit, fühlt oder denkt. Es reicht, wenn es regungslos daliegt und sich gebrauchen lässt. Er braucht eine wehrlos gemachte Frau so dringend wie ein Raubtier seine Beute. Für ihn ist es das Recht des Stärkeren, sich das zu holen, was er braucht. Der Körper des Opfers weist aus Gründen seiner „Entpersonifizierung" an bestimmten Regionen Verstümmelungen und Anzeichen des „Übertötens" auf, überwiegend im Gesicht, in und an den Genitalien sowie im Brustbereich.

Am Tatort, der gewöhnlich zum alltäglichen Lebensumfeld des Opfers zählt, sind viele tatrelevante Spuren feststellbar; der Tatort selbst erscheint chaotisch, durcheinander und unkontrolliert. So finden sich häufig am Tatort und auch auf dem Körper des Opfers Spuren von Sperma, Kot oder Urin. Bei Taten dieses Tätertyps werden in den seltensten Fällen in den Geschlechtsteilen der Opfer Spermaspuren gefunden. Dies bedeutet, dass die Tötungshandlung selbst zur sexuellen Befriedigung des Täters beigetragen hat. Da seine sexuelle Entwicklung keine Beziehung zu einem gegengeschlechtlichen Partner zulässt, weil er zu kommunizieren nicht in der Lage ist, zieht er die Masturbation einem tatsächlichen Geschlechtsakt vor, selbst wenn ein Partner zur Verfügung stehen würde. Masturbiert wird in den häufigsten Fällen nach dem Tod des Opfers, dann, wenn die Phantasie am stärksten ist.

Der Täter fesselt sein Opfer nur selten und wendet plötzlich und schnell Gewalt an, der gegenüber sich das Opfer unvermittelt ausgesetzt sieht.

Möglicherweise trägt er bei seiner Tatausführung eine Maske oder Handschuhe.

Erst nach der Tötung nimmt er sexuelle oder sadistische Handlungen am Opfer vor, vom Geschlechtsakt bis hin zum Einführen von Fremdkörpern in die Scheide und in den After des Opfers. Dieses Einführen fremder Gegenstände in Körperöffnungen stellt keinen sexuellen Akt im üblichen Sinne dar, sondern vielmehr einen Akt der **Schändung**. Für den Mörder ist Sexualität unauflöslich mit Ausbeutung, Erniedrigung, Schändung und Besudelung der Frau in seinen Phantasievorstellungen verbunden.

Nach Beendigung der Tathandlung bleibt die Leiche unverhüllt am Tatort liegen. Ebenso bleiben Tatwerkzeuge, darunter oft zufällig vorhandene Gegenstände (Steine, Stöcke) und die vom Opfer getragenen Kleidungsstücke (Schals, Krawatten, Strumpfhosen) am Tatort, der zugleich Leichenfundort ist, zurück.

Der Täter behält persönliche Gegenstände oder Körperteile seines Opfers als Souvenirs und als **Stimulationsinstrument** für weitere Phantasien.

Der Leichnam wird oftmals in eine bestimmte Position verbracht, nachdem der Täter zuvor an ihm Verstümmelungen im Bereich von Gesicht und Bauch, von Geschlechtsteilen und Brust, nicht selten als Amputationen, vorgenommen hat.

Auch dieser Tätertyp kehrt gelegentlich an den Tatort zurück. Er will aber, im Gegensatz zum „organized" Täter, weitere Verstümmelungen am Opfer begehen oder das Erlebnis nochmals empfinden und durchleben. Der polnische Serienmörder Leszek Pekalski umschreibt die Gründe, warum er zur Leiche zurückkehrte, so: „Ich wollte sie später noch einmal haben, so für mich alleine noch mal (...)." Gelegentlich plagt ihn das Gefühl, das Opfer rufe nach ihm. Dies veranlasst den Täter, erneut an den Tatort zurückzukehren, um die Leiche an eine noch abgelegenere Stelle zu bringen, um weitere Veränderungen am Körper des Opfers vorzunehmen (z. B. das Abtrennen der Hände oder des Kopfes oder das Zertrümmern des Gebisses) und um eventuell am Leichnam zunächst zurückgelassene Gegenstände (beispielsweise Schmuck) mitzunehmen – für den Täter hierbei erwünschter (Neben-) Effekt: Die Identifizierung des Opfers wird ungleich schwerer.

Dieser Täter verfügt nur über eine durchschnittliche bis niedrige Intelligenz sowie über unreife, sozial schwache Verhaltensweisen.

Er ist selten im Besitz einer qualifizierten Berufsausbildung und einer festen Arbeitsstelle.

Er hat sexuelle Schwierigkeiten, ist sexuell inkompetent. Er weiß wenig über Sexualität und hat mehr sexuelle Abneigungen. Nahezu alle „disorganized" Täter sind heterosexuell orientiert, bei den „organized" Tätern sind es nur 74 %.

Im familiären Bereich gehört er zu den Jüngsten. Die Arbeitsverhältnisse seines Vaters sind unregelmäßig, d. h. er ist berufs- bzw. arbeitslos oder wechselt oftmals den Arbeitsplatz.

In seiner Kindheit hat der Täter schlechte bis harte Erfahrungen mit Bestrafungsaktionen durch seine strengen Eltern gemacht.

Während der Tatausführung zeigt er sich unkontrolliert. Der Täter ist eigentlich Menschen gegenüber ängstlich und leidet unter Umständen an ausgeprägten Wahnvorstellungen. In diese Gedankenwelt versunken, befindet er sich während der Tat in einem nervösen, zuweilen verwirrten Geisteszustand.

Vor sowie bei der Tat steht er fast nie unter Alkoholeinwirkung.

Der Täter ist nicht in dem Maße mobil, wie es der „organized" Täter ist; er verfügt über kein eigenes Fahrzeug und geht in der Regel zu Fuß oder nutzt öffentliche Verkehrsmittel.

Den Ablauf seines Alltages, seines Lebensstiles, verändert er praktisch nie; er legt Wert auf Beständigkeit.

Zudem zeigt er wenig Interesse an Berichterstattungen über Verbrechen in den Medien.

Sein Wohnort, an dem er allein lebt, und seine Arbeitsstätte liegen in unmittelbarer Nähe zum Tatort.

1.4.2 Sadistischer Sexualmörder: Sonderform des „organized" Täters

Guttmacher beschreibt im Jahr 1973 den sadistischen Serienmörder als einen Täter, der sexuelle Befriedigung im Töten erfährt und der oftmals ein bestimmtes Muster in der Art der Tötung und in der Auswahl seiner Opfer aufzeigt. Der Mörder wird durch seine Phantasie motiviert – es scheint, dass er durch die Entpersonifizierung und Erniedrigung seiner

Opfer Zufriedenheit, Befriedigung erlebt und verspürt. *Karpman* charakterisiert im Jahr 1954 den sadistischen Sexualmörder als zumeist psychotisch und sexuell impotent. Und *de River* ist im Jahr 1958 der Ansicht, dass der sadistische Sexualmord perverse Komponenten wie Vampirismus, Kannibalismus und Nekrophilie beinhaltet.

Das FBI versteht unter dem Typus des sadistischen Sexualmörders, der als sozial unauffälliger Delinquent ohne kriminelle Vorgeschichte gilt, einen Sonderfall des „organized“ Täters, d. h. „weitgehend sind Tat- und Persönlichkeitsmerkmale mit denen des „organized“ Täters identisch.“ (*Hoffmann/Musolff* 1996, S. 83)

Bei den Tätern handelt es sich zumeist um **überkontrollierte Aggressive**. Einerseits sind sie gehemmt und werden von ihrer Umgebung als positiv, freundlich, ruhig, hilfsbereit und zurückhaltend geschildert. Andererseits wird ihre Aggressivität im Laufe der Zeit immer intensiver und sadistischer. Sie treten immer häufiger auf, und die Tatzwischenräume werden durch ihr „Lernen am Erfolg“, durch ihr „learning by doing“, immer kürzer. Erlebte Gefühle von sadistischen Mördern sind zunächst gekennzeichnet durch Unlust, Unterordnung und Langeweile. Solche Gefühle sind unbefriedigend und unangenehm. Es gibt verschiedene Möglichkeiten, diese Gefühle zu verändern: Unlust in Lust, in ein angenehmes Gefühl, Unterordnung in Dominanz, in der der Mensch die Macht hat, andere Menschen und die Situation zu kontrollieren, Langeweile in Erregung, in der der Mensch starke Empfindungen hat und ein hohes Aktivierungsniveau, den so genannten „Thrill“, erlebt. Vor allem aggressives Handeln und die Anwendung von Gewalt wirken stimulierend. Wenn erst einmal die Hemmungen gefallen sind und der Mensch das berauschende Gefühl der Macht erlebt, die plötzliche Macht über andere Menschen empfindet, dann wirkt ein solches Erleben bekräftigend und bestätigend. Die Aggression wird intensiver. Sie kann sich bis zur Raserei steigern: Der Mensch wird versuchen, immer wieder genau dieses angenehme Gefühl und das körperliche Wohlbehagen zu erleben. Gewalt und Sadismus können so zu einer Art „Rauschmittel“ werden.

Sexualmorde definieren *Ressler, Burgess* und *Douglas* vom FBI als „Morde, die durch Indizien oder Beobachtungen anzeigten, dass sie sexueller Natur waren. Dazu zählten: Fehlende Bekleidung des Opfers, Entblößung von Geschlechtsteilen des Opfers, Positionierung des Opfers in sexuellen Körperhaltungen, Einführung von Gegenständen in Körperöffnungen des Opfers, Indizien für Geschlechtsverkehr (oral, anal oder vaginal) und Indizien für sexuelle Ersatzhandlungen, Interessen oder sadistische Phantasien.“ (*Ressler* et al., 1988, zitiert nach *Hoffmann/Musolff* 1996, S. 87)

Diese Taten erregen großes Aufsehen, weil sie sich durch Quälerei und Zerstückelung der Opfer besonders grausam darstellen. Bei erster Betrachtung erscheinen sie zwar unverständlich und motivlos, bei genauer Analyse aber kann als Motiv der Faktor „Macht“ festgestellt werden. Und weil keine Täter-Opfer-Beziehung besteht, kommt somit die Angst auf: Es kann jeden treffen.

Zur Erforschung dieser Delikte ist es deshalb zwingend erforderlich, genau festzustellen, was sich tatsächlich abgespielt hat, wie der Täter denkt und handelt.

Dass es falsch, zumindest aber unzureichend ist, die Motive für diese sadistischen Morde ausschließlich in der übersteigerten Sexualität und im Trieb des Täters zu suchen, zeigen Studien, die in den zurückliegenden Jahrzehnten betrieben wurden.

Vielmehr trifft zu, dass das berauschende Gefühl der Macht über ein wehrloses Opfer etwas anderes darstellen kann als nur eine stark erotische Erregung. Der sadistische Mord ist keineswegs (nur) sexuell motiviert, sondern wird vielmehr bestimmt durch Aggressivität, Hass und durch das Bedürfnis der Macht über das Opfer. Zum Teil erhebliche sexuelle Störungen kommen bei den Tätern vor; dagegen kein biologischer Trieb. Dies ergibt sich aus der Tatsache, dass sich die Art und Weise und insbesondere die Intensität der Taten von Mord zu Mord steigern. Der vom Täter behauptete Zwang zum Töten ist der Drang, seine sadistischen Phantasien, seine feindseligen Gedanken, auszuleben – also kein mysteriöser, biologisch verankerter Trieb.

Peter Kürten beschreibt dies wie folgt:

„Ich hatte eigentlich dauernd die Stimmung. Sie werden es Drang nennen, zum Umbringen. Je mehr, um so lieber. Ja, wenn ich die Mittel dazu gehabt hätte, dann hätte ich ganze Massen umgebracht, Katastrophen herbeigeführt.“

Dieser Tätertypisierung schließt sich *Rappaport* an, der sich in einer Studie diesem Mördertyp zuwandte und über die klinischen Eindrücke, die er bei der Untersuchung gewinnen und sammeln konnte, im Jahr 1988 berichtete.

Demnach scheinen zwar sexuelle Sadisten zunächst von sexuellen Wünschen getrieben zu sein. Doch eben dies bestreitet *Rappaport*; er ist der Ansicht, dass weder sexuelle Aktivität noch reiner Tötungswille als Motiv für das Tatverhalten in Frage kommen. Vielmehr stellen sie den Versuch dar, mit einem inneren Konflikt fertig zu werden und sich Abhilfe von einer seelischen Plage zu verschaffen, indem der Täter in erster Linie Macht und Herrschaft über andere Menschen demonstriert.

Bei diesen Tätern handelt es sich hauptsächlich um Männer weißer Hautfarbe im Alter zwischen zwanzig und dreißig; sie sind intelligent, attraktiv, sozial angepasst und haben selten eine kriminelle Vorgeschichte. Sie wechseln häufig ihren Beruf bzw. ihre Arbeitsstelle und ihren Wohnort. Oft weist ihre Biographie einen starken Alkohol- oder Drogenkonsum und körperlichen oder sexuellen Missbrauch in ihrer Jugendzeit auf. Ihre Eltern starben relativ früh oder wurden geschieden.

Dies belegt auch die FBI-Studie an den 36 befragten Serienmördern, unter denen eine Vielzahl an Sexualstörungen litt; 26 von ihnen äußerten sogar eine deutliche Ablehnung sexueller Handlungen mit Gleichaltrigen mit deren Einverständnis – also keine Vergewaltigung. Insbesondere diejenigen der Befragten, die in ihrer Kindheit sexuell missbraucht wurden, zeigten eine Abneigung gegen Sexualität.

Folgende Punkte kennzeichnen diesen **Sondertyp**:

„Er bezieht in erster Linie seine sexuelle Erregung aus dem physischen und psychischen Leiden“ (*Hoffmann / Musolff* 1996, S. 83), aus dem Schmerz und der Angst seines Opfers und verwendet deshalb hierzu speziell hergestellte Werkzeuge, um seine Opfer Qualen und Folterungen zu unterziehen.

Anlässlich einer Studie von 30 sadistischen Sexualtätern (davon 17 Serienmörder) im Jahr 1995, durchgeführt von *Warren, Hazelwood* und *Dietz*, gaben einige der Untersuchten an, dass die **Kontrolle über Leben und Tod** der anregendste Aspekt ihrer Taten war.

So ist auch zu verstehen, dass der Körper des Opfers Zeichen extremer Brutalität und Gewaltanwendung aufweist, die vor der Tötung (überwiegend Strangulationen) zugefügt wurden.

„Die Verbrechen sind methodisch geplant, so dass der Täter nahezu keine Spuren am Tatort zurücklässt. Er zeigt sich bei seinen Taten außergewöhnlich ruhig und emotional distanziert.“ (*Hoffmann / Musolff* 1996) Dies spiegelt sich auch an seinen Tatorten wider: Nicht selten werden zur Tatausführung speziell angefertigte Folterwerkzeuge verwendet und/oder die Verbrechen an eigens hierfür eingerichteten „Folterkammern“ begangen.

„Typisch für ihn ist der Umstand, dass er seine Opfer über längere Zeit (über Stunden, Tage oder gar Wochen und Monate) in seiner Gewalt behält.“ (*Hoffmann / Musolff* 1996)

Die Identifikation und Festnahme des Täters gestalten sich deshalb besonders schwierig, weil er in der Regel keine Vorstrafen bis zu seiner Verhaftung aufweist.

Die oben erwähnte Studie zeigt auch, dass der Täter oftmals auch durch andere sexuelle Auffälligkeiten gekennzeichnet ist, so z. B. Transvestismus, obszöne Telefonanrufe, Exhibitionismus oder Fetischismus.

Eine Untersuchung aus dem Jahr 1986 von *Ressler* zeigte jedoch darüber hinaus, dass diese sexuellen Auffälligkeiten im Zusammenhang mit einer gestörten sexuellen Entwicklung stehen.

In dieser Untersuchung von sadistischen Serienmördern, von denen 12 in ihrer Kindheit sexuell missbraucht wurden und 16 nicht, zeichnete sich folgendes Ergebnis ab:

	missbrauchte Täter	nicht missbrauchte Täter
tätigten obszöne Anrufe	36 %	15 %
waren als Fetischisten bekannt	83 %	57 %
traten als Transvestiten auf	18 %	7 %
waren wegen Exhibitionismus anhängig	36 %	21 %

Diese Auffälligkeiten sind nur ein Symptom, und dazu kein entscheidendes. Sie stehen nicht im Zusammenhang mit sadistischen Phantasien und spielen weder bei der Opferfindung bzw. Opferauswahl noch beim Tatablauf eine Rolle.

85 % der Probanden aus der oben erwähnten 1995er-Studie zeigten lang anhaltende, gewalttätige Phantasien, die durch ritualisierte, wiederkehrende Themen charakterisiert waren. Die Realisierung dieser Themen in sich wiederholenden Verhaltensmustern über mehrere Taten hinweg legt den Verdacht nahe, dass die Phantasien als „Drehbuch" fungieren.

Hinzu kommt, dass 75 % der Täter Gegenstände mit gewalttätigen Inhalten sammelten (so u. a. Bilder, Videobänder, eigene Aufzeichnungen über ihre Taten, Pornographieartikel).

Im Rahmen einer anderen Studie aus dem Jahr 1990, wiederum von *Dietz, Hazelwood* und *Warren*, konnten folgende Zahlenwerte, bezogen auf 30 sadistisch eingestufte Mörder, festgestellt werden:

93 % bereiteten ihre Tat sorgfältig vor.

90 % nahmen mittels eines „Betrügerischen Überfalls" Kontakt mit dem Opfer auf.

77 % brachten ihr Opfer an einen zuvor ausgewählten Ort.

77 % fesselten die Opfer.

60 % behielten ihre Opfer länger als 24 Stunden in ihrer Gewalt.

87 % zeigten sich während der Tat ruhig und emotional distanziert.

60 % schlugen ihre Opfer.

73 % zwangen ihre Opfer zum Analverkehr.

66 % zwangen ihre Opfer zu drei der folgenden vier Sexualpraktiken: Vaginalverkehr, Analverkehr, Oralverkehr, Einführen von Gegenständen in die Scheide.

26% griffen sowohl Erwachsene als auch Kinder an.

60 % töteten das Opfer durch Strangulation.
50 % waren dem Alkohol- oder Drogenmissbrauch verfallen.
50 % hatten eigene Kinder.
53 % bewahrten Aufzeichnungen von ihren eigenen Taten in Form von Bildern, Film- und Tonaufnahmen oder Tagebüchern auf.
43 % waren zum Tatzeitpunkt verheiratet.

1.4.3 „Mixed Sexual Homicide“

Es gibt wenige Täter, die ausschließlich planende oder nicht planende Komponenten einbauen.

„Laut FBI handelt es sich bei solchen Tätern um „Mixed Sexual Homicide“, einem Mischtyp aus „organized“ und „disorganized“ Täter, und nicht um eine dritte eigenständige Kategorie.“ (*Hoffmann / Musolff* 1996)

Vielmehr vermuten *Douglas, Burgess, Burgess* und *Ressler* die fünf nachfolgenden Gründe für unregelmäßiges Verhalten, das gleichermaßen von „organized“ und „disorganized“ Tatmerkmalen geprägt sein kann:

„a) Es waren tatsächlich mehrere Täter beteiligt.

b) Die Tat wurde zwar von einem „organized“ Täter begangen, der jedoch im Verlauf der Tat entgegen seiner ursprünglichen Planung gestört wurde.

c) Eigentlich plante der Täter eine Vergewaltigung, keinen Mord. Jedoch führten Widerstand des Opfers oder Affekte des Täters zur Eskalation.

d) Ein jugendlicher, „unerfahrener“ Mörder oder ein Mörder im Alkohol- oder Drogenrausch hinterlässt Spuren beider Tatelemente.

e) Stressfaktoren außerhalb des Tathergangs veränderten das ursprüngliche Verhalten des Täters. Beispielsweise ging der Täter zunächst organisiert vor, geriet dann aber infolge der polizeilichen Ermittlung und Fahndung zunehmend unter Druck.“ (*Douglas* et al. 1992, S. 37, zitiert nach *Hoffmann / Musolff* 1996, S. 83)

1.4.4 Psychopathisch / Psychotisch

Eine in einigen Punkten abweichende Klassifizierung von der vorgenannten Einteilung hat *Benezech* von der Gerichtsmedizin an der Universität Bordeaux vorgenommen. Er unterscheidet zwischen psychopathischen und psychotischen Täter.

a) Der psychopathische Täter:
Bei Psychopathen, die oftmals auch als Soziopathen oder als „antisoziale Persönlichkeiten“ bezeichnet werden und die erstmals im Jahr 1891 von

Koch in seinem Werk „Die Psychopathischen Minderwertigkeiten“ im deutschen Sprachraum beschrieben und systematisiert wurden, handelt es sich um zweidimensionale Persönlichkeiten, denen zum einen jede normale zwischenmenschliche Empfindung (Schuld, Reue, Einfühlungsvermögen, Liebe und Sorge um das Wohlergehen anderer) fehlt, die zum anderen aber über die irritierende Fähigkeit verfügen, nach außen hin eine perfekte **Imitation** eines fühlenden, mitfühlenden, gefühlvollen, liebevollen Menschen aufzuführen. Sie besitzen eine ursprüngliche, natürliche Intelligenz und Lebenserfahrung, die sie dazu befähigen, sich mit einem integeren Gesicht der Welt gegenüber zu präsentieren.

Zur Jahrhundertwende differenzierte (nicht ganz wertfrei) *Kraeplin* psychopathische Persönlichkeiten in 7 Haupttypen: 1. Die Erregbaren, 2. Die Haltlosen, 3. Die Triebmenschen, 4. Die Verschrobenen, 5. Die Lügner, 6. Die Gesellschaftsfeinde und 7. Die Streitsüchtigen.

1950 versuchte *Schneider* von einer wertenden Zuordnung abzugrenzen. Er bezeichnete den Psychopathen als „charakterologischen Extremtypen eines nicht näher bestimmbaren Durchschnitts“. Nach seiner Definition sind es „abnorme Persönlichkeiten, die an ihrer Abnormität leiden oder unter denen die Gesellschaft leidet“ und die 10 verschiedene Formen umfassen: 1. Die Hyperthymischen, 2. Die Depressiven, 3. Die Selbstunsicheren (mit den Unterformen ängstlich oder zwanghaft), 4. Die Fanatischen, 5. Die Geltungsbedürftigen, 6. Die Stimmungslabilen, 7. Die Explosiblen, 8. Die Gemütslosen, 9. Die Willenlosen und 10. Die Asthenischen.

Der Psychopath wird nicht als solcher geboren; vielmehr entwickelt er sich kontinuierlich von seiner Geburt bis zu seinem Tod. Er ist unter den Kriminellen besonders oft zu erwarten und auch tatsächlich vertreten. Die mitunter intellektuell schwach begabte, gemütsarme oder gemütslose psychopathische Persönlichkeit kann als ein Grundtypus des Rückfallkriminellen bezeichnet werden.

Ursachen für psychopathisches Verhalten findet *Widom* in der Kindheit: „Die typischen Verhaltensprobleme des Psychopathen beginnen in seiner Kindheit, wenn er in die Schule kommt, sie verabscheut, nicht lesen lernt, in der Klasse durch sein Verhalten auffällt, auf dem Spielplatz kämpft, die Schule schwänzt und offensichtlich sich nicht abmüht, wenn er hingeht. Diese Verhaltensweisen machen ihn sehr schnell bei seinen Lehrern und Schulkameraden unbeliebt. (...) Psychopathen werden als paranoide Menschen beschrieben. Wenn man bedenkt, dass Eltern sie als Reaktion auf ihr frühes antisoziales Verhalten schlagen, die Schule sie ausschließt und die Polizei sie jagt, mögen ihre subjektiven Erfahrungen von der Welt als unfreundlich und gefährlich nicht völlig irrational sein. Sobald sie die Welt in diesen Begriffen wahrnehmen, wächst die Wahrscheinlichkeit erheblich, dass sie weiterhin abweichendes Verhalten zeigen werden."

Hare erstellte im Jahr 1991 eine Übersicht, die so genannte „Hare's Revised Psychopathy Checklist (PCL-R)", in der die Verhaltensmuster von Psychopathen beschrieben werden. Danach unterscheidet *Hare* zwei Gruppen von charakteristischen Merkmalen, die sich aus 1. den Folgerungen aus dem Verhalten und 2. den Erkenntnissen aus der medizinischen Vorgeschichte ergeben.

Für *Smith* zeigt der Psychopath Mangel an Gefühl, Zynismus, geringes zwischenmenschliches Vertrauen, manipulierenden Verhaltensstil, geringe Orientierung an traditioneller Moral, Gefühl der Außenkontrolle.

Psychopathen zeigen über Jahre hinweg große Probleme in ihrer **sozialen Anpassungsfähigkeit**, weisen aber grundsätzlich weder mangelnde Intelligenz noch eine Gehirnerkrankung oder Epilepsie auf. Der amerikanische Psychiater *Cleckley* vergleicht das Verhalten des Psychopathen mit einer „Maske der Vernunft", da der Betroffene zwar gewöhnlich alle sozialen und moralischen Regeln in Worte fassen kann, aber dennoch unfähig ist, diese Worte auch zu verstehen und ihnen zu gehorchen.

Der amerikanische Psychologe *Gough* nennt folgende **Merkmale**, die den Psychopathen charakterisieren: Gleichgültigkeit gegenüber den Rechten und Privilegien anderer, wenn er erkennt, dass sie in irgendeiner Weise die persönliche Befriedigung stören könnten; impulsives Verhalten oder augenscheinliche Unangemessenheit zwischen der Stärke des Reizes und dem Ausmaß der Verhaltensreaktion; Unfähigkeit, tiefe, dauerhafte Bindungen an andere Personen zu bilden; geringe Urteilskraft und Planung bei der Verfolgung bestimmter Ziele; offenkundiges Fehlen von Angst und Kummer über soziale Fehlanpassung und Unwilligkeit oder Unfähigkeit, Fehlanpassung als solche anzusehen; Tendenz, Schuld auf andere zu schieben und sich für eigene Fehler nicht verantwortlich zu fühlen; sinnlose Ausflüchte, oft wegen trivialer Dinge in Situationen, in denen die Entdeckung unvermeidlich ist; nahezu völliges Fehlen von Zuverlässigkeit und von Bereitschaft, Verantwortung zu übernehmen.

Fiedler bezeichnet den Psychopathen als eine Person, die durch „extreme, d. h. bis ins scheinbar Krankhafte reichende, Störungen des Beziehungserlebens und Sozialverhaltens, gekennzeichnet wird. Diese Störungen können sich in zweierlei Hinsicht darstellen: Einerseits als ein extremes, oft mit subjektivem Leiden verbundenes Versagen im Beziehungs- und Leistungsbereich, andererseits eine mehr oder weniger aktive Tendenz zu ständiger Norm- und Regelverletzung."

Nach *Canters* Ansicht kommen sie dem Begriff des „absoluten, puren Bösen" am nächsten: Sie wissen zwar, was eine innige Beziehung, was enge

Vertrautheit zu einer anderen Person bedeuten kann, aber sie fühlen dies nie. Einerseits scheint es sich um normale menschliche Wesen zu handeln, sie werden sogar als sozial adäquat betrachtet, andererseits überschreiten sie alle moralischen Grenzen, zeigen keinerlei Reue. Diese Täter haben auf ihrem Werdegang, der sie bis zu diesem Stadium der Gewalt geführt hat, schon viele zerbrochene Beziehungen hinter sich, aus denen oftmals Kinder hervorgingen. Deshalb ist es auch nicht allzu verwunderlich, dass dieser Mördertyp ein höheres Lebensalter aufweist als andere Tätertypen. *Canter* äußert zudem Zweifel ob der Richtigkeit des verwendeten Begriffs „Psychopath": „Serienmörder werden als Psychopathen oder Soziopathen bezeichnet; beides fragwürdige Bezeichnungen mit einem medizinischen, pathologischen Ursprung, um jemanden zu beschreiben, bei dem offensichtlich weder eine organische noch eine seelische Diagnose gestellt werden kann."

Nach *Möller* (s. S. 36) ist das „Ich des Psychopathen (...) unfähig zu einem realitätsgerechten Umgang mit Schuldgefühlen (wie z. B. Selbstanklagen, Geständnis, Rechtfertigung). Da **keine Bewältigungstechniken** gelernt wurden, bleiben nur die Flucht oder impulsive Aggressionsreaktionen als Konfliktlösung. Der Psychopath zeichnet sich aber vor allem durch eine extreme Frustrationsintoleranz gegenüber seinen Trieben aus. Befriedigungsaufschub oder gar Sublimation sind ihm unmöglich. Entstehende Ängste sind nur beherrschbar durch Flucht oder wilden Angriff."

Beim Psychopathen ist eine mangelnde Integration der Sexualität und Aggressivität in seine Gesamtpersönlichkeit festzustellen. Sexualität wird häufig als Deckabwehr benutzt: Durch sexuelle Erlebnisse sollen Angstgefühle und Depressivität abgewehrt werden.

Der Psychopath ist in der Lage, das „Ich", das seine Morde begeht, abzuschalten – er hat dieses „Böse Ich", wie es der amerikanische Psychiater *Ziporyn* bezeichnet, das seine Verbrechen verdrängt, unter Kontrolle.

Dieser Tätertyp führt ein Doppelleben, das mit dem des Dr. Henry Jekyll vergleichbar ist, der die eine Hälfte seines Lebens als idealistischer Wissenschaftler, seine andere Lebenshälfte hingegen in der schrecklichen Kreatur des Edward Hyde zubringt – Hyde als Jekylls anderes Ego, als die lebendige Verkörperung des versteckten Bösen in Jekyll selbst. In *Stevensons* Roman aus dem Jahr 1880 wird Hyde als „nicht einfach zu beschreiben" dargestellt: „Mit seinem Erscheinungsbild ist etwas nicht in Ordnung; es missfällt etwas an ihm." Aber der Beobachter kann nicht sagen, was!

Dieses **Doppelleben** spiegelt sich auch in den Gedanken und Phantasien des Täters wider. Beispielsweise antwortete Ed Kemper auf die Frage

eines Kriminalbeamten, was er beim Anblick einer jungen hübschen Frau auf der Straße denke: „Der eine Teil von mir sagt: Ich würde gern mit ihr reden und mich mit ihr verabreden.
Der andere Teil von mir fragt: Wie würde sich wohl ihr Kopf, aufgespießt auf einem Holzpflock, machen?"

Dem Psychopathen, der die akzeptablen Regeln gesellschaftlichen Zusammenlebens nicht einhält, der aber offensichtlich nicht verrückt ist oder einen niedrigen Intelligenzquotienten aufweist, mangelt es an Reife. Er ist undankbar, zynisch, untreu, aufsässig und ausbeuterisch.

Aufgrund seines fehlenden Einfühlungsvermögens ist er unfähig zu verstehen, wie seine Taten die Mitmenschen um ihn herum verletzen können. Diese Mitmenschen sind in seinen Augen nur dazu da, seine Bedürfnisse zu befriedigen. Man kann den Psychopathen als einen Genussmenschen bezeichnen, der ständig auf der Suche nach seinem Vergnügen ist, auch und insbesondere auf Kosten anderer. *Canter* beschreibt hierzu ergänzend diesen Mörder als selbstdarstellerisch, egozentrisch: Die meisten dieser Täter wünschen sich, dass ihre Biographien geschrieben und veröffentlicht werden. Es sind diejenigen, die sich am liebsten mit FBI-Agenten zusammensetzen und ein langes Gespräch mit ihnen führen würden – und zwar nur über sich. Dieser Wunsch und ihre Fähigkeit, sich auszudrücken und Kontakte zu Frauen aufzubauen, stehen im Mittelpunkt ihrer Verbrechen, bezeichnen die Art und Weise, wie sie ihre Verbrechen begehen und unterscheiden sie von anderen Gewaltkriminellen.

Maslow beschreibt den Psychopathen als jemanden, der „keine Intimbeziehungen zu anderen Menschen eingehen kann und sie aus diesem Grund verletzen oder gar töten kann, (...) ohne Hass und ohne Freude."

Ergänzend hierzu die Umschreibung von *McCord* und *McCord*, die diesen Menschen charakterisieren als eine „asoziale, aggressive, hochimpulsive Person, die sich wenig oder gar nicht schuldig fühlt und die unfähig ist, anhaltende Banden zu anderen Menschen zu knüpfen". Sie sehen in diesen Tendenzen des Psychopathen den „Versuch, Angst und Sorge zu überwinden".

Dennoch kann neben dieser Gefühllosigkeit gegenüber einigen Reizen normale oder sogar übermäßige Sensitivität gegenüber anderen Reizen vorkommen. Die Täter gelten auch deshalb als gefährlich, weil sie scheinbar überraschend aggressiv handeln oder weil diese Aggressionen motivlos zu sein scheinen. Dies führt leicht zu der irrigen Annahme, dass der Täter wie ein „kaltblütiges Monster" gehandelt hat. In Wirklichkeit zeigen viele dieser „kaltblütigen Monster" aber eine ungewöhnliche Sensitivität. So sind beispielsweise einige Täter dieses Typs durchaus fähig, gegenüber ihren Haustieren tiefe Gefühle zu zeigen.

Zur Entwicklung eines psychopathischen Täters kann auch sein Gefühl von Entfremdung, Gastfeindlichkeit, von Vermögens- und Sexualfrustration in fremder Umgebung beitragen – insbesondere dann, wenn sich der Täter außerhalb seines gewohnten Umfeldes aufhält und bewegt (z. B. während einer Auslandsreise).

Beim Versuch, sich aus Schwierigkeiten herauszuwinden, spinnt der Psychopath ein verwickeltes und widersprüchliches Lügennetz, verbunden mit theatralischen und manchmal überzeugenden Erklärungen.

Er ist herzlos, brutal und kriminell, aber er wickelt seine Mitmenschen oft durch manipulierenden Charme oder gespielte Hilflosigkeit ein. Für ihn sind die Kontrolle über andere und die Androhung von Gewalt ein natürlicher Bestandteil täglicher zwischenmenschlicher Beziehungen.

In psychologischen Versuchsreihen zeigen Psychopathen eine verminderte Bereitschaft, Schmerz- oder Strafreizen auszuweichen. Anlässlich von EEG-Untersuchungen (d. h. Messungen der elektrischen Spannungsschwankungen an der menschlichen Kopfhaut mittels Elektroenzephalogramm (EEG), um sowohl auf die Hirntätigkeit Rückschlüsse ziehen als auch indirekte Zeichen einer Hirnsubstanzschädigung erfassen oder auch eine Krampfanfallsbereitschaft nachweisen zu können) zeigte sich, dass sie auffallend niederfrequente Hirnstromwellen aufweisen und so z. B. gegen Lügendetektoren immun erscheinen. *Bochnik* im Jahr 1965 und *Diesinger* im Jahr 1977 registrierten bei Gewalttätern im Vergleich zu sonstigen Straftätern wesentlich häufiger pathologisch auffällige EEG-Befunde und -Veränderungen. Einem Bericht von *Bochnik* zufolge findet man „bei erwachsenen Psychopathen (...) abnorme EEG-Befunde 3-5 mal häufiger als bei unauffälligen Menschen."

Freud würde dieses Phänomen so erklären: Das Über-Ich dieser Täter sendet auch nach der Tat keine Impulse aus, die Nervosität und Reue aufkommen lassen. Für das Fehlen solcher Impulse ist weiterhin in den meisten dieser Fälle mit ziemlicher Sicherheit eine Psychopathologie in der Form von Gemütsarmut verantwortlich.

Nach neuesten Erkenntnissen des Soziologen *Ellis* deuten solche Befunde auf das Vorliegen eines unzureichenden zentralnervösen Erregungsgrades hin, d. h. dass Erlebnisse, die für die meisten Menschen ausgesprochen aufregend sind, bei Psychopathen das Gehirn immer noch unterstimuliert lassen.

Dagegen kritisiert *Gale* solche EEG-Untersuchungen, da Faktoren wie die ungewohnte Laborsituation und eventuell zurückliegende Behandlungsmethoden (Chemotherapie, Elektroschocks) auf die Ergebnisse dieser Studien Einfluss nehmen. *Gale* kommt zur Schlussfolgerung, „dass der Glaube, dass sie (die Psychopathen, d. Verf.) so charakterisiert sind, ein psychologischer Mythos ist." Er hält nur „eine Hand voll" der vielen EEG-Untersuchungen für befriedigend. Im Rahmen dieser nützlichen Untersuchungen fand er keinen Zusammenhang zwischen EEG-Abnormalitäten und Psychopathie. Zudem zeigen die Untersuchungen nicht die Ursachen der EEG-Werte auf, die z. B. in einem Aufenthalt in einer psychiatrischen Anstalt oder in einer Einzelhaftzelle begründet liegen können. Schließlich weisen nicht nur Psychopathen einen gewissen Grad an EEG-Abnormalität auf, sondern auch andere psychiatrisch auffällige Gruppen – und auch Teile der Normalbevölkerung. Nach *Gale* gibt es „genügend Belege für normale Personen mit abnormalem EEG und abnormale Personen mit normalem EEG", so dass „Vorhersagen, die auf EEG-Aufzeichnungen beruhen, risikoreich sind."

Mittlerweile ist die Bedeutung des EEG, das allerdings bei Anfallsleiden noch immer einen hohen Stellenwert hat, durch neuere technische Untersuchungsverfahren des Gehirns (z. B. Computertomographie und Magnetresonanztomographie) relativiert worden.

Und der Tatsache, dass EEG-Forscher unter Mördern einen deutlichen überdurchschnittlichen Prozentsatz von Epileptikern gefunden haben, widerspricht die klinische Erfahrung, wonach Kriminalität unter den Epilepsiekranken nicht häufiger zu beobachten ist als in der übrigen Bevölkerung. Zudem wird als gesichert angenommen, dass Tötungsdelikte von Epileptikern nicht innerhalb von Anfällen begangen werden, d. h. dass es während eines Anfalles nicht zur Aggression kommt. Ähnlich wie für die Erkrankungsgruppe der Schizophrenie ist für die Epilepsien vielmehr abzuleiten, „dass sie", so *Böker* und *Häfner*, „nur in Kombination mit anderen, sehr schwerwiegenden Faktoren und bei Bestehen einer spezifisch zum aggressiven Verhalten disponierenden Charakterstruktur mit einem erheblich erhöhten Gewalttatenrisiko verbunden ist".

Darüber hinaus auffallend bei diesem Tätertyp ist das Fehlen des Vaters, meist schon in der Kindheit. In den wenigen Fällen, in denen der Vater in der Kindheit anwesend war, ist dieser straffällig oder gewalttätig geworden.

Unter den Vorfahren des Täters sind häufig Straftäter, selten hingegen Geisteskranke, anzutreffen. Somit ist seine persönliche Vorgeschichte mit körperlicher Gewalt vorbelastet.

Der Täter konsumiert oft in größeren Mengen Alkohol oder andere berauschende Mittel. Er lebt mit einem Partner zusammen, erscheint auf den ersten Blick als ein umgänglicher Mensch und ist gelegentlich für längere Zeit auf Reisen.

Die Taten werden **vorsätzlich** begangen, d. h. Kriterien wie Spontaneität und Zufall sind untergeordnet bzw. nicht existent; in den seltensten Fällen wurden Komplizen beobachtet.

Das Opfer kann bekannt oder zufällig ausgewählt worden sein. Er sucht ein ausführliches Gespräch mit seinem Opfer. Folterungen noch zur Lebzeit des Opfers kommen häufig vor.

Der psychopathische Täter empfindet keine Gewissensbisse und keine Schuldgefühle, da er **kein Gewissen** hat.

Waffen sowie sonstige Tatmittel werden aus dem eigenen Umfeld an den Tatort mitgebracht. Der Täter behält diese Gegenstände in seiner unmittelbaren Nähe und nimmt sie nach der Tat auch wieder mit.

Der Täter ist bemüht, das Opfer zu beherrschen und begeht an ihm sadistische Handlungen.

Während der Tat steht er unter alkoholischer Beeinflussung.

Nach der Tathandlung versteckt er die Leiche des Opfers und flüchtet vom Tatort.

In seltenen Fällen wurden Selbsttötungen von Tätern nach der Tat beobachtet.

Zum Zeitpunkt, an dem die Polizei den Täter ermittelt hat und vor der Festnahme steht, wird dieser Tätertyp alles daran setzen, zu entkommen.

Die Zeitspanne seiner Taten mit einer Vielzahl von Opfern kann sich über viele Jahre hinweg erstrecken.

Er ist einer der gefährlichsten Mörder, dem es am besten und längsten gelingt, aufgrund seiner beschriebenen Fähigkeit, seine Umwelt als Meister der Verstellung und Täuschung irrezuführen, seiner Festnahme zu entkommen.

In den meisten Fällen ist der Täter zurechnungsfähig und somit strafrechtlich voll verantwortlich.

b) Der psychotische Täter:

Psychotisch ist, wer an einer Psychose, d. h. an einer gravierenden organischen oder psychischen Fehlfunktion leidet. Der Psychotiker denkt, fühlt und/oder handelt auf sehr abweichende Art.

Der Begriff „Psychose“ fand zu Beginn des 19. Jahrhunderts mehr und mehr Zugang in die deutschsprachige psychiatrische Literatur, um seelische Erkrankungen im Allgemeinen zu bezeichnen. In *Freuds* ersten Arbeiten aus dem Jahr 1894 findet sich dieser Begriff als eine Zusammenfassung aus halluzinatorischer Verworrenheit, Paranoia und hysterischer Psychose. *Laplanche / Pontalis* definieren im Jahr 1998 die Psychose als ein Nebeneinander der nachfolgenden Kriterien: Unfähigkeit zu sozialer Anpassung, Schweregrad der Symptome (siehe unten: 12 Syndrome), Störung der Kommunikationsfähigkeit, fehlende Einsicht in den krankhaften Zustand, Verlust des Kontaktes mit der Realität, Charakter der Nichtverstehbaren von Störungen, tiefe und irreversible Veränderungen des Ichs.

Psychose (oder psychotische Störung) ist die allgemeine Kategorie für eine Reihe schwerer psychischer Störungen, bei denen Beeinträchtigungen der Wahrnehmung, des Denkens und der Emotionalität auftreten, also Störungen, die erhöhte Abnormität, Heftigkeit und Zerrüttung der Persönlichkeit beinhalten. Für den Betroffenen ist es unmöglich, den Anforderungen des täglichen Lebens gerecht zu werden. *Fenichel* bezeichnet diesen Zustand als einen „Bruch mit der Realität", den Psychotiker als eine Person, bei der „das Unbewusste bewusst geworden" ist.

Aufgrund internationaler Untersuchungsreihen und wissenschaftlicher Studien lassen sich **zwölf psychotische Syndrome** feststellen, die sowohl bei Männern als auch bei Frauen nachgewiesen werden:

1. Erregungszustand: Beschleunigte Sprache, laut, kaum zu unterbrechen; erhöhte Stimmungslage; ungezügelter emotionaler Ausdruck.
2. Aggressive Streitsucht: Beschwerden über, Aggressivität gegen und Schuldzuweisungen an andere.
3. Verfolgungswahn: Ungerechtfertigte Ideen, Personen aus dem sozialen Umfeld aggressive oder kontrollierende Absichten zuzuschreiben.
4. Größenwahn: Einstellung der Überlegenheit, verbunden mit Gefühlen, über ungewöhnliche Kräfte und göttliches Sendungsbewusstsein zu verfügen.
5. Wahrnehmungsstörungen: Unechte Wahrnehmungen in Form von bedrohlichen, anklagenden oder fordernden Stimmen.
6. Phobischer Zwang: Unkontrollierbare Rituale, wiederkehrende ungewollte Ideen und bestimmte Ängste über Persönlichkeitsveränderungen.
7. Ängstliche Verstimmung: Unbestimmte Angst und zugleich bestimmte Sorgen mit Selbsterniedrigungstendenzen; zusätzliche Schuldgefühle über reale oder eingebildete Verfehlungen.
8. Funktionale Schwäche: Unfähig, sich zu konzentrieren, zu arbeiten oder Entscheidungen zu fällen; herabgesetztes oder gänzlich fehlendes Interesse an anderen Menschen, am anderen Geschlecht oder am gesellschaftlichen Leben.
9. Verlangsamung: Blockierte Sprache; Vorstellung und motorische Aktivität unter gleichzeitigem Desinteresse an der Zukunft.
10. Desorientierung: Verwirrtheit hinsichtlich Ort und Zeit; Unfähigkeit, bekannte Menschen wieder zu erkennen.

11. Motorische Störungen: Einnahme und Beibehaltung von bizarren Haltungen und eigenartigen Körperbewegungen.
12. Auffassungsstörungen: Weitschweifige, unzusammenhängende und bezugslose Sprache, bei der die gleichen Wörter oder Sätze in stereotyper Weise wiederholt und neue Wörter erfunden und verwendet werden.

Psychotiker, die meistens unter dem oben beschriebenen Verlust jeglichen Realitätsbezugs leiden, innerlich vereinsamt und isoliert sind und deren Zustände gelegentlich durch organische Hirnschädigungen verursacht werden, werden höchst selten zu Schwerkriminellen. Und wenn doch, werden sie in aller Regel sehr schnell gefasst, da sie nach Ausführung ihrer Taten für gewöhnlich chaotisch reagieren und somit Gefahr laufen, Fehler zu begehen, die zu ihrer Entlarvung führen.

Dennoch sind die Täter, nach Ansicht von *Kernberg*, „wenn sadistische Züge das Erscheinungsbild bestimmen, meistens äußerst gefährlich."

In seiner Kindheit wird dieser Tätertypus beeinflusst von einer übermächtigen, beherrschenden Mutter.

Unter seinen Vorfahren sind selten Straftäter zu finden, jedoch häufig Geisteskranke.

In zurückliegender Zeit hat sich der Täter einer unzureichenden oder gar zwischenzeitlich abgebrochenen Behandlung mit Psychopharmaka unterzogen.

Als Einzelgänger, für den der Aufbau persönlicher Beziehungen auf normale Art schwierig, zu schwierig ist, lebt er allein bzw. bei seinen Eltern und ist selten auf Reisen. Demzufolge begeht er seine Taten, bei denen es sich in aller Regel um keine vorsätzlichen Handlungen handelt und deren Opfer entweder bekannt oder aus der unmittelbaren Umgebung stammen, ohne Komplizen.

Während der Tat wird er kaum Gespräche mit seinem Opfer führen.

Der Tötung vorausgehende Folterungen sind in den seltensten Fällen festzustellen.

Bei den benutzten Waffen handelt es sich nahezu immer um am Tatort zufällig befindliche und aufgefundene Gegenstände, die der Täterfür seine Zwecke verwenden konnte.

Es erfolgt ein sofortiger und sehr gewalttätiger Beginn der Tat, wobei u. a. Kastration, Ausschälen von Körperteilen oder andere, auch sexuell-sadistische Handlungen, vorkommen können.

Der Täter leidet bei der Tatausführung unter großen Angstzuständen und unter halluzinatorischen, delirierenden oder depressiven Syndromen.

Ohne sie zu verstecken, verlässt er die Leiche. Er trifft keine weiteren Vorkehrungen, um die Tat oder seine Täterschaft zu verschleiern.

Gelegentlich verweilt er tief niedergeschlagen und deprimiert in der Nähe der Leiche und begeht nach der Tat Suizid.

Bei einer möglichen Festnahme durch die Polizei wird er sich widerstandslos festnehmen lassen.

Die Zeitspanne, in der er seine Taten begeht, ist relativ kurz und fordert eine Vielzahl von Opfern.

Bei diesen Morden ist er fast immer unzurechnungsfähig und kann somit strafrechtlich nicht zur Verantwortung gezogen werden.

1.4.5 „Visionary“ / „Mission oriented“ / „Hedonistic“ / „Power-control-oriented“ und „Act-focused“ / „Process-focused“

Holmes und *De Burger* bieten eine weitere Variante aus dem Jahr 1988 zur Einordnung von Serienmördern in vier verschiedene Typenklassen an: In den visionären, den missionsorientierten, den hedonis-tischen und den macht-kontroll-orientierten Typ.

a) Der visionäre („visionary type“) Typ:
„Er hört Stimmen“, sieht Visionen oder „erhält seinen Mordauftrag von dämonischen Außerirdischen.“ Dieser Typ, der häufig den Kontakt mit der Wirklichkeit verloren hat, „ist also eindeutig als geisteskrank einzustufen.“ (*Paulus* 1998 a, S. 8) Er zieht nach seiner eventuellen Ergreifung nicht selten die Diagnose einer „paranoiden Psychose“ auf sich.

Gegen ein solches generelles Einräumen einer durch Psychose verminderten Zurechnungsfähigkeit vor Gericht steht die Erfahrung des Psychiaters *Dietz*, der in langjährigen Untersuchungen keinen wahrhaft psychotischen Serienmörder kennen gelernt hat. Einige psychotisch eingestuften Täter hat er als Simulanten entlarvt.

Nichtsdestotrotz war keiner der von ihm Untersuchten normal. Sie litten alle unter Geistesstörungen. Und ihnen war trotzdem bewusst, was sie taten. Ihnen war trotzdem bewusst, dass ihre Taten falsch waren – und sie taten es trotzdem.

b) Der missionsorientierte („mission oriented type“) Typ:
Der Serienmörder setzt sich das Ziel seiner Mission selbst. „Die potentiellen Zielgruppen und damit seine Opfer zeichnen sich durch irgendein gemeinsames Merkmal aus (Geschlecht, Haar- oder Hautfarbe, Beruf, Alter, Religion o.a.). Aus der Sicht des Mörders handelt es sich um sozial unerwünschte Individuen“ (*Paulus* 1998 a, S. 8-9), unwürdige Mitbürger und Untermenschen, die es auszumerzen gilt.

Dieser Täter entbehrt in aller Regel jeglicher psychotischen Komponenten und führt ein „normales", wenn nicht sogar erfolgreiches Familien- und Berufsleben.

c) Der hedonistische („hedonistic type") Typ:
Dieser Tätertyp „ist nur am lustvollen Erleben der Tat und dem damit verbundenen Nervenkitzel, dem „Thrill", interessiert. Für ihn bedeutet jeder Mord das Ausleben von Glücksgefühlen, er ist nur an der Tat als solcher interessiert. Ihn reizt immer wieder das ungestrafte Ausleben seiner Phantasie." (*Paulus* 1998 a, S. 9) Durch das sadistische Abschlachten, das er ohne jede Spur von Skrupel und Mitgefühl begeht, holt er den letzten „Kick" aus seiner ansonsten eher langweiligen Existenz heraus.

Er fügt seinen Opfern diverse sexuell-sadistische Misshandlungen zu. Dabei überwiegt jedoch weniger die geschlechtliche Befriedigung als die Gier nach Abwechslung und erregenden Erfahrungen.

Folgende Dreiteilung des „hedonistic type" wurden im Laufe der Untersuchungen durch *Holmes* und *De Burger* getroffen:

1. „lust-oriented type": Diese Mörder töten aus vorrangig sexueller Befriedigung heraus.
2. „thrill-oriented type": „Das zentrale Motiv dieser Mörder ist deren Verlangen nach „Höhepunkten, Nervenkitzel, Thrill und Kick" – Erregung und Reizerhöhung schlechthin. Die Täter legen mehr Wert auf die eigentliche Handlung, die zum Tode führt, als auf eine schnelle Tötung.
3. „comfort-oriented type": Das Hauptanliegen dieser Täter ist es, ihr Leben auszukosten. Sie tendieren dazu, leise zu töten, wenn es die Situation zulässt oder erfordert. In erster Linie morden sie, um sich sowohl geistige als auch körperliche Behaglichkeit und entsprechendes Wohlbefinden zu verschaffen und zu erhalten." (*Holmes* und *De Burger* S. 76 ff.)

d) Der macht-kontroll-orientierte („power-control-oriented type") Typ:
Der Mörder sucht das Gefühl „der absoluten Überlegenheit, das er in „seiner Macht" über Leben und Tod findet." (*Paulus* 1998 a, S. 9) Sein zentrales Bedürfnis besteht darin, Macht und Kontrolle über ein vollkommen hilfloses Opfer auszuüben. In dem Augenblick, in dem er sich zum Herrscher über Leben und Tod aufschwingt, wird dieser Typus von einem Gefühl der Wollust erfasst.

„Die sexuellen Komponenten der Tat sind dabei nur Nebensache." (*Paulus* 1998 a, S. 9) Machtorientierte Serienmörder, die ihre Opfer auch durch Vergewaltigung oder Sodomie misshandeln, streben nicht vorrangig sexuelle Befriedigung an. Seine Motivation zieht er aus „dem Wunsch nach Stärke, nach Beherrschung seines Opfers. " (*Paulus* 1998 a, S. 9) Mit gro-

ßer Vorliebe drangsaliert er die Opfer mit sadistischen „Kontrollspielchen", wie z. B. mit dem scheinbaren Laufen- lassen und dem erneuten Einfangen. Selbst die Verstümmelung der Genitalien des Opfers und der eigentliche Mord dienen dem Kontrollmotiv.
Der Täter macht hierbei die Erfahrung, dass er in der Lage ist, einen anderen Menschen zu töten, ohne dass es ihm besondere Mühe bereitet. Dies verschafft ihm ein Gefühl der Stärke; er hat den Eindruck: „Ich kann das." „Damit wird in den meisten Fällen das eigene erlebte schwache Selbstwertgefühl kompensiert und ein Ausgleich gesucht, der die Erfahrung vermittelt: „Ich bin letztlich doch der Stärkere, wenn ich nur will." (*Paulus* 1998 a, S. 9) Für ihn ist das Töten letztlich eine ganz normale soziale Begegnung geworden. Es ist seine Art, in Kontakt mit anderen Menschen zu treten.

Holmes beschreibt zusätzlich einen fünften Typ des Serienmörders, den er als räuberischen („predatory type") Typ bezeichnet. Dieser Täter jagt Menschen, um sie zu töten: Mehr als eine Art Erholung und Erheiterung, weniger aus einem Gefühl der Gelassenheit und der Macht heraus.

Zusätzlich zu dieser Vier- (bzw. Fünf-)Teilung unterbreiten *Holmes* und *De Burger* eine weitere Einteilung, nämlich die in den „act-focused type" und in den „process-focused type":

a) Der „act-focused type":
Vorrangiges Ziel dieses Mörders ist die Tötung seiner Opfer, wobei er zur Verwirklichung dieser Vorstellung einschneidend, effizient und schnell vorgeht. Zufriedenheit erreicht er allein durch die Tötungshandlung. Dieser Mörder ist meistens ein Vertreter der „mission oriented" Gruppe.

b) Der „process-focused type":
Dieser Mörder bevorzugt die langsame, extensive Tötung, vermengt mit Komponenten von Vergewaltigung, Folter, Demütigung und Verstümmelung. Er gehört überwiegend der Gruppe um die „power-control-oriented" Täter an, die eine exzessive Gewaltanwendung zeigt.

1.4.6 Typisierung nach Canter

Eine ergänzende Typisierung, die sich zwar in erster Linie auf Sexualverbrecher im Allgemeinen erstreckt, im Grunde aber auch auf Serienmörder anwendbar ist, ist die Einteilung in die nachfolgenden drei Gruppen, die der Psychologe *Canter* vorgenommen hat.

„*Canter* sieht als grundsätzliches Merkmal von Gewalttätern den Mangel an Mitgefühl. Gemeinsamer Kern aller Taten ist der Missbrauch anderer Menschen als bloßes Objekt der Begierde oder des Hasses.

Deshalb macht *Canter* auch keinen prinzipiellen Unterschied zwischen Vergewaltigern und Sexualmördern. Er ist der Ansicht, dass der einzige Unterschied zwischen Vergewaltigung und Mord in der Art und Intensität zu finden ist, mit der der Angreifer sein Opfer kontrolliert. „Der Vergewaltiger von heute", so *Canter*, „ist der potentielle Sexualmörder von morgen." (*Hoffmann/Musolff* 1996, S. 111)

„a) Der Täter sieht sein Opfer als Objekt, nicht als Individuum, sondern als Werkzeug und Mittel für seine Triebbefriedigung. Seine Handlungen sind bestimmt von Fesselungen und von Bedrohungen des Opfers mit Waffengewalt. In seinem „normalen" Leben versucht er, seine für ihn wünschenswerten und erstrebenswerten Ziele rücksichtslos zu erreichen.

b) Der Täter projiziert seine eigenen Ängste und Misserfolge auf sein Opfer. Er verhält sich seinem Opfer gegenüber aggressiv, demütigt, beschimpft und missbraucht es. Selbstmitleid und die Ansicht, zu Unrecht von der Gesellschaft verstoßen worden zu sein, kennzeichnen diesen unberechenbaren Typ. Unweigerlich führen von ihm missverstandene Reaktionen des Opfers bei ihm zu grausamen Taten. Für seine Verbrechen spielen die Tatorte und bestimmte Merkmale seiner Opfer eine wichtige Rolle, sie besitzen für ihn eine ganz persönliche Bedeutung.

c) Der Täter ist bestrebt, zu seinem Opfer eine Beziehung herzustellen. Er ist der irrigen Annahme, dass er durch das Opfer eine Wertschätzung erfährt und die Tat nichts weiteres darstellt als einen Ausdruck einer persönlichen Beziehung zum Opfer. Diese Fehleinschätzung verstärkt der Täter selbst durch intime Fragen und Komplimente an das Opfer. Diese Wirklichkeitsverzerrung kann sogar so weit gehen, dass er den Vorschlag eines Opfers, sich tags darauf mit ihm zu treffen, sofort annimmt, ohne hierbei die Gefahr einer dabei drohenden Festnahme zu erkennen. " (*Hoffmann* 1994, S. 75)

Eine ganze Reihe namhafter, überwiegend US-amerikanischer Soziologen, Kriminologen, Psychologen und Psychiater haben sich mit der Charakterisierung und Typisierung von Serienmördern auseinandergesetzt. Einige dieser Wissenschaftler und ihre Gedankenmodelle sollen an dieser Stelle vorgestellt werden, wobei festzustellen bleibt, dass diese Typologien auf keinerlei wissenschaftlicher Basis beruhen – und bislang auch nicht für „Profiling"-Zwecke eingesetzt wurden.

1.4.7 Typisierung nach Dickson

Dickson charakterisiert bereits 1958 den Serienmörder (seinerzeit noch als Massenmörder bezeichnet) als einen Täter, der sowohl aus **Profitsucht** als auch aus **Perversion** heraus tötet. Er beschreibt diesen Tätertyp als einen kleinen, gut gekleideten, sozial angepassten und freundlichen Mann im Alter um die vierzig, der weder raucht noch trinkt, der auch nicht zum Fluchen neigt und oftmals praktizierender Christ ist.

Seine militärische Vergangenheit – sofern eine solche überhaupt existiert – war eher unheldenhaft. Sollte es sich um den perversen Mörder handeln, so war die Schulzeit für ihn eher unfreundlich und unglücklich; sollte es sich um den profitsüchtigen Mörder handeln, war dessen Schulzeit eher erfolgreich.

Der Serienmörder spricht nicht viel über seine Erfahrungen und Erlebnisse, die er als Teenager gemacht hat, da er in dieser Zeit häufig inhaftiert war. Auch ist er, was sein häusliches Leben angeht, recht verschwiegen und zurückhaltend; er ist von seiner Frau weder getrennt lebend noch geschieden. Und sollte er unverheiratet sein, hat er eine Freundin oder Lebensgefährtin, die er seiner Umwelt gegenüber im Hintergrund hält. Er besitzt keinen besonders ausgeprägten Sinn für Humor und neigt zu finanziellem Geiz.

Seine Gespräche kreisen um aktuelle Themen und spiegeln seinen – eingeschränkten – geschäftlichen Scharfsinn wider, von dem er selbst glaubt und überzeugt ist, ihn tatsächlich – uneingeschränkt – zu besitzen.

1.4.8 Typisierung nach Palmer

Palmer veröffentlichte im Jahr 1960 die Ergebnisse seiner dreijährigen Forschung an 51 Mördern, die in Gefängnissen in Neuengland einsaßen. Demnach ist *Palmers* „typischer Mörder“ bei seiner ersten Tat durchschnittlich 23 Jahre alt. Seine Opfer, zumeist männliche Fremde, erschießt er in der Regel im Laufe eines Streites mit einem Gewehr. Der Täter ist Angehöriger der unteren Gesellschaftsschicht, weist eine schlechte Schulbildung auf und ist nahezu immer arbeitslos. Er erfuhr in frühen Jahren, überwiegend in der Kindheit, körperliche Misshandlungen und seelische Frustration, begangen und hervorgerufen durch die allgegenwärtige Mutter.

1.4.9 Der „wahnsinnige“ Täter

Aufgrund einer Studie von 40 US-amerikanischen Massen- und Serienmördern im Jahr 1979 geht *Lunde* davon aus, dass nahezu jeder dieser Täter „wahnsinnig“ ist.

Weiterhin schlussfolgert er, dass Massen- und Serienmörder Weißhäutige männlichen Geschlechts sind, die selten zu Alkohol oder Drogen greifen. Die Täter suchen sich Opfer, die bestimmte Eigenschaften und spezielle Merkmale besitzen. *Lunde* gibt an, dass die meisten Massen- und Serienmörder entweder Schizophrene oder sexuelle Sadisten sind.

Diese Studie leidet nach herrschender Auffassung unter dem Umstand, dass *Lunde* keine Unterscheidung und keine separate Untersuchungen von Massenmördern und Serienmördern vorgenommen hat.

1.4.10 Der „Durchschnittsmörder“

Rizzo untersuchte im Jahr 1982 31 verurteilte und gerichtlich in Kliniken eingewiesene Mörder. Sein Profil des „durchschnittlichen Mörders“ weist den Täter als einen 26-jährigen Mann aus, dessen Taten fast immer eine Täter-Opfer-Beziehung beinhalten und überwiegend aus finanziellem Gewinn motiviert sind.

1.4.11 Oder doch kein „Psycho“?

Levin und *Fox*, die wie *Lunde* sowohl Massen- als auch Serienmörder zusammenfassten und entsprechend zusammen untersuchten, werteten im Jahr 1985 42 Zeitungsberichte aus dem Zeitraum von 1974 bis 1979 sowie insgesamt 137 FBI-Berichte über diese Täterkategorien aus.

Demnach ist dieser typischer Täter ein weißhäutiger Mann zwischen 20 und 30 Jahren. Gewöhnlicherweise tötet er durch Erwürgen/Erdrosseln oder Erschlagen; grundsätzliche Motive sind hierbei Bereicherung, Vorteilsverschaffung, Eifersucht oder Lust. Fast 18 % der untersuchten Fälle beinhalteten Sex und Sadismus. Der Zwang nach Dominanz und Kontrolle war eine weitere Gemeinsamkeit sowohl in der Tatbegehung (z. B. in der Auswahl verwundbarer Opfer und in der Anwendung von Quälereien) als auch im Lebensstil (z. B. in der Vernarrtheit in große, schnelle Autos und im Bestreben, einen Beruf im Bereich der Verbrechensbekämpfung zu ergreifen).

Psychisch-psychiatrische Auffälligkeiten wurden hierbei in den seltensten Fällen registriert, hingegen jedoch verstärktes asoziales Verhalten.

1.4.12 Typisierung nach Leibman

In einer Untersuchung an vier Serienmördern stellte *Leibman* im Jahr 1989 fest, dass es sich bei der Tat um einen so genannten „egodystonischen Akt“ handelt, d. h. die Motive, Gedanken und Handlungen um das Gesamtgeschehen herum werden vom Täter letztlich nicht wahrgenommen und akzeptiert: Er fühlt sich nach dem Mord entweder zutiefst schuldig oder einem Zwang unterworfen, der ihn zur Handlung gegen seinen Willen getrieben hat. Oder aber, der Mörder hat die Taten in einem anderen Bewusstseinsstadium begangen, an das er sich schließlich nicht mehr erinnern kann.

Auch bei *Leibman* ist die Mehrheit der Serienmörder männlich und weißer Hautfarbe. Das Alter der Täter beträgt zwischen 25 und 35 Jahre. Bei den Opfern handelt es sich nahezu nur um weißhäutige Frauen.

Folgende sieben charakteristischen Merkmale, die den Serienmörder kennzeichnen, führt *Leibman* in seiner Studie auf: 1. Grausame und extrem gewalttätige Eltern, 2. Zurückweisung durch seine Eltern in seiner

Kindheit, 3. Zurückweisung durch andersgeschlechtliche Menschen im Erwachsenenalter, 4. Erster Kontakt mit Strafverfolgungsbehörden als Jugendlicher und/oder als Erwachsener, 5. Erste Einweisung in einer Nervenheilanstalt, 6. Abnormes Sexualverhalten und 7. Einzelgänger.

1.4.13 „Primary psychopath" / „Secondary psychopath" und „Überkontrolliert" / „Unterkontrolliert"

In seinen Studien aus dem Jahr 1991, die sich an bereits vorliegenden Lehr- und Studienunterlagen orientierten, nennt *Sears* folgende 13 bezeichnende Aspekte für die Charakterisierung und Typisierung von Serienmördern:

1. Die Täter wuchsen in instabilen und rücksichtslosen Elternhäusern auf.
2. Sie litten oft an physischen Verletzungen oder Behinderungen.
3. Sie entwickelten nie ein Selbstwertgefühl.
4. Sie flüchteten in Tagträume und wandten sich Phantasien zu, um auf diese Weise aus ihrer unfreundlichen Umgebung auszubrechen, wobei sich diese Phantasien oft um Sex und Gewalt drehten.
5. Sie zeigten als Erwachsene die Unfähigkeit, lang anhaltende, ernsthafte Beziehungen zu anderen Menschen einzugehen.
6. Sie errichteten um sich herum eine Fassade der Normalität.
7. Sie schienen nicht unter irgendwelchen psychischen Störungen zu leiden.
8. Sie wiesen einen durchschnittlichen IQ und häufig Erfolge in ihrer Ausbildung und ihrem Berufsleben auf.
9. Sie waren egozentrisch und benötigten zwanghaft Anerkennung von anderen.
10. Ihr krimineller Werdegang begann im Alter zwischen Ende 20 und Anfang 30.
11. Sie waren fasziniert und manchmal besessen von der Polizei und deren Arbeit.
12. Sie sprühten vor körperlicher Energie und benötigten sehr wenig Schlaf.
13. Sie konsumierten häufig Alkohol oder Drogen, bevor sie ihre Taten begingen.

Neben *West* von der NCF, der in primäre Psychopathen, die eher zum extremen Typus gehören, und in sekundäre Psychopathen, die ängstlicher, abhängiger, impulsiv und aggressiv sind und sich nicht gut ausdrücken können, unterscheidet, wobei *West* bei seinen Forschungsarbeiten selten auf primäre Psychopathen gestoßen ist, unterteilt auch *Sears* in den „primary psychopath" und den „secondary psychopath":

a) Der „primary psychopath“:

Diese Tätertypen betrügen sich und andere, indem sie vorgeben, bislang keine Erfahrungen mit Angst, Besorgnis oder Verantwortung gemacht zu haben, also sich um nichts und niemanden zu kümmern, zu ängstigen, zu sorgen oder verantwortlich zu fühlen. Denn vielmehr das Gegenteil trifft zu: Sie haben meist schon vor Beginn ihrer kriminellen Karriere Erfahrungen im Umgang mit angespannter und Besorgnis erregender Angst gemacht.

Sie sind oftmals impulsiv und unfähig, ein Verbrechen bis zu seinem Abschluss erfolgreich durchzuplanen. Sie können Routine nicht akzeptieren und tendieren zu hastigen, unüberlegten Handlungen, die sofortige Befriedigung versprechen.

Sears hat in den wenigsten Fällen diese charakteristischen Merkmale bei Serienmördern festgestellt.

b) Der „secondary psychopath“:

Diese Tätertypen begehen aus emotionalen Konflikten oder inneren Unruhen heraus ihre verbrecherischen Handlungen und es hat den Anschein, dass sie hierbei Angst und Sorge erleben. Sie werden als „ihre Probleme auslebende Neurotiker“ oder „neurotische Delinquenten“ bezeichnet.

Diese zweite Diagnose des „secondary psychopath“ scheint zwar auf den ersten Blick besser auf Serienmörder zu passen. Aber während diesen Typ nach seinen Taten Gewissensbisse plagen und er sich für seine Taten schuldig fühlt, unterbleibt dies bei den meisten Serienmördern. Sie scheinen deshalb eine Mischung aus den Verhaltensmustern beider Typen zu sein.

Sears bemerkt weiterhin, dass Serienmörder den „Thrill“ und die überraschenden Momente benötigen. Dieses Bedürfnis kann ihnen ein weniger gewichtiges Verbrechen nicht erfüllen. Und so flüchten sie sich zusehends in mehr und mehr brutalere Handlungen, um die Befriedigung ihres Bedürfnisses zu erreichen.

Ein ergänzender Aspekt ist der, dass Menschen, die in ihrer Kindheit missbraucht wurden, dazu tendieren, einerseits andere Menschen mit Gewalt manipulieren zu wollen, um ihre persönlichen Bedürfnisse zu befriedigen und andererseits immer dann gewalttätig zu sein, wenn sie sich bedroht fühlen. Diese beiden Verhaltensweisen konnten bei den von *Sears* untersuchten Tätern festgestellt werden.

Schließlich ist *Sears* der Ansicht, dass Serienmörder – analog der Einteilung von *Megargee* in überkontrollierte Mörder und in unterkontrollierte Mörder – oftmals beide Gewaltarten vertreten.

Megargee stellte seine Typologie im Jahr 1966 vor, in der er u. a. davon ausgeht, dass die Hemmung eines „überkontrollierten" Menschen nur durch einen extremen Antrieb überwunden werden kann („Alles-oder-Nichts-Prinzip"), während der „unterkontrollierte" Mensch prinzipiell ohne wesentliche Hemmung über alle Stärken von Impulsen verfügt. *Megargee* geht von einer unzureichenden **Impulskontrolle** aus und nimmt an, dass eine Form der Aggression auf einer zu schwachen Kontrolle beruht, eine andere hingegen auf einer überstarken Kontrolle. Bei letzterer könnten sich die aggressiven Impulse zu einer weit gefährlicheren Höhe aufstauen, weil andere Formen der Abreaktion nicht gelernt wurden. Daraus leitet *Megargee* die Hypothese ab, „dass bis zum Mord aggressive Kriminelle weniger feindselig, aggressiv und mehr kontrolliert seien als andere", was er in Gruppen von offen aggressiven und nichtaggressiven Kriminellen bestätigt fand.

In weiterführenden Untersuchungen von *Nedopil* in den Jahren 1989 und 1992 wurde festgestellt, dass „unterkontrollierte" Täter häufiger aggressiv werden und häufiger psychisch gestört sind. Unterschiede zu den „überkontrollierten" Tätern im Verletzungsgrad bei den Opfern sowie im Bekanntheitsgrad zu den Opfern wurden hierbei nicht festgestellt. Es ergaben sich Hinweise dafür, dass der „unterkontrollierte" Täter Aggression einsetzt, um bestimmte Ziele zu erreichen. Hingegen scheint der „überkontrollierte" Täter aus Schwäche zu handeln, indem er mit Aggression auf eine situative Überforderung reagiert.

a) Überkontrollierte Mörder:

Diese Täter unterdrücken ihren Ärger so lange, bis er sich in einem gewalttätigen Akt entlädt. Sie haben Hemmungen, feindliche, aggressive Impulse selbst in sozial akzeptierter Weise auszudrücken. Lang anhaltende Frustrationen führen zu aggressiven Durchbrüchen. Dem Konzept der überkontrollierten Täter liegt eine Art „Dampfkesselmodell" der Aggression zugrunde, das sicherlich als höchst umstritten angesehen werden muss. Dennoch sind es sehr häufig aggressionsgehemmte Menschen, die wegen Tötungsdelikten an ihrem Intimpartner einsitzen. Es bedurfte zum Teil nur einer minimalen Provokation, und die lange aufgestauten Impulse brachen durch. Wenngleich das Konzept einfach ist, so ist es dennoch von hohem Erklärungswert für die Praxis. Sicherlich sollte man sich durch Plausibilitäten nicht täuschen lassen, aber die zahlreichen bekannten männlichen Tötungsdelinquenten, die im sozialen Nahbereich gemordet haben, entsprachen fast ausnahmslos diesem Typus. Dieser Typ wird beschrieben durch allgemein bessere Schuldbildung und Arbeitsverhältnisse, aber auch häufigere körperliche Misshandlung in der Kindheit. Psychische Krankheiten (insbesondere Neurosen, Psychosen, Entwicklungsstörungen) führen zu fachärztlicher Behandlung. Häufig anzutreffen sind innere Anspannung, soziale Isolierung und Misstrauen in sich und andere in Verbindung mit psychopathologischen Auffälligkeiten. In der Tatsituation selbst spielen von Seiten des Opfers, welches vorwiegend aus dem Bekanntenkreis stammt und als provozierend erlebt wird, Provokationen eine große Rolle, und der Täter neigt dazu, ohne Vorbereitung zu handeln. Konflikte innerhalb der Familie stehen mit der Tat in ursächlicher Verbindung. Verteidigungsabsichten, aber auch die Absicht, andere Straftaten zu verdecken, sind häufige Motive. Dies spricht für das Vorliegen einer situativen Überforderung. Der Täter zeigt sich in der Folge über sich selbst und seine Tat erschüttert und ist relativ einsichtig. Unter diesen Tätertyp fallen extreme Gewalttäter, die sich oft durch starke Hemmung, besonders starke Kontrollmechanismen, Überbeherrschtheit, relativ geringe gewohnheitsmäßig Aggression und besonders gravierende aggressive Vergehen auszeichnen, deren Taten häufig Erstdelikte sind. Bei ihnen finden sich Eigenschaften wie: gewissenhaft, rücksichtsvoll, höflich, weich, nachgiebig, unterwürfig, fügsam, furchtsam, nervös, schüchtern, gehemmt, selbstkontrolliert, abweisend, ängstlich, antriebsarm, hoffnungslos, jammernd, leidend, misstrauisch, unselbständig, vereinsamt, introvertiert, realitätsfremd, kränkbar, ohne Durchsetzungsvermögen.

b) **Unterkontrollierte Mörder:**
Diese Täter reagieren unvermittelt auf eine Person und deren Verhalten, von der sie möglicherweise beleidigt oder frustriert wurden. Sie verfügen über zu wenig Hemmung der Aggression. Sie reagieren auf Frustration und Provokation aggressiv. Die Stärke der Provokation korreliert nahezu ungefiltert mit der Stärke der Aggression, was auf ein schwaches Ich, mangelnde Steuerungsfähigkeit und Frustrationstoleranz schließen lässt. Dieser Typ wird charakterisiert durch ungünstige soziale Bedingungen mit negativen Vorbildern sowie durch nachteilige wirtschaftliche und berufsbezogene Verhältnisse. Wenn psychische Krankheit von Bedeutung ist, handelt es sich um Persönlichkeitsstörungen und Süchte. Der Täter neigt schon in frühen Jahren zu tätlichen Auseinandersetzungen und kriminellem Verhalten, weist also eine „kriminelle Karriere“ auf. Bei der Tatausführung wird der Täter Abwehrreaktionen des Opfers mit körperlicher Gewalt begegnen. Die Tat selbst spricht für eine aktive Gestaltung der Tatsituation durch den Täter: Die Handlungen erscheinen geplant mit klarer Umweltwahrnehmung und kurz andauernder körperlicher Gewaltanwendung, bei der das Opfer als abweisend erlebt wird. Dem Täter werden Eigenschaften zugeschrieben wie gewohnheitsmäßig aggressiv, unbeherrscht, impulsiv, rauflustig, streitsüchtig, feindselig, grausam, primitiv, irritierbar, lebhaft, freimütig, offen, hemmungs-

los, herrschsüchtig, dominant, prahlerisch, fordernd, hartnäckig, selbstbewusst, sozial umtriebig, egoistisch, mit mangelnder Bindungsfähigkeit, verbal drohend. Er weist frühere Suizidversuche, früheres aggressives Verhalten ohne Sanktion und früh beginnender Alkoholmissbrauch mit späterer Abhängigkeit auf.

In Anlehnung an diese zweigeteilte Typologie von *Megargee* unterscheidet *Prentky* zwei verschiedene Prototypen menschlich aggressiven Verhaltens: Die episodische und die psychopathische Aggression:

a) **Die episodische Aggression ...**

... entspricht dem überkontrollierten Typ, der aggressive Impulse, die in spontanen und vorhersagbaren Ausbrüchen von Gewalt periodisch hervortreten, unterdrückt. Ein solcher Typ wird eine kriminelle Karriere haben, die durch relativ wenige Taten mit einem hohen Maß an Gewalt gekennzeichnet ist. Die Taten erfolgen als eine Form der Erleichterung bzw. Entspannung.

b) **Die psychopathische Aggression ...**

... entspricht dem unterkontrollierten Typ, der durch ein hohes Maß an Aggression, Impulsivität und mangelnder Sozialisation charakterisiert wird. Er besitzt wenig Hemmungen, agiert offen. Auch bei diesem Typ ist eine lange kriminelle Karriere zu erwarten, die jedoch nicht durch extreme Gewalt gekennzeichnet ist.

1.4.14 Die fünf Tätertypologien nach Hazelwood / Dietz / Warren

Hazelwood, Dietz und *Warren* untersuchten zu Beginn der neunziger Jahre 30 männliche sexuell-sadistische Kriminelle, davon 17 Serienmörder.

29 von ihnen waren weißer Hautfarbe und besaßen einen Highschool-Abschluss. Die Hälfte der Untersuchten konsumierte Drogen oder Alkohol, ein Drittel hatte seinen Militärdienst absolviert und 43 % waren zum Zeitpunkt ihrer Taten verheiratet. 57 % besaßen keine kriminelle Vergangenheit.

43 % der Verbrecher waren als Erwachsene an homosexuellen Aktivitäten beteiligt, 20 % traten als Transvestiten auf und weitere 20 % zeigten andere sexuelle Abnormitäten (wie z. B. Voyeurismus oder Exhibitionismus).

77 % fesselten ihre Opfer und 60 % hielten sie länger als 24 Stunden gefangen.

Das häufigste Sexualverbrechen war erzwungener Analverkehr, gefolgt von – in der Reihenfolge ihrer Häufigkeit – Oralverkehr, Vaginalverkehr und dem Einführen fremder Gegenstände in die Vagina und den After. Zwei Drittel der Täter wandten mindestens drei dieser vier Gewaltakte an. Der Grad, warum analer und oraler Geschlechtsverkehr bevorzugt angewandt wurde, misst sich nach Angaben der Untersuchten an der besonders entwürdigenden und erniedrigenden Bedeutung für die Opfer.

60 % der Probanden schlugen ihre Opfer. 22 % der Untersuchten töteten insgesamt 187 Opfer: 17 Täter ermordeten jeweils drei oder mehr Opfer.

29 Mörder machten Jagd auf weißhäutige Opfer, und bei 83 % der Opfer bestand keine Vorbeziehung zu den Tätern.

Der Großteil suchte sich weibliche, aber ein Viertel ausschließlich männliche Opfer. 16 % griffen nur Kinder an, während 26 % sowohl Kinder als auch Erwachsene angriffen.

Mehr als die Hälfte der Täter führte schriftliche Aufzeichnungen über ihre Verbrechen (Kalender- oder Tagebucheintragungen), und 43 % behielten persönliche Gegenstände ihrer Opfer wie z. B. Schmuckstücke oder Fotografien bei sich.

Keiner der untersuchten Täter nahm Körperteile ihrer Opfer an sich, wohl aber einige die gesamte Leiche, die sie kurzfristig oder über einen längeren Zeitraum hindurch bei sich behielten.

Ungefähr die Hälfte der Untersuchungsgruppe hatte Eltern, die geschieden waren oder außereheliche Beziehungen unterhielten. In ihrer Kindheit wurden sieben Täter körperlich und sechs sexuell missbraucht. Neun Täter hatten inzestuöse Beziehungen zu ihren Kindern.

Vier unternahmen Suizidversuche.

In nur fünf der 30 Fälle lagen Beweise vor, dass die Opfer einige sich ähnelnde Merkmale aus dem Leben des Mörders aufwiesen: So tötete beispielsweise einer der Täter, der mit einer schwarzhaarigen Frau verheiratet war, ausschließlich schwarzhaarige Frauen.

Als besonderen Umstand erwähnten *Hazelwood / Dietz / Warren* das gänzliche Fehlen von menschlichen Empfindungen und Regungen bei den Tätern: Viele der Untersuchten waren auf der zwischenmenschlichen Ebene stark ausbeuterisch und egozentrisch, reagierten auf Kritik mit Zorn und Wut und forderten gleichzeitig von ihren Mitmenschen vermehrt Anerkennung. Weiterhin sahen sie sich selbst als „Superkriminelle".

Die Täter lassen sich in die fünf folgenden Tätertypologien einteilen:
1. Der psychopathische Sexualsadist, 2. Der kriminell-motivierte „Spree"-Mörder, 3. Der Vertreter von organisierten Verbrecherbanden, 4. Der Giftmischer und Würger aus dem Bereich des Pflegedienstes und 5. Der vermeintliche Psychotiker.

1. **Der psychopathische Sexualsadist:**
   Typischerweise wurde bei allen bekannt gewordenen Serienmördern mit zehn und mehr Opfern psychopathisches Verhalten (oder mit an-

deren Worten: „antisoziale Persönlichkeitsstörung“) mit sexuell-sadistischen Tendenzen diagnostiziert.

2. **Der kriminell-motivierte „Spree“-Mörder:**
Dieser Mörder wird von seiner Gier nach aufregenden Erlebnissen in Verbindung mit Geld und sonstigen Wertsachen in absoluter Bereicherungsabsicht geleitet.
3. **Der Vertreter von organisierten Verbrecherbanden:**
Diese Kategorie umfasst ethnische Gruppierungen, Gefängnis- und Straßengangs, Mitglieder von Banden aus dem Bereich der Organisierten Kriminalität, bezahlte Vertragsmörder und Terroristen.
4. **Giftmischer und Würger aus dem Bereich des Pflegedienstes:**
Diese Täter betreuen in aller Regel Kranke oder Kinder und kommen überwiegend aus den Berufssparten Pflegepersonal und Ärzteschaft. Bei ihren oft serienweisen Taten wenden sie typischerweise falsche Medikationen oder Erstickungshandlungen an.
5. **Der vermeintliche Psychotiker:**
Dieser Mörder beruft sich darauf, seine Taten unter dem Einfluss halluzinatorischer Stimmen oder Wahnvorstellungen begangen zu haben, wobei festzustellen bleibt, dass bislang ein solcher Fall wissenschaftlich noch nicht zu belegen war.

1.4.15 „Predictable“ / „Respectable“

Im Jahr 1989 untersuchte *Jenkins* 24 Fälle von extremen Serienmorden mit jeweils 10 und mehr Opfern, die sich in den USA zwischen 1900 und 1940 zugetragen haben.
Hierbei stellte er fest, dass in fünf dieser Fälle der Mörder aus Habgier handelte, so z. B. um an eine Erbschaft zu gelangen oder eine Versicherungsleistung in Anspruch zu nehmen. Dieser Typ des Serienmörders, dessen Verhalten entweder mit dem eines paranoiden Schizophrenen oder mit dem eines sexuellen Psychopathen vergleichbar ist, ist in der heutigen Zeit nicht mehr in dem Maße vertreten. *Jenkins* geht davon aus, dass die einfachere Verfügbarkeit über Giftsorten und die oftmals sorglos geführten Ermittlungen durch die Polizei und die Versicherungsunternehmen in der ersten Hälfte des 20. Jahrhunderts dazu führten, dass diese Art von Serienmord leichter zu begehen war.

Ein Jahr zuvor untersuchte *Jenkins* 12 englische Serienmörder, die ihre Taten zwischen 1940 und 1985 begangen hatten und stellte zwei Tätertypen fest: 1. den „predictable type“ und 2. den „respectable type“.

a) **Der „predictable type“:**
Vier der untersuchten zwölf Täter gehörten dieser Gruppierung an, die eine signifikante kriminelle Vergangenheit mit gewalttätigem Ver-

halten aufwies. Sie hatten alle gewalttätige Phantasien und begannen bereits im frühen Alter zu morden.

b) **Der „respectable type“:**
Die restlichen acht Untersuchten, die dieser Gruppierung angehörten, wurden frühzeitig (durchschnittlich vor ihrem 20. Lebensjahr) wegen Geringfügigkeiten (Diebstahl, Untreue, Fälschungen), nicht wegen Gewaltdelikten, inhaftiert. Es hatte den Anschein, dass sie ihre psychopathologischen Tendenzen so lange unter Kontrolle halten konnten, bis sich eine Midlife-Krise mit einhergehendem Alkoholmissbrauch einstellte, die die Mordtaten schließlich auslöste.

1.4.16 Typisierung nach James

In der Mehrheit weißhäutig, männlich, zwischen 28 und 38 Jahre alt, durchschnittlich bis überdurchschnittlich intelligent und mit einer kriminellen Vergangenheit behaftet: So beschreibt *James* in einer im Jahr 1991 veröffentlichten Studie, die auf einer Untersuchung von 28 Serienmördern basiert, von denen fast die Hälfte „nebenbei“ auch noch Diebe waren und ihre Taten in keinster Weise bereuten, den Serienmörder.

Als häufigstes Tatmittel wurde ein Messer benutzt; wenige führten zusätzlich noch eine Schusswaffe mit.

Die untersuchten Mörder waren zumeist das älteste Kind in der Familie, die vom Vater verlassen wurde, noch bevor der Junge die Pubertät erreichte; die Mutter war schwach und verweichlicht und nicht in der Lage, mit der Problematik zurechtzukommen.

Während dieser Kindheit quälte der bettnässende Junge Tiere. Seine schulischen Leistungen lagen weit unter seinen Möglichkeiten und Fähigkeiten, und er wurde noch vor Erreichen des Highschool-Abschlusses von der Schule verwiesen.

Hinzu kam, dass er mit Gleichaltrigen keinen sozialen Umgang pflegen konnte. Insbesondere war es ihm unmöglich, eine Beziehung zu Frauen aufzubauen, was zu exzessiver Masturbation und zur Flucht in eine intensive Phantasiewelt führte.

Bei den Opfern handelte es sich fast immer um Fremde, denen er sich mittels eine Autos oder Motorrades, das entweder ihm oder einem Bekannten gehörte und das er somit legitim benutzte, näherte. Mit diesem Fahrzeug brachte er die Opfer in seine Gewalt, nachdem er sie unter einem Vorwand an einen Ort führte, den er gut kannte und wo er sie ungestört angreifen konnte.

In aller Regel entkleidete er seine Opfer total und versuchte nach der Tötungshandlung, die Leiche zu beseitigen.

1.4.17 Pathologische Typisierung nach Gee

Der amerikanische Pathologe *Gee* beschränkte sich bei der Typisierung von Serienmördern auf deren Art der Beseitigung der Leichen.

In einer Untersuchung aus dem Jahr 1988 unterscheidet er drei Tätertypen:

a) Der erste Typ versteckt die Leichen und versucht, das Verbrechen zu verbergen. Das Fehlen des Opfers in seinem Umfeld wird zunächst nicht bemerkt und die Leiche nur durch Zufall entdeckt.

b) Der zweite Typ tötet mehrere Menschen hintereinander, ohne dass die eigentliche Ursache, nicht die Wirkung, für den Todeseintritt von den polizeilichen Ermittlern entdeckt wird. *Gee* berichtet hierzu von einem Fall, in dem der Täter über eine Zeitspanne von 10 Jahren mehrere Brände gelegt hatte, bei denen insgesamt 26 Menschen zu Tode kamen. In den meisten Fällen wurde nicht Brandstiftung, sondern andere Ursachen angenommen.

c) Der dritte Typ macht keine Anstalten, seine Opfer verschwinden zu lassen oder seine Tathandlungen zu verschleiern. Ganz im Gegenteil: Schwerwiegende, tödliche Verletzungen an den an den Tatorten zurückgelassenen Opfern, die ganz offensichtlich nur durch Fremdeinwirkung verursacht worden sein können, bestätigen den Verdacht auf Mord.

1.4.18 Der „typische" Serienmörder

In einer Untersuchung aus dem Jahr 1989 stellte *Norris* ein Profil des „typischen" Serienmörders vor, wobei er den Serienmord als eine Tötung von mindestens zwei Opfern pro Monat über eine unbestimmte Zeitdauer, oftmals über Jahrzehnte hinweg, definiert. Für diese doch recht provokante Studie, auf die *Lombroso* sicherlich stolz gewesen wäre, wurden ein Dutzend Serienmörder und mehr als 300 „normale" Mörder befragt. In der Beantwortung des hierbei vorgelegten Fragekataloges stellte *Norris* 21 Elemente fest, die – seiner Ansicht nach – den Serienmörder schlechthin charakterisieren:

1. **Rituelles Verhalten**:
   Das Ritual des Serienmörders dient dazu, seine Phantasien und gegenwärtige Gewalt zu strukturieren und hilft zugleich den Ermittlern zu erkennen, dass eine bestimmte Person für mehrere Morde verantwortlich ist. Oft scheint das Ritual von einem unzivilisierten, unmenschlichen Wesen zu stammen, das auf diese Art und Weise seinen primitiven, tierischen Instinkten freien Lauf lässt. Diese Ritual wird durch traumatische Erlebnisse bestimmt, die das Individuum in seiner Kindheit erlebt hat, und die Mordhandlung wird zum Spiel, in

dem der Mörder eben diese Traumata immer und immer wieder er- und auslebt.

2. **Maske des Wahnsinns:**
Obwohl oft vermutet, scheint der Serienmörder im alltäglichen Leben nicht typischerweise „verrückt" zu sein. Es hat vielmehr den Anschein, dass er gesellschaftlich akzeptiert und integriert ist und sich der Gesellschaft, in und mit der er lebt, angepasst hat. Dennoch weisen 88 % der Untersuchten Symptome psychischer Störungen auf, die aber nicht notwendigerweise als „Verwirrtheit" gedeutet werden müssen.

3. **Zwang:**
Serienmörder scheinen unter einem Zwang zu stehen. Und dies nicht nur in ihrem Morden, sondern auch in ihren anderen Lebensbereichen, z. B. in ihrem peniblen äußeren Erscheinungsbild, in der adretten Gestaltung ihrer Wohnung, in einem besessenen Sauberkeitsfimmel, in der Aufzeichnung ihrer Verbrechen und im Einbehalten von Gegenständen oder Körperteilen ihrer Opfer. Dieser besessene Zwang bildet zugleich eine Art Polster oder Puffer zu einer unwirklichen Welt. Dieses Verhalten tritt bei vielen Kindern zutage, die mit einer für sie nicht vorgelebten Welt umgehen müssen, d. h. wenn ihre Eltern in ihrer Erziehung nicht konsequent genug sind und die Kinder nicht absehen können, wie ihre Eltern auf bestimmte Verhaltensweisen reagieren werden. Also wenden sich diese Kinder bestimmten Umgangsformen, Ritualen, zu, um eventuelle Ängste durchstehen zu können: „Wenn ich das jetzt so mache, wird der Tag gut und Papa und Mama werden lieb und nett zu mir sein."

4. **Suche nach Hilfe:**
Einige Serienmörder unternehmen den Versuch, sich an einem Punkt ihres kriminellen Werdeganges nach Hilfe umzusehen. Sie scheinen über ihren Kontrollverlust, über ihre gewalttätigen Impulse und über ihre fehlgesteuerten Familienleben betroffen zu sein.

5. **Pathologische Lügner:**
Menschen, die zu schubweiser Gewalt neigen, sind oftmals pathologische Lügner. Dies stellt ein psychopathisches Symptom des Mörders dar und kann eine Folge eines möglicherweise ge- oder beschädigten limbischen Hirnsystems sein. Das Lügen kann aber auch die Folge epileptischer Anfälle sein, die eventuell durch teilweisen Verlust des Bewusstseins und durch Halluzinationen hervorgerufen werden können.

6. **Suizidale Tendenzen:**
Bei einigen Serienmördern wurde festgestellt, dass sie in der Vergangenheit Selbsttötungsversuche unternommen hatten und chronisch suizidgefährdet sind. Einige spielten mit dem Gedanken, sich selbst

zu töten, so dass sie in der Folge bei ihren eigentlichen Mordhandlungen nachlässig wurden und gefasst werden konnten.

7. **Sexuelle Übergriffe in der Vergangenheit:**
Viele der untersuchten Mörder wiesen in ihrer Biographie Gewalt und tätliches Verhalten auf, das bereits in ihrer Kindheit begann; in dieser Zeit fügten sie beispielsweise Gleichaltrigen sexuell motivierte Grausamkeiten und Quälereien zu.

8. **Auffälliges sexuelles Verhalten:**
Die meisten Serienmörder wiesen eine lange Vorgeschichte an auffälligem sexuellen Verhalten auf, die u. a. Exhibitionismus, Sodomie oder Inzest beinhaltete.

9. **Hirntrauma oder andere Verletzungen:**
Bei vielen der untersuchten Serienmördern wurden Hirntraumata, verursacht u. a. durch Sauerstoffmangel bei der Geburt, sowie Hirn-/Kopfverletzungen, hervorgerufen durch Unfälle sowohl im Kindes- als auch im Erwachsenenalter, festgestellt. In einer separaten Studie hierzu wurde zudem beobachtet, dass 26 % der untersuchten Mörder, die einer Vergleichsgruppe von Nicht-Mördern gegenübergestellt wurden, als Kind einen Sturz auf den Kopf erlitten; unter den Nicht-Mördern wurde kein einziger Unfall mit anschließenden Kopfverletzungen registriert.

10. **Chronischer Drogen- und Alkoholmissbrauch in der Vergangenheit:**
Viele der Serienmörder waren den Drogen, dem Alkohol oder beidem verfallen. Während ihrer Mordphasen hatten sie oftmals sogar entsprechende Vergiftungs- bzw. Entzugserscheinungen. Dieser Umstand rief bei einigen der Täter Hirnschädigungen hervor, die für ihr gewalttätiges Verhalten verantwortlich gemacht werden können.

11. **Drogen- und Alkoholmissbrauch bei den Eltern:**
Eltern einiger untersuchter Serienmörder konsumierten übermäßig viel Drogen oder Alkohol; ein Umstand, der hin zu einem Elternhaus führte, in dem die Kinder dem Risiko ausgesetzt waren, missbraucht oder zu Drogen- und Alkoholmissbrauch verführt zu werden.

12. **Körperlicher und psychischer Missbrauch:**
Nahezu alle untersuchten Serienmörder wurden in ihrer Kindheit missbraucht – körperlich und auch seelisch –, überwiegend durch ihre Mütter. Erwähnenswert ist hier der Umstand, dass fast alle Serienmörder dieser Studie Frauen ermordeten.

13. **Ungewollte Schwangerschaft:**
Ein Aspekt, dem Beachtung geschenkt werden muss, ist der, dass die meisten Serienmörder darunter litten, als ungewolltes Kind ihrer Eltern geboren worden zu sein. Und einige von ihnen waren nicht nur

ungewollt – sie wurden sogar dafür bestraft, zur Welt gekommen zu sein.

14. **Komplizierte Schwangerschaft:**
Viele Mütter der Untersuchten hatten eine schwierige Schwangerschaft, verursacht durch Drogen- und Alkoholmissbrauch, durch extreme Armut und fehlende medizinischer Hilfe. Und auch dadurch, dass sie einfach nicht schwanger sein wollten. Folge einer solchen Schwangerschaft war nicht selten ein Hirnschaden des Fötus.

15. **Unglückliche Kindheit:**
Fast alle der Untersuchungsgruppe waren in ihrer Kindheit unglücklich, und die wenigsten von ihnen konnten sich später als Erwachsene ihres Lebens erfreuen.

16. **Tierquälerei:**
Viele Serienmörder zeigten sich in ihrer Kindheit grausam zu Tieren; so haben einige von ihnen Tiere zu Tode gequält und mit bzw. an den Kadavern sexuelle Handlungen vorgenommen.

17. **Brandstiftungen:**
Bei vielen der Serienmörder wurde ein Verlangen festgestellt, schon in frühen Lebensjahren Feuer zu legen.

18. **Neurologische Beeinträchtigungen und Schäden:**
Nachdem mögliche Hirnschädigungen eine Rolle bei der Entwicklung von Serienmördern spielen, wurden bei vielen der Untersuchten folgende Anzeichen neurologischer Fehlfunktionen festgestellt, die bei den einen mehr, bei anderen wieder weniger ausgeprägt waren: Lese- und Rechenprobleme, visuelle und auditorielle Halluzinationen, abgeschnittene, verworrene und unlogische Gedankengänge, Verfolgungswahn, andauerndes Gefühl der Isolation, Inkontinenz, Schlafstörungen, chronische Migräneanfälle, extreme Stimmungsschwan-kungen, tierähnliche Bewegungsabläufe, hyperaktive „Übersexualität“, „Überreligiosität“, Entfremdung, unkoordinierte Muskelbewegungen, chronische Depression.

19. **Genetische Störungen:**
Weiterhin wurde bei dieser Studie die Vermutung geäußert, dass die Existenz angeborener körperlicher Abnormitäten durch genetische Veränderungen im Hirn hervorgerufen wird, wobei jedoch entsprechende, wissenschaftlich fundierte Beweise für eine solche Aussage (noch) nicht erbracht wurden. Drei bis fünf der nachfolgenden Erscheinungen sollen demnach auf einen Hirnschaden hindeuten: Knollige Fingerkuppen, feines, „elektrostatisches“ Haar, das nach dem Kämmen nicht liegen bleibt, Haarwirbel, außergewöhnlich großer Kopfumfang, tief hängende, asymmetrisch geformte Ohren, ungewöhnlich

großer oder kleiner Abstand zwischen den Tränendrüsen, tief zerfurchene Zungenspitze, stark gekrümmter kleiner Finger, dritter Zeh länger als oder gleichlang wie der zweite Zeh, Auffälligkeiten in der Gebissstellung oder in den Papillarlinienbildern.

20. **Biochemische Symptome:**
Einige Serienmörder wiesen körperliche Vergiftungserscheinungen auf, die entweder innerliche Ursachen haben oder von giftigen Einflüssen der Umwelt verursacht wurden. In diesem Zusammenhang wurde auch angenommen, dass Serienmörder – ähnlich des Menstruationszyklus bei Frauen – einen hormonellen Zyklus besitzen, in dem die Hormone, die für Angst und Gewalt zuständig sind, in einem Rhythmus erzeugt werden, der durch das limbische Hirnsystem geregelt wird. Schlafstörungen (indirekt) und Messungen des Hormonhaushaltes (direkt) können ein solches hormonelles Ungleichgewicht anzeigen.

21. **Gefühl der Macht- und Kraftlosigkeit sowie der Unzulänglichkeit:**
Im Anschluss an die kindliche Entwicklung des Serienmörders stellt sich bei ihm das Gefühl der Macht- und Kraftlosigkeit und der Unzulänglichkeit ein, das sozial schädliche Verhaltensweisen, insbesondere gegenüber Schwächeren, hervorruft.

1.4.19 „Traveling“ / „Local“ / „Place-specific“

Hickey trifft in seiner Studie aus dem Jahr 1997, in der er 62 Frauen und 37 Männer untersuchte, die in den USA zwischen den Jahren 1800 und 1995 für ca. 2 526 bis 3 860 Tötungsdelikte in Frage kommen, anhand des Mobilitätsverhaltens von Serienmördern eine dreiteilige Unterscheidung:

1.) **Der „traveling type“:**
Der Anteil dieses reisenden Täters, der oft tausende von Kilometer im Jahr zurücklegt und in verschiedenen Staaten seine Opfer sucht und tötet, macht 34 % der untersuchten Gruppe aus.

2.) **Der „local type“:**
Der örtliche Täter, der sein Land, in dem er das Morden begonnen hat, nicht verlässt, um hier weitere Opfer zu finden, macht 52 % aller Untersuchten aus.

3.) **Der „place-specific type“:**
Dieser Tätertyp, der seinen Wohnort oder seinen Arbeitsplatz, der zum Tatort wird, nicht verlässt und dessen Opfer in dieser Umgebung wohnen oder diese regelmäßig aufsuchen, findet sich bei 14 % der Probanden wieder.

In den untersuchten Fällen wurden 20 - 23 % der Opfer vom „place-specific type“, 36 - 43 % vom „local type“ und 36 - 41 % vom „traveling type“ ermordet. Diese Daten zeigen, dass die meisten Serienmörder, nämlich 68 %, in einem bestimmten, geographisch genau abgrenzbaren Gebiet ihre Verbrechen begehen. Bezogen auf die Opfer heißt dies, dass 59 - 63 % von solch örtlich festgelegten Serienmördern getötet werden. 61 % der Täter töteten Fremde; männliche Serienmörder töteten dreimal häufiger Fremde als weibliche Serienmörder. Der weibliche Serienmörder wählte im Vergleich zum männlichen Täter elfmal häufiger Familienmitglieder oder Bekannte als Opfer aus.

1.4.20 Typisierung nach Harbort

Harbort unterscheidet sechs Tätertypen von Serienmördern (der Klammervermerk bezieht sich auf diese Studie und nennt als 1. Ziffer die Anzahl der betreffenden Täter und als 2. Ziffer die Anzahl der Taten):

„1) **Der Serien-Sexualmörder (22/137):**
Es handelt sich um einen Täter, dessen Tatausführung vor, während und nach der Tat eine den Tatentschluss dominierende sexuelle Komponente beinhaltet. Der Tod des Opfers muss also nicht notwendigerweise als sexuell stimulierend empfunden werden. Die Durchführung und Prioritätensetzung der einzelnen Sexualakte sind individuell und spiegeln die abweichenden Sexual- und/oder Gewaltphantasien des Täters. Die Vortatphase ist bestimmt von einer individuell stark ausgeprägten latenten Tatbereitschaft. Der Täter lässt sich von einer Art „Generalplan" leiten, der an zwei Bedingungen geknüpft ist: 1. Das Opfer muss sich unbeobachtet ansprechen bzw. risikolos überwältigen lassen und 2. Der Tatort muss dem Täter vertraut sein. Erfolgt der erste Kontakt zum Opfer hingegen an einem Ort, der diese Bedingung nicht erfüllt, wird das Opfer an einen Ort gelockt oder verschleppt, der dem Täter bekannt ist und an dem er sich sicher fühlt.

2.) **Der Serien-Raubmörder (22/129):**
Dieser Täter tötet in Bereicherungsabsicht, aus reiner Habgier. Der Mörder tötet das Opfer, um entweder dessen Widerstand zu brechen bzw. zu verhindern oder um die Tat zu verdecken. Der Täter folgt zumeist einem genau festgelegten Tatplan, der konkrete und bindende Vorgaben zu Tatort, Tatzeit, Opfer und Tatmittel beinhaltet.

3.) **Der Serien-Beziehungsmörder (6/24):**
Die Opfer finden sich im Familien-, Verwandten- und/oder Bekanntenkreis des Täters. Den Täter treibt das Verlangen, sich entweder zu bereichern (z. B. aus Lebensversicherungsleistungen oder Erbschaften) oder sich bestehender Beziehungen aufgrund persönlicher Gründe (z. B. andauernde Partnerschaftskonflikte) zu entledigen.

4.) Der Serien-Gesinnungsmörder (6/57):
Die Motive dieses Täters sind politisch, religiös oder ethisch/ideologisch bestimmt. Die Taten werden durch vielschichtige gesellschaftliche Veränderungen geprägt. Der Täter zieht aus seinen Taten weder einen sexuellen Lustgewinn noch einen materiellen Vorteil.

5.) Der Serien-Auftragsmörder (1/7):
Der Täter sieht seine Taten als eine Art „Dienstleistung", ohne dass an die Delikte finanzielle Vorteile geknüpft sein müssen. Die Delikte können auch aufgrund eines bestehenden Abhängigkeitsverhältnisses, wie es beispielsweise innerhalb einer kriminellen Organisation vorkommt, begangen werden.

6.) Der Serien-Dispositionsmörder (4/20):
Dieser Täter lässt sich nicht von einem einzigen Motiv allein leiten, sondern begeht die Tötungsdelikte wahlweise aus einem inneren (Sexual- und Beziehungsmorde) und/oder aus einem äußeren (Raub- und Auftragsmorde) Beweggrund heraus. Der Tatentschluss wird jeweils dominiert von unterschiedlichen, sich aktualisierenden Bedürfnissen." (*Harbort* 1999, S. 646)

Aus dieser Studie heraus ergibt sich für den Serienmörder folgendes Bild seiner ganz persönlichen Merkmale:

Persönlichkeitsmerkmale		Anzahl (in %)
Männlich		88,5
Ledig, kinderlos		62,7
IQ-Werte:	120 - 139	5,4
	110 - 119	8,9
	90 - 109	67,9
	80 - 89	10,7
	70 - 79	7,1
Gestörte Eltern-Kind-Beziehung		80,0
Gestörte Vater-Kind-Beziehung		27,3
Gestörte Mutter-Kind-Beziehung		20,0
Sozial schwache Familienstruktur		65,6
Sexueller Missbrauch durch Eltern		5,2
Gewalttätigkeiten in der Familie		47,3
Alkoholmissbrauch durch Eltern		45,5
Scheidung der Eltern		34,5
Straftaten durch Familienangehörige		29,1
Schulbildung:	Sonderschule	18,9
	Hauptschule	55,2
	Realschule	13,8
	Gymnasium	12,1

(Tabelle aus: *Harbort* 1999, S. 648)

Persönlichkeitsmerkmale		Anzahl (in %)
Vorstrafen		79,3
Ausgeübte Tätigkeit zur Tatzeit:	Arbeiter/Handwerker	34,4
	Angestellter	11,9
	Beamter/Selbständiger	6,8
	Arbeitslos	39,3
Alter zur Zeit der ersten Tat:	14 - 17 Jahre	6,8
	18 - 29 Jahre	61,0
	30 - 39 Jahre	25,4
	40 - 49 Jahre	3,4
	50 - 59 Jahre	3,4

(Tabelle aus: *Harbort* 1999, S. 648)

Ergänzend hierzu stellt *Harbort* für die beiden Tätertypen des Sexual- und des Raubmörders folgende Merkmale fest, die diese Tätertypen weiter charakterisieren und die sie vor, während und nach ihren Taten an den Tag legen:

Tatbegehungsmerkmale	Sexual-mörder	Raub-mörder
Täter war mit dem Tatort vertraut	71,2 %	65,8 %
Tatorte waren weniger als 30 km voneinander entfernt	64,0 %	49,1 %
Täterwohnung war weniger als 30 km von den Tatorten entfernt	84,2 %	80,5 %
Tatorte lagen innerhalb der Wohngegend des Täters	46,4 %	74,6 %
Tatorte lagen im sozialen Nahbereich des Täters (Täterwohnung/Nachbarschaft)	22,7 %	9,1 %
Tatorte lagen außerhalb der Wohngegend des Täters	53,6 %	25,4 %
Täter hat die Dunkelheit bewusst abgewartet	51,2 %	43,9 %
Opfer begab sich bewusst oder leichtfertig in eine gefährliche Lage	64,0 %	50,9 %
Keine Täter-Opfer-Beziehung	88,8 %	75,4 %
Opfer: Deutsch	92,8 %	89,5 %
Weiblich	79,2 %	62,3 %
Männlich	20,8 %	37,7 %
Kind/Jugendliche(r)	25,6 %	0,0 %
Dauer des Verbrechens (von der 1. Täter-Opfer-Begegnung bis zum Tötungsakt) weniger als 1 Stunde	58,4 %	52,6 %
Dauer des Verbrechens (von der 1. Täter-Opfer-Begegnung bis zum Tötungsakt) mehr als 1 Stunde	41,6 %	47,4 %
Täuschung des Opfers beim Erstkontakt	52,8 %	61,4 %

(Tabelle aus: *Harbort* 1999, S. 714)

Tatbegehungsmerkmale	Sexual-mörder	Raub-mörder
Sofortige Gewaltanwendung beim Erstkontakt	47,2 %	38,6 %
Gleichartige Tötungsmethode	76,0 %	85,9 %
Tatort = Leichenfundort	81,6 %	88,2 %
Tatort nicht gleich Leichenfundort	18,4 %	11,8 %
Leiche wurde offen dargestellt	68,9 %	85,3 %
Leiche wurde beseitigt	31,1 %	14,7 %
Spuren/Beweismittel wurden beseitigt	78,4 %	87,7 %
Ähnlichkeiten bei Leichenauffindungen	49,5 %	32,4 %

(Tabelle aus: *Harbort* 1999, S. 714)

Darüber hinaus verifiziert *Harbort* folgende Tatbegehungsmerkmale beim Sexualmörder:

Tatbegehungsmerkmale	Anzahl (in %)
Gleicher Opfertyp	12,8
Waffe als Drohmittel eingesetzt	24,0
Opfer vollständig entkleidet	27,2
Opfer teilweise entkleidet	43,2
Opfer blieb vollständig bekleidet	29,6
Stattgefundener Geschlechtsverkehr (inkl. Versuch)	44,8
Kein Geschlechtsverkehr	55,2
Sonstiger sexueller Missbrauch	37,6
Täter zeigt sexuelle Störungen	16,8
Opfer wurde: Gefesselt Geknebelt Gefoltert Verstümmelt	13,6 5,6 12,8 20,0
Postmortale sexuelle Handlungen am Opfer	40,0
Gesicht der Leiche wurde nach der Tat bedeckt	6,4
Täter nimmt Gegenstände des Opfers mit	25,6

(Tabelle aus: *Harbort* 1999, S. 714)

1.5 Das feminine Pendant

1.5.1 Gibt es sie – die weiblichen Serienmörder?

Aus einigen feministischen Kreisen wird laut, dass es überhaupt keine Serienmörderinnen gibt. Frauen könnten höchstens Mehrfachmörderin-

nen sein, wohingegen das Phänomen des „Serienmörders“ weiterhin eine männliche Domäne darstellt.
Diese Behauptung wird durch die **vier** folgenden Taktiken und Thesen gestützt:

1. Die einfachste Art und Weise, diese Ansicht zu teilen, ist die Vernachlässigung von tatsächlichen Fällen. Bei der Vielzahl von bekannt gewordenen Serienmorden fällt die Zahl der davon ermittelten Täterinnen kaum ins Gewicht.
2. Zum anderen wird die Behauptung aufgestellt, dass viele Mörderinnen, ob direkt oder indirekt, von männlichen Komplizen in irgendeiner Form bei ihren Handlungen begleitet wurden. Sei es, dass die Frauen durch die Männer manipuliert oder von ihnen dominiert wurden. Als Beispiele seien hier Myra Hindley und Judith Neelley angeführt.
3. Eine dritte Variante, weibliche Serienmörder nicht anzuerkennen, besteht darin, dass man solchen Frauen einfach in Abrede stellt, aus einem sexuellen Motiv heraus gehandelt zu haben; aus einem Motiv also, dass bei den meisten männlichen Serienmördern eine tragende Rolle spielt. Frauen können zwar als multiple Mörderinnen auftreten, aber sie handeln nicht aus denselben Gründen, wie es Bundy oder Dahmer taten. In einer Anhörung vor dem „Senate Committee on Juvenile Justice“ im Jahr 1983 wurde zwar festgestellt, dass einige Täterinnen als Mehrfachmörderinnen aufgetreten sind. Doch diese wurden nicht unter dem Begriff „Serienmörderinnen“ geführt, da es sich, so die damalige offizielle Erklärung, in fast allen Fällen um Morde handelte, die innerhalb der Familie durch Vergiftung begangen wurden.
4. Die vierte und somit letzte Methode ist die Argumentation, dass die Taten zur rationalen Selbstverteidigung oder einem ökonomischen Ziel dienten, dass die Frauen beispielsweise ihre Taten als Mittel zur Flucht aus einer für sie unsagbar schrecklichen persönlichen Beziehung oder zur Erlangung von materiellen Vorteilen in Form von Bargeld oder Versicherungsleistungen ansahen. Es ist auch bezeichnend, dass viele Mörderinnen solche Menschen töten, die ihnen in Obhut und zur Pflege übergeben wurden.

Trotz dieser Ansichten liegen wissenschaftliche Anzeichen und Beweise vor, wonach auch weibliche Serienmörder existent sind.
Das Widerstreben, die Existenz weiblicher Serienmörder zu akzeptieren, liegt möglicherweise darin begründet, dass es unvorstellbar erscheint, dass Frauen zu solchen Gewalttaten fähig sind. Traditionell wurde bisher angenommen, dass Frauen nicht aus sexuellen Motiven oder, weil es ihnen Gott befohlen war, töten. Die Frau wurde bisher als ernährende, erziehende und zugleich verletzliche Figur angesehen, weder physisch noch psychisch in der Lage, einen Mord zu begehen.

Es erscheint aber zwischenzeitlich gesichert, dass die meisten Mörderinnen in für sie bedrohlichen Situationen, z. B. in einer unglücklichen, brutalen Ehe, in der sie missachtet und misshandelt werden, töten. Einige morden deshalb, weil sie keinen Ausweg mehr aus solchen Situationen sehen. Andere wiederum töten aus verschmähter Liebe, wobei sie die fatale Gewalt als einzige angemessene Antwort darauf empfinden.

Der überwiegende Anteil der Täterinnen begeht die Morde aufgrund einer gestörten persönlichen Beziehung zu ihren Opfern. Die typische Mörderin tötet nicht nur in ihrem Bekannten- oder Freundeskreis. Ihre Opfer stammen auch aus dem eigenen Haus, aus dem engeren Familienbereich. Beziehungstötungen sind ganz überwiegend Tötungen von Frauen durch Männer, selten umgekehrt.

Im Jahr 1993 untersuchte der Kriminologe *Newton* 183 Mörderinnen, von denen etwa 70 % dem Begriff „Serienmörderinnen" am nächsten kamen. Bezüglich ihrer Opferauswahl unterschieden sie sich von männlichen Tätern: 45 % töteten Familienangehörige, 26 % Freunde und Bekannte, 10 % Schutzbefohlene (Patienten, Pflegekinder usw.). Die Untersuchung ergab weiterhin, dass 35 % der Täterinnen aus Profitgier mordeten – und nur 8 % aus sadistischem „Thrill" heraus.

Die Methoden und Motivationen von weiblichen Tätern unterscheiden sich grundlegend von denen männlicher Täter. Gewöhnlich werden Mörderinnen, die aus „männlichen (sexuellen) Gründen" heraus töten, nicht zu Serienmörderinnen.

Kelleher/Kelleher stellen fest, dass seit dem Jahr 1900 fast 100 Serienmörderinnen ihr Unwesen trieben, über die Hälfte von ihnen in den USA. Genau wie der männliche Serienmörder, so plant auch der weibliche Serienmörder seine Verbrechen oft lang im Voraus und bis ins kleinste und letzte Detail.

Die aggressive sexuelle Perversion tritt bei Frauen seltener auf als bei Männern. Dass eine aggressive weibliche Perversion eine solche Rarität ist, belegen sowohl die Kriminalstatistik als auch die Erfahrungen der Psychiatrie. Grund hierfür scheint der Umstand, dass viele Frauen ungewöhnliche sexuelle Praktiken nur als Bereicherung ihres sexuellen Lebens und Anreicherung ihres sexuellen Erfahrungsschatzes betrachten.

Reiche meint hierzu: „Frauen kommen, soweit man bei ihnen überhaupt von Perversion sprechen kann, mit Phantasien aus." Die klinische Praxis belegt darüber hinaus, dass weibliche Perversion insgesamt viel seltener ist; vielmehr stellt sie eine mehr oder weniger vorübergehende Phantasie dar, die häufig nichtsexuelle Beziehungen charakterisiert.

Burgess, eine amerikanische Psychologin, die eng mit dem FBI zusammenarbeitet, ist der Ansicht, dass Frauen ihre Frustrationen und emotionellen Verletzungen nicht in der aggressiven Art und Weise manifestieren, wie es Männer tun. Sie wirken eher selbstzerstörerisch, verfallen dem Drogen- und Alkoholmissbrauch, gehen der Prostitution nach oder begehen Selbsttötung. Auch missbrauchen sie in einigen Fällen ihre eigenen Kinder, keine fremden; aber nicht als Beherrscher, wie es Männer tun, die aus Machtbesessenheit diese Taten begehen. Frauen lassen ihre emotionelle, sexuelle Wut selten an für sie total Fremden aus. Übrigens töten Frauen in ca. 70 % der Fälle Männer und in ca. 30 % der Fälle Frauen.

In verschiedenen Studien konnte beobachtet werden, dass weibliche Serienmörder über einen wesentlich längeren Zeitraum agieren als ihre männlichen Pendants. Dieser Zeitfaktor wird möglicherweise durch frauentypische Tötungsmethoden oder Opferauswahl beeinflusst. *Kelleher/Kelleher* stellten u. a. hierzu fest, dass Serienmörderinnen über einen Zeitraum von durchschnittlich acht Jahren agieren – doppelt so lang wie männliche Serienmörder. Sie sind in der Wahl ihrer Waffen, der Auswahl ihrer Opfer, der Planung ihrer Taten, kombiniert mit einer starken Bindung an ihr soziales Umfeld, im Vergleich zu ihren männlichen Pendants, wesentlich umsichtiger, präziser, methodischer, ruhiger – und somit auch erfolgreicher.

Dennoch wird ab und zu von Fällen weiblichen Vampirismus (d. h. von der sexuellen Erregung beim Trinken des Opferblutes) und weiblichen Kannibalismus berichtet. Hierzu haben *Revitch* und *Schlesinger* im Jahr 1981 festgestellt, dass auch Frauen – in weitaus geringerer Zahl als Männer – fähig sind, mörderische Phantasien zu entwickeln und sadistische Mordtaten zu begehen.

Einige Frauen töten wahrscheinlich aufgrund ihrer Verwicklungen in kultische Kreise. Beispiele hierfür sind die in die Morde des Charles-Manson-Clans verstrickten Frauen.

1.5.2 Täterinnen in Zahlen

Als Grundlagen einer Untersuchung aus dem Jahr 1991 dienten Feststellungen und Aussagen über die Motivationen und die beabsichtigten Ziele, aber auch die eingeschränkte Mobilität und die unterschiedlichen Tötungsarten der Frauen. Diese Untersuchung an 34 Serienmörderinnen, die einen Zeitraum von 1900 bis 1991 abdeckte, ergab, dass in 82 % der Fälle „disciple" Täterinnen in Erscheinung traten. Weiterhin wurde beobachtet, dass fast die Hälfte der Frauen männliche Komplizen hatte. Die interessanteste Feststellung ist wohl die, dass sich mehr als ein Drittel aller Taten nach dem Jahr 1970 ereigneten.

Mögliche Erklärungen für diese zunächst augenscheinliche Zunahme könnten sein, dass sich die polizeilichen Ermittlungsmethoden, nicht zuletzt aufgrund der angesammelten Erfahrungen im Bereich der Serienmorde allgemein, verbessert haben. Weitere Gründe könnten die Zunahme der Bevölkerung und der Umstand sein, dass die Medienwelt ein erhöhtes Augenmerk auf solche Taten legt und die Informationen in der Öffentlichkeit breit streut.

Die durchschnittliche Dauer der mörderischen Karriere aller Täterinnen lag bei 9,2 Jahren, bevor sie dann das Töten einstellten – aus welchen Gründen auch immer.

32 % der untersuchten Mörderinnen waren Hausfrauen und 18 % Krankenschwestern. Ein Fünftel gab an, keinen Beruf erlernt zu haben bzw. ohne Arbeit zu sein.

15 % von ihnen waren bereits vor ihrem ersten Mord in andere kriminelle Handlungen verwickelt.

Fast alle Täterinnen, nämlich 97 %, waren weißer Hautfarbe. Ihr Durchschnittsalter lag bei 33 Jahren.

Bei einem Drittel der Frauen war keine Vorbeziehung zu den Opfern erkennbar, also ein wesentlich geringerer Prozentsatz als bei den männlichen Serienmördern.

Als Tatmittel diente meistens **Gift**, vorzugsweise in Pillenform.

Nach einer Studie von *Seagrave* aus dem Jahr 1992 finden sich in der Zeitspanne von 1580 bis 1990 insgesamt 84 Fälle von weiblichen Serien- und Massenmördern. Demnach tötet die Mehrfachmörderin zum ersten Mal mit 31 Jahren. Das nun begonnene Morden dauert durchschnittlich 5 Jahre an, bis die Täterin schließlich festgenommen wird. Meistens liegen die Tatorte in ihrer eigenen Wohnung, wobei viele Täterinnen und ihre Opfer diese Wohnung gemeinsam nutzten. Nach ihrer Festnahme zeigt die Mörderin wenig Reue.

Von diesen 84 untersuchten Mörderinnen benutzten 35 Gift im weitesten Sinne und weitere 30 speziell Arsen als Tatmittel, gefolgt von anderen Tötungsmethoden wie Erstechen und Zerstückeln.

25 der Täterinnen ermordeten drei oder mehr ihrer eigenen Kinder an einem einzigen Tag.

11 dieser Frauen kamen aus ärmlichen und sozial schwachen Verhältnissen und hatten Eheprobleme. Sie wendeten bei ihren Taten so genannte „sanfte“ Tötungsmethoden wie z. B. das Ersticken mit einem Kissen an. 8 dieser 11 Frauen begingen anschließend Selbsttötung.

Die anderen 14 Frauen aus dieser Gruppe litten unter psychischen Störungen; 6 von ihnen begingen ebenfalls nach ihren Morden Selbsttötung. Diese Gruppe neigte dazu, brutale Tötungsmethoden anzuwenden: Eine von ihnen warf ihre Kinder vom Dach eines Hauses und eine andere wiederum erhängte ihre Kinder an einem Balken im Keller.

Eine letzte Untersuchung führte *Hickey* durch und stellte hierbei fest, dass 10 % aus der Untersuchungsgruppe, die aus insgesamt 62 Serienmörderinnen bestand, ihre Mordserien zwischen den Jahren 1826 und 1899 begonnen haben; 90 % der Täterinnen töteten in der Zeit nach 1900 zum ersten Mal.

Zwischen 400 und 600 Opfer gehen auf ihr Konto.

68 % der Mörderinnen handelten als Alleintäterinnen, 32 % zusammen mit einem Mittäter/einer Mittäterin.

93 % der Untersuchten waren Weiße. Ihr Durchschnittsalter zu Beginn ihrer Verbrecherkarriere lag bei 30 Jahren. Die Zeitspanne, in der sie ihre Verbrechen verübten, erstreckte sich von wenigen Monaten bis hin zu mehr als 34 Jahren.

1.5.3 Mobilität

Ausnahmslos alle Serienmörderinnen waren nicht auf Reisen, um nach ihren Opfern Ausschau zu halten. Die meisten weiblichen Serienmörder töteten in Nähe bzw. in absoluter Nähe zu ihrem Wohnort. Nur wenige Täterinnen entsprechen dem Bild des reisenden Tätertyps, der andauernd auf Reisen ist und hierbei seine Handlungen begeht.

Der Grund hierzu könnte in der traditionellen Rollenverteilung von Mann und Frau innerhalb der Gesellschaft liegen, bei der der Frau die Aufgaben der Haus- und Familienbetreuung zukommt. Folglich weisen sie keine so hohe Mobilität auf wie Männer, die, um die Familie ernähren zu können, zur Arbeit fahren müssen.

Und diese eingeschränkte **Mobilität** beeinflusst auch den **Prozess** der **Opferauswahl**.

Für die Strafverfolgungsbehörden sind ortsgebundene Täter leichter zu ermitteln als reisende. Nicht nur deshalb, weil der Täter am Ort oder in unmittelbarer Nähe verbleibt, mit all seinen persönlichen, beruflichen und sonstigen sozialen Bindungen, sondern auch, weil sich mehrere beteiligte Dienststellen um einen Fall kümmern können, so dass flächendeckende und Dienstbezirke übergreifende Maßnahmen unter den Ermittlern abgesprochen werden können und die Verständigungswege untereinander kurz bleiben.

Der Typ des **reisenden Serienmörders** bereitet den Ermittlungsbehörden genauso große Probleme wie der des männlichen Täters überhaupt. Die Mobilität an sich gestaltet eine Ergreifung des Täters schon als schwierig genug. Dies führt oftmals zu Schwierigkeiten bei Absprachen von überregionalen Polizeimaßnahmen und bei der Kommunikation unter den beteiligten Behörden.

Überwiegend töten Frauen, um einen materiellen Vorteil zu erlangen: Bargeld, Versicherungsleistungen oder geschäftliche Gewinne. Dennoch gibt es auch andere Beweggründe, die dazu führen, dass aus Frauen Serienmörderinnen werden. Sex, Rache und Liebe tauchen als Motivationen gelegentlich auf.

1.5.4 „Visionary“ / „Comfort“ / „Hedonistic“ / „Power seeker“ / „Disciple“

Zu einer der *Holmes / De Burger*-Klassifizierung von männlichen Serienmördern ähnlichen, jedoch fünffachen Einteilung von weiblichen Serienmördern kommen *Holmes* und *Holmes* im Jahr 1994 in „Murder in America“, nämlich in den „visionary type“, den „comfort type“, den „hedonistic type“, den „power seeker type“ und den „disciple type“.

a) **Der visionäre („visionary type“) Typ:**
Die Mörderin tötet, wobei sie Stimmen hört oder Visionen wahrnimmt, die sie zu Handlungen an einer bestimmten Person oder Personengruppe antreibt. Einige der Täterinnen nehmen die Stimme oder Vision als vom Teufel, andere wiederum als von Gott gesandt wahr.

b) **Der bequeme („comfort type“) Typ:**
Dieser Typ des weiblichen Serienmörders tötet für Geld, z. B. aus geschäftlichen oder versicherungsrechtlichen Interessen. Die Mörderin handelt aus rein materiellem, nicht aus psychologischem Antrieb. Typischerweise ermordet sie Menschen, die sie kennt, in der Regel ihren Ehemann, ihre Kinder, ihren Freier oder ihren Untermieter.

c) **Der hedonistische („hedonistic type“) Typ:**
Diese Serienmörderin ist die wahrscheinlich am wenigsten verstandene Täterin. Sie geht die gefährliche Beziehung zwischen sexueller Befriedigung und verhängnisvoller, tödlicher Gewalt ein. Sie tötet aus rein sexuellem Entschluss heraus.

d) **Der machtstrebende („power seeker type“) Typ:**
Die nach Macht strebende Serienmörderin handelt, um eine bestimmte Form empfundener Macht zu erreichen; z.B. Krankenschwestern, die ihre Patienten wohlüberlegt einem Risiko aussetzen, so dass diese aus dieser Lage nicht fliehen können – um sie dann doch noch in letzter Sekunde zu retten. Typischerweise bringen bei diesem Tätertyp solche Handlungen ein Ermüden und eine Langeweile in diesem Rollenspiel mit sich, so dass die Täterin ihren Partner, in diesem Fall den Patienten, tötet und sich einen anderen „Spielkameraden“ aussucht.

e) **Der disziplinierte („disciple type“) Typ:**
Die Mörderin dieses Typs ist dem Zauber eines charismatischen Führers verfallen und tötet auf Befehl. Die Motivation einer solchen Mör-

derin kommt von außen, von ihrem Führer, und ihr psychologischer Gewinn besteht darin, ihrem Führer zu folgen und seine Wünsche zu erfüllen.

1.5.5 Die neun Gruppen von Kelleher / Kelleher

In ihrem Buch „Murder Most Rare“ klassifizieren *Kelleher* und *Kelleher* die Serienmörderinnen in neun Gruppen:

a) **„Schwarze Witwe“:**
Bei ihr handelt es sich um eine Frau, die systematisch ihre Gatten, Lebensgefährten oder andere Familienmitglieder tötet. Auch ermordet sie gelegentlich Personen außerhalb ihres Familienkreises. Es liegen unterschiedliche Motivlagen vor, die auch in anderen Klassifizierungen auftauchen, so z. B. Habgier. Die Täterin dieser Kategorie übt ihre Verbrechen über einen Zeitraum von durchschnittlich 12 Jahren aus. Die erste Tat erfolgt im Alter von etwa 35 Jahren.

b) **„Todesengel“:**
Diese Frau tötet Personen, die sich in ihrer Obhut befinden oder die auf ihre medizinische Unterstützung und Pflege angewiesen sind. Auch hier sind unterschiedliche Motive zu erkennen. Hier beträgt die durchschnittliche Dauer ihrer verbrecherischen Aktivitäten 2 Jahre. Zum Zeitpunkt ihres ersten Mordes ist die Täterin ca. 26 Jahre alt.

c) **Sexualmörderin:**
Hier geht es um die Frau, bei deren Tötungshandlungen klar sexuelle Gründe vorherrschen. Nach durchschnittlich einem Jahr wird diese Täterin ermittelt und festgenommen.

d) **Rache:**
Rache und Eifersucht sind die Motive, die diese Frau zu ihren Mordtaten treiben. Die Zeitspanne ihrer Verbrechen beträgt ca. 3 Jahre bis zur Verhaftung. Im Alter von ca. 27 Jahren begeht die Täterin ihren ersten Mord.

e) **Habgier oder Kriminalität:**
Von dieser Frau werden Menschen im Laufe von anderen kriminellen Handlungen oder aus reiner Profitgier getötet. Die Mörderin ist hierbei weder Mitglied einer Tätergruppe noch erfüllt sie die Kriterien, die die „Schwarze Witwe“ beschreiben. Auf 9 Jahre beläuft sich bei dieser Täterin die Zeitspanne zwischen erstem und letztem Mord. Das Alter der Täterin zu Beginn der Tatserie beträgt ca. 31 Jahre.

f) **„Team Killer“:**
Im Zusammenwirken mit anderen Tätern/Täterinnen begeht diese Frau ihre Mordtaten aus den unterschiedlichsten Gründen heraus, wobei sie bisher noch keine Menschen getötet haben muss, also eine

kriminelle Karriere nicht zwingend notwendig ist. Die Gruppenmörderin ist in der Regel 4 Jahre lang aktiv, bis sie festgenommen wird. Bei ihrem ersten Mord ist sie etwa 25 Jahre alt.

g) **Die Frage nach dem „gesunden Verstand“:**
Hier handelt es sich um die Frau, die auf scheinbar zufällige und bizarr anmutende Art und Weise mordet, gewöhnlich ohne klar erkennbare Motive und die deshalb in einem späteren Gerichtsverfahren als geisteskrank und unzurechnungsfähig erklärt wird, ohne dies überhaupt zu sein. Möglicherweise aber tötet diese Frau tatsächlich aus geistiger Verwirrung heraus. Sowohl in der einen als auch anderen Variante muss eine bedeutende psychische Störung vorliegen, um die Schuldfähigkeit und Zurechnungsfähigkeit der Frau zu hinterfragen. Die Zeitspanne ihrer Verbrechensserie, die die Täterin im Alter von ca. 33 Jahren beginnt, erstreckt sich über etwa 8 Jahre.

h) **Unerklärbare Morde:**
Die Frau begeht hier aus rational völlig unerklärlichen Gründen systematisch Morde, die für eine Klassifizierung in das vorliegende Schema ungeeignet sind und zudem nicht vollständig geklärt wurden. Die Täterin muss hierbei aber nicht notwendigerweise als unzurechnungsfähig verurteilt worden sein, um diese Kategorie zu erfüllen.

i) **Ungeklärte Morde:**
Geplant erscheinende Begehungsmuster bei Mordtaten lassen mit gewisser Bestimmtheit die Aussage zu, dass es sich bei den Urhebern der Verbrechen um eine Frau oder um mehrere Frauen handelt. Letztlich werden diese Taten aber nie abschließend geklärt, so dass die Frage nach der Täterschaft offen bleiben muss.

Hier fünf Beispiele weiblicher Serienmörder:

a) Marie-Marguerite Dreux d'Aubray, Marquise de Brinvilliers, die im 17. Jahrhundert neben ihrem Vater, ihren beiden Brüdern und ihrer Schwester – um an die Erbschaft zu gelangen –, auch eine nicht bekannte Zahl Kranker und Armer – um für sich selbst ihre Tötungsmethode zu verfeinern – vergiftete.

b) Gesche Margarethe Gottfried, die in der 1. Hälfte des 19. Jahrhunderts in Bremen fünfzehn Morde, ausnahmslos in ihrem Verwandten- und Bekanntenkreis und an ihren Ehemännern durch Verabreichen von Arsen begangen hat. Mit ihren Taten lehnte sie sich gegen die Menschen auf, durch die sie sich enttäuscht, bedrängt oder bedroht fühlte. Jeder Vergiftungsvorgang wurde für sie zu einem minutiös kalkulierten und inszenierten Theaterstück, bei dem sie, je häufiger sie „das Stück aufführte“, Intensität, Dosierung und Wirkung des Giftes exakt berechnen konnte – sie als Regisseurin, die Opfer als Statisten. Sie brauchte das Gefühl, Einfluss auf ihre Umgebung zu haben.

c) Anna Przygodda, die in Masuren zwischen 1888 und 1903 vier ihrer insgesamt fünf Ehemänner und wahrscheinlich mindestens drei Kinder aus diesen Ehen mit Arsen vergiftete. Das Motiv lag in ihrem exzessiven Alkoholkonsum, der durch das Vermögen der Getöteten finanziert werden konnte.

d) Aileen Carol Wuornos, die zwischen Dezember 1989 und November 1990 sieben Männer ermordete. Sie machte als Anhalterin und Animiermädchen in Striplokalen im Norden Floridas Bekanntschaften mit ihren späteren männlichen Opfern, die sie unter dem Vorwand eines beabsichtigten Intimverkehrs auf abgelegene Parkplätze lotste und dort unter Abgabe mehrerer Schüsse in Kopf und Brust tötete. Im Laufe der Ermittlungen wurde deutlich, dass Wuornos nicht in erster Linie aus finanziellen Gründen die Taten beging – dies war nur eher ein „Nebeneffekt“. Das berauschende Gefühl, Herrin über Leben und Tod zu sein, spornte sie wesentlich mehr an und ließ sie regelrecht süchtig danach werden. Denn es war nur dies eine Motiv erkennbar: Pure Mordlust.

e) Belle Gunness, die zu Beginn des 20. Jahrhunderts in den USA mittels Kontaktanzeigen Männerbekanntschaften schloss. Ihre späteren Opfer, deren Anzahl zwischen 13 und 28 liegen dürfte, betäubte sie zunächst durch Giftverabreichung. Danach strangulierte sie die Männer, zerstückelte anschließend die Leichen und verfütterte die Leichenteile schließlich an ihre Schweine.

2 Die Frage nach dem Warum

2.1 Allgemeines

Die Gewalttaten, die Serienmörder an ihren wehrlosen Opfern verüben, werden zumeist als monströs wahrgenommen. Trotz all dieser Abscheu bleiben sie ein Faszinosum. Sie sind Medienstars und Sündenböcke zugleich. Natürlich stellt sich immer wieder die Frage nach dem Motiv, d. h. die Frage, welche Gründe die Täter für ihr Handeln angeben können. Doch die sind häufig nicht in der Lage, eine plausible Antwort auf diese Frage zu geben. Daher wurden auch in den meisten Strafprozessen Gutachten über die Täter erstellt. Diese Gutachten gleichen sich in den wesentlichen Punkten. Die Öffentlichkeit aber reagiert mit Hass und Abscheu, Wut und Unverständnis und fordert Vergeltung mit aller Härte. Ein Blick auf die Täterbiographien und die Gerichtsurteile zeigt, dass die entscheidenden Instanzen nicht unvoreingenommen sind – und es auch nicht sein können; sie bleiben eingebunden in das politische und soziale Klima der Gesellschaft und verhalten sich entsprechend. Es wird seitens der Öffentlichkeit seltenst gefragt, wie aus „normalen Menschen" solche „Bestien" werden konnten und welche Ereignisse sie zu solchen Taten veranlasst haben, obwohl sich viele Täterbiographien in den wesentlichen Punkten gleichen. Übereinstimmend sind gravierende Fehlentwicklungen im Kindesalter festzustellen, zumeist verursacht durch Misshandlung oder Vernachlässigung, in vielen Fällen auch durch sexuellen Missbrauch. Sind sie damit nicht vielleicht auch „Kinder unserer Gesellschaft"?

Es gibt aber auch eine andere Sichtweise, die die Taten dieser „traumatisierten" Serienmörder nicht nur auf ihre Kindheitserlebnisse abzuwälzen versucht: Wer sagt, dass seine Persönlichkeitsentwicklung unter einem Trauma gestanden habe und dass er ständig sexuell missbraucht worden sei, gibt auch zu verstehen, dass er die eigene Verantwortung für seine Taten von sich wegschiebt: Nicht er selbst ist für seine Taten verantwortlich, sondern er ist gleichzeitig ein Kind und ein Opfer der Gesellschaft.

Da die Motive der Serienmörder aber so komplex sind, erscheint es zu einfach, all ihre Taten auf eine traumatische Kindheit zu schieben. Nicht aus jeder traumatischen Kindheit entsteht ein Serienmörder. Die meisten führen eher ein unauffälliges Leben, ohne jemals straffällig zu werden. Die Täter sind nicht „Opfer eines nicht-optimalen Umfeldes", das sie zu den Serientötungen zwingt; es sind nicht „die Verhältnisse" allein, die aus Menschen Serienmörder machen. Dazwischen liegt in jedem Fall eine ganz persönliche Entscheidung, so zu handeln, wie gehandelt wurde. Und diese Entscheidung liegt allein im Ermessen jedes Einzelnen, obwohl sie natürlich durch Bedingungen im sozialem Nahbereich beeinflusst wird.

Was sind nun die auslösenden Faktoren, die einen Menschen zu einem Serienmörder machen: Die Fehlentwicklung in der Kindheit? Das politische oder soziale Klima der Gesellschaft? Die typischen Beweggründe der Mordlust, der Befriedigung des Geschlechtstriebes, der Habgier?

Aufgrund vieler bislang durchgeführten, einschlägig bekannten Untersuchungen und Studien können folgende grundsätzliche Aussagen über mögliche Motivationsziele von Serienmördern getroffen werden:

Serienmorde lassen auf den ersten Blick gar kein unmittelbares Motiv erkennen. Die Täter hinterlassen am Tatort immer ein Bild extremer Gewaltanwendung und perverser Tatbegehung. Einzig aber die Aussage, dass der Täter eine extreme Aggression an den Tag legte, lässt noch keinen Schluss über seine eigentliche Motivlage zu.

Denn es gibt keine Morde ohne Motive. Jeder Mord hat seine Gründe und Hintergründe, selbst wenn man diese Gründe und Hintergründe – dunkle, psychologische Impulse, perverse Leidenschaften, monströse Lüste, verdrehte psychische Bedürfnisse, sexueller Sadismus, Verlangen nach uneingeschränkter Machtausübung oder was es auch immer sein mag – nicht sofort augenscheinlich wahrnimmt.

2.1.1 Gewalt – Aggression

Bereits im Kapitel zuvor als auch im hier folgenden kommen mehrfach die Begriffe „Gewalt“ und „Aggression“ vor; Begriffe, die es zum näheren Verständnis zu definieren gilt, denn Gewalt und Aggression scheinen unabdingbar zum Leben zu gehören – ein Leben ohne Gewalt und Aggression scheint nicht denkbar und nur in der Utopie zu existieren.

Im Vorfeld muss konstatiert werden, dass eine einheitliche Verwendungsweise für beide Begriffe nicht existiert und eine eindeutige und zufriedenstellende Lösung offenbar nicht möglich ist. Festzustellen bleibt auch, dass beide Begriffe oft in ähnlicher Bedeutung Verwendung finden, wobei Aggression mehr im psychologischen, Gewalt mehr im juristischen Bereich benutzt werden.

a) Gewalt:

Gewalt gehört zum Einprägsamsten, was Menschen erfahren. Sie reagieren mit Schrecken und Schock, wenn sie sich einer Gewalteinwirkung ausgesetzt sehen.

Wer Gewalt in extremer Form erlebt hat, entweder als missbrauchtes Kind, als vergewaltigte Frau oder als niedergeprügelter Mann, wird nie ganz davon loskommen.

Gewalt setzt da ein, wo Menschen gezwungen werden, gegen ihren Willen etwas zu tun oder zu lassen. Für den Analytiker *Hacker* ist

Gewalt „die offene, manifeste, nackte, meist physische Ausdrucksform von Aggression“.

Den sprachlichen Ursprung findet man in „walten“, was eigentlich „stark sein“, „die Oberhand behalten“ und „beherrschen“ bedeutet. Es entstehen daraus zwei zunächst widersprüchlich erscheinende Grundtendenzen der Gewalt, nämlich, nach *Locke* und *Hobbes*, zum einen der Weg in Unordnung und Untergang, zum anderen die Veranlassung, sich eine Ordnung zu geben. Denn nur in einer gesicherten Ordnung kann die zerstörerische Kraft der Gewalt in die Schranken verwiesen werden. Gewalt bedeutet also einerseits rücksichtslose Einwirkung auf andere, ohne dies moralisch rechtfertigen zu können. Andererseits steht Gewalt für eine ordnende Kraft, die Macht und Herrschaft ausübt und von der in zivilisierten Gesellschaftsformen der Staat das alleinige Monopol ihrer Ausübung innehat.

Gewalt wäre demnach eine aus der momentanen Position der Überlegenheit heraus ausgeübte Aggression gegen andere, zum Nutzen oder Schaden eben dieser anderen.

Gewalt kann somit **legal** oder **illegal** sein, wobei es unerheblich ist, ob das Zufügen, das Nicht-Verhindern oder auch der Versuch beider Varianten von körperlichen oder seelischen Beeinträchtigungen einer Person gegen deren Willen im Rahmen der bestehenden Gesetze ablaufen oder ob sie gegen diese Gesetze verstoßen.

Gewalt kann **aktiv** ausgeübt werden in Handlungen oder **passiv** durch Unterlassung. Es existieren unzählige Formen von Gewalt: Physische oder psychische, verbale oder brachiale, aktive wie Ausbeutung und Misshandlung in allen Formen oder passive wie Vernachlässigung und Nichtbeachtung. Gewalt existiert in offenen und versteckten Formen.

Gewalt geschieht im Öffentlichen und im Privaten und durchzieht alle soziale Schichten. Viele Formen der Gewalt erscheinen als normal und werden deshalb kaum wahrgenommen. Grund dafür ist zum einen eine allgemeine Gewaltakzeptanz in unserer Gesellschaft, zum anderen der Gewöhnungs- und Abstumpfungseffekt, der von Gewaltereignissen ausgeht.

b) Aggression:

Die ursprüngliche, aus dem lateinischen „aggredi“ stammende Bedeutung „heranschreiten, auf den anderen zugehen, sich an jemanden wenden, sich jemandem oder einer Sache nähern“ muss, um den Sinn einer solchen Allerweltstätigkeit auszuschließen, genau eingegrenzt werden.

Aggression ist keine Erscheinung unserer neueren Zeit; die aggressiven Triebkräfte, so *Scherer* in „Der aggressive Mensch“, gab es eigentlich schon immer. *Hofstätter* umschreibt im Fischer-Lexikon – Psychologie – mit Aggression „Verhaltensweisen, die mit hoher Wahrscheinlichkeit zu einer direkten oder indirekten Schädigung eines Individuums, meist eines Artgenossen, führen". Im biologischen Sinn bedeutet nach *Merz* Aggression „Angriffs-, Droh- bzw. Kampfverhalten mit dem Ziel der Dominanz gegenüber einem Gegner der gleichen oder einer anderen Art".

Die neueste psychologische Definition für Aggression bezeichnet das Verhalten, das aus den unterschiedlichsten Gründen darauf abzielt, einen anderen körperlich, verbal, materiell oder psychologisch zu schädigen, wobei der andere diese Schädigung nicht will bzw. diese Schädigung zu vermeiden versucht, d. h. dieses aggressive Verhalten ist beabsichtigt und zudem unangemessen. Nach *Mummendey* kann sich solch beschriebenes Verhalten „von Tötung und physischen Angriffen und Verletzungen über die Versagung von Belohnungen bis zu Beleidigungen und subtilen verbalen Herabsetzungen eines Gegners erstrecken". Es beinhaltet also, so *Selg*, „Schmerz zufügende, störende, Ärger erregende und beleidigende Verhaltensweisen".

Oder mit anderen Worten: Aggression ist das **Verhalten**, dessen Ziel eine **Schädigung** oder **Verletzung** ist. Solche Aggressionen können verbal erfolgen (Beleidigungen, üble Nachrede), in Form von Vandalismen (Gewalt gegen Sachen durch vorsätzliches Beschädigen oder Zerstören) oder in Form von Gewalttätigkeit (physische Gewalt gegenüber Personen durch körperliche Angriffe und Drohungen mit Gewalt). Sie können sowohl gegen andere als auch gegen sich selbst (z. B. Selbstverstümmelung, bei der Psychoanalytiker davon ausgehen, dass der Betroffene bereits in früher Kindheit Verluste und Traumen erlitten hat, und Selbsttötung) gerichtet sein. Der Begriff „Gewalt" erfasst nur Vandalismen und Gewalttätigkeit, so dass er nur einen Teilbereich der Aggression darstellt.

Tölle definiert Aggression als ein „Angriffsimpuls oder Angriffsverhalten (...), das sich gegen Personen, Institutionen und Gegenstände richten kann. Das Ziel ist, die eigene Macht auf Kosten der Position des anderen zu steigern. Doch ist Aggression nicht nur Ausdruck des Machttriebes, sondern im weiteren Sinne Zeichen der Vitalität und des Strebens nach Eigenständigkeit und Selbstbehauptung im Zuge der Persönlichkeitsentwicklung. In pathologischer Form tritt Aggression bei psychischen Störungen zutage, wenn sie nicht mehr in produktives Handeln umgesetzt, sondern destruktiv gegen die eigene Person oder andere Menschen gerichtet wird. Aggression hat mehrere Wurzeln: Instinktverhalten im Interesse der Selbsterhaltung und Reaktion auf Frustration. Im Übrigen ist Aggression eine der mögli-

> chen Reaktionsweisen, durch welche Angst, wodurch immer hervorgerufen, bewältigt werden kann.“
>
> Aggression ist also ein notwendiger Faktor im Leben der Menschen, kann aber, wenn er mit negativen und pathologischen Entwicklungen eines Menschen in Beziehung steht, eine zerstörerische Wirkung haben.

Anhand der Ursachen wird zwischen „zorniger“ und „instrumenteller“ Aggression unterschieden. „Die „zornige“ Aggression wird von Gefühlen, wie Zorn, Wut oder Ärger ausgelöst und begleitet. Die „instrumentelle“ Aggression ist nur Mittel zum Zweck und dient der Erreichung eines bestimmten Zieles, wobei Motive wie Geld, Macht, Prestige oder Angst erkennbar sind.“ (*Füllgrabe* 1997, S. 268)

Aggression kann auch ein verzweifeltes Bemühen darstellen, mit der Welt in Beziehung zu treten, nachdem alle anderen Kontaktmöglichkeiten ausgeschlossen sind.

In der **Ursachenforschung** gibt es mehrere **Erklärungsansätze**.

So waren *de Montaigne* im 16. Jahrhundert und *Freud* im 20. Jahrhundert der Meinung, dass der Mensch mit einem grundlegenden, menschlichen Aggressions- und Zerstörungstrieb, dem so genannten „Todestrieb“, ausgestattet ist; dass Aggression demnach angeboren ist. Dieser Todestrieb drückt den Willen aus, alle lebende oder belebte Materie in einen leblosen oder unbelebten Zustand zu versetzen. Im Kampf gegen den „Lebenstrieb“ führt er zur Selbstzerstörung, sollte seine Energie nicht nach außen gelenkt werden. Dies wiederum bedeutet, dass die Zerstörung anderer notwendig ist, um eine Selbstzerstörung zu verhindern.

Fromm und *Eibl-Eibesfeldt* waren in den siebziger Jahren der Ansicht, dass der Mensch ein wirklicher Killer ist, der immer dann Lustgefühle empfindet, wenn er Leben grundlos und nur um des Tötens willen vernichtet.

Bandura und *Selg* sehen die Ursache von Aggression in der Art und Weise, wie der Mensch lernt, mit dem aufkommenden Aggressionstrieb umzugehen. Diese erlernten Bewältigungsmuster bestimmten den Umgang mit unangenehmen Emotionen. Beispielsweise wird derjenige, der bei seinen Eltern in frühester Kindheit bei auftretenden Problemen Aggressionen erfährt und erlebt hat, mit hoher Wahrscheinlichkeit dies als normal ansehen und als Erwachsener genauso handeln. Wenn Aggression aber gelernt wird, wie jedes andere Verhalten auch, dann besteht die Möglichkeit, dass sich ein aggressionsfreier Mensch in einer eben solchen Gesellschaft entwickeln kann.

2.1.2 Nicht wer hat es getan, sondern warum hat er es getan oder: Was + Warum = Wer

Die psychologische Forschung hat hinsichtlich extremer Aggression ergeben, dass eine mangelnde oder fehlende Bindung an das Elternhaus, insbesondere an die Mutter, ursächlich für solche aggressive Extremhandlungen sein kann. Die Folge hiervon besteht aus früher Frustration und fehlendem Selbstwertgefühl beim späteren Täter. Diese Aussage wird von vielen Serienmördern übereinstimmend bestätigt.

Bei der Beantwortung der Frage nach der eigentlichen Motivation von Serienmördern ist es nach den Erfahrungen, die das FBI in vielen Untersuchungen gewonnen hat, nicht vorteilhaft, einen Katalog zu Rate zu ziehen, in dem Tätertypologien (beispielsweise die Unterscheidung in „normale" Mörder, Kindermörder, Frauenmörder, Lustmörder, psychopathische Mörder o. Ä.) festgelegt sind. Vielmehr ist es wichtig, mögliche Motive von Serienmördern zu erkennen. Oder wie es *Ressler* (s. S. 177) auf die einfache mathematische Formel brachte:

> „Was + Warum = Wer"
>
> Was hat der Täter gemacht, der, wie andere Menschen auch, aufgrund seiner eigenen Bedürfnisse ständig Entscheidungen treffen muss? Warum tut der Täter das?

Die FBI-Untersuchungen haben u. a. ergeben, dass bei „normalen" Mordfällen am häufigsten die drei Faktoren – 1. Macht, 2. „Thrill"-Erhöhung und 3. Kontrolle (über sich selbst und über sein Schicksal zum einen und über seine Umwelt zum anderen) – als Motivationsziele erkannt wurden.

Bezeichnend dafür steht die von *Hazelwood* und *Douglas* festgehaltene Aussage eines sadistischen Täters, der seine Motivation so beschrieb: „Ich vergewaltigte das Mädchen nicht, ich wollte es nur zerstören. (...) Ich wollte ihren Körper so zerstören, dass sie nicht wie eine Person aussah, und sie zerstören, dass sie nicht existieren würde."

2.2 Die Kindheit und die Familie

Die Ursache für extreme Aggression ist in der Kindheit der Täter zu suchen.

Es ist in der Psychologie unstrittig, dass die Psyche des Menschen abhängig ist von zwischenmenschlichen Beziehungen und deren Qualität, die der Mensch in seiner frühen Kindheit erlebt hat, unabhängig davon, ob diese warmherzig und harmonisch oder gefühlskalt und aggressiv waren.

Oder, wie es *Brantley*, ein ehemaliger FBI-Ausbilder, ausdrückte: „Die sicherste Möglichkeit, zukünftiges Verhalten oder gewalttätiges Verhalten zu prognostizieren, ist eine gewalttätige Vergangenheit."

Breggin, amerikanischer Psychiater, ist der Ansicht, dass fast alle Gewalttäter zunächst einmal Opfer waren: „Sie litten Mangel, und zwar auch noch als Erwachsene. Ihnen fehlten enge, bedeutsame menschliche Bindungen. Diesen Mangel versuchten sie durch übertrieben „männliches" Auftreten wieder wettzumachen. Wir leben in einer Gesellschaft, in der die Kinder, und zwar sowohl Jungen als auch Mädchen, häufig psychisch, sexuell und emotionell missbraucht werden. Kinder werden häufig vernachlässigt und im Stich gelassen. Menschen, die sich zu Gewalttätern entwickeln, sind während ihrer traurigen Kindheit besonders krass gedemütigt worden. Man hat sich über sie lustig gemacht und sie beschämt, sie behandelt, als seien sie nichts wert, nicht liebenswert, mit Mängeln und Fehlern behaftet oder minderwertig. (...) Wenn Kinder oder Erwachsene so schrecklich gedemütigt werden, möchten sie oft zurückschlagen, sich rächen, sich Achtung verschaffen, vor allem aber andere so tief wie möglich demütigen. Das kann dazu führen, dass sie ihre Mitmenschen vor allem sexuell fürchterlich erniedrigen. Da diese Menschen schon von Kindesbeinen an darunter litten, dass man sie als Schande empfand, sind sie furchtsam und trauen keinem Menschen. Sie werden meistens Einzelgänger und führen ein zurückgezogenes Leben; doch sind sie gewalttätig veranlagt und warten nur darauf, sich Luft zu machen".

In dieser Zeit des Kindseins erleben und erfahren die späteren Täter, was es heißt, Gewalt, Ablehnung und Vernachlässigung seitens Bezugs- und Kontaktpersonen (Eltern, Geschwister) zu verspüren. Diese Verarmung an sozialen Kontakten verdrängen und verarbeiten sie in Tagträumen und Phantasien, in denen sie mächtig und stark sind.

Themen dieser Träume sind in aller Regel Aggression und Form von Gewalt, Rache und Verstümmelungen. Der Wunsch nach Kontrolle und Macht wird geweckt, und das Kind, der spätere Täter, entdeckt, dass das Ziel, nämlich die Erfüllung seines Wunsches, nur durch Aggression erreicht werden kann. Das Fundament der Aggression liegt demzufolge in der kindheitlichen Erfahrung des Täters.

Die Psychiaterin *Lewis* hat bei ihrer Arbeit einige zwingende Fälle misshandelter Kinder dokumentiert. Die Betroffenen sind so jung, zu jung, um all das, was so schwer vorstellbar ist, nur zu spielen oder vorzutäuschen. Doch es hat sich bei dieser Arbeit gezeigt, dass diese seltenen Fälle von Fehlverhalten schon in frühester Kindheit, oft während der vorsprachlichen Phase, ihren Ursprung finden.

Dutton und *Hart* untersuchten im Jahr 1992 604 männliche Probanden, die in ihrer Kindheit sowohl körperlich als auch sexuell misshandelt wurden. Hierbei stellten sie fest, dass bei den Untersuchten die Wahrscheinlichkeit, als Erwachsene gewalttätig zu werden, dreimal höher ist als bei einer Vergleichsgruppe von Nichtmisshandelten. Weiterhin konnte beobachtet werden, dass die Männer, die körperlich misshandelt wurden, mit großer Wahrscheinlichkeit körperlich gewalttätig werden, während diejenigen, die sexuell missbraucht wurden, mit großer Wahrscheinlichkeit sexuell gewalttätig werden. *Dutton* und *Hart* sehen so die Hypothese der Gewaltspirale bestätigt: Körperlich misshandelte und sexuell missbrauchte Kinder werden als Erwachsene andere Menschen, sogar andere oder selbst die eigenen Kinder, körperlich misshandeln und sexuell missbrauchen.

2.2.1 FBI-Studie

Die FBI-Studie aus dem Jahr 1980 (s. 1.4.1) an 36 Serienmördern, von denen zwischenzeitlich zwei hingerichtet wurden, einer Selbsttötung beging und ein vierter auf natürliche Weise verstarb, und auf deren Konto die Tötung von insgesamt 118 Opfern, überwiegend Frauen geht, ergab folgendes Bild einer für alle Befragten typischen Familie, nämlich das Bild des „broken home", in dem die Familie es nicht schafft, ihnen ein Fundament und eine Infrastruktur zu bieten, die sie gestützt hätte.

Sie stammen alle aus **zerrütteten Familienverhältnissen**, in denen sie ihre Erziehung als ungerecht, feindselig und kalt empfunden haben. Aus ihrer Kindheit berichteten 13 Befragte von körperlichem, 23 von psychischem und 12 von sexuellem Missbrauch. Ihr Verhältnis zu den Eltern, besonders zur Mutter, wird als kühl, distanziert, lieblos und vernachlässigt, ohne emotionale Wärme und Körperkontakt, bezeichnet.

Darüber hinaus gaben die befragten Serienmörder an, in ihrer Kinder- und Jugendzeit keinerlei zwischenmenschliche Beziehung gepflegt und im Rahmen ihrer Kommunikation mit ihrer Umwelt keine Rücksicht auf andere geübt zu haben. Ihr Bild der Umwelt, die sie als feindlich einstuften, wird ursächlich durch Erfahrungen in der Schule, in der Erziehung und die daraus erwachsenen Leistungsmängel geprägt – eine Umwelt, die ihnen gegenüber unfair, feindselig und missbrauchend ist.

Neben der Beziehung zur Mutter, die zu einem Drittel aller Fälle als kalt und wenig fürsorglich bezeichnet wurde, wird der Kontakt zum Vater in den meisten Fällen als schlecht bzw. als nicht existent bezeichnet. Bei 47 % der Befragten hat der Vater die Familie verlassen, bevor das Kind das 12. Lebensjahr erreicht hat. In dieser Situation waren die Kinder gefordert, sich an ein mögliches, neues Familienoberhaupt anzupassen oder gar zu unterwerfen.

Bei 68 % der Befragen war festzustellen, dass sie in einem instabilen Wohnort, in so genannten sozialen Brennpunkten, aufwuchsen, oftmals begleitet von mehrfachen Umzügen und dem damit verbundenen Verlust von, wenn auch nur schwach ausgeprägten, sozialen Kontakten.

66 % der befragten Serienmörder wuchsen vor Vollendung ihres 18. Lebensjahres in Kinder- und Adoptionsheimen sowie in Erziehungsanstalten auf.

Auch wurde über komplexe **familiäre Probleme** berichtet. So teilten 50 % der Befragten mit, dass ihre Familie mit Kriminalität im Allgemeinen konfrontiert war. 54 % berichteten über psychiatrische Probleme, 69 % über Alkohol- und 34 % über Drogenmissbrauch. Bei 47 % offenbarten sich sexuelle Probleme. Über kindspezifische Problematiken wie z. B. Tagträume und zwanghaftes Masturbieren klagten 82 %.

Diesen beiden Faktoren – Tagträume und zwanghaftes Masturbieren – sollte große Aufmerksamkeit zukommen. Der hier zugrunde liegenden Studie zufolge kommen diese Faktoren am meisten bei den untersuchten Serienmördern vor. Tagträume sind an sich zwar im kindlichen Alter relativ normal, und auch die Selbstbefriedigung kommt zu gewissen Zeiten in einem bestimmten Altersabschnitt ebenfalls als normale Erscheinung vor. Sie ergeben aber, zusammen mit dem Faktor der Isolation, einen Sinn, weil sie mit der Phantasie des Täters zusammenhängen. Psychologen erklären dies damit, dass die Phantasie des Täters einen großen Raum einnimmt und mit ihm auf Reise geht, wenn er als Kind für längere Zeit allein gelassen wurde.

Durch solche **Erziehungsbedingungen** entstehen negative Weltbilder und Einstellungen gegenüber Mitmenschen:

a) Die Abwertung anderer Menschen: Die späteren Täter fühlen keine Bindung an andere Menschen, beschreiben sich als Einzelgänger und empfinden sich anders als ihre Altersgenossen. Sie sind selbstbezogen. Bindungen an andere haben für sie keinen Wert. „Sie nehmen keine Rücksicht auf die Bedürfnisse anderer oder sind nicht sensitiv für die Bedürfnisse anderer Menschen." (*Paulus* 1998 b, S. 6)

b) Die Welt wird als ungerecht erlebt: „Die Erziehung, das Schulversagen und andere Leistungsmängel werden als Teil einer ungerechten und unfreundlichen Welt wahrgenommen. " (*Paulus* 1998 b, S. 6) Daraus ergibt sich die Einstellung, dass andere Menschen für ihr Schicksal verantwortlich seien.

c) Autoritäten und das Leben werden als unbeständig und unvorhersagbar angesehen. Deshalb vertrauen die Täter Autoritätspersonen nicht und schätzen sie gering.

d) Zwang, mit Aggressionen zu dominieren: Der intensive Wunsch, stark und mächtig zu sein und stets alles unter Kontrolle zu haben, wird zu einem zwanghaften Streben, durch Aggression zu herrschen. Dieser Wunsch ist das Ergebnis der Art und Weise, wie die Täter auf die lieblose, strafende und missbrauchende Atmosphäre in ihren Familien reagieren. Der Wunsch nach Dominanz drückt sich zunächst in ihren Phantasien und später in ihren Taten aus.

Ein solches Beispiel ist Ed Kemper, der im Alter von 10 Jahren von seiner Mutter regelmäßig im Keller eingesperrt wurde, aus Angst, dass er seine Schwester belästigen würde. Es gab zu diesem Zeitpunkt dafür keinen Grund, keinen Anhaltspunkt. Jedenfalls wird dieser Aufenthalt im Keller in Verbindung mit der ansteigenden Frustration des unschuldig Eingesperrten als Ausgangspunkt für eine sich negativ entwickelnde Phantasie gesehen, die zu immer perfekterer Planung von Mordtaten führte, deren Opfer u. a. auch Kempers Mutter später wurde.

Zu weiterem, über den Komplex Familie hinausreichenden, abweichenden Verhalten in ihrer Kindheit befragt, wurde geäußert, dass 71 % chronisch logen, 58 % Sachbeschädigungen, 56 % Brandstiftungen und weitere 56 % Diebstähle begangen und 54 % gegenüber gleichaltrigen Kindern Grausamkeiten vollzogen haben. Bei 54 % wurden Tierquälereien, in weiteren 68 % der Fälle vermehrtes Bettnässen benannt.

Bettnässen als seelische Störung ist die Folge einer gestörten Mutter-Kind-Beziehung, verursacht durch Mangel an Zuwendung. Sie wird auch als eine „hospitalistische Erkrankung“ bezeichnet und tritt in der Regel bei aktiven, nervösen Kindern auf, die überfordert und vernachlässigt, verwöhnt und bestraft sind. Mit fortschreitender Dauer stellt sich beim Kind Frustration ein, das Kind ist enttäuscht und vereinsamt.

67 % der Befragten litten unter Alpträumen, die sich bei 68 % bis in ihr Jugendalter und bei 52 % bis in die Erwachsenenzeit erstreckten.

Aus dieser Studie wurden die 12 in ihrer Kindheit sexuell missbrauchten Serienmörder mit 16 Tätern verglichen, die früher nicht missbraucht worden waren. Hierbei ergaben sich folgende Unterschiede in ihrem Verhalten:

Verhaltensauffälligkeiten	**sexuell missbrauchte Kinder**	**sexuell nicht missbrauchte Kinder**
zeigten in ihrer Kindheit Anzeichen von Grausamkeit gegen Tiere	58 %	15 %
zeigten in ihrer Kindheit Anzeichen von Grausamkeit gegen Kinder	73 %	38 %
eigenen Angaben zufolge in Isolation aufgewachsen	91 %	57 %
Schlafstörungen in der Jugend	70 %	27 %
Jähzornsanfälle in der Jugend	73 %	38 %

Verhaltensauffälligkeiten	sexuell missbrauchte Kinder	sexuell nicht missbrauchte Kinder
wurden von Erwachsenen/ihren Eltern als rebellisch charakterisiert	100 %	69 %
unternahmen als Jugendliche tätliche Angriffe gegen Erwachsene/Eltern	100 %	69 %
begingen im jugendlichen Alter Selbstverstümmelungen	40 %	8 %
litten als Erwachsene unter negativem Körper-Selbstbild	75 %	42 %
litten als Erwachsene unter Schlafproblemen	70 %	27 %
begingen als Erwachsene Selbstverstümmelungen	54 %	17 %
hatten in der Kindheit sexuelle Konflikte (z. B. Missbrauch)	92 %	40 %
wiesen in der Kindheit sexuelle Störungen auf	69 %	50 %
wiesen als Erwachsene sexuelle Störungen auf (z. B. unfähig, sexuellen Kontakt mit einem Partner einzugehen)	77 %	60 %
praktizierten im Erwachsenenalter Sexualität mit Fesselung des Partners	55 %	23 %
sind Anhänger einer fetischistischen Richtung	83 %	57 %
als Exhibitionist aufgetreten	36 %	21 %
als Transvestit in Erscheinung getreten	18 %	7 %
hatten im Erwachsenenalter sexuellen Kontakt mit Tieren	40 %	8 %

2.2.2 Hirschi

Hirschi fand heraus, dass Kinder und Jugendliche mit fester Bindung an ihre Eltern weniger kriminell werden. Im Vergleich hierzu scheinen die meisten Serienmörder keine enge Beziehung zu ihren Eltern aufzuweisen. Die meisten von ihnen erlebten, entweder stufenweise oder abrupt, traumatische Brüche in ihren Beziehungen zu einem oder beiden Elternteilen.

Wiederum in anderen Biographien von Serienmördern, die dem Alkohol und den Drogen verfallen sind, wird das Fehlen von Vertrauen in die konventionellen Werte festgestellt.

Zusätzlich konstatiert *Hirschi*, dass die meisten Serienmörder keine engen, persönlichen Beziehungen, die für sie eine tiefe Bedeutung hätten, zu Vertretern ihrer gesellschaftlichen Vergleichs-/Altersgruppe aufbauen, sondern dieser gegenüber distanziert und isoliert leben.

2.2.3 Tierquälerei

Tierquälerei stellt nicht notwendigerweise ein Zeichen von Psychopathen dar. Viele kleine Jungen, die in ihrer Kindheit den Stubenfliegen die Flügel herausgerissen haben, wurden später Rechtsanwälte oder Zahnärzte. Aber es ist letztlich eine Sache, einen Regenwurm zu halbieren, um beide Teile zappeln zu sehen, und eine andere, den Schwanz von Nachbars Katze mit einer Axt abzutrennen, um das schmerzerfüllte Geheul des Tieres auszukosten, zumeist in Verbindung mit sexuellem Verlangen nach und tatsächlich stattfindendem Geschlechtsverkehr mit dem Tier. Und dieses erwähnte, oft in ihrer Jugendzeit begangene, tierquälende Verhalten wird im Lebenslauf vieler Serienmörder beobachtet. So berichtet beispielsweise Jeffrey Dahmer, dass er als Kind lebende Frösche an einen Baum genagelt und die Tierkörper aufgeschlitzt hat, um das noch pulsierenden Eingeweide zu betrachten. Oder Peter Kürten, der umherstreunende Hunde einfing und die er anschließend masturbierte. Ein weiteres Beispiel ist Ed Kemper, der die Bäuche von Katzen aufgeschnitten hat, um anschließend beobachten zu können, wie weit die langsam verendenden Tiere mit dieser Verletzung noch davonlaufen konnten, bis sie schließlich qualvoll starben. Bei solch einem Verhalten kann von einem Zeitvertreib oder Hobby keine Rede sein; es prägt den späteren Täter, zeichnet ihn fürs Leben, und durch eifrige Versuche unterlaufen ihm schon bald kaum mehr Fehler. Erwähnenswert ist hier der Umstand, dass bei Serienmördern, die als Kind Tiere zu Tode quälten, Katzen die beliebteste Zielgruppe darstellten.

2.2.4 Die „mörderische Triade“

Tierquälerei stellt zudem eines der drei wichtigsten Warnsignale für künftiges psychologisch auffälliges (psychopathisches oder psychotisches) Verhalten dar, neben unnatürlich lang anhaltendem Bettnässen im fortgeschrittenen Lebensalter, vor allem im Alter über 12 Jahren, und jugendlichen Brandstiftungen im Alter von fünf oder sechs Jahren, wobei einer dieser drei Aspekte für sich allein nicht ausschlaggebend ist. Wenn jedoch zwei oder gar alle drei Aspekte, die die FBI-Profiler als das „mörderische Dreieck“ oder die „mörderische Triade“ bezeichnen, zusammentreffen, besteht durchaus die Gefahr, dass sich ein Verhalten einstellt, das bis hin zu sadistisch veranlagten Tötungen führen kann – aber nicht zwingend muss. Nicht jeder Junge, der im Kindesalter alle drei Verhaltensauffälligkeiten aufweist, wird zum Serienmörder.

Hazelwood stellte in einer Untersuchung von Serienvergewaltigern fest, dass 40 % Bettnässer, 19 % Tierquäler und 24 % Brandstifter waren. Dieselbe Studie ergab, dass mit fortschreitender Dauer ihrer kriminellen Karriere das Verhalten der Täter immer gewalttätiger wurde, insbesondere bei denjenigen, die ihre Opfer fesselten, an ihnen Analverkehr ausübten und sie in einem Fahrzeug an einen anderen, abgelegeneren Tatort transportierten.

Die meisten jungen Menschen verlieren ihren Drang zum Sadistischen in frühen Jahren. Diejenigen aber, bei denen dies nicht der Fall ist, fixieren sich auf einer primitiven emotionalen Ebene, auf der sie ihre Sehnsucht nach Grausamkeiten und Dominanz nie verlieren. Ganz im Gegenteil: Diese Sehnsucht wächst in ihnen wie ein Krebsgeschwür, und möglicherweise werden sie ihre Aufmerksamkeit, die an kleinen vierbeinigen Lebewesen nicht länger befriedigt werden kann, auf große, zweibeinige Lebewesen, auf Menschen, lenken.

In den wenigsten Fällen sind dann noch Tierquälereien zu beobachten, wenn sich der Täter seinen menschlichen Opfern zugewandt hat. Peter Kürten ist hier eine dieser wenigen Ausnahmen. Er quälte und tötete Tiere in seiner Kindheit und Jugendzeit (eigenen Angaben zufolge im Alter zwischen 4 und 13 Jahren vermehrt), wobei er sich „am Schreien und Zappeln gefreut und gewissermaßen ergötzt" hat, schnitt aber im Alter von 47 Jahren, kurz vor seiner Festnahme, aus sexueller Erregung einem Schwan den Kopf ab und trank das gesamte austretende Tierblut (siehe *Lenk/Kaever*, S. 132): „Ja, in der letzten Zeit bestimmt, früher war das so was Halbes, so was Hangen und Würgen. Gewiss, es sind auch Samenergüsse erfolgt damals, aber in der letzten Zeit war das sicher; zum Beispiel hatte ich das Blut rauschen gehört, dann war das bestimmt mal sicher, der Samenerguss; das ist eine Tatsache, daran kommt man nicht vorbei."

2.2.5 Widom und Langevin

Mit der oben erwähnten FBI-Befragung kritisch auseinander gesetzt hat sich die Psychologin *Widom*. Sie stellte fest, dass **nur eine Minderheit misshandelter Kinder** tatsächlich in ihrem späteren Leben **gewalttätig** wurden. Zudem hätte die Studie keine Kontrollgruppen mit „normalen" Kriminellen und mit unauffälligen Personen herangezogen.

Nach einer Beobachtung von *Langevin* kommen zudem Misshandlungen in der frühen Kindheit von „normalen" (Einfach-)Mördern genauso häufig vor wie bei Serienmördern.

Letztlich wurde noch auf den Umstand hingewiesen, dass der Begriff „Misshandlung“ eine dehnbare Definition erfahren hätte, die eine Erfassung beliebig vieler Vorfälle zuließ.

Solche oder ähnliche Erlebnisse in der Kindheit, wie sie oben geschildert wurden, werden von vielen Menschen nahezu problemlos verarbeitet. Sie überstehen diese Phasen, ohne zum Mörder zu werden, insbesondere deshalb, weil diese Erlebnisse in den seltensten Fällen in so geballter Weise auftreten.

Wenn sich allerdings alles konzentriert – eine abweisende Mutter, das Fehlen des Vaters, der Missbrauch durch den Vater, das Versagen der Schule, die Ineffizienz der Behörden, die Unfähigkeit zu einer normalen sexuellen Entwicklung –, dann ist der Weg zu abweichendem Verhalten vorgezeichnet. Die Persönlichkeitsstörung im Grenzbereich ist durch Verlustangst und die Unfähigkeit geprägt, Isolierung oder Langeweile zu ertragen. Einer gängigen Theorie zufolge kann dies mit sexuellem Missbrauch während der Kindheit zusammenhängen. Dies zumindest meint *Dietz*. Menschen mit Verlustängsten können, so *Dietz* weiter, außer sich geraten, wenn jemand sich zum Weggehen anschickt, dessen Dableiben sie aber unbedingt wünschen. Sie sehen sich der Angst vor dem Verlassenwerden und Alleinsein hilflos ausgesetzt. Der Serienmörder entwickelt sich in dieser Richtung dadurch weiter, dass er entweder antisozial oder auch in anderer Weise charakterlich vorbelastet ist und dabei auch sexuell abweichendes Verhalten, im Allgemeinen sadistische und nekrophile Züge, aufweist.

2.3 Die Mutter-Kind-Beziehung

2.3.1 Sicherheit und Geborgenheit

Ein Punkt in der zuletzt erwähnten FBI-Studie scheint nach Ansicht führender Psychologen entscheidend in der Entwicklung extremer Aggression zu sein, nämlich die Mutter-Kind-Beziehung mit ihrem Sicherheits- und Geborgenheitsgefühl, „wobei der Ausdruck „Mutter-Kind-Beziehung“ auch stellvertretend für die Beziehung zu einer anderen wichtigen Bezugsperson stehen kann.“ (*Paulus* 1998 b, S. 5 bez. S. 19) Dies wird in den Untersuchungen von Paulus (z. B. 1998 b, c) wie folgt erklärt.

2.3.2 „Fremde Situation“ für A-, B-, C- und D-Kinder

Der Kinderpsychologe *Bowlby* hat in mehreren Studien festgestellt, dass Kinder, die in der Obhut fremder Menschen aufgewachsen sind, sich stark danach sehnten, bei ihrer (leiblichen) Mutter zu sein.

Bei einer weiterführenden Untersuchung der Kinderpsychologin *Ainsworth* wurde folgende Situation durchgespielt:

Das Kind wurde in Begleitung der Mutter in ein Zimmer geführt, in dem ein Spielteppich mit einer Vielzahl attraktiver Spielsachen sowie zwei Stühle platziert waren. Nach kurzer Zeit kam eine fremde, aber freundliche Person in den Raum, nahm kurz mit der Mutter und dann mit dem Kind Kontakt auf. Danach verließ die Mutter das Zimmer, das Kind und die fremde Person blieben zurück. Als dann nach einiger Zeit auch die fremde Person den Raum verließ und das Kind allein blieb, kehrte die Mutter schließlich nach einer Weile zum Kind zurück.

Im Anschluss an die letztliche Rückkehr der Mutter konnte bei den beobachteten Kindern folgende Klassifizierung getroffen werden, die bei einer zu einem späteren Zeitpunkt weitergeführten Untersuchung dieses Experimentes mit dem Namen „Fremde Situation“ um den unten erwähnten Punkt d) erweitert wurde:

a) Kinder mit sicherer Bindung, so genannte B-Kinder:
„Sie suchten und behielten Kontakt zu ihrer Mutter.“ Grundsätzlich zeigten sie „keinen Kummer in der Zeit,“ in der sie allein waren. Und „falls doch, war erkennbar, dass sie die Mutter vermissten und sie sich auch durch die fremde Person nicht trösten ließen.“ (*Paulus* 1998 c, S. 3) Die Mutter wurde bei ihrer Rückkehr überschwänglich empfangen und umarmt, das Spielzeug geriet zur Nebensache.

b) Unsicher-vermeidende Kinder, so genannte A-Kinder:
„Sie zeigten Unmut über ihr Alleinsein. Mutter und fremde Person wurden fast gleich behandelt, die Mutter wurde gar bei ihrer Rückkehr ignoriert. Gegen die Umarmung durch die Mutter wehrten sie sich zwar nicht, blieben aber in ihrer Körperhaltung verspannt.“ (*Paulus* 1998 c, S. 3)

c) Unsicher-ambivalente Kinder, so genannte C-Kinder:
„Sie wurden laut und wütend, als sie allein gelassen wurden. Bei der Rückkehr der Mutter suchten sie einerseits den Kontakt zu ihr, andererseits aber widerstrebte es ihnen.“ (*Paulus* 1998 c, S. 3)

d) Desorganisiert-desorientierte Kinder, so genannte D-Kinder:
„Sie erstarrten zu Beginn, als die fremde Person eintrat, und zeigten einen tranceähnlichen Gesichtsausdruck.“ Kam diese Person näher, „schaukelten sie auf Händen und Füßen. Sie lehnten den Kopf gegen die Wand, wenn sie Angst vor der fremden Person zeigten und entfernten sich von ihr. Das Kind flüchtete auf den Schoß der Mutter und führte mit leerem Blick seltsame Handbewegungen an die Ohren aus.“ (*Paulus* 1998 c, S. 3)

Dieses Verhalten wurde in verstärktem Maße bei folgender abgewandelter „Fremden Situation“ beobachtet: „Ein Clown betrat wortlos den Raum und blieb etwa eine halbe Minute bewegungslos in der Tür stehen.“ (*Paulus* 1998 c, S. 3)

„A-, B- und C-Kinder zeigten sich zunächst erschrocken und ergriffen die Hand der Mutter. Doch schließlich betrachteten sie den Clown.
D-Kinder begannen verzweifelt zu schreien, spannten ihre Körper an und blieben wie angewurzelt stehen. Einige lehnten sich mit dem Kopf an die Wand und blickten verängstigt rückwärts zum Clown. Diese Kinder waren nicht in der Lage, ihre Angst zu unterdrücken und fanden keinen Ort der Zuflucht, obwohl ihre Mutter im Raum anwesend war. (*Solomon & George*, 1991). Bei nachfolgenden Untersuchungen zeigte sich, dass bei misshandelten Kindern ca. 80 % diesen Bindungstyp aufwiesen. (*Paulus* 1998 c, S. 4) In einer anderen Studie unter 22 misshandelten Kindern wurde festgestellt, dass 82 % von ihnen eine D-Typisierung aufwiesen, überwiegend Jungen, unabhängig von der Art der Misshandlung. Ein weiterer Faktor, der für die Ausbildung dieses D-Typs verantwortlich ist, ist das Fehlen eines Vaters. Dieser Umstand spielte bei 86 % der Untersuchten eine Rolle. D-Kinder entwickeln keine Strategie, sich vor Bedrohungen zu schützen, insbesondere dann, wenn die Bedrohung von der Bezugsperson, von der Mutter, ausgeht, was in vielen Kindheitserlebnissen von Serienmördern geschildert wird.
Die gleiche Entwicklung beobachtet *Spitz*: Die Entwicklung von Angst beim Kleinkind erwächst aus der Suche nach Schutz bei der Mutter. Fehlt dieser Schutz, kommt es zu anwachsender Aggression, die in wütender Verzweiflung wurzelt und sich als Trotzhandlung offenbart. Mit der Feindschaft sichert und isoliert sich das verlassene, schutzlose Kind. Hier liegt auch begründet, dass das spätere Opfer keine eigentliche Person darstellt, sondern nichts anderes als ein Symbol für „die Frau", wie *Müller-Luckmann* dieses Phänomen beschreibt.

Hierzu vier Beispiele:

Die ersten drei handeln von Jürgen Bartsch, der in vielen Briefen an *Moor* von folgenden Ereignissen berichtet: „Im Haus in Langenberg, als ich mal irgendetwas gegen ihre Ordnung tat, warf sie mit einer Bierflasche plötzlich nach mir. Als ich noch etwas älter und mit ihr im Geschäft war (einer Metzgerei), passierte auch mal so etwas, was gegen ihre Ordnung ging. Da warf sie einmal mit einem spitzen Fleischermesser nach mir. Es verfehlte mich nur knapp. Ich konnte nur stammeln: – Ach so ist das. – Ja, schrie sie mich an, – so ist das!– und spuckte mir ins Gesicht und schrie, ich sei ein Stück Scheiße. Sie lief aus dem Laden und suchte das Telefon und rief, so dass die Angestellten es hören konnten: – Jetzt rufe ich Herrn Bitter (den Leiter des Essener Jugendamtes) an, der soll heut noch dafür sorgen, dass du Schwein dahin kommst, wo du herkamst, denn da gehörst du hin! – Ich ging auf die Toilette und weinte." (*Paulus* 1998 c, S. 4)
In einem anderen Brief schreibt Bartsch: „Wenn ich als kleiner Junge von meiner Mutter träumte, entweder verkaufte sie mich oder sie kam mit dem Messer auf mich los."

Ergänzend erzählt Bartsch von solchen Träumen: „Oft hatte ich auch Alpträume, in denen, Gott verzeih mir, meine Mutter eine Rolle spielte, aber keine gute, sondern eine sehr negative. (...) Hätte ich zu meiner Mutter gehen sollen und fragen sollen: – Tröste mich, Mutti, ich habe gerade geträumt, Du hast mich verkauft. – ?“

Das vierte Beispiel ist die nachfolgende Schilderung von Ed Kemper: „Meine Mutter ist eine Frau, die mich vor Entsetzen erstarren lässt. Es gelingt mir nicht, an etwas anderes zu denken. Ihre Stimme ist so laut, das können Sie sich kaum vorstellen. Sie schlug mich oft, wenn sie meinte, dass ich etwas nicht so machte, wie es sich gehört.“ (*Paulus* 1998 c, S. 4)

Mit ihrem Kind umzugehen, die Suche des Kindes nach Aufmerksamkeit und Zuneigung richtig zu deuten und im Konfliktfall zwischen eigenen und kindlichen Bedürfnissen auf die mütterlichen Ziele zu verzichten – diese Fähigkeiten der Mutter sind entscheidend. Im Umkehrschluss bedeutet dies, dass Mütter, die selbst häufig frustriert und über das Kind verärgert sind, Kinder haben, die aggressiver sind als andere.

2.4 Aggression als Schutz

Diese Kinder werden empfindsamer und aufgeschlossener gegenüber aggressiven Modellen. Zugleich lernen sie sich dadurch geweckte aggressive Werte an und verstärken deren Erhalt. Diese aggressive Haltung verstärkt sich insbesondere gegenüber der vermeintlich feindlichen Umwelt, die ihrerseits auf das aggressive Verhalten abweisend, ablehnend reagiert. Die fatale Folge ist, dass das Kind in seiner Haltung bestärkt wird und bemüht sein wird, seine Aggressionen zu steigern. Aggressionen bieten somit bis zu einem gewissen Zeitpunkt und bis zu einem gewissen Grad Schutz, Stabilität und Angstneutralisierung. Aggression übernimmt also eine Funktion, Ängste abzuwehren. Die Ängste, zu zerfallen, sich zu verlieren, sich seiner nicht mächtig zu sein, sich nicht zu spüren und sich in diesem Zustand fremd gegenüber dem ganzen Umfeld zu fühlen, ist der Boden, auf dem die Gewalt wächst. Diese Ängste werden als äußerste Bedrohung aufgefasst.

Hierin liegt begründet, warum die späteren Serienmörder ihre Umwelt als feindlich und bedrohlich empfinden. Sie stellen ihr Verhalten gegenüber ihrer Umwelt um, indem sie sich dauernd in einer gewissen Abwehrhaltung befinden und ständig darauf bedacht sind, sich vor Ungerechtigkeit und Bedrohung zu schützen. Hierbei ist der Bezug zur Realität massiv gestört. Dies alles fordert, in den Augen des Täters, Gegenmaßnahmen.

2.5 Die unerfüllten phantastischen Kindheitsträume

Zurück zur Phantasie und zu den Träumen. Der Wunsch, sich diese intensiven und verzehrenden Träume zu erfüllen, liegt noch in der ersten Phase der Aggressionsentwicklung, also noch vor dem Morden.

2.5.1 Externe und interne Phantasie

Hier sollte nach Ansicht von *Müller* vom Kriminalpsychologischen Dienst im Österreichischen Innenministerium unterschieden werden zwischen externer und interner Phantasie.

a) **Die interne Phantasie:**
Bei der internen Phantasie sieht sich die Person in dem Geschehen und übernimmt eine aktive Rolle. Beispielsweise zeichnet sie ihre Vorstellungen und Wünsche wie Fesselungen, Verletzungen und Waffen mit roter Farbe in ein vorhandenes Bild zusätzlich hinein. Der spätere Täter will seine dominante Rolle in seiner Phantasie so manifestieren.

b) **Die externe Phantasie:**
Die externe Phantasie spricht vom Registrieren bestimmter vorgegebener Szenen, die die Person immer und immer wieder in sich aufnimmt. Als Beispiel könnte das Erstellen einer Videosequenz dienen, in der extrem sexuell-sadistische Darstellungen dicht hintereinander aufgezeichnet wurden und mit denen sich der spätere Täter stimuliert.

2.5.2 Sexuelle Phantasie

Ein Großteil der vom FBI untersuchten Täter gab an, dass ihre sexuellen Phantasien oft gemeinsam mit Gewaltphantasien auftraten und letztlich Gewalt, Macht und Kontrolle zum vorherrschenden Inhalt wurden. Sexuelle Befriedigung konnte in der Folge nur noch dadurch erreicht werden, in dem sie begannen, ihre Phantasievorstellungen in die Tat umzusetzen.

Diese **Eskalation der Gewalt- und Phantasievorstellungen** lässt sich in einem fünfstufigen Schema darstellen:

a) Zunächst wird Gewalt gegen Sachen angewandt.
b) In der zweiten Phase werden Tiere zum Ziel der Gewalttätigkeiten.
c) Danach findet eine erste Annäherung an Menschen mit einer noch zurückhaltenden Art von Gewalt statt, so z. B. an Prostituierte oder an die eigene Freundin mit deren Zustimmung.

d) Auf der nunmehr vierten Stufe erfolgen die Tötungen fremder Personen.
e) Schließlich werden bestimmte Gewaltformen wie z. B. Nekrophilie, Kannibalismus oder Vampirismus, festgestellt.

In seinem aggressiven Handeln lebt der Täter seine Phantasien aus. Die Motivation stammt nach *Ressler* aus dem „intensiven Wunsch, stark und mächtig zu sein und Kontrolle (über die Situation, andere Menschen und Ähnliches) zu haben (...).“ Dieser Wunsch „wird zum Zwang, durch Aggression zu dominieren“ (...) und „ergibt sich aus der Art und Weise, wie die Täter auf Missbrauch in ihren Familien reagierten. Er äußert sich danach in ihren Phantasien und später in ihren Taten.“ Die Phantasie wird Realität, wenn die Hemmschwelle überschritten wird und die Aggressionshemmung wirkungslos bleibt. Es kommt dann zur ersten Tat – und unwillkürlich zu weiteren Folgetaten.

In ihren Phantasien planen viele Serienmörder ihre Morde bis ins kleinste Detail. Insbesondere die Folgetaten zeichnen sich durch fortschreitende Raffinesse und verbesserte Vorgehensweise aus.

Schorsch und *Becker* beschreiben den Umstand, dass die Tat lange vor ihrer Ausführung bis ins Detail in der Vorstellung des Täters vorhanden war, als einen „Einbruch seiner Phantasiewelt in die Realität“.

Jürgen Bartsch sagte hierzu: „(...) da hab ich gedacht, wie und was kannste anders machen, wie kannste es noch besser machen, wie kannst du das alles noch ausbauen und so weiter. (...) Die Phantasien mit dem Schneiden fingen also schon an, als ich zur Volksschule ging. Im Prinzip waren sie so wie heute, so war zum Beispiel das Abschneiden des Geschlechtsteiles und das Ausweiden von Anfang an dabei. Nur wurden die Vorstellungen nach und nach noch sadistischer (Finger, Zehen ...).“

Dass das aber auch nicht immer gelingt, beweist die Äußerung Ed Kempers: „Ein Mord kann nie so gut wie die Phantasie sein.“

2.5.3 Über-Ich

Es gibt wenig Kinder, die gelegentlich auch Gewaltphantasien gegenüber ihrer Umwelt hegen und entsprechende Tagträume haben. Und nicht alle Kinder, die diese Phantasien träumen, setzen sie in die Realität um und leben sie aus.

Der Unterschied aber zwischen diesen Kindern und den Kindern, die später zu Serienmördern wurden, liegt im Egozentrismus des Serienmörders, in der exzessiven Ich-Bezogenheit mit all ihren negativen, aggressiv-sexuellen Phantasien.

Hierzu der Psychoanalytiker *Fenichel* im Jahr 1945:

„Bisher ist noch kein Triebmörder analysiert worden, aber wenn man an Fälle denkt, in denen Phantasien dieser Art entscheidend waren, und auch an Erlebnisse mit weniger ausgeprägten Sadisten, dann darf man annehmen, dass das Über-Ich in solchen Fällen eine komplizierte Rolle spielt."

„Vereinfacht stellt dieses Über-Ich, so *Freud*, eine Kontrollinstanz dar, die sowohl die moralischen und ethischen Wertvorstellungen, also die Norm und Moral der Gesellschaft, als auch eine Gewissensfunktion übernimmt." (*Hoffmann/Musolff* 1996, S. 39)

„Man kann von drei Funktionen des Über-Ichs ausgehen: 1. Funktion der Selbstbeobachtung, 2. Gewissen (als „richterliche Funktion") und 3. Idealfunktion (Funktion der Vervollkommnung)." (*Hoffmann/Musolff* 1996, S. 39)

„Hierbei kann man drei Erscheinungsweisen des Gewissens feststellen: 1. Das warnende Gewissen vor der Tat, 2. Das richtende Gewissen während der Tat und 3. Das strafende Gewissen nach der Tat." (*Hoffmann/Musolff* 1996, S. 40)

„Es ist wichtig zu wissen, dass das Über-Ich bei verschiedenen Menschen in unterschiedlicher Weise ausgeformt ist. Während die einen ein hoch entwickeltes, gut funktionierendes Über-Ich ihr eigen nennen, verfügen andere höchstens über ein unterentwickeltes Gewissen, ein abweichendes, kriminelles Über-Ich, oder ihr Über-Ich enthält Lücken, was bedeutet, dass Über-Ich-Defekte in umgrenzten Verhaltensbereichen vorhanden sind." (*Hoffmann/Musolff* 1996, S. 41)

D. h., bei Nichtverbrechern ist es der Erziehung gelungen, ein gut funktionierendes Über-Ich zu formen, während beim Verbrecher der Aufbau des Über-Ichs in irgendeiner Form als Fehlentwicklung stattgefunden hat.

2.5.4 Gewalt- (tät-)ige Phantasien

Der Entwicklungsgrad ihrer Phantasien ist bei allen Menschen unterschiedlich ausgeprägt und abhängig von deren Fähigkeit, bestimmte Gedanken als Tagträume zu erkennen, die Inhalte und den Gehalt zu artikulieren und diese Inhalte und diesen Gehalt im Nachhinein jederzeit abzurufen. Es ist nicht bekannt, wie viele Menschen ihre sadistischen Phantasien verwirklichen, aber *Schlesinger* und *Revitch* warnen davor, dass der Weg für sadistische Handlungen dann geebnet ist, wenn die Phantasie einen Punkt erreicht hat, ab dem die Betroffenen mit ihren inneren Stresssituationen nicht mehr fertig werden. Sie beginnen aufgrund der Art und Weise, wie sie denken, mit dem Morden.

In der **FBI-Studie** zu diesem Komplex wurde nicht bekannt, ob Serienmörder je positive Phantasien geträumt haben bzw. ob solche durch negativ behaftete Phantasien verdrängt wurden. Bekannt wurde lediglich, dass die Tagträume extrem gewalttätige Inhalte aufwiesen, überwiegend Vergewaltigungen, Verstümmelungen, Quälereien und Morden. 56 % der befragten Serienmörder gaben an, in ihren Tagträumen Vergewaltigungsphantasien erlebt zu haben, bevor sie 18 Jahre alt waren. Serienmörder hatten bereits im Alter von sieben oder acht Jahren solche Phantasien, die auch sadistische Tötungsvorstellungen beinhalten, in manchen Fällen sogar noch früher. Einige der Serienmörder begingen ihre erste Tat als Teenager, also im Alter unter 18 Jahren. 40 % der Befragten gaben an, als Jugendlicher sexuell missbraucht worden zu sein.

Das erhöhte Aktivierungsniveau, das Hochgefühl hat der Täter nicht bei sexuellen Handlungen, sondern immer dann, wenn er Macht über andere Menschen besitzt und ausübt und sie hierbei quälen kann. Erektion und Ejakulation stellen sich bei ihm nicht ein, wenn er sich den Geschlechtsverkehr mit einer Frau vorstellt, sondern wenn er ihr in Gedanken den Bauch aufschlitzt. Gewalt und Herrschaft sind seine primären Antriebskräfte, nicht die sexuelle Befriedigung. Die sadistischen Absichten in der Phantasie oder in der Realität gehen über Aggression und Grausamkeit hinaus: Sie zielen auf die Beherrschung des anderen.

Anlässlich einer Vernehmung durch den Psychiater *Sioli* gab Peter Kürten zu Protokoll (siehe *Lenk / Kaever*): „(...) Ich habe Gefallen daran gefunden, so abends im Bett – ich hatte dabei die Augen zu – stellte ich mir so vor: wenn du jetzt einmal einen Menschen anfällst und den schwer verletzest, dass das so ausartete, dass die Verletzung sehr schlimm wäre, dass ich dabei etwas empfunden habe, so eine sexuelle Befriedigung (...). Wenn ich mir vorgestellt habe, dass ich einem den Bauch aufgeschlitzt habe oder sonst schwer verletzt, dabei erfolgte endgültige Befriedigung. (...) Ich habe mir auch vorgestellt, Massenkatastrophen herbeizuführen mittels Bazillen, die ich ins Trinkwasser befördere. (...) Ich habe mir noch weiterhin vorgestellt, so irgendwie Schulen oder so zu benutzen und da durch Verschenken von kleinen Schokoladenproben, die man hätte vergiften können mit Arsen, die Morde auszuführen. (...) Ich habe daran Gefallen gehabt, so wie andere sich ein nacktes Weib vorstellen. (...)“.

Und auch Jürgen Bartsch beschreibt solche Phantasien (siehe *Moor*): „Also an einen wirklich guten Traum kann ich mich überhaupt nicht entsinnen. (...) Aber wenn ich nun wirklich sexuell erregt bin, dann gibt es für mich nichts Normaleres als eben solche Gedanken. Ich find sie dann selbstverständlich. In der Phantasie heißt da, eben ausziehen und schlagen, dann eben schon gleich schneiden anfangen, Stück für Stück dann eben zu zerfleischen.“

In den Phantasien von sadistischen Serienmördern ist keine „sexuelle Begierde“ vorhanden. Selbst dann nicht, wenn darin sexuelle Handlungen vorkommen. „Vergewaltigungsphantasien“, so *Ressler,* „reichen von Macht und Kontrolle über ein Opfer bis hin zu gewalttätigeren sadistischen Phantasien. Diejenigen, die vergewaltigen bevor sie töten, suchen andere zu dominieren, ohne Rücksicht auf die Konsequenzen. Diejenigen, die sexuelle Handlungen nach dem Tod begehen, benötigen die Abwesenheit von Leben, um totale Dominanz ausüben zu können, ohne Furcht vor Widerstand und/oder Zurückweisung. In beiden Fällen lässt sich eine große Anzahl von sexuellen Störungen finden, am häufigsten die mangelnde Ejakulation. Ein solches Versagen wird vom Täter dem Opfer zugeschrieben. Diese Schuldzuweisung mag seinen Teil zur Eskalation zum Mord beitragen.“

Die Täter beginnen, eine **Phantasiewelt** aufzubauen, ein Märchenland, in dem sie mächtig sind und über den Gang der Dinge entscheiden. Und wenn dazu noch ein starker Sexualtrieb kommt, können sich diese Vorstellungen mehr und mehr um imaginäre Beziehungen drehen, in denen sexuelle Gewalt über oder gegen andere Menschen ausgeübt wird. Die Phantasien der Täter werden zum Spiegelbild ihres Dilemmas: Sie achten andere Menschen nicht, weil sie selbst nicht geachtet werden. Sie werden von Zorn, Verbitterung und Rache innerlich zerfressen, und damit sind alle Bedingungen eines Phantasielebens erfüllt, das letztlich zu sexueller Aggression führen kann. Da ihre Verbrechen hauptsächlich durch diese Phantasien bestimmt werden, die eigentlich nur für sie selbst Sinn machen, ist dieser Tätertyp des Serienmörders kaum zu verstehen, sein Verhalten kaum zu begreifen.

Es handelt sich um einen **eskalierenden Prozess**. Wenn die Phantasievorstellung zur Erfüllung eines sexuellen Verlangens zunächst mit der leichten, geringfügigen Erniedrigung des Opfers auskommt, so wird sie, um denselben Grad an Lust zu erreichen, immer extremere Formen annehmen müssen. Phantasie beschreibt ein von *Hazelwood* befragter Serienmörder als „die Spiele“, die in fünf Episoden ablaufen: 1. Überwältigung, 2. Kampf, 3. Folter, 4. Tötung und 5. postmortale Vergewaltigung.

Perversionstaten, d. h. Tötungshandlungen als Anhäufung sadistischer Perversionsentwicklungen, sind sehr typische, fast stereotype Entwicklungen, die sich folgendermaßen zusammenfassen lassen: Um die Pubertät herum kommt es zum Auftreten sadistischer oder sadomasochistischer Phantasien in Form von Überwältigungsvorstellungen, Phantasien, einen anderen in die Gewalt zu bringen, über ihn zu verfügen, ihn wehrlos zu machen, ihm Schmerzen zuzufügen, bis hin zu Tötungsphantasien. Meist kommt es im Laufe der Jahre zu einer zunehmenden Entfaltung szenischer Phantasien, die die Masturbation begleiten. In ausgeprägten

Perversionsentwicklungen kann Sexualität nur in Verbindung mit solchen Phantasien erlebt werden, oder sexuelle Kontakte zu anderen Menschen sind vergleichsweise reizlos. Fast immer ist eine solche Perversionsbildung mit mehr oder minder starken Ängsten vor der eigenen destruktiven Dynamik, mit Schuldgefühlen und Schamreaktionen verbunden. Die szenische Phantasiewelt wird immer weiter ausgebaut, das sexuelle Verlangen wird intensiver und drängender erlebt, die Flucht in die perverse Phantasiewelt wird immer häufiger gesucht, sie füllt das Erleben mehr und mehr aus. Schließlich gelingt das Getrennthalten der irren magischen Phantasiewelt von der Realität immer weniger; es tauchen zunehmend Impulse auf, die phantasierenden Handlungsabläufen in die Realität umzusetzen – Impulse, die in der Regel starke Ängste auslösen. Im Tatvorfeld findet ein charakteristischer innerer Kampf gegen diese Impulse statt, eine angstbesetzte, konfliktbehaftete Auseinandersetzung zwischen den perversen Impulsen der magischen Phantasie und der Realitätskontrolle und -verankerung. Einen Niederschlag findet diese Auseinandersetzung z. B. darin, dass im Vorfeld der Tat häufig rückständige Ansätze zur Realisierung der Impulse, abgebrochene Tatansätze zu beobachten sind, die der Tötung vorausgehen.

2.6 Sexualität

Die Sexualität des Menschen ist weit stärker von psychologischen Faktoren abhängig und folglich weniger festgelegt, als das bei anderen Lebewesen der Fall ist. Unter Sexualität versteht man zum einen die körperlichen Eigenschaften und Fähigkeiten, spezifische sexuelle Verhaltensweisen auszuführen, zum anderen psychosexuelle Lernprozesse, Werte, Normen und Einstellungen zu diesen Verhaltensweisen.

Kinsey beschreibt Sexualität als ein menschliches Verhalten, in dem „biologische, psychologische und soziologische Faktoren beteiligt" sind, „aber sie alle wirken gleichzeitig, und das Endergebnis ist ein einziges zur Einheit verschmolzenes Phänomen, das seiner Natur nach nicht nur biologisch, psychologisch oder soziologisch ist".

Sexualität kann viele Ursprünge im Körper haben; sie kann auf viele verschiedene Weisen und mit Hilfe jedes körperlichen Organs Erfüllung suchen; sie kann an alle Personen oder Objekte gebunden sein, auf die sich das erotische Begehren richtet.

Dennoch ist nichts, was mit Sexualität zusammenhängt, von vornherein festgelegt, da menschliche Sexualität stärker von der Vorstellungskraft und der Phantasie als von biologischen Faktoren abhängt.

Es kann gesagt werden, dass die Sexualität sadistischer Serienmörder, wie auch deren weiteres Verhalten, sich von Anfang an anders entwickelt

hat als bei anderen Menschen. Wichtig ist das Vorkommen isolierten, autoerotischen Verhaltens, d. h. dass sie niemals normale sexuelle Beziehungen im gegenseitigen Einverständnis eines Partners erfahren haben. Im Zusammenhang mit dieser Isolation konnte sich keine Sexualität entwickeln, die auf Zuneigung, Vergnügen, Freundschaft und Partnerschaft basiert.
Wie entwickelt sich überhaupt „normale" Sexualität?

2.6.1 Die fünf Freudschen Stufen

An dieser Stelle soll die kindliche psychosexuelle Entwicklung anhand der Stufentheorie von *Freud* vorgestellt werden. Diese Theorie der pschosexuellen Entwicklung betont die Bedeutung der Sexualität für die gesamte Persönlichkeitsentwicklung.

1. **Die orale oder „kannibalistische" Phase:**
   Sie stellt die erste Stufe dar, auf der der Mund die primäre Quelle der Befriedigung ist, in Form der Nahrungsaufnahme und der Kontaktaufnahme zur Umwelt. Säuglinge und Kleinkinder verbringen einen Großteil ihrer Zeit mit Saugen an Gegenständen, an Daumen oder an Spielsachen – also an Dingen, die keine Nahrung sind. Erst später werden Greifen, Zupacken, Berühren und Berührtwerden bedeutend.
2. **Die „sadistisch"-anale Phase:**
   Auf dieser zweiten Stufe, die ab dem zweiten Lebensjahr einsetzt, erfolgt die Befriedigung zunächst durch die Beschäftigung mit der Analzone und durch das Ausscheiden der Exkremente und dann durch deren Zurückhalten. Die Kontrolle der Motorik und der Schließmuskeln stehen also hier im Vordergrund.
3. **Die phallisch-„ödipale" Phase:**
   Von etwa drei bis fünf Jahren richtet sich diese dritte Stufe auf die Untersuchung und Stimulation des eigenen Körpers, insbesondere des Penis bzw. der Klitoris. Während dieser Phase, in der beim Jungen die Rivalität mit dem Vater um die Mutter im Ödipuskomplex verarbeitet werden muss, richtet sich die sexuelle Liebe des Kindes auf den gegengeschlechtlichen Elternteil aus.
4. **Die Latenzphase**:
   Vom sechsten Lebensjahr bis zur Pubertät wird auf dieser vierten Stufe, wo auch der Ödipuskomplex gelöst wird, die Befriedigung durch die Erkundung der Umwelt und die Entwicklung von Fähigkeiten erlangt. Diese Phase ist von einer relativen Triebruhe geprägt.
5. **Die genitale Phase:**
   Die Pubertät leitet die fünfte und zugleich letzte Stufe ein, in der auf die Aufnahme genital-sexueller Kontakte mit anderen vorbereitet wird.

Freud erkennt in der kindlichen Fähigkeit und Neigung des Menschen zu vielerlei Formen der Triebbefriedigung (etwa durch Sehen, Berühren, Saugen, beim Stuhlgang, beim Urinieren usw.), ein Lustempfinden. Die frühkindliche Phase wird abgeschlossen, wenn sich die eigentlichen genitalen Funktionen entwickelt haben. Die Folge ist, dass bei Erwachsenen, die Perversionsformen zeigen, entweder ein Fortbestand oder ein Wiederaufleben von Aspekten der frühkindlichen Sexualität besteht. Somit ist es möglich, dass Perversion in jeder Sexualität steckt, dass jeder Mensch pervers sein kann, aber nicht pervers sein muss, denn die meisten Menschen finden im Verlauf ihrer Reifung die „normale" sexuelle Orientierung, die genitale Sexualität.

Nach *Schmidt* mit seiner „Dampfkesseltheorie" entsteht Sexualität aus biologischen Prozessen im Körper, die ständig sexuelle Spannungen erzeugen, die von selbst immer stärker werden, auf Abfuhr und Entladung drängen und so den Menschen zu sexueller Aktivität treiben. Doch dieses Modell aus dem Jahr 1975 wird zwischenzeitlich von den meisten Sexualforschern überwiegend abgelehnt, da es der Sexualität nicht gerecht wird, weil es offenbar eine typisch männliche Sicht von Sexualität darstellt und auf die Sexualität der Frau nicht übertragbar erscheint.

Sexualität wird vielmehr, so *Schorsch* (1993, s. S. 38), „in den Dienst genommen von Phantasie, Erinnerung, Innenwelt, wird zu einer Funktion von eigenen und individuellen Gefühlen, Wünschen, Sehnsüchten, Hoffnungen, Ängsten, Konflikten, Risiken und Gefahren, die alle in der eigenen Geschichte wurzeln", so „dass die biologische Funktion" der Sexualität nicht allein auf einen Geschlechtstrieb reduzierbar ist oder doch zumindest zweitrangig wird.

Und nach dem amerikanischen Psychoanalytiker *Stoller* wird „in der sexuellen Erregung und Betätigung (...) etwas in Szene gesetzt, das besondere Traumata, Konflikte, Ängste, Frustrationen aus der eigenen frühkindlichen Entwicklung thematisiert. Es geht um die (...) symbolische (...) Rekonstruktion eines traumatischen Stücks der eigenen Geschichte, des eigenen Schicksals (...). (...) Das Besondere der sexuellen Erregung und Lust liegt darin, dass die (...) Traumata und Frustrationen in Lust verwandelt werden, die Wunden und Niederlagen in Siege, die Ängste in Triumph."

Untersuchungen haben ergeben, dass etwa 86 % der männlichen Serienmörder „normal" heterosexuell sind, d. h. sie erreichen ihre tiefste Befriedigung in der Vergewaltigung, Verstümmelung und Ermordung von Frauen. Nur wenige Serienmörder neigen zur Bi- oder Homosexualität, unter ihnen Jeffrey Dahmer, der sich ausschließlich zu jungen Männern hingezogen fühlte; oder John Wayne Gacy, der außer zu seiner Ehefrau auch noch sexuelle Kontakte zu männlichen Teenagern unterhielt. Erwähnenswert in diesem Zusammenhang ist die lesbisch veranlagte Serienmörderin Aileen Wuornos, die eine Reihe von männlichen Autofahrern entlang eines Florida Highways in den Jahren 1989/1990 tötete.

Eine weitere Komponente der Sexualität stellen die zwei gegensätzlichen Faktoren „Impotenz" und „sexuelle Intensität" dar. *Freud* argumentiert, dass sich abflauendes normal-sexuelles Verlangen in Gewalt umwandelt. Der Impuls, jemanden zu lieben, verkehrt sich in einen Zwang, zu zerstören. Diese Theorie wird durch das offensichtliche Verhalten vieler Serienmörder bestätigt, die ihre Mordtat als Ersatz für Sexualität betrachten. Dies ist besonders augenscheinlich in den Fällen, in denen die Täter unter ihrer Impotenz oder ihrer „Über-Sexualisierung" leiden.

Beispielhaft sollen hier zwei Serienmörder erwähnt werden:
Zum einen John Reginald Christie, der während und nach dem Zweiten Weltkrieg in England acht Frauen mit Gas erstickt bzw. mit einem Strick erdrosselt hat, nachdem ihm seine Impotenz in seiner zweijährigen Ehe zur Last und Plage wurde und dieses sexuelle Defizit nur auf seine Weise kompensieren konnte: Die Morde an den Frauen bereiteten ihm sexuelle Aufwertung. Waren seine Opfer erst einmal tot, hatte er keinerlei Erektionsschwierigkeiten mehr und konnte die Leichen vergewaltigen.

Zum anderen Bobby Joe Long, der in den zwanziger Jahren in Florida etwa 50 Frauen vergewaltigte und mehr als zehn von ihnen tötete, obwohl er – eigenen Angaben und der seiner damaligen Frau zufolge – im Durchschnitt zweimal täglich Geschlechtsverkehr mit seiner Frau hatte und darüber hinaus mehrmals am Tag masturbierte.

Zu viel Verwöhnung oder zu viel Frust im Laufe einer der frühen Phasen führen zur Unfähigkeit, die nächste Stufe des sexuellen Reifegrades zu erreichen. Sie bleiben unreif und werden pervers. Eine solche Anomalie liegt darin, dass die kindliche Sexualität an einem Punkt in der oben beschriebenen Entwicklung steckenbleibt und sich fixiert. So kann z. B. eine Fixierung auf die Analregion oder die Ausscheidungsfunktionen erfolgen. Statt reifer genitaler Sexualität wird nur eine Festlegung in Lust am Kotlegen oder im Umgang mit Urin feststellbar sein.

2.6.2 Frust

Frühe Kindheitserlebnisse lassen Rückschlüsse auf den sexuellen Aspekt der Tat zu. In der heutigen Psychologie wird die sexuelle Motivation nicht mehr, wie dies früher angenommen wurde, als Hauptantriebsfeder angesehen. Vielmehr geht man von folgender Konstellation aus:

Der Täter erlebt in seiner Kindheit eine Vielzahl von Frustrationsmomenten, sei es in der Schule, im Elternhaus oder sonst wo. Insbesondere bei Jungen stellt die Sexualität einen sensiblen Bereich dar. Erlebt der

Junge im jugendlichen Alter eine Kränkung durch einen ersten misslungenen sexuellen Kontakt mit Mädchen, wird dies ein solches frustrierendes Moment sein, das ihn tief trifft. Dieser Frust führt zum Erlebnis einer fortdauernden, ansteigenden Bedrohung seiner Selbstachtung, seines Selbstwertgefühls, seiner Anerkennung und seiner Geborgenheit.

Als letztes Mittel, gegen diese Bedrohung anzukämpfen, sieht der Junge nur noch die ebenfalls anwachsende Aggression.

Aggression ist immer eine Konsequenz aus Frustration, die insbesondere bei Serienmördern aus einer schlechten Kindheit resultiert.

Zudem wird das Gefühl von Bitterkeit und Wut gegen Frauen verstärkt, wenn der Mann andere Männer sieht, die Erfolg bei Frauen haben, und ihm ein solcher Erfolg verwehrt bleibt. Aus diesem Gefühl des Verletztseins und Abgewiesenwerdens heraus, das nicht unbedingt der Realität entspricht, an das er aber glaubt, beginnt er, die Schuld für seinen Frust auf die Frauen zu schieben.

In fast allen bekannt gewordenen Fällen von Serienmorden sind extrem sadistische sexuelle Momente erkennbar. Es gibt aber im Sexualverhalten auch nichtsexuelle Motive, d. h. die Sexualität erhält Qualitäten von Dynamik und Intensität aus anderen, nichtsexuellen Bereichen.

Die Folgen sind Perversion und insbesondere Sadismus; Grausamkeit und Gewalttätigkeit verbinden sich mit Wollust.

2.6.3 Perversion

Etwa 80 % der Sexualstörungen haben seelische Ursachen. Sie sind als Impotenzformen zu verstehen, so z. B. vorzeitiger oder verspäteter Samenerguss, mangelnde oder fehlende Gliedversteifung und Ausbleiben des Orgasmus.

„Wer in seinen Gedanken stark an **Angst** oder **Schuldgefühlen** ausgerichtet ist, weil er beispielsweise in seiner Erziehung beigebracht bekam: „Sexualität ist etwas Schlechtes, Sündhaftes, Unanständiges“, wird hinsichtlich seines sexuellen Funktionierens gestört sein. Und wer keine positiven erotischen Vorstellungen hat, sondern wer sein Denken und Fühlen zwanghaft aggressiv orientiert, wird den normalen sexuellen, erotischen Geschlechtsakt kaum erleben. Seine Vorstellungen lenken ihn gewissermaßen vom Wesentlichen ab.“ (*Füllgrabe* 1997, S. 298)

Im Gegensatz zu solchen **Sexualstörungen** manifestieren sich **Sexualabnormitäten** als Formen von Perversion (wörtlich: Verdrehung), bei denen eine seelische Fehlentwicklung unter abnormer, widernatürlicher Triebrichtung und Sexualpraxis vorliegt, sei es als konstant abweichende sexuelle Orientierung oder als momentan auftretender Impuls. Sie richten sich in der Tendenz immer auf einen anderen Menschen und zumeist gegen einen anderen, wobei der eigene Körper teilweise einbezogen wird. Einige definieren Perversion als all das, was nicht mit dem herkömmlichen Geschlechtsverkehr zwischen einem erwachsenen Mann und einer erwachsenen Frau zu tun hat. Aber viele kritisieren diese Definition als zu ungenau, zu oberflächlich, zu undifferenziert.

Aber: Was ist nun verkehrt – und was nicht? Wo endet die Normalität, wo beginnt die Perversion? Bezieht sich „normal" immer auf Recht und Ordnung? Es gibt keine einheitlichen Antworten auf diese Fragen. Unterschiedliche Kulturen in unterschiedlichen Zeiten geben hierauf unterschiedliche Antworten. Die Antworten sind abhängig vom Zeitgeist, von der Kultur, von der Religion, von den Bräuchen – und auch und vor allem von der persönlichen Einstellung.

Alle Kulturvölker hatten, vor allem in Verbindung mit ihren Religionen, unterschiedlichen Umgang mit der Sexualität und verschiedene sexuelle Praktiken. Klassisch sind indische und andere mittel- und fernöstliche Darstellungen verschiedenster Praktiken und Sexualitätsformen. Der Umgang des Menschen mit sexuellen Perversionen ist aufgrund der gleichzeitigen Beteiligung biologischer, psychologischer und soziologischer Faktoren eng verbunden mit seinem Umgang mit der Sexualität als komplexer Bereich menschlichen Verhaltens überhaupt.

Verhaltenspsychologen sehen in der Perversion ein Zusammenkommen von sowohl psychologischen als auch sozialen Faktoren, das zur Katastrophe führt. Zu erwähnen sind hier z. B. negative Kindheitserlebnisse, strenge Erziehung, fehlende elterliche Zuneigung oder die Unfähigkeit, Aggressivität und Sexualität voneinander zu trennen. Nach *Morgenthaler* beruhen Perversionen auf einer frühkindlichen Entwicklungsstörung, die durch eine symbiotische Mutter-Kind-Beziehung, nach *Stoller* durch Demütigungen hinsichtlich der Geschlechtszugehörigkeit durch die engsten Bezugspersonen mit hieraus resultierender brüchiger sexueller Identität, bedingt ist.

Und häufig ist zu beobachten, dass die perverse Symptomatik in Lebenskrisen aktualisiert wird. *Stoller* bezeichnet **Perversion als eine in die Tat umgesetzte Phantasie**. Als eine bewusste Phantasie in Form von entweder selbst geschaffenen oder durch Pornographie diktierten Tagträumen, die bei vielen sexuellen Betätigungen mitspielt.

Auch nach *Giese* besteht bei den Perversionen eine direkte Beziehung zwischen Phantasietätigkeit und Praktik des abnormen sexuellen Vollzuges: Je abnormer die Praktik, desto intensiver die Beteiligung der Phantasie. Und je abnormer die Praktik, desto schwerer ist sie zu realisieren. Für ihn ist eine sexuelle Handlung dann als Perversion zu bezeichnen, wenn sie das Ziel süchtigen Erlebens darstellt („Ich kann nicht anders!");

Perversion gilt als eine gewohnheitsmäßige, bevorzugte Abweichung, die nötig ist, um volle Befriedigung zu erreichen. Nicht das Verhalten an sich bestimmt, ob eine Handlung pervers ist, sondern die mentale Strategie, die zu dieser Handlung befähigt, und die bewussten und unbewussten Phantasien, die sie begleiten. Perversion, die ihren Ursprung vor allem in der Feindseligkeit hat, im Wunsch, einem Objekt Schaden zuzufügen, muss sich zudem, um höchste Erregung hervorzurufen, als ein riskantes Unternehmen darstellen. Ihre Wurzeln liegen nach Ansicht von *Stoller* in der Drangsalierung, der der Betroffene in seiner Kindheit, insbesondere durch seine Eltern, ausgesetzt war.
Darüber hinaus bezeichnet der deutsche Neuropsychiater *von Krafft-Ebing* Perversionen, die für ihn auf der Schatten- und Kehrseite des Lebens stehen, als biologische Entartungserscheinungen, als Degeneration von Nervenbahnen und Gehirnzentren. Bei ihm gilt jede sexuelle Betätigung als pervers, sobald sie für die Fortpflanzung nicht geeignet und dienlich ist. Er ist der Meinung, dass als pervers „jede Äußerung des Geschlechtstriebes erklärt werden muss, die nicht den Zwecken der Natur (...) entspricht."
Perversionshandlungen sind keine einfachen Willenshandlungen, sondern komplizierte, krankhafte neurotische Erscheinungen einer (meist schon in der Kindheit beginnenden) gestörten Triebentwicklung. Der gemeinsame Nenner der Perversion ist eine tief greifende psychische Problematik. Häufig ein erstes Erlebnis. Häufig eine frühe Störung der Mutter-Kind-Beziehung. Häufig eine Aggressions-, eine Beziehungs- oder eine Selbsterlebensproblematik. *Schorsch* beschreibt hierzu *Gieses* Theorie (1993, s. S. 13 f.), dass „zu irgendeinem Zeitpunkt, meist schon früh in den Jahren nach der Pubertät, die deviante Sexualität eine Art Eigenleben zu führen beginnt (...); sie fügt sich nicht in die Lebensführung ein, lässt sich nicht eindämmen und regulieren, nicht bezähmen, sondern beginnt, sich weiter im Erleben auszubreiten, zu wuchern, wächst als Bedürfnis lawinenartig, überflutet und überschwemmt das Erleben bis hin zum subjektiven Gefühl des Devianten, sich gegen diese Sexualität nicht mehr wehren zu können, nicht mehr entscheiden zu können, was er will und was er nicht will, unter einem „Zwang" zu stehen, den Drang nach der devianten Betätigung zu stillen."

Handlungen wie der gegenseitige Mundverkehr, das Tragen von Reizwäsche, das Zusehen beim Masturbieren des Partners, sind Teil einer jeden, ganz normalen sexuellen Beziehung. Der Perverse jedoch verhält sich ganz anders als die zahllosen Männer und Frauen, die sich erotischen Phantasien hingeben und diese gelegentlich darstellen, um ihre Lust zu erhöhen. Abweichende sexuelle Phantasien und episodisch auftretendes abweichendes Sexualverhalten repräsentieren Teile der genitalen Sexualität – die eigentlichen sexuellen Perversionen dagegen stellen komplexe psychische Gebilde besonderer Art dar. In diesen Perversionen werden abweichende sexuelle Phantasien entdeckt, ausgestaltet und außerhalb des übrigen sozialen Lebens in eigenartigen Beziehungen gelebt. Der Perverse führt keinen Liebesakt aus, sondern einen Akt des Hasses – er hat keine andere Wahl: Seine sexuellen Handlungen sind notwendig, zwanghaft, fixiert – Perversion als Sucht nach Ekstase.

Gewöhnlich gestaltet der Perverse sein Szenario bis in kleinste Einzelheiten hinein aus und wiederholt es immer wieder peinlich genau, um einerseits sich gegen unbewusste Ängste abzusichern und andererseits die Voraussetzungen zu schaffen, unter denen er sexuelle Lust erleben und zum Orgasmus gelangen kann.

Laplanche und *Pontalis* beschreiben Perversion als eine „Abweichung in Bezug auf den normalen Sexualakt, der definiert wird als Koitus mit einer Person des entgegengesetzten Geschlechts mit dem Ziel, durch genitales Eindringen zum Orgasmus zu kommen. Man sagt, dass eine Perversion vorliegt: Wenn der Orgasmus mit anderen Sexualobjekten erreicht wird (Pädophilie, Sodomie) oder an anderen Körperzonen (Anal-, Oralverkehr); wenn der Orgasmus zwingend an bestimmte äußere Bedingungen geknüpft ist (Fetischismus, Transvestismus, Voyeurismus, Exhibitionismus); diese können für sich allein die sexuelle Lust herbeiführen. In umfassender Weise bezeichnet man als Perversion die Gesamtheit des psychosexuellen Verhaltens, das mit solchen atypischen Formen bei der Erlangung der sexuellen Lust einhergeht." Freuds Erkenntnis hierzu ist, dass die Möglichkeit zur Perversion in jeder Sexualität steckt – jeder könnte pervers werden. Perversionen bieten die Möglichkiet, eine Vielfalt von verbotenen und beschämenden Wünschen auszudrücken. Zudem besitzen sie die Macht, einer gequälten Seele Erleichterung zu verschaffen.

Um als Perversion zu gelten, muss eine Handlung zusätzlich zu ihrem zwingenden, sich wiederholenden Charakter mindestens eine der folgenden Verhaltensweisen einschließen: 1. sexuelle Aktivitäten, die ein nichtmenschliches Sexualobjekt zum Zweck der sexuellen Erregung verwenden, 2. sexuelle Handlungen mit Menschen, die wirkliches oder vorgetäuschtes Leiden und/oder Demütigung einschließen und 3. sexuelle Handlungen ohne Zustimmung des Partners.

Der Ausdrucks- und Bedeutungsgehalt eines perversen Symptoms kann zum einen in einer Demonstration von Männlichkeit liegen und den Versuch darstellen, Kränkungen des männlichen Selbsterlebens zu kompensieren, denn bei vielen Betroffenen verkörpern ihre Väter negative, bedrohliche oder übermächtige Aspekte von Männlichkeit, z. B. aus einem Neid der Väter auf eine enge Mutter-Kind-Beziehung heraus. Zum anderen kann der Ausdrucksgehalt einer perversen Symptomatik aus Wut und Hass bestehen. Nach *Schorsch* drückt sich dieser Hass sowohl in der

„Entpersönlichung, der Fetischierung des in der perversen Phantasie (...) auftauchenden Gegenübers aus", als auch „im Erleben des Triumphes, der in der Umkehr früherer Entwertungen besteht".

Der Individualpsychologe *Adler* vertritt die Auffassung, dass frühe sexuelle Erregungen bei Geschehnissen, die Furcht einflößend waren, vielfach Begleiterscheinungen bei Perversionen sind. Dies veranlasst ihn zur Annahme, dass Angst bei entsprechend disponierten Personen eine erregende Auswirkung auch auf den Sexualapparat haben kann und der Sadist durch Identifikation mit der Angst seiner Opfer eben dieses Reizmittel sucht. *Adler* erkennt bei der Perversion nur ein Ziel: „Die vorsichtige Ausschaltung und Entwertung der Norm. Innig damit verbunden ist der andauernde Versuch, sich gegen anfängliche Hemmungen abzuhärten, Anomalien oder auch Scheußlichkeiten lieb zu gewinnen und sie auszugestalten."

Fenichel beschreibt Betroffene als Menschen, deren Anomalie darin besteht, „dass in ihrem ganzen Leben die Rolle der Sexualität von anderen merkwürdigen als solche direkt und bewusst erlebten Trieben eingenommen wird; es ist dabei relativ irrelevant, ob sie die entsprechenden Triebhandlungen in der Wirklichkeit oder nur in der Phantasie vollziehen. (...) Das Ich des Perversen (...) wird zu seinem pathologischen Wollen gleichsam verführt durch die Lustprämie, die ihm bei seiner Realisierung winkt." Perversionen werden demnach charakterisiert durch „die Endlust, das Eintreten des Orgasmus und des mit ihm verbundenen spezifischen Genusses", gleichwohl sind sie „etwas Menschliches, und zwar Allgemeinmenschliches". Ergänzend hierzu ist *Freud* der Ansicht, dass perverse Neigungen, Handlungen oder wenigstens Phantasien bei jedem Menschen vorkommen. *Chasseguet-Smirgel* versucht in seinem Buch „Anatomie der menschlichen Perversion" aus dem Jahr 1989 gar, den Perversen alles Unheil dieser Welt anzulasten.

Und häufig überlässt der Perverse, so der Sexualwissenschaftler *Morgenthaler* aus der Schweiz, „der Diktatur der Sexualität eine Insel, um sich austoben zu können. Auf diese Weise hat das übrige Land, will heißen der Rest der Persönlichkeit, Ruhe." *Schorsch*, deutscher Sexualforscher, übertrug diese Umschreibung auf die fortschreitende Form der Perversion mit dem Satz: „Die Insel ist zum Land geworden."

In der Perversion ist, nach *Zimbardo*, sexuelle Erregung nur im Zusammenhang mit ungewöhnlichen Praktiken oder begleitet von bizarren Phantasien möglich. Die Abweichung vom Normalen liegt in den Gedanken oder Handlungen, zu denen sich die Betroffenen hingezogen fühlen, also zu einem zwanghaften sexuellen Verhalten, das die Gesellschaft nicht toleriert. Somit beinhaltet der Begriff Perversion ein unwiderstehliches Verlangen nach irgendeinem ungewöhnlichen oder bizarren sexuellen Verhalten.

Der Psychoanalytiker *Stoller* definiert Perversion als erotische Form von Hass. Am Beispiel des Masochisten beschreibt er leicht nachvollziehbar, wie dessen Lust nicht im Schmerz liegt, sondern im Triumph über den Sadisten: Dieser mag den Masochisten noch so viel quälen, er bleibt die Marionette des Masochisten.

Viele Menschen haben Phantasien über „unübliche" sexuelle Handlungen. Auch die reale „unübliche" sexuelle Handlung ist an sich nicht als abnorm zu bezeichnen. Von Perversion spricht man erst, wenn „unübliche" sexuelle Phantasien und Handlungen den einzig gangbaren oder häufigsten Weg zur sexuellen Befriedigung darstellen. So meint *Leonhard* zutreffend: „Ich bin überzeugt, dass viele Sadisten und Masochisten durch ihre gehobene Gesamtpersönlichkeit davor bewahrt werden, ihre abnorme sexuelle Neigung auszuleben. Die meisten waren nur in der Phantasie abnorm."

Eine nachvollziehbare Grenze zwischen **problematischen und unproblematischen sexuellen Abweichungen** stellt das vierstufige Modell von *Schorsch* dar:

a) **Stufe 1:**
   Hier stellt die abweichende sexuelle Phantasie eine Art Impuls dar, der zwar intensiv, aber nur einmal oder sporadisch auftritt.

b) **Stufe 2:**
   Die abweichende sexuelle Phantasie dient hier der regelmäßigen Bewältigung einer schweren Konfliktsituation, wobei aber die grundsätzliche sexuelle Orientierung unbeeinflusst bleibt.

c) **Stufe 3:**
   Es ist eine klare Abweichung der sexuellen Orientierung feststellbar. Ohne die abweichenden sexuellen Phantasien und Handlungen ist Sexualität entweder nur äußerst selten und dann auch nur sehr schwach oder gar nicht mehr zu erleben.

d) **Stufe 4:**
   Hier verliert die „unübliche" sexuelle Phantasie an Kraft. Sie ufert aus und wird häufiger, intensiver. Immer neue Rituale, phantastische oder wirkliche, kommen hinzu. Sie ist die Stufe, die man häufig bei sexuellen Tötungsdelikten vorfindet.

Während die Stufe 1 als beunruhigend betrachtet werden kann, ist die Stufe 2 ein Grenzfall zwischen unproblematisch und problematisch. Die Stufen 3 und 4 sind dahingegen eindeutig problematisch. Hier haben sich die Perversionen stabilisiert, fixiert.

Es ist letztlich nicht bekannt, warum einige Menschen abartige sexuelle Phantasien ausleben, während andere davon absehen. Eines ist aber klar:

Viele Menschen haben solche abartige sexuelle Phantasien, die im Grunde genommen schwer kriminell sind, sollten sie denn tatsächlich ausgelebt werden.

Wie viele Autoren feststellen, sind alle Erscheinungsformen der Perversion bei Männern häufiger anzutreffen als bei Frauen. Und: Die massivsten Formen aggressiver Perversion kommen fast nur bei Männern vor.

Harbort hat in seiner Studie aus dem Jahr 1999 bei den 22 Sexualmördern alle Formen der Perversion angetroffen. Bei 40,9 % aller Fälle lagen pro Täter mehrere Perversionsformen vor; dominant war hier die Kombination aus Sadismus und Fetischismus. Bezeichnend war zudem die Anzahl der sexuellen Beziehungsstörungen von 77,3 %; die Täter waren weder in der Lage, sexuelle Beziehungen einzugehen (35,3 %) noch innerhalb einer bestehenden Beziehung sexuelle Befriedigung zu erlangen (64,7 %). Im Einzelnen wurden von *Harbort* folgende perverse Sexualstörungen festgestellt:

„Störung	Anzahl in %
Sadismus	36,4
Fetischismus	31,6
Pädophilie	27,3
Nekrophilie	18,2
Exhibitionismus	18,2
Voyeurismus	13,6
Sodomie	9,1
Koprophilie	4,5.„ (*Harbort* 1999, S. 649)

Perversion, die in der heutigen Psychologie als Paraphilie bezeichnet wird und bei der es sich um eine chronische Vorliebe für eine sexuelle Praktik handelt, die nicht der Fortpflanzung dient, die entweder in der Phantasie oder durch sexuelle Betätigung ausgelebt wird, tritt in unterschiedlichen Formen auf:

In Pädophilie,

in der Fixierung auf Kinder, bei der es darum geht, dass Erwachsene vor- oder frühpubertäre Kinder in ihre sexuellen Aktivitäten einbeziehen bis hin zu dem Umstand, dass sie ausschließlich im phantasierten oder realen Umgang mit Kindern sexuelle Erregung erlangen können. Es handelt sich aber nur dann um ein sexuell abweichendes Verhalten, wenn eine vorwiegende oder ausschließliche Orientierung auf Kinder vorliegt. Viele pädophil veranlagte Täter durchlaufen eine Entwicklung, indem sie mit zunehmendem Alter mehr und mehr ihre größte Befriedigung im Kontakt mit Kindern entdecken, aber nicht in der Lage sind, mit dieser Neigung, die sie übrigens nicht als schlecht empfinden, in einem normalen

Ausmaß umzugehen. Die Täter „verwechseln die Spielereien der Kinder mit den Wünschen einer sexuell reifen Person oder lassen sich, ohne Rücksicht auf die Folgen, zu Sexualakten hinreißen“. Auffallend ist ihr Bestreben, die Taten herunterzuspielen, zu verharmlosen, zu beschönigen oder zumindest die Schuld zu verteilen. So tragen ihrer Ansicht nach oft die Kinder selbst aufgrund ihres falschen Verhaltens in der Annäherungsphase des Täters oder Passanten, die zufällig zur falschen Zeit am falschen Ort waren und so den Täter zu den Taten zwangen, „Schuld“ daran. Und viele dieser Täter, die sich dieser Neigung durchaus bewusst sind, fühlen sich mehr als Opfer der Gesellschaft allgemein, als Opfer der Strafverfolgungsbehörde speziell, denn als Täter. Sie verfügen aufgrund ihrer pädophilen Veranlagung über viel Einfühlungsvermögen den Kindern gegenüber; und sie suchen gelegentlich auch den Kontakt zu Kindern, ohne dass es zu sexuellen Handlungen kommen muss; aber ihnen kommt immer wieder ihre abnorme Sexualität in die Quere. Die Erfahrung zeigt auch, dass ein Pädophiler selten aggressiv agiert, eher eine emotionale Beziehung zum Kind sucht und zumeist nicht überfallartig auf die sexuelle Befriedigung ausgerichtet ist. Einer Studie von *Schorsch* zufolge ist ein aggressives Vorgehen bei der Tatausführung bei 19 % der untersuchten Pädophilen erwähnt, dies fast nur bei unbekannten Tätern, bei Homosexuell-Pädophilen erheblich seltener als bei Heterosexuellen. Dem entspricht auch die Erfahrung des gleichen Autors, dass die Beziehung zwischen Täter und kindlichem Opfer nur in 35 % der Fälle einen Tag dauert, in den übrigen 65 % dagegen mehrere Tage bis Monate. Nichtsdestotrotz gleicht die Einstellung zum Opfer der zu einer Sache, einem Gegenstand. Das Opfer wird wie eine Sache genommen, woraus sich die berechtigte Ansicht ergibt, die Tat sei eher einem Eigentumsdelikt an die Seite zu stellen. Der Begriff „Pädophilie“ bedeutet eigentlich nichts anderes als Zuneigung, Hinwendung und Liebe zum Kind. So wäre der Ausdruck „Pädosexualität“ oder „Pädokriminalität“ im vorliegenden Kontext zutreffender.

In Fetischismus,

der im sexualwissenschaftlichen Bereich erstmals vom französischen Psychologen *Binet* (1857-1911) erwähnt wurde, um die sexuelle Fixierung mancher Menschen auf bestimmte Gegenstände zu bezeichnen und bei dem der Psychoanalytiker *Bak* vorschlägt, ihn als Modell für alle Perversionen zu nehmen, den auch *Freud* als die Perversion schlechthin ansieht und bei dem sexuelle Erregung wiederholt mit Hilfe nichtlebender Objekte – überwiegend Kleidungsstücke wie z. B. Schuhe, Strümpfe, Unterwäsche – erlangt wird. Der Fetisch stellt also einen Repräsentanten einer bestimmten geliebten Person dar. Eine Variante ist die Grundbedingung, dass der Betroffene einen Partner findet, der bereit ist, die für die sexuelle Erregung notwendigen unbelebten Objekte zu tragen. Der Fetischist kann keine sexuellen Leistungen erbringen, wenn er selbst oder seine Partnerin den Fetisch nicht während des Vorspieles und beim Koitus trägt oder sich in anderer Weise damit befasst. Die sexuelle Erregung und Befriedigung ist gekoppelt an den Anblick, an die Berührung, an das Riechen und an das Fühlen von bestimmten menschlichen Körperteilen und besonders von Körper abgelösten Objekten (z. B. Unterwäsche und Schuhe). Nicht mehr die Person als Sexualpartner besitzt sexuelle Würde oder hat einen entsprechenden Rang inne, sondern vielmehr ein oft nebensächliches Detail tritt an ihre Stelle. Fetisch leitet sich aus dem portugiesischen Wortschatz „feitico" ab, das „falsch" oder „Verehrung falscher Werte" bedeutet. Dieses Wort beschreibt, so *Bass*, die „Verehrung für und den hohen Rang von anscheinend wertlosen Objekten, die die portugiesischen Entdecker in verschiedenen afrikanischen Religionen gefunden hatten" und ist möglicherweise in der Sprache dieser afrikanischen Naturvölker entstanden. Er bezeichnet einen Gegenstand, dem magische Kräfte zugeschrieben werden und der deshalb angebetet wird. *Von Krafft-Ebing* definiert Fetisch als Gegenstände, Teile oder bloße Eigenschaften von Gegenständen, die unter „assoziativer Beziehungen zu einem lebhaften Gefühl bzw. wichtigen Interesse hervorrufenden Gesamtvorstellung (...) eine Art Zauber (...) bilden, mindestens einen sehr tiefen, dem (...) Symbol an und für sich nicht zukommenden (...) Eindruck bewirken." Um einen Gegenstand als Fetisch zu bezeichnen, stellt *Hazelwood* die drei folgenden Fragen, die er mit den anschließenden Beispielen, die er anlässlich einer Studie bei einigen der Untersuchten festgestellt hat, zu erklären versucht: 1. Ist eine abnormal große Anzahl von Gegenständen vorhanden, die als Fetisch dienen könnten? (Über 150 Gasmasken müssen in keinem normal geführten Haushalt sein.) 2. Gehören diese Gegenstände auch dorthin, wo sie festgestellt wurden? (Es sind keine zwingenden Gründe erkennbar, warum ein mit Stacheln versehenes Hundehalsband am Kopfende eines Bettgestells angebracht ist, zumal der Betroffene gar keinen Hund hat.) 3. Wie hoch sind die finanziellen Investitionen, die ein Betroffener in die Anschaffung dieser Gegenstände tätigt? (Der Kauf von Lackschuhen im Wert von über 5 000 Dollar darf sicherlich mehr als exzessiv bezeichnet werden.) Studien von *Dietz*, einem amerikanischen Gerichtspsychiater, belegen beispielsweise, dass sich der Großteil der erwachsenen männlichen Bevölkerung in den USA, und möglicherweise nicht nur dort, beim Anblick von schwarzen Damen-Lackunterhöschen und Netzstrümpfen sexuell erregt fühlt.

In Frotteurismus,
einer Varianten des Exhibitionismus, im sexuell-motivierten Aneinanderreiben des eigenen Körpers an den Körper einer fremden Person in

der Öffentlichkeit, beispielsweise an Bushaltestellen oder in Beförderungsmitteln des öffentlichen Personenverkehrs. Dem Betroffenen geht es hierbei um enge Fühlungnahme („Tuchfühlung"); bei ihm steht die sinnliche Wahrnehmung des Tastens bzw. Fühlens im Vordergrund, d. h. des unmittelbaren An-sich-Spürens eines lebend-beweglichen, unbekannten Körpers, dessen Wärme, Art der Bewegung, Figur usw.

In Voyeurismus,
bei dem die sexuelle Erregung durch das Beobachten anderer in deren sexuellen Betätigung oder beim Entkleiden entsteht, ohne dass die Beobachteten dies bemerken. Der Betroffene wird dadurch charakterisiert, dass er unbemerkt sein will, in seinem Versteck steht und dort stehen bleibt. Er gibt sich überhaupt nicht zu erkennen, bleibt selbst anonym – ihm kommt es nicht auf eine Reaktion des Beobachteten an. Es handelt sich beim Voyeurismus um eine mit dem Auge hergestellte Partnerbeziehung anonymer Art, um ein aufdrängerisches Verhalten diesem Partner gegenüber. Er versucht also dabei nicht, die beobachteten Frauen auf seine Gegenwart aufmerksam zu machen. Vielmehr spielt die aktive Schaulust die wesentliche Rolle. Voyeure, die vom Szenario verlangen, dass die Frau nicht weiß, dass sie beobachtet wird, sehen Frauen lieber beim Ankleiden, Masturbieren oder beim Geschlechtsverkehr zu und masturbieren währenddessen, als dass sie selbst Geschlechtsverkehr haben. Eine spezielle Form des Voyeurismus besteht darin, dass der Täter seinen (Lebens-)Partner oder seinen Tatkomplizen dabei beobachtet, wie dieser das Opfer vergewaltigt, quält und tötet.

In Exhibitionismus,
dessen Begriff erstmals im Jahr 1877 von *Lasègue* eingeführt wurde. Er beschreibt den Drang, die Genitalien vor fremden Frauen in der Öffentlichkeit, an Orten also, wo die Betroffenen das Risiko eingehen, gefasst zu werden, zu entblößen. „Homosexueller Exhibitionismus kommt praktisch nie vor." (*Nedopil* 1996, S. 138) Dieser Drang wird zumeist von Masturbation begleitet. Charakteristisch ist demnach zum einen die Demonstration von Potenz und Männlichkeit, das Zurschaustellen des eigenen Geschlechtskörpers in der Öffentlichkeit, wobei das Gesehenwerden und der Verzicht auf persönliche Beziehung im Vordergrund stehen, zum anderen aber auch ein Ausleben aggressiver Tendenzen, indem der Exhibitionist die Frauen erschrecken oder beeindrucken will. *Giese* beschreibt dies als ein Sichaufdrängen, „und zwar einem realen, wenngleich anonymen Partner. Das Aufdrängen stellt ein wichtiges Ziel der sexuellen Betätigung dar. (...) Der Exhibitionist stellt sozusagen – gewaltsam – Partnerschaft her, und zwar durch das Erblicken und Erblicktwerden, gelegentlich durch Zurufen, auch in gewollt vulgärer Weise." Typische

Exhibitionisten sind heterosexuelle Männer, die verheiratet sein und ganz normalen Geschlechtsverkehr haben können, Männer mit starken Männlichkeitsproblemen, Potenzängsten, immer in der Position des Unterlegenen, Frauen gegenüber voller Hemmungen und Ängste. *Schorsch* (1993) unterscheidet drei Gruppen von Exhibitionisten:

„a) Der typische Exhibitionist des mittleren Lebensalters, der aus Kränkungen, Ärger und Frust mit seiner Handlung sein männliches Selbstwertgefühl stärken will.

b) Der jugendliche Exhibitionist, der scheu, einzelgängerisch und kontaktarm ist. Bei ihm spielt häufig Selbstunsicherheit und Unbeholfenheit eine Rolle.

c) Der instabile, sozial randständige Exhibitionist, der häufig auch aggressive Züge zeigt. Bei ihm kommt es nicht so häufig wie bei den anderen Exhibitionisten zu dranghaften, kaum steuerbaren Durchbrüchen exhibitionistischen Handelns.

Exhibitionismus ist das zweithäufigste Sexualdelikt und macht ca. 20 % aller Sexualdelikte aus. Auch wenn *Schorsch* es als das harmloseste aller Sexualdelikte beschreibt, zeigen neuere Untersuchungen von *Sugarman / Dumughn / Saad / Hinder / Bluglass* aus dem Jahr 1994, dass ca. ein Viertel aller Täter im Laufe ihrer weiteren Entwicklung auch tätlich werden.“ (*Nedopil* 1996, S. 139)

Die Persönlichkeit des Exhibitionisten wird in der Literatur komplex dargestellt: Von der Beschreibung *Benkerts*, der ihn als „primitiven Typen“ bezeichnet, über die Charakterisierung *Plauts*, der den Standpunkt vertritt, „dass die Sexualität (...) einen integrierenden Bestandteil jeder Persönlichkeit darstellt“ und daraus das Resultat zieht, „dass der Exhibitionist auf der untersten Stufe der Persönlichkeitsentwicklung stehen geblieben ist“ bis hin zum Eigenschaftskatalog von *Staehlin*, der den Betroffenen als „überempfindlich, scheu, bald nachgiebig, bald schwächlich-aufbegeherisch, ungeschickt, Unangenehmem ausweichend, eifersüchtig, willensschwach, kleinlich, pedantisch, bald ängstlich, zaghaft, bescheiden, bald prahlerisch und anspruchsvoll, eitel, stark von Stimmungen abhängig“ beschreibt. Dieser Katalog wird durch Untersuchungsergebnisse von *Koopmann*, *Guttmann* und *Rickles* zum Teil bestätigt.

In Sodomie,
dem sexuellen Kontakt, besonders dem Geschlechtsverkehr mit lebendigen oder toten Tieren. „Der Begriff Sodomie,“ wie ihn *Giese* beschreibt, „der dem gängigen Sprachgebrauch folgend hier verwandt wird, ist an sich unkorrekt; man würde sicher besser von Zoophilie sprechen.“ Häufig sind es Beziehungen zu gegengeschlechtlichen Tieren, jedoch kommen auch Sexualhandlungen an gleichgeschlechtlichen Tieren vor. *Von Krafft-*

Ebing erkennt als Motive (siehe Seite 421) „tief stehende Moralität, großer geschlechtlicher Drang bei erschwerter naturgemäßer Befriedigung (...) dieser sowohl bei Männern als bei Frauen vorkommenden widernatürlichen Geschlechtsbefriedigung (...).“ *Kinsey* stellt fest, dass kein anderer Typ sexueller Betätigung einen geringeren Prozentsatz aller Triebbefriedigungen in der Gesamtbevölkerung darstellt: Bei den Männern ist es zwischen Pubertät und Alter von 20 Jahren geringfügig weniger als 1 %, bei unverheirateten Männern nach deren 25. Lebensjahr nur noch 0,04 %. Bei Frauen ist die Häufigkeit noch geringer.

In Piqueurismus,
bei dem man sexuelle Befriedigung dadurch erreicht, dass man sich selbst mit spitzen oder scharfkantigen Gegenständen schlägt/geißelt oder schlagen/geißeln lässt.

In Koprophilie/Urophilie,
bei der die sexuelle Befriedigung durch den Kontakt und die Beschäftigung mit Kot und Urin des Partners, etwa durch Schmecken, Riechen, Berühren, Essen oder Trinken, erfolgt. Einige Sexualforscher sehen hier eine Sonderform des Masochismus, andere eine Unterform des Fetischismus. Dieser zweiten Variante schließt sich *Giese* an. Hier handelt es sich für ihn um etwas, das wohl auch primär zum Syndrom des Fetischismus gehört: Urin und/oder Kot erhalten die Bedeutung eines Fetischs, der als Partner fungiert.

In Kannibalismus,
bei dem Menschen menschliches Fleisch essen. Diese Form der Perversion steht in der Regel am Ende einer langen Entwicklung aggressiv-sadistischer Phantasien, oft als religiös motivierte Verhaltensform. Dem sexuell motivierten und sadistischen Kannibalismus werden unbewusste Konflikte und Absichten unterstellt: Die Einverleibung eines anderen Menschen, oft durch vorheriges Braten des Menschenfleisches oder nur bestimmter Körperteile (Zungen oder Genitalien) in einer Pfanne, soll die Verschmelzung mit dem gemeinten Objekt symbolisch bzw. stellvertretend darstellen. Letztlich stellt dies alles eine Form der absoluten Kontrolle, die der Betroffene durch solche Handlungen ausübt, dar. Einen überproportional hohen Prozentsatz an Menschenfleisch essenden Serienmördern im 20. Jahrhundert weist Deutschland auf: Fritz Haarmann z. B. schlachtete in den sozialen und wirtschaftlichen Wirren der zwanziger Jahre eine letztlich nicht mehr genau bestimmbare Anzahl junger Männer (mindestens und nachweislich 24) regelrecht ab, kochte deren Fleisch, verzehrte es teilweise selbst, füllte den Großteil der Überreste in Dosen und verkaufte es auf dem Schwarzmarkt. Ein anderer deut-

scher Kannibale in der Zeit nach dem Ersten Weltkrieg war Karl Denke, der als Gastwirt im schlesischen Münsterberg mindestens 36 Mieter, die in seiner Herberge logierten, tötete und von ihnen aß. Die Reste lagerte er, in Salz eingelegt, im Keller. Bei seiner Festnahme im Jahr 1924 gab er der Polizei gegenüber an, in den vergangenen drei Jahren fast nur Menschenfleisch gegessen zu haben.

In Vampirismus,
der sich als Wunsch, das Blut anderer Menschen zu trinken, darstellt. Peter Kürten (siehe *Lenk / Kaever*) schildert dies so: „(...) Ich hatte der Hahn (eines seiner Opfer, d. Verf.) zuerst eine Verletzung am Hals beigebracht. Aus dieser Verletzung habe ich Blut in mich aufgenommen von der Hahn, größere Mengen. Ja. Hierbei trat die Auslösung der sexuellen Erregung ein. (...)"

In Nekrophilie,
in die, soweit bekannt, seltenste Art der Perversion, der Unzucht mit Leichen allgemein, speziell der Geschlechtsakt des Mannes mit einer toten Frau. Nicht das Herstellen eines Sexualobjektes, also die Tötung, ist für den Nekrophilen der stimulierende und zur Befriedigung führende Akt. Vielmehr ist sein Sexualverlangen primär auf die Leiche, auf den Kontakt mit dem Toten, auf das womöglich bereits Verwesend-Amorphe ausgerichtet. Ein lebendiger Mensch kann den Serienmörder nicht befriedigen. Nur Tote befinden sich ganz und gar in seiner Gewalt. Sie können ihn nicht zurückstoßen, sich ihm nicht entziehen, ihn nicht verächtlich machen und ihn nicht verlassen. Wenn er sich austoben will, kann er seine Wut am Opfer auslassen, ohne dass es sich wehrt. Nekrophile Handlungen repräsentieren also ultimative Kontrolle. Bei einigen Fällen stellt der eingetretene Tod kein Hindernis in der Befriedigung dar; bei anderen wiederum liegt zweifelsohne eine direkte Bevorzugung der Leiche vor dem lebenden Wesen vor. Eine Sonderform beschreibt *von Krafft-Ebing* als Nekrofetischismus, bei dem die Leiche, die die „menschliche Form mit vollkommener Willenlosigkeit verbindet, ein krankhaftes Bedürfnis befriedigt, nämlich den Gegenstand der Begierde sich ohne Möglichkeit eines Widerstandes schrankenlos unterworfen zu sehen." Viele Nekrophile befriedigen ihren Sexualtrieb mit so genannten „Scheinleichen", wenn etwa der Sexualpartner in einem Sarg liegt, entsprechend gekleidet und geschminkt.

In Kleptomanie,
bei der das zwanghafte Stehlen (eine Art Warenfetischismus) bestimmter Objekte die sexuelle Befriedigung oder Erregung auslöst, wobei das entwendete Objekt das Sexualsymbol darstellt. Diese Perversionsart wird von vielen Psychoanalytikern als Prototyp weiblicher Perversion vorge-

schlagen. Hier findet der perverse Akt in der Öffentlichkeit statt. Für die durchschnittlichen Kleptomanen, ob Männer oder Frauen, sind Erregung und ein grundlegendes Gefühl der Sicherheit nicht voneinander zu trennen. Manchmal stehlen sie, wenn sie gerade im Begriff sind, ängstlich oder depressiv zu werden. Die Anspannung und das Risiko beim Stehlen versetzen sie in Hochstimmung und vermitteln ihnen ein Gefühl der Macht.

In Pyromanie,
also im Zwang, Feuer zu legen. Zwar kommen die meisten Brandstiftungen aus kriminell-finanzieller Motivation zustande, doch gelegentlich ist sexuell motivierte Pyromanie als Befriedigung sexueller Aktivitäten feststellbar, oftmals begleitet von Kontaktarmut, Ängstlichkeit und Selbstunsicherheit des Täters, gekennzeichnet von seiner Unfähigkeit, heterosexuelle Kontakte zu knüpfen, vom Ausweg in die Selbstbefriedigung, in dem er sich wiederfindet und von seiner Flucht in die Isolierung, auf der er sich befindet. Schon lange vor *Freud* wurde Brandstiftung auf sexuelle Wurzeln zurückgeführt. Ende des 18. Jahrhunderts wurde das Phänomen vor allem psychisch und geistig behinderten Mädchen aus der Landbevölkerung zugeschrieben, die den Belastungen der Pubertät nicht gewachsen waren. Sexuelle Aktivitäten beschränken sich neben der Befriedigung durch Brandlegung auch auf das Onanieren beim Betrachten pornographischer Bilder oder Filme. Der Täter ist besonders schwer zu fassen, was damit zusammenhängt, dass er in der Regel als Einzeltäter auftritt und keine Beziehung zum Brandort und zum Brandgeschädigten hat. *Berke-Müller* kommt zu der Ansicht, dass der aus sexuellen Motiven heraus auftretende Serienbrandstifter primitiv, gefährlich, zumeist ungebildet und in seiner Durchschnittlichkeit unauffällig ist. Er wohnt meist im Kreise seiner Familie und hat einen festen Wohnsitz. Reisende Brandstifter, vor allem überörtlich und in Großstädten auftretende Serienbrandstifter, sind selten. In seiner Studie aus dem Jahr 1966 fand *Berke-Müller* zudem unter den von ihm untersuchten 500 Tätern vier, die im Laufe ihrer weiteren kriminellen Karriere zu Mördern wurden. In diesem Zusammenhang halten *Hobe* und *Körzer* in einer Studie über jugendliche Brandstifter viele Täter ihrer Persönlichkeitsstruktur nach für potentielle Sexualmörder. Bei der Pyromanie wird die Korrespondenz zwischen Sexualität und Feuer besonders deutlich, wobei die symbolische Bedeutung des Feuers in Beziehung zur Liebe, Erotik und Sexualität im menschlichen Dasein nicht unerwähnt bleiben darf. *Helmer* bezeichnet die „sexuelle Ersatzhandlung“ als das unheimlichste triebhafte Brandstiftungsmotiv; im Gegensatz zu den anderen Serienbrandstiftern kommt es dem Triebtäter auf die sexuelle Befriedigung an, die ihm das Brandstiften und der Brand geben sollen. Bei diesen aus sexuellen Motiven handelnden Tätern besteht zweifellos die Gefahr, dass sie die „Dosis

steigern“ müssen und es so auch zu Großbränden kommen kann. Es liegt also nahe, in solchen Fällen von einer krankhaften Sucht, von der Sucht, Feuer zu legen, von Pyromanie, zu sprechen.

In Asphyxiophilie,
d. h. in der sexuellen Erregung bei der Strangulation von anderen oder von sich selbst, bis sich das Gefühl der Benommenheit bei dem jeweiligen Strangulierten einstellt und so den sexuellen Höhepunkt erreicht. Die Betroffenen tragen hierbei oftmals gegengeschlechtliche Kleidungsstücke, benutzen zudem pornographische Artikel und Zeitschriften und masturbieren, wobei sie sich gleichzeitig mit Strangulationswerkzeugen (Schals, Stricke, Gürtel, Krawatten) oder ähnlichen Gegenständen, mit denen sie sich die Sauerstoffzufuhr in das Gehirn kurzfristig unterbrechen wollen (z. B. durch das Überziehen einer Plastiktüte über den Kopf), sexuelle Erregung und Befriedigung verschaffen. Diese Form der Perversion führt – am Betroffenen selbst angewandt – zu den (unbeabsichtigten) „autoerotischen Unglücksfällen“; an einem Fremden, an einem Opfer angewandt, führt sie zu sadistischen Mordtaten, wie das folgende Beispiel eines Serienmörders in den USA zeigt: Nachdem der Täter sein weibliches Opfer zunächst ins Bad geschleppt, dort zusammengeschlagen und vergewaltigt hat, zerrte er die Frau vor den Spiegel, schlang ihr eine Schnur um den Hals und zog diese zusammen, bis das Opfer bewusstlos wurde. Nachdem er die Schnur lockerte und die Frau wieder zu sich kam, wiederholte er diese Prozedur mehrfach. Jedes Mal zog er ein wenig fester zu, so dass das Opfer seine eigene Ermordung im Spiegel beobachten und buchstäblich hautnah „miterleben“ konnte.

In Masochismus,
dem Gegenstück zum Sadismus, bei dem eine Vorliebe für Erregung besteht, die aus dem eigenen Erleiden von Schmerz, Folter, Demütigung, Beschimpfung und Erniedrigung hervorgerufen wird. *Laplanche* und *Pontalis* geben die prägnanteste Definition des Masochismus: „Sexuelle Perversion, bei der die Befriedigung an das Leiden oder an die Demütigung, die das Subjekt erduldet, geknüpft ist.“ Im Gegensatz zum Fetischismus und Transvestismus, die beinahe ausschließlich bei Männern auftreten, findet man Masochismus bei beiden Geschlechtern; er ist jedoch unter Männern weiter verbreitet als unter Frauen, vor allem unter homosexuellen Männern. In die masochistische Perversion ist in der Regel, aber nicht notwendigerweise, ein Partner einbezogen. Der Begriff resultiert aus dem Roman „Venus im Pelz“ des Schriftstellers *Sacher-Masoch*, der dort diese bislang nicht gekannte Perversion zum Gegenstand seiner Darstellungen machte, nicht zuletzt deshalb, weil er selbst ein von dieser sexuellen Anomalie Betroffener war. Während der Sadist

Schmerzen zufügen und Gewalt anwenden will, ist der Masochist darauf aus, Schmerzen zu erleiden und sich der Gewalt unterworfen zu fühlen. Er wird „in seinem geschlechtlichen Fühlen und Denken von der Vorstellung beherrscht, dem Willen einer Person, meistens des anderen Geschlechts, vollkommen und unbedingt unterworfen zu sein, von dieser Person herrisch behandelt, gedemütigt und selbst misshandelt zu werden. Diese Vorstellung wird mit Wollust betont; der Betroffene schwelgt in Phantasien, in denen er sich solche Situationen ausmalt; er trachtet oft nach einer Verwirklichung derselben und wird durch diese Perversion seines Geschlechtstriebes nicht selten für die normalen Reize des anderen Geschlechtes mehr oder weniger unempfindlich (...)." Der Masochist ist unfähig, ohne diese Phantasien oder das reelle Erlebnis eigenen Schmerzes, der eigenen Misshandlung und des Leidens angemessene sexuelle Erregung zu erreichen. Für den Masochisten ist die Unterwerfung die Hauptsache, die Misshandlung nur ein Ausdrucksmittel für dieses Verhältnis, und zwar das stärkste. Die Handlung hat für ihn symbolischen Wert und ist Mittel zum Zweck seelischer Befriedigung im Sinne seiner besonderen Gelüste. „Das Abnorme liegt hier nur darin, dass ein Teileindruck vom Gesamtbild der Person des anderen Geschlechtes alles sexuelle Interesse auf sich konzentriert, so dass daneben alle anderen Eindrücke verblassen und mehr oder minder gleichgültig werden." *Freud* beschreibt den Masochismus als einen Sadismus, der sich gegen die eigene Person wendet, und differenziert ihn in vier Arten:

a) **Der primäre Masochismus ...**
   ... ist eine Äußerung des Todestriebes und wird schon in der frühen Kindheit größtenteils nach außen gerichtet, also umgewandelt in Sadismus.

b) **Der sekundäre Masochismus ...**
   ... entsteht dadurch, dass dieser Sadismus sich erneut umkehrt und wieder gegen das eigene Ich wendet.

c) **Der weibliche Masochismus ...**
   ... wird als eine Eigenschaft gehalten, die der weiblichen Passivität entspricht.

d) **Der moralische Masochismus ...**
   ... drückt ein Bedürfnis nach Bestrafung durch eine Autoritätsperson aus, bedingt durch ödipale Schuldgefühle.

Und in Sadismus:

Der Sadist im klinischen Sinne, also jemand, der durch die totale Beherrschung seines Partners bis hin zum Tod die erwünschte Höchststufe seiner Lust erreicht, erfährt Erregung beim Quälen, Verletzen, Erniedrigen

und Töten anderer, ob mit oder ohne deren Einverständnis. Das Opfer, die Frau, darf mit seiner sexuellen Handlung nicht einverstanden sein. Der Gedanke von Intimität erzeugt beim Sadisten Gefühle der Bedrohung; vielmehr ruft die Vorstellung, jemanden total kontrollieren zu können, bei ihm ein Sicherheits- und Glücksgefühl hervor. Deshalb wird der Sadist Beziehungen zu anderen Personen dann entwickeln, wenn der Faktor „Kontrolle“ den Faktor „Intimität“ ersetzt. Die Handlung dient allein der Unterwerfung und Einschüchterung. Das Wesentliche ist nicht der Wunsch, anderen Schmerz zu verursachen; vielmehr ist der grundlegende Impuls die komplette Machtausübung über eine andere Person, sie zu einem hilflosen Objekt seines Willens zu machen, der absolute Herrscher über sie zu sein und mit ihr das zu machen, was einem gefällt. Verstümmelungen und Gefangenhalten sind dabei Mittel zum Zweck.

Bei schwerwiegenden Störungen dieser Art von Perversion wird der Betreffende zum Verbrecher, zum Vergewaltiger, zum Mörder, zum Serienmörder.

Verdeutlicht wird ein solch sadistisches Verhalten durch *Sofsky* (siehe Seite 88) im „Traktat der Gewalt“: „Das Opfer soll, zumindest vorläufig, am Leben und bei Bewusstsein bleiben, damit es den Schmerz spürt, damit ihm die Sterbenspein durch Mark und Bein geht. Auch wenn viele Torturen zuletzt mit dem Tod enden, ist die Folter keine Technik des Tötens, sondern des Sterbens.“

Drei Schilderungen von Serienmördern sollen dies veranschaulichen.

Zum ersten eine Äußerung Jürgen Bartschs (siehe Moor):
„Ich kann keine genauen Zeiten angeben, aber etwa ab 14 Jahre, als mein Trieb (Verbrechen) sich meldete, hatte ich sexuelle und auch gleich sadistische Phantasien und Vorstellungen beim Onanieren. Das war ganz am Anfang noch kein Töten, ich glaub es zumindest nicht, aber es ging dann sehr, sehr schnell, ich glaube innerhalb von ein paar Wochen oder Monaten war das Töten auf einmal dabei. (...) Das fing an mit dem Körper eines schönen Kindes, dann das Ansprechen und Mitnehmen des Jungen, dann hinein in den Bunker, dann das Quälen, Schneiden (das praktisch von Anfang an dabei war) und das Schreien des Kindes und das Töten.“

Und *Hazelwood* vom FBI zitiert einen von ihm befragten Serienmörder zum Aspekt „Sadismus“ wie folgt:

„Der Wunsch, jemandem Schmerz zuzufügen, ist nicht das Wesentliche am Sadismus. Der einzige wesentliche Impuls ist, die gesamte Herrschaft über eine andere Person zu besitzen, aus ihr ein hilfloses Objekt nach meinem Willen zu machen, der absolute Beherrscher über sie zu werden, ihr Gott zu werden.“

Oder wie ein dritter Serienmörder Sadismus als eine Komponente seiner Tathandlungen umschreibt:

„Zuerst werde ich dich auf die grausamste und schmerzhafteste Weise quälen, die ich mir ausdenken kann. Dann werde ich dich auf die erniedrigendste Art sexuell missbrauchen, die ich mir vorstellen kann. Und dann werde ich Dich auf die langsamste und schmerzhafteste Weise, die ich kenne, töten. Sonst noch irgendwelche Fragen?"

Auch *Schorsch* betrachtet den Sadismus als Zerstörung durch und über die Sexualität.

Dem Element „Sadismus" muss deshalb an dieser Stelle mehr Aufmerksamkeit zukommen.

2.6.4 Sadismus

Sadismus ist nicht nur eine besonders intensive Form von Aggression mit den Eigenschaften Brutalität, Herrschsüchtigkeit, Rücksichtslosigkeit, Gefühllosigkeit und Schadenfreude. Sadismus, der sich vom Namen des wegen seiner Gräueltaten während der französischen Revolution verhafteten *Marquis de Sade* und seinem Werk „Die 120 Tage von Sodom" ableitet, bezeichnet das Phänomen, bei dem einerseits die sexuelle Erregung und Befriedigung mit der Schmerzzufügung, Misshandlung oder Nötigung anderer verknüpft ist. Nach *Langelüddeke/Bresser* liegt die Wurzel des Sadismus ist der Verselbständigung von Gewalt bei sexuellen Kontakten. Sie kann sich abnorm mit starkem sexuellen Reiz verbinden, wobei gelegentlich das sexuelle Empfinden verkümmert und „isolierte Mord-, Zerstückelungs- oder Marterungsphantasien" auftreten. Andererseits wird Sadismus um den Aspekt der Freude am Quälen und Demütigen erweitert. Das Zufügen von körperlichem und psychischem Schmerz kann ganz allgemein als bloßes Zeichen der Demütigung angesehen werden.

Sadismus nach dem DSM-IV wird beschrieben als die in einem Zeitraum von mindestens sechs Monaten immer wiederkehrenden, intensiven sexuell erregenden Phantasien, als sexueller Drang oder als Verhalten, das tatsächliche oder nur gespielte Handlungen beinhaltet, in denen sich das psychische oder physische Leiden (einschließlich Erniedrigungen und Demütigungen) der Opfer für den Betroffenen als sexuell stimulierend darstellt.

Sadismus erfordert nicht nur die Folter des Opfers und dessen Leiden, sondern vielmehr den sexuellen Genuss des Täters daran. Ein eindeutiger Hinweis, dass sich ein Täter an Folterhandlungen erfreut, ist der Umstand, dass sie sich über einen gewissen Zeitraum erstrecken. Viele „normale“ Angriffe auf Opfer, die sich an einem Tatort abspielen, dauern in der Regel nicht länger als 10 bis 20 Minuten; ein Sadist hingegen verbringt sein Opfer an einen vorher festgelegten, zweiten Tatort, um dort noch mehr Zeit mit seinem Opfer und seinen Phantasien, in denen er das Opfer den Folterqualen mehr und mehr aussetzt, verbringen zu können.

Sadismus erklärt *von Krafft-Ebing* (siehe Seite 69) als Verbindung von Wollust und Grausamkeit, als „Empfindung von sexuellen Lustgefühlen bis zum Orgasmus beim Sehen und Erfahren von Züchtigungen u. a. von Grausamkeiten, verübt an einem Mitmenschen oder selbst an einem Tier, sowie der eigene Drang, um der Hervorrufung solcher Gefühle willen anderen lebendigen Wesen Demütigung, Leid, ja selbst Schmerz und Wunden widerfahren zu lassen (...).“

Die beiden Psychoanalytiker *Schorsch* und *Becker* bezeichnen Sadismus zum einen als „Ausdrucksform einer auf einen anderen Menschen gerichteten (zerstörerischen) Dynamik, die sich triebhaft äußert und lustvoll entlädt; sie ist mehr oder weniger eng und unmittelbar an Sexualität gebunden (...).“ Sadismus ist dennoch Handeln im sozialen Raum und nicht auf den in engerem Sinne sexuellen Bereich beschränkt.

Zum anderen zielen „sadistische Intentionen als Phantasien oder Handlungen (...) auf die Bemächtigung des anderen, auf ein totales Verfügen über ihn, auf die Aufgabe seiner Eigenständigkeit. Es geht (also) nicht in erster Linie um Aggressivität oder Grausamkeit, sondern um Beherrschung.“

Zwei Kräfte stecken in jedem Menschen: Sexualität und Aggressionen, wichtige und gesunde Bestandteile eines jeden Individuums. Für gewöhnlich setzen wir das um und verkraften es so, dass es uns selbst und unseren Mitmenschen zugute kommt. Sadistische Lust kann durchaus in funktionierenden Partnerschaften vorkommen, in denen keineswegs die Absicht besteht, den anderen zu verletzen oder zu quälen. Der Psychoanalytiker *Fromm* meint hierzu: „Oft genügt eine sadistische Phantasie, um sexuelle Erregung hervorzurufen, und es gibt nicht wenige Männer, die mit ihrer Frau einen normalen Verkehr haben, die aber, ohne dass der Partner davon weiß, eine sadistische Phantasie brauchen, um sexuell erregt zu werden.“ Solange sich die Sexualität in normalen Grenzen hält, trägt sie zu einer guten Partnerschaft bei – sie ist Voraussetzung für gesunde intime Beziehungen, für die Zeugung von Kindern, für Liebe, Fürsorge und Zärtlichkeit. Sexualität und Aggressionen sind sehr nützliche Attribute für diejenigen, die richtig damit umzugehen wissen.

Wenn das jedoch jemand nicht fertig bringt, kann alles Mögliche passieren, dann können sich diese an sich positiven Faktoren zerstörerisch auswirken. Menschen, die mit der Sexualität nicht klarkommen und mit ihren zwischenmenschlichen Beziehungen nicht umgehen können, werden unkontrollierbar aggressiv. Wenn sie sich zu jemandem sexuell hingezogen fühlen, können sie dieser Empfindung nur durch Aggressionen Ausdruck verleihen. Sie zeigen durch aggressives Verhalten ihre Liebe, sie werden zu Sadisten: „Ich möchte mich dir nähern, weiß aber nicht, wie ich mich mit dir anfreunden soll. Aber ich weiß, wie ich dir wehtun kann, und genau das werde ich jetzt tun.“

Den wirklich zerstörerischen Sadismus findet man gerade außerhalb der Bereiche Erotik und Sexualität. Sadismus ist – wie die anderen Perversionen – dann nicht mehr erotisch, sondern pathologisch, wenn er nicht dazu dient, das Vorspiel zu erweitern und anzureichern, sondern den Geschlechtsverkehr verdrängt und ersetzt. Die unzureichende, oft fehlerhafte Differenzierung zwischen zerstörerischem und erotischem Sadismus führt dazu, dass beide, auch und insbesondere Letzterer, durchweg moralisch abgeurteilt und angeprangert werden. So sieht *Stoller* auch nur die grausame Seite des Sadismus: „Mord, der sexuell erregt, Verstümmelung als Stimulanz, Vergewaltigung, Sadismus in Verbindung mit eindeutiger körperlicher Bestrafung (...) – das alles sind abgestufte Äußerungen bewusster Wut gegen das Sexualobjekt, denen der Wunsch zugrunde liegt, einem anderen überlegen zu sein, ihm Schaden zuzufügen und über ihn zu triumphieren.“

Exemplarisch wird dieser Ansatz von Mike DeBardeleben, einem im Jahr 1983 festgenommenen Sadisten, Serienvergewaltiger und -mörder, wie folgt umschrieben:

„Der Wille der Frau soll nicht tot sein. Er soll nur ganz biegsam werden. Ich muss immer spüren, das ist ein Mensch, aber er hat sich restlos eingefügt. (...) Aber an die Sanftmut und Fügsamkeit der Frau kann ich erst glauben, wenn sie es mir durch lautes Jammern und Winseln beweist, wenn mir ihre Tränen wie Schmelzwasser anzeigen, dass das Eis gebrochen ist. (...) Erst wenn eine Frau jammert unter den Schmerzen, dann bin ich ihrer Widerstandslosigkeit sicher.“

Sadismus hat seinen Ursprung in der frühkindlichen Entwicklungsphase. „In dieser Phase geht es in erster Linie um Trennung und Verschmelzung, um Abhängigkeit und Unabhängigkeit, um Bemächtigung und Befreiung; das Kind ist durch die nicht zufriedenstellende Lösung den Anforderungen in den nachfolgenden Entwicklungsphasen nicht gewachsen und reagiert mit Angst und Rückzug. Seine Identität und sein Sexualverhalten bleiben problematisch; die Ablösung der Sexualität von den Eltern gelingt nur unvollständig; das Verhältnis zur Frau bleibt angst- und konfliktbeladen.“ (*Hoffmann / Musolff* 1996, S. 46)

Vielfältig kann sich Sadismus manifestieren. Nach *Schorsch* und *Becker* sind dies die drei Impulse der 1. oralen, 2. analen und 3. phallisch-aggressiven Thematik:

a) **Die orale Thematik:**
Hier geht es ausdrücklich um Formen des Verschlingens, Zerstückelns, Würgens, Beißens, um magische Rituale, um die Einverleibung als kannibalistische und vampiristische Phantasien.

b) **Die anale Thematik:**
Hier dominieren Beschmutzung, Erniedrigung, Kontrolle; der Penis ist weniger wichtig als Gesäß und After.

c) **Die phallisch-aggressive Thematik:**
Hier herrschen Handlungen wie das Schlagen, Überwältigen und Züchtigen vor.

Sadismus definiert sich nach *Ludwig*, einem Sozialwissenschaftler an der Fachhochschule des Landes Nordrhein-Westfalen für öffentliche Verwaltung – Fachbereich Polizei – in Bielefeld, in drei Kategorien, nämlich in den nicht-sexuellen, den sexuellen und den perversen Sadismus:

a) **Nicht-sexueller Sadismus:**
Dieser Typus zeigt die Mentalität, seine Umwelt zu schikanieren und seine Mitmenschen zu quälen und zu demütigen.
Der nicht-sexuelle Sadist ist ein Autoritätsfanatiker, der unabdingbaren Gehorsam von seiner Familie einfordert und jeden Fehler sofort rügt und bestraft.
In aller Regel tritt dieser Typ als Sexualtäter so gut wie nie in Erscheinung.

b) **Sexueller Sadismus:**
Im Mittelpunkt hier steht die Demütigung und Misshandlung des Sexualpartners als Vorbereitung zum Geschlechtsakt oder in Verbindung damit. Die Handlungen reichen von verbalen Angriffen bis hin zur Anwendung massivster Gewalt.
Da der sexuelle Sadist diese Handlungen braucht, um seine Erregung hervorzurufen, beizubehalten oder zu steigern, ist der unmittelbare Hintergrund seiner Perversion nicht zu übersehen.
Oftmals tritt dieser Typus strafrechtlich in Form von gewalttätigem Kindesmissbrauch, sexueller Nötigung bzw. Vergewaltigung sowie der Tötung des Opfers zur Verdeckung der Vortat in Erscheinung.

c) **Perverser Sadismus:**
Hierbei handelt es sich zweifelsohne um den potentiell gefährlichsten Tätertyp. Er neigt zur Eskalation jeglicher Perversion und verspürt einen Drang nach Weiterentwicklung seiner Handlungen bis hin zur gewohnheitsmäßigen Tötung des Opfers, begleitet von psychischem Zwang zur Wiederholung der Tat.

Das Beispiel des *Marquis de Sade* zeigt, dass das perfekte, ungeheuerliche Verbrechen über alle Grenzen hinweg größtmöglichen Genuss bietet. Die Durchbrechung von Tabus und Normen ergeben den sexuellen Höhepunkt. Die Perversion kann als erotische Form des Hasses ausgelegt werden, der Orgasmus als Ausbruch der Freiheit, die sexuelle Befriedigung als Konfliktlösung und als Angstüberwindung, als Triumph über die Demütiger.

Das Hin und Her zwischen der Erwartung einer Gefahr und der Überwindung derselben, das Eingehen eines kalkulierbaren Risikos steigert die sexuelle Erregung. Die Sexualität wird in diesem Spannungsfeld zwischen Angst und Triumph zu einem Kampf, wobei die Degradierung des Partners, des Opfers, zum Objekt von großer Bedeutung ist.

Die Gefahr, dass Mord als Bestandteil sexueller Befriedigung auftritt, so *Arnold/Eysenck/Meili* im Lexikon der Psychologie, wird von sexualwissenschaftlicher Seite als ein Phänomen eingeschätzt, dessen Auftreten mit einer Wahrscheinlichkeit von 1 : 1 Million geschätzt wird.

Aber gerade das sexuelle Tötungsdelikt beinhaltet eine sexuelle Aktivität, entweder vor, während oder nach der eigentlichen Tötungshandlung. Oftmals bereitet es jedoch Schwierigkeiten, einen sexuell motivierten Mord als solchen zu erkennen, da offensichtliche sexuelle Komponenten (wie z. B. das Vorhandensein von Spermaspuren) nicht vorhanden sind.

2.6.5 Normale und kriminelle Sexualität

Giese geht von seiner klinischen Beobachtung aus, dass es zwei Verlaufsformen sexueller Abweichungen gibt, die aufzeigen, wie man mit sexuell devianten Triebwünschen umgehen und leben kann:

a) Die Angehörigen der einen Gruppe tragen ihre Abweichungen mehr oder weniger als Last oder Lust mit sich durch ihr Leben, kommen mit ihnen zurecht – oder auch nicht –, räumen ihrer abweichenden Sexualität einen angemessenen Raum in ihrem Leben ein und verheimlichen sie nach außen – oder auch nicht. Sie gehen also mit ihrer abweichenden Sexualität genauso oder ähnlich um wie der Nicht-Deviante.

b) Den Angehörigen der anderen Gruppe hingegen gelingt eine solche Handhabung und Integrierung ihrer Deviation nicht; deren Abweichung zeigt deshalb eine andere Verlaufsform: Zu irgendeinem Zeitpunkt, meist schon früh in den Jahren nach der Pubertät, beginnt die deviante Sexualität eine Art Eigenleben zu führen. Sie bleibt unintegriert, fügt sich nicht in die Lebensführung ein, lässt sich nicht eindämmen, regulieren, bezähmen, sondern beginnt, sich weiter im Erleben auszubreiten, zu wuchern, wächst als Bedürfnis lawinenartig, überflutet und überschwemmt das Erleben bis hin zum subjektiven Gefühl des Devianten, sich gegen diese Sexualität nicht mehr wehren zu können, nicht mehr entscheiden zu können, was er will und was nicht, unter einem Zwang zu stehen, den Drang nach der abweichenden Betätigung zu stillen.

Es erscheint daher erforderlich, eine Grenze zu ziehen zwischen normaler und krimineller Sexualität, damit sexuell motivierte Taten auch als solche erkannt werden können.

a) **Normale Sexualität:**
Darunter versteht man die Befriedigung eines sexuellen Bedürfnisses durch eine sexuelle Handlung.

b) **Kriminelle Sexualität:**
Hier wird unterschieden zwischen der Befriedigung von sexuellen und nicht-sexuellen Bedürfnissen.
Nicht-sexuelle Bedürfnisse werden durch eine sexuelle Handlung befriedigt, beispielsweise vollzieht der Vergewaltiger eine sexuelle Handlung, um sein eigentliches Ziel – Macht, Kontrolle und Degradierung – zu erreichen.
Sexuelle Bedürfnisse werden durch nicht-sexuelle Handlungen, beispielsweise durch das Abtrennen und Zerschneiden von Körperteilen, befriedigt.

Folglich ist die Gefahr, wenn auch nur im geringen Maß, existent.
Somit können Sexualität und Perversion zu einer fehlgeleiteten erotischen Feindseligkeit führen, aus der Aggression entsteht.

2.7 Kontrolle und Macht

Die Beschreibung ihrer Phantasien durch die Serienmörder selbst stellt in den meisten Fällen die vorweggenommene, und dann später in die Realität umgesetzte Tat dar. Die wichtigste Rolle in diesen Phantasien nehmen Tod und Mord ein – Tod als größtmögliche Kontrolle. Denn Kontrolle bedeutet Sicherheit und Stärke, so dass keine bedrohliche und unvorhersehbare, möglicherweise nicht zu bewältigende Situation entstehen kann.

Ein weiterer Aspekt in dieser ersten Phase ist der Umstand, dass eine Reihe von Serienmördern vor Ausführung ihrer ersten Tat gelegentlich Gewalt und Aggression gegenüber schwächeren Lebewesen wie z. B. Tieren und, weniger häufig, Kindern, auslebten. Die Opfer wurden hierbei gequält, verletzt oder gar getötet. Nach *Sofsky* (s. S. 89) in seinem „Traktat der Gewalt" ist hierbei das Opfer „ganz in der Hand des Feindes, dessen Willkür, Wut, Lust und Vernichtungswillen ausgeliefert. Es ist nur noch hilfloser, erschöpfter, verkrümmter Körper. In der Hand des Täters wird der leidende Körper zu einem einzigartigen Werkzeug der Macht."

Setzt man hierbei voraus, dass der Mann seine Macht gegenüber der Frau demonstrieren will, dann nimmt der eine, der Mörder, vielleicht ein Messer, der zweite, der Schläger, nimmt seine Fäuste, und der dritte, der Vergewaltiger, nimmt seinen Penis. Roy Norris, kalifornischer Mörder von mindestens sechs Frauen, die er vor der Tötung auf übelste Weise vergewaltigte, gab an, dass bei seinen Verbrechen „nicht die Vergewaltigung das eigentlich Wichtige war, es war die Dominanz."

Auch wurden erste, kriminelle Handlungen wie etwa Diebstahl, Brandstiftung und Körperverletzung festgestellt, bevor der erste Mord begangen wurde.

Die Kette von Kontrolle – Sicherheit – Stärke – Macht lässt sich wie ein roter Faden verfolgen, der sich zunächst durch die Phantasie bis hin zu den ersten Schritten des aggressiven Verhaltens gegenüber Tieren und Kindern zieht. Doch irgendwann ist der Zeitpunkt gekommen, an dem das erwünschte Geborgenheits- und Sicherheitsgefühl in die Wirklichkeit umgesetzt werden soll. Nun steht der Täter am Beginn seiner Mordserie, d. h. nach seinem ersten Mord wird sich der Kreis schließen, so dass sich der Täter in seiner Vorstellung bestätigt sieht. Schein und Sein vermengen sich.

Hierzu die Schilderung von Jürgen Bartsch (siehe Moor):
„In meinen damaligen Phantasien (an damalige echte Träume kann ich mich im Moment überhaupt nicht entsinnen) -erlebte- ich immer meinen ganzen Mordplan, dabei war das Opfer stets zuerst natürlich lebendig (...), später aber natürlich tot, aber ich sah vor mir, dass ich trotzdem den Körper weiter vernichtete. (...) Bei meinen Phantasien ist überhaupt viel Machtwunsch, Machtgedanke dabei. Ich bin überzeugt, dass Machtgedanke ein gut Teil des ganzen Sadismus ist."

Der Täter verspürt in sich immer mehr das Verlangen nach Macht, eine schier unendliche Gier des Besitzwollens; in dieser Gier ist er nicht mehr Herr seiner Sinne. Sein Verlangen nach Frauen wird stärker und stärker, es macht ihm zu schaffen – und wird schließlich unkontrollierbar und unerträglich.

2.8 Die Perfektion

Als Erklärung für das Fortführen des ersten Mordes eines Serienmörders in Form einer sich nach und nach perfektionierenden Serie, die auch als „Gesetz der moralischen Fallgeschwindigkeit" beschrieben wird, dient folgendes Modell:

Der erste Schritt ist die Tätererkenntnis, dass er nach seiner ersten Tat nicht gefasst wird und eine, wenn auch nur latente Angst vor Strafe von nun an abnimmt. Das Gefühl, unantastbar, unangreifbar zu sein, nimmt zu. Der Täter ist der Ansicht, jeder möglichen Bestrafung erhaben zu sein, durch keine Autorität kontrolliert werden zu können und somit auch weiterhin ungestraft gewalttätig handeln und töten zu können. Und Morde und Mörder, die unentdeckt bleiben, reizen zur Wiederholung.

Ergänzend hierzu steht das schwache oder nicht ausgebildete Schuldgefühl von Anfang an. Der Täter zeigt keine Reue und hat kein Mitleid mit seinem Opfer.

Darüber hinaus gewinnt der Täter schnell an Erfahrung und wird bemüht sein, seine Handlungsweise zu vervollständigen und zu vervollkommnen, nahezu immer begleitet von der überzeugenden Notwendigkeit, von „harmloseren" Begehungsarten zum vorsätzlichen Mord umzusteigen und so sein Vorgehen qualitativ zu verschlimmern. Er erweitert so seine aggressive Handlungskompetenz. Folglich wird eine normale, d. h. nicht aggressive Handlungsweise verdrängt. Bei entsprechenden Anlässen und Auslösefaktoren läuft diese vervollkommnete Tatweise automatisiert ab.

Der Kriminologe *von Hentig* schreibt über diesen kontinuierlichen Prozess der Verbesserung in seinem 1956 erschienen Buch von einer „Mordgewöhnung, die bei jedem echten Massenmörder (gemeint ist hier eigentlich der Serienmörder, d. Verf.) wächst, als gleite der Mensch immer weiter in alte Bereitschaft der Lebensvertilgung zurück", von der „toxischen Wirkung der Mordpraxis" und von einem „Jungborn des Blutes".

Schließlich wird der Täter durch seine Annahme, unantastbar zu sein, noch egoistischer. Im Gegensatz zur ersten Tat, die in der Regel spontan und vom Affekt gesteuert war, werden weitere Morde geplant. Zudem nimmt die Gewalt gegenüber seinem Opfer deutlich zu.

Nach der ersten Tat wurde die Grenze zwischen dem potentiellen und dem tatsächlichen Mörder überschritten. Die meisten Täter werden jetzt egozentrischer und sind davon überzeugt, es immer und immer wieder tun zu müssen.

Teile seiner ersten Tat fließen in seine nächsten Phantasievorstellungen mit ein – er plant sein neues Verbrechen nach allen Regeln „seiner Kunst". Je mehr Verbrechen der Serienmörder begeht, umso perfekter wird er

dabei. „Der Mörder“, so Ted Bundy, „lernt aus seiner Vergangenheit, sich immer wieder verbessernd.“
Oftmals stellt der erste Mord einer Tatserie eine Art Experiment dar. Die weiteren Taten zeigen die Faszination des Täters an der Zerstörung menschlichen Lebens und seine Lust an Macht und Kontrolle. Das Nichtentdecktwerden führt im Rahmen dieser Perfektionierung zu einer Genussentwicklung und zur Wiederholungstendenz bzw. zur Steigerung der Frequenz und Brutalität der Taten.
Im Rahmen seiner Studie aus dem Jahr 1999 stellte *Harbort* bei 59,1 % der Probanden Veränderungen ihres Modus Operandi von der Erst- hin zur Zweittat fest, insbesonders in folgenden Merkmalen:

Täterverhalten bei der Ersttat	**Täterverhalten bei der Zweittat**
• Tatort frei zugänglich	• Tatort bietet Sichtschutz
• Opfer stammt aus dem sozialen Umfeld des Täters	• Keine Täter-Opfer-Beziehung
• Tat überfallartig	• Opfer wird manipuliert und an den Tatort gelockt
• Ruhigstellung des Opfers durch Bedrohung	• Opfer wird gefesselt
• Tatmittel stammen vom Tatort und/oder Opfer	• Tatmittel wird mitgeführt
• Manuelle sexuelle Manipulation am Opfer	• Versuchte/vollendete Vergewaltigung
• Versuchtes Tötungsdelikt	• Vollendetes Tötungsdelikt
• Einfachmord	• Zwei- oder Dreifachmord
• Beweismittel bleiben am Tatort zurück	• Beweismittel werden beseitigt
• Fluchtartiges Verlassen des Tatorts nach der Tötung	• Längere Aufenthaltsdauer am Tatort nach der Tötung
• Gegenstände des Opfers bleiben am Tatort zurück	• Mitnahme von Opfergegenständen
• Leiche offen dargestellt	• Versuchte/vollendete Leichenbeseitigung
• Tatort = Leichenfundort	• Tatort nicht Leichenfundort

Tabelle aus: (*Harbort* 1999, S. 715)

Dennoch: Die Täter werden gelegentlich, wenn auch erst nach einer Vielzahl von Morden, gefasst. Bis dahin hat aber irgendetwas im Abwehrmechanismus der Gesellschaft nicht funktioniert, bis dahin ist freilich auch nachlassende Wachsamkeit und Vorsicht bei den Tätern erkennbar, die ihre Immunität ihrer eigenen Gerissenheit zuschreiben, während es doch oft nur Glück oder die Unzulänglichkeit der anderen ist.

2.9 Eine Krankheit

2.9.1 Wer oder was ist krank?

Wie sind Krankheit und Gesundheit zu definieren? Ist krank, wer leidet? „Ist krank, wer behandlungsbedürftig ist? Spielt auch die seelische Deformierung eine Rolle?“ (*Hoffmann/Musolff* 1996, S. 72) Ist krank „böse“? Und was ist dann krankhaft? Macht das Motiv das Böse aus? Und wie ist es, wenn kein Täter auszumachen ist? Wie bereitwillig erfinden wir dann eine Ursache oder finden einen Täter?

Der Krankheitsbegriff löst Assoziationen aus, die in eine falsche Richtung führen können. Wenn jemand als „krank“ bezeichnet wird, gehen automatisch die Gedanken in die Richtung: Er ist nicht verantwortlich, er gehört in eine ärztliche Behandlung. Und mit hoher Wahrscheinlichkeit taucht auch der Gedanke auf: Die Krankheit hat eine biologische Ursache.

Aber Gesundheit und Krankheit sind Kategorien, die auch für das Unbewusste, und nicht nur für den Körper allein, gelten. Und es geht insbesondere um die Fähigkeit, Impulse kontrollieren und Konsequenzen abschätzen zu können, die eine bestimmte Handlung nach sich zieht.

Analog den Ansätzen von *Freud* sind Parallelen zu erkennen zwischen den paarweisen Betrachtungen von Krankheit und Gesundheit, Abnormität und Normalität, Kriminellen und Nichtkriminellen. Angepasstes, „normales“ Verhalten wie auch unangepasstes, „abnormes“ Verhalten können gleichermaßen Ausdruck für psychische Gesundheit beziehungsweise Krankheit sein. Letztlich gibt es keine klare Trennlinie zwischen dem Gesunden und dem Kranken, zwischen dem „normalen“ und dem „anormalen“ Verhalten.

Bereits an dieser Stelle ist es offensichtlich, dass sich in vielen Fällen trotz des Charakters der Delikte, aber sehr wohl aufgrund ihrer Planung und Motivierung, der besonderen Tatumstände, aufgrund der Durchführung und Absicherung, noch dazu bei Berücksichtigung des Rechtsverständnisses, wie der vorhandenen allseitigen Orientierung und Erinnerungsfähigkeit der meisten Täter bei ihnen kein Krankheitswert feststellen lässt.

2.9.2 Das kranke Hirn

Einige Psychologen stimmen in einem Punkt überein, wenn man von der Ansicht ausgeht, dass die Gräuel der Serienmörder ihren Ursprung in einem „kranken Hirn“ finden.

Ein Großteil solcher Täter, nicht nur Serienmörder, so eine neurologische Untersuchungsreihe von *Lewis*, weist eine Schädigung des zentralen Nervensystems auf, die möglicherweise erst durch das Hinzukommen von exzessivem Alkoholkonsum und sozialen Defiziten den kritischen Punkt, den Auslösefaktor, erreicht.

Das meiste gewalttätige, kriminelle Verhalten beruht auf einer Kombination von Missbrauch und Traumatisierung in der Kindheit und einer Form physischen oder organischen Leidens, etwa Epilepsie, einer Verletzung, einer Art krankhafter Gewebsveränderung wie z. B. einer Zyste oder einem Tumor.

In einer anderen Studie an 15 zum Tod verurteilten inhaftierten Serienmördern stellte *Lewis* fest, dass ausnahmslos alle Untersuchten in der Vergangenheit eine Hirnverletzung erlitten hatten.

Angaben, inwieweit jedoch solche Hirnschädigungen und -verletzungen bei (sexuell motivierten) Serienmördern tatsächlich existent sind, wurden bislang ausschließlich in der Untersuchung von *Langevin* eingeholt. Die Gruppe, die sich einer computertomographischen Untersuchung unterziehen musste, bestand aus 13 Lustmördern, 13 „normalen“ Mördern und 13 sexuell-sadistischen Tätern, die keine Mörder waren. Anhand der hier erhobenen Befunde wurde festgestellt, dass bei etwa einem Drittel der sexuell motivierten Mörder eine meßbare Abnormität des rechtsseitigen Hirnes (rechter Temporallappen) vorlag. Dieselbe Veränderung wurde mit gleicher Häufigkeit bei den sexuellen Sadisten, die keine Mörder waren, diagnostiziert. Keiner der „normalen“ Mörder wies ein solches verändertes Bild auf.

Aus einer Studie von *Lange* und *DeWitt* aus dem Jahr 1990, in der 165 motivlos erscheinende Mörder und deren Taten aus den zurückliegenden 390 Jahren untersucht wurden, geht ebenfalls hervor, dass viele Serienmörder Kopfverletzungen oder organische Hirnschädigungen aufwiesen.

Beispiele für hirngeschädigte Serienmörder in Deutschland sind Fritz Haarmann in den frühen zwanziger Jahren, dessen Gehirn stellenweise mit der inneren Schädelhaut verwachsen war, Fritz Honka 1975, Joachim Kroll, der in einem Zeitraum von 7 Jahren im Ruhrgebiet 14 Menschen tötete und teilweise deren Fleisch aß und 1976 in Duisburg festgenommen wurde, oder der Fall des französischen Serienmörders Menesclou, an dessen Gehirn anlässlich einer Untersuchung Veränderungen beider Stirnlappen sowie der ersten und zweiten Schläfenwindung festgestellt wurden.

Neben den beschriebenen Hirnschädigungen geht man, entgegen der Annahme, dass einzelne Zentren im Gehirn für bestimmte Funktionen des menschlichen Handelns und Fühlens zuständig sind, von der neurobiologischen Hypothese aus, dass einerseits einzelne Zellorganisationen im Gehirn nachweisbar sind, die bestimmte Abläufe steuern. Andererseits muss aber eine mehrfache Verflechtung mit jeweils anderen Hirnbereichen, gerade auch bei der Steuerung des Sexualverhaltens (in diesem Fall das Zwischenhirn mit den beiden Komponenten Hypothalamus und limbisches System, das als hufeisenförmige Struktur u. a. maßgeblich an der Aufrechterhaltung und Regulierung der Körpertemperatur und der Steuerung von Reaktionen wie Schutzmechanismen des Kampfes oder der Flucht beteiligt ist) angenommen werden, so dass der Begriff des „steuernden Gehirnzentrums" nicht haltbar ist.

Diese offenbar komplexe Vernetzung verschiedener Hirnareale ist auch dafür verantwortlich, dass so genannte „stereotaktische" Operationen (chirurgische Eingriffe an vermuteten Sexualisierungszentren) bei Sittlichkeitsverbrechern als gescheiterte Modelle anzusehen sind.

2.9.3 Exkurs: Kastration

Und selbst Kastrationen, die allerdings zunehmend durch die Antiandrogenbehandlung ersetzt wurden, senkten das sexuelle Verlangen nur nach einem lang andauernden Prozess nachhaltig. Diese Methoden, bei denen ein sicheres Gelingen in vielen Fällen in Frage zu stellen war/ist, waren/sind oftmals begleitet von schwer kontrollierbaren Nebenwirkungen auf die Gesamtpsyche. „Operative und medikamentöse Behandlungen reduzieren zwar die Triebintensität, ändern jedoch nichts an der Triebrichtung; die von *Langelüddeke* im Jahr 1963 veröffentlichte geringe Rückfallquote von 2-5 % nach einer Kastration wurde bislang in neueren Untersuchungen von *Wille* und *Beier* aus dem Jahr 1989 nicht widerlegt. Wegen der Irreversibilität des Eingriffes, der nicht auszugleichenden Nebenwirkungen und der weniger als therapeutischen, sondern mehr als Schutz- und Vergeltungsmaßnahme anzusehenden Operation werden Kastrationen kaum noch durchgeführt (in den letzten zehn Jahren in der Bundesrepublik Deutschland 5 Eingriffe jährlich)." (*Nedopil* 1996, S. 146)

Hierzu beschreibt *Heim* diesen körperlichen Eingriff der Kastration als „eine Maschine niedersausender Äxte und Fallbeile", die „das gefrorene Meer in ihm (dem Patienten, d. Verf.) zum Dröhnen und Spalten gebracht und das ungezügelt Triebhafte, das vorher eiskalt seine Opfer vernichtend überflutete, in haltbare Bahnen gelenkt (...) hat", als „das Mittel, sich aus den Fesseln einer abnormen Sexualität zu befreien". Es gelingt jedoch oftmals erst, mit chemischen Mitteln (z. B. Androcur) die sexuelle Erregbarkeit abzutöten. Es zeigt sich aber auch, dass menschliche Erotik im Grunde nicht zerstörbar ist – erotische Vorlieben bleiben für den Kastrierten immer noch psychische Realität. Auch büßt er seine sexuelle Leistungsfähigkeit nicht ein. Die sexuelle Kastrationswirkung hängt also auch von suggestiven Faktoren ab. Der Sexualstraftäter, der von sich aus bereit ist, auf seine Sexualität zu verzichten, wird nach der Kastration auch einen drastischen Verlust seiner sexuellen Leistungsfähigkeit erleben, während der Vergewaltiger, der sich innerlich von der Eunuchisierung distanziert, seine erektive Potenz eher über die Operation hinwegretten kann. Damit ist gesagt, dass Kastrierte noch ein vielfältiges Sexualleben haben können. „Die weit verbreitete Vorstellung, dass durch den Eingriff sexuelles Verhalten unmöglich gemacht oder der Geschlechtstrieb gar ausgelöscht wird, ist irrig. Tatsache ist, dass die Auswirkungen der Kastration auf die sexuelle Ausdrucks- und Erlebnisfähigkeit im Einzelfall nicht vorhersehbar sind. Insofern bleibt die Folge des chirurgischen Eingriffs spekulativ. Mit absoluter Sicherheit wird nur erreicht, dass der Täter nicht mehr in der Lage sein wird, Kinder zu zeugen. Ansonsten ist das Spektrum sexueller Verhaltensweisen recht breit. Etwa die Hälfte, vor allem Pädophile, stellt innerhalb eines Jahres die sexuelle Betätigung ein; ebenso viele, vor allem Vergewaltiger, sind aber noch über Jahre oder Jahrzehnte nach der Operation erektions- und orgasmusfähig. Am ehesten ist bei Männern, die zum Zeitpunkt der Kastration älter als 45 Jahre sind, zu erwarten, dass die sexuelle Funktionsfähigkeit stark beeinträchtigt wird." (*Heim* 1998, S. 163 f.)

Nichtsdestotrotz tritt nur eine verschwindend geringe Zahl derer, die einen genannten Hirndefekt aufweisen, als Serienmörder auf. Es scheint auch schwer begreiflich, warum ausgerechnet ein Hirnschaden, unter Umständen auch durch Misshandlung hervorgerufen, eine solche Verhaltensweise wie Serienmord ans Tageslicht befördern sollte. In diesem Zusammenhang soll bezüglich der strafrechtlichen Verantwortlichkeit erwähnt werden, dass bisher erst ein Drittel aller jemals in den USA angeklagten Serienmörder auf Unzurechnungsfähigkeit plädiert haben - und von denen zwei Drittel erfolglos.

2.9.4 Psychische Erkrankungen

Es ist bis heute noch nicht gelungen, Ursachen für psychische Erkrankungen eindeutig zu bestimmen. Bei der überwiegenden Anzahl der psychischen Krankheiten, die als Neurosen, Persönlichkeitsstörungen, Süchte oder Psychosen auftreten und die alle bestimmte Symptome aufweisen, wirken selten einer, meistens mehrere Einflussfaktoren zusammen. Man geht davon aus, dass sowohl genetische als auch soziale Komponenten (Schule, Familie, Beruf) im Zusammenwirken psychisch krank machen können.

Bei diesen seelischen Erkrankungen, bei denen die Fähigkeit, mit den üblichen Lebensanforderungen zurecht zu kommen, erheblich gestört ist und die nicht aus eigener Kraft alleine bewältigt werden können, ist eine ärztlich-therapeutische Hilfe unbedingt erforderlich.

Die über 200 bekannten psychischen Erkrankungen werden nach spezifischen diagnostischen Richtlinien definiert, die internationale Gültigkeit besitzen und zum einen im so genannten „Diagnostischen und statistischen Manual psychischer Störungen der American Psychiatric Association (DSM-I von 1952, DSM-II von 1958, DSM-III von 1980, DSM-III-R von 1987 und DSM-IV von 1994)“ und zum anderen in der „WHO-ICD-1 bis 10“, der „Internationalen Klassifikation psychischer Störungen der Weltgesundheitsorganisation“, aufgelistet werden.

Nach den DSM-III-R und DSM-IV werden psychische Erkrankungen oder Störungen definiert als „klinisch bedeutsames Verhaltensmuster, das bei einer Person vorliegt und mit einem schmerzhaften Symptom oder einer Behinderung oder einem bedeutsam erhöhten Risiko, Tod, Schmerz oder Behinderung zu erleiden oder einem wichtigen Verlust an Frieden zu erfahren, einhergeht“. In der „WHO-ICD-10“ wird unterschieden zwischen nicht-organischen sexuellen Funktionsstörungen (Verhaltensauffälligkeiten mit körperlichen Störungen oder Faktoren), Störungen der Geschlechtsidentität (Transsexualität und Transvestismus) und Störungen der Sexualpräferenz (Fetischismus, Exhibitionismus, Voyeurismus, Pädophilie und Masochismus).

Harbort stellt in seiner Studie fest, „dass bei 88,5 % der Probanden Persönlichkeits- und Verhaltensstörungen nach dem WHO-ICD-10 vorlagen. Die am häufigsten diagnostizierten Merkmale waren: Emotionale Labilität, Gemütsarmut, Verantwortungslosigkeit, egoistisch/egozentrische Grundhaltungen und eingeschränkte Impulskontrolle.“ (*Harbort* 1999, S. 649)

Krankhafte seelische Störungen sind neben den von außen verursachten, den so genannten exogenen Psychosen, die auf eine körperliche Erkrankung, auf eine oft exzessive Einnahme von bestimmten Medikamenten oder anderen Substanzen, meist in Form von entsprechenden Vergiftungen auftretend, oder auf eine Gehirnerkrankung zurückzuführen sind, überwiegend von innen verursachte, so genannte endogene Psychosen, bei denen eine biologische Ursache und körperlich begründbare psychische Störungen zugrunde liegen.

2.9.5 Schizophrenie

Unter die Kategorie „endogene Psychose“ fällt auch der Begriff der Schizophrenie. Der aus dem Griechischen stammende Name bedeutet so viel wie „gespaltener Verstand“ und wurde vom Schweizer Psychiater *Bleuler* im Jahr 1911 kreiert. Schizophrenie, bei der es sich eigentlich um keine klar abgegrenzte Krankheit handelt, drückt aus, dass Menschen zwischen Realität und Irrealität nicht (mehr) unterscheiden können, unter dieser Spaltung von verschiedenen psychischen Funktionen leiden, und dass dieser Zustand zwangsläufig zur Pflegebedürftigkeit führt.

Das Wissen um die Ursachen dieser schubweise verlaufenden Erkrankung, aus der sich keine klare Gesetzmäßigkeit in ihrem Verlauf ableiten lässt, ist derzeit immer noch gering. Die Krankheit kommt dann zum Ausbruch, wenn mehrere Faktoren – genetische Voraussetzungen/familiäre Konstellation/psychische Belastungen im Laufe des Lebens/situative Auslösungsreize – zusammentreffen.

Die Wahrnehmung kann so gestört werden, dass tatsächlich irrelevante Merkmale eines Umstandes bedeutend werden und zu einem Wahn führen können, so dass der Patient glaubt, diese Merkmale würden eine besondere, unheilvolle Bedeutung erlangen, die gegen ihn selbst gerichtet ist. Denken, Fühlen und Wollen sind während einer akuten Phase nicht in Übereinstimmung.

Man spricht auch von einer „doppelten Buchführung“, was bedeutet, dass zum einen bestimmte Dinge noch funktionieren, gleichzeitig aber die feste Überzeugung besteht, dass dies alles durch eine fremde Macht gesteuert wird. So lebt der schizophren Erkrankte in „zwei Wirklichkeiten“: Die „reale Wirklichkeit“ entspricht dem normalen Verständnis und Empfinden der Normalbevölkerung; in der „zweiten Wirklichkeit“ erfahren die Patienten Dinge und nehmen Sinneseindrücke wahr, die Gesunde nicht nachvollziehen können.

Die neuere Psychologie beschreibt die Schizophrenie nicht unbedingt als die „gespaltene Persönlichkeit“, sondern vielmehr als die „zerfallene Persönlichkeit“.

1-2 % der gesamten Weltbevölkerung leidet an Schizophrenie, wobei bei etwa einem Viertel der Fälle nur eine einzige akute Phase auftritt. Bei ca. 5% der Kranken tritt im Laufe von Jahren keine Besserung der Symptomatik ein. Beim restlichen Anteil kommt es zu schubweisen Rückfällen, wobei keine Diagnose möglich ist, ob oder wann es sich um den letzten Schub gehandelt haben könnte – genauso wenig wie eine Diagnose über die Schubintervalle möglich ist, die nur wenige Wochen bis zu Jahren auseinander liegen können.

Die Quote der Neuerkrankungen in Europa beträgt etwa 150 pro 100 000 der Bevölkerung. Schizophrenie tritt bei allen Rassen und in allen Kulturen auf. Am verbreitetsten ist sie bei niedrigen sozialen Schichten in den Slums der Großstädte.

„Gewalt ist, entgegen weit verbreitetem Irrglauben, Vorurteil und Misstrauen in der Bevölkerung, nicht typisch für „durchschnittliche" Schizophrene." (*Füllgrabe* 1997, S. 339) Ergänzend hierzu lässt sich feststellen, dass Sexualmörder praktisch nie mit einer „schizophrenen Psychose" geschlagen sind. Nur bei einzelnen Tätern, von denen Serientötungen unter dem Einfluss „befehlender Stimmen" verübt worden sind, wurde eine „paranoide Psychose" diagnostiziert.

Dahingegen treten Unberechenbarkeit und Gefährlichkeit bei Schizophrenen dann auf, wenn sie Wahnvorstellungen unterliegen, in denen sie „betrogen, bespitzelt, sexuell belästigt, verhext oder magisch gequält" werden, und unter diesem Eindruck diejenigen angreifen, von denen sie glauben, dass sie gefährlich werden könnten und die sie für ihre Probleme verantwortlich machen. *Lindqvist* stellte im Jahr 1986 fest, dass bei mehr als 50 % aller Tötungsdelikte in Nordschweden die Täter an einer schweren psychischen Störung, zu der er auch die Schizophrenie zählt, litten; von diesen wiederum zeigten 40 % eine zusätzliche Suchtproblematik. Wichtig hierbei erscheint erneut der Umstand, dass die Erhöhung des Gewaltrisikos besonders während des Vorhandenseins eines Wahnes zu beobachten war. Auch *Wetzel* fand heraus, dass unter den von ihm untersuchten Massenmördern zwar 23 % an Schizophrenie litten, sie ihre Taten aber aus Verfolgungs- und Beeinträchtigungsideen begangen hatten, ohne dass hintergründige Triebkräfte verantwortlich waren.

Schizophrene Mörder weisen nach *Glaser* folgende Gemeinsamkeiten auf: 1. Bagatell- und Scheinmotive, 2. Besondere Grausamkeit und Kaltblütigkeit bei der Tat und unbeholfene Tatbegehungsweise sowie 3. Unberührtheit, Mangel an Reue und Gefühlskälte als Reaktion auf die Tat.

Schipkowensky unterteilt in vier Gruppen von schizophrenen Morden:

a) Die reinen schizophrenen Morde mit folgendem Ablauf: Unheimliche Spannung und Selbstvernichtungsdrang, Verschiebung auf die Außenwelt, Entsperrung der Mordfertigkeit, Entladung, Entspannung und entweder neues Suchen nach dem Glück der Menschheit oder schlagartige Ernüchterung, in der das „Absurde" mit Scham und Reue zur Kenntnis genommen wird.

b) Morde mit oberflächlichen, mehrdimensionalen Motiven, die die innere Unruhe als eigentliche Ursache verdecken.

c) Morde, bei denen die Schizophrenie nur den Widerstand gegen die Tat abbaut und die Kriminalität verstärkt.

d) Schizophrene Morde als unverständliche Reaktionen auf äußere Erlebnisse.

„Ein weiterer Faktor, der Schizophrenie aggressiv werden lässt, stellt die Flut von auftretenden Reizen dar, die die Betroffenen nicht mehr ordnen können." (*Füllgrabe* 1997, S. 339)

Wenn schizophrene Patienten sexuelle Gewalttaten begehen, dann aus sozialer Isolation heraus, aufgrund der Verarmung der zwischenmenschlichen Kontakte oder aufgrund der krankheitsbedingten Veränderung ihrer Persönlichkeit.

Heute ist man in der Ursachenforschung der Ansicht, dass Schizophrenie Krankheit und soziales Abweichen zugleich ist. Der Mensch verhält sich anders, als er es in den Augen der anderen soll, aber er verhält sich auch anders, als vor Ausbruch einer Krankheit. Es besteht scheinbar eine genetisch bedingte Auffälligkeit für die Krankheit, die erst dann zum Ausbruch kommt, wenn ungünstige, stressbedingte Faktoren auftreten wie z. B. ein gestörtes Familienverhältnis oder Partnerprobleme.

Die Schizophrenie tritt meistens zwischen dem 18. und 30. Lebensjahr auf. Die meisten Menschen, die an ihr leiden, sind Frauen; bei Männern zeigt sie sich oft schon in der Pubertät, während sie bei Frauen überwiegend zwischen dem 20. und 30. Lebensjahr durchbricht.

Aus der Vielzahl der Unterformen der Schizophrenie geht die paranoide Schizophrenie als die häufigste Form hervor. Deren Symptome sind Wahn, Halluzinationen und Ich-Störungen.

a) Wahn:

Dies ist ein Krankheitszustand mit verfälschten Bewusstseinsinhalten, eine unkorrigierbare Überzeugung über oder von etwas, an der starr festgehalten wird. Er tritt in verschiedenen Formen, etwa als Verfolgungs-, Vergiftungs-, Größen-, Schuld-, Liebes-, Eifersuchts-, Beobachtungswahn oder körperbezogener Wahn auf. Der unter Wahnvorstellungen Leidende ist von der Realität ihrer Inhalte überzeugt, in seiner Persönlichkeit jedoch nicht weiter eingeschränkt; üblicherweise arbeitet er und erledigt seine täglichen Pflichten unbeeinträchtigt. Problematisch sind aber seine sozialen und ehelichen/partnerschaftlichen Beziehungen, denn die Menschen, die ihm nahe sind, stehen entweder im Mittelpunkt seiner Wahnvorstellungen oder sie sind vertrauenswürdige Zuhörer, die gezwungen sind, seine traurige Geschichte ständig hören zu müssen. Im Wahn wird die Realität in eine leichter erträgliche Lebensform gebracht, im Wahn wird ausgelebt, was die Realität versagt. Im Wahn wird eine virtuelle Scheinwelt aufgebaut, die den Verlust wieder aufhebt und ein neues Gleichgewicht herzustellen versucht. Im Wahn kann ausgelebt werden, was das reale Leben nicht bietet.

b) Halluzinationen:
Hierunter sind Wahrnehmungen zu verstehen, die jemand entweder ohne entsprechende Sinnesreize von außen (man spricht dann von positiven Halluzinationen) hat oder die ohne das Fehlen von Wahrnehmungen bei vorhandenen Reizen von außen (hier spricht man von negativen Halluzinationen) auftreten. Z. B. hört ein Mensch Stimmen, ohne dass jemand spricht. Diese Wahrnehmungen besitzen manchmal eine solche Macht über den Menschen, dass er alles tun wird, was die Stimmen ihm befehlen. Man unterscheidet Geruchshalluzinationen, akustische oder optische Halluzinationen. Sie werden oft als Begleiterscheinungen von hohem Fieber, von Epilepsie und von Migräneanfällen, gelegentlich auch im Zusammenhang mit erhöhter Erregung und religiöser Ekstase beobachtet. Halluzinationen sind nicht zu verwechseln mit Illusionen, bei denen es sich um verzerrte Wahrnehmungen tatsächlich vorhandener Reize handelt. Menschen, die unter ausgeprägten Halluzinationen leiden, beispielsweise nicht nur unter akustischen, sondern auch unter Körperhalluzinationen, wähnen sich gelegentlich vom Bösen besessen. Halluzinationen können zu quälenden Schmerzen werden, die mit herkömmlichen Schmerztherapien nicht zu beherrschen sind – die Betroffenen fühlen den Satan leibhaftig in sich, er bewohnt sie.

c) Ich-Störungen:
Es handelt sich hier um Symptome, die oft aus frühen abnormen Beziehungen zwischen Mutter und Kind resultieren und die die Grenzen des eigenen Ichs scheinbar auflösen. D. h., dass der Mensch in seinen eigenen Grenzen nicht geschützt ist. Beispielsweise ist man davon überzeugt, dass die eigenen Gedanken nicht mehr die eigenen sind, sondern dass sie manipuliert, von draußen gelenkt oder angezapft werden. Die betroffenen Menschen fühlen sich durch andere gesteuert, sie sind sich der Herkunft ihrer eigenen Gedanken nicht sicher und wähnen, dass diese beeinflusst werden, ihnen von außen beliebig eingegeben oder wieder entzogen werden können, bisweilen auch unvermittelt abbrechen und abreißen durch den Einfluss fremder Mächte. Psycho-tische Menschen fühlen sich durchlässig, für Einflüsse und Blicke von außen und durch andere Personen. Sie fühlen sich, als ob ihr Inneres und ihre Gedankenwelt einsehbar wären von jedem beliebigen anderen Menschen. Es gibt keine schützende Grenze zwischen ihnen selbst und der Umwelt. Sie fühlen sich wie in Zellophan eingewickelt, durchsichtig, ihr Inneres allen Blicken ausgesetzt.

Neben dieser Auflistung gibt es weniger spezifizierte, für die kriminologische Bewertung aber wichtige Diagnosen für psychisch abnorme Personen – für Psychopathen nämlich, die durch antisoziales Verhalten auffallen. Sie sind zwar nicht krank im medizinischen Sinne, da sie nach den geltenden Regeln „nur eine Extremgruppe mit geringem Krankheitswert" darstellen. Aber ihr Verhalten wird als weit außerhalb der gesellschaftlichen Norm stehend empfunden, und sie werden deshalb oft in Konflikt mit dem Gesetz geraten.

2.9.6 Die Multiple Persönlichkeit

Die Diagnose „Multiple Persönlichkeit", im angloamerikanischen Raum als „Multiple Personality Disorder – MPD –" bezeichnet, darf nicht mit Schizophrenie verwechselt werden. Bei der Schizophrenie glaubt der Betroffene z. B. Stimmen zu hören, fühlt sich von Radarstrahlen belästigt oder hält sich für zwei Personen, ohne dass sich hierbei die körperliche Erscheinung ändert.

Bei der „Multiplen Persönlichkeit" handelt es sich um eine **eher selten** auftretende psychische Störung, bei der in einem Menschen zwei oder mehrere unterschiedliche, eigenständige Persönlichkeiten existieren. Zu jedem Zeitpunkt beherrscht eine dieser Persönlichkeiten das Verhalten, d.h. zu einem Zeitpunkt ist jeweils nur eine sichtbar. Bei der häufigsten Form mit zwei Persönlichkeiten ist meist eine von beiden dominant, keine hat Zugang zu den Erinnerungen der anderen, und die eine ist sich der Existenz der anderen fast nie bewusst. Für diese Störung ist charakteristisch, dass der Betroffene von einem Persönlichkeitszustand in einen anderen hinüberwechseln kann. Dieser Wechsel, in der modernen Psychologie als „Switch" bezeichnet, vollzieht sich von der einen Persönlichkeit zur anderen beim ersten Mal gewöhnlich plötzlich und ist eng mit traumatischen Erlebnissen verbunden. Spätere Wechsel sind oft begrenzt auf dramatische oder belastende Ereignisse.

Diese einzelnen Persönlichkeiten verfügen über eine einzigartige Identität, einen eigenen Namen, eigene soziale Beziehungen, Verhaltensmuster und sogar über typische Gehirnwellenaktivitäten. In einigen Fällen entwickeln sich Charaktere, um dem Menschen zu helfen, mit einer schwierigen Lebenssituation fertig zu werden. Die unterschiedlichen Persönlichkeiten entstehen ganz plötzlich aus stressreiche Erfahrungen heraus. Bei den betroffenen Menschen, insbesondere im Verlauf von therapeutischen Sitzungen (wie beispielsweise nach Anwendungen von Hypnose oder Selbsthypnose), verändern sich plötzlich und unerwartet deren Mimik, Gestik und Sprache. Sie sprechen über ihre primäre Persönlichkeit in der dritten Person und zeigen Amnesie für ihre anderen Persönlichkeiten nach Beendigung der Hypnose. So entsteht der Eindruck, dass man einen völlig anderen Menschen vor sich hat. Häufig sind die unterschiedlichen Persönlichkeiten bzw. Persönlichkeitszustände abwechselnd präsent und haben wenig oder gar keine Kenntnis voneinander.

Bei Betroffenen handelt es sich oft um körperlich misshandelte oder sexuell missbrauchte Personen, die sich eine andere Wirklichkeit konstruieren und sich so darin einleben, dass sie zum Ersatz der tatsächlichen Realität wird.

Ursachen dieses psychologischen Phänomens werden **in verschiedenen Thesen definiert**:

So geht *Schreiber* in Anlehnung an *Freuds* Psychoanalyse davon aus, dass der Mensch durch ein frühkindliches Trauma Teile seiner ursprünglichen Persönlichkeit abtrennt, um die unerträgliche Situation, die durch das traumatische Erlebnis hervorgerufen wurde, ertragen zu können. Durch eine Therapie werden schließlich die abgetrennten Teile aus dem Unterbewussten, aus dem Verdrängten, aus dem Vergessen, hervorgeholt, die dann als die „verschiedenen Persönlichkeiten" auftauchen.

Millon ergänzt diese Erklärung: Bei „Multiplen Persönlichkeiten" handelt es sich um „extrem seltene Fälle, in denen die psychische Aufmachung, das „Make-up", in zwei oder mehr getrennte und autonom funktionierende Einheiten umorganisiert ist".

Taylor und *Martin* sehen „Multiple Persönlichkeiten" als tatsächlich existierendes Phänomen; sie sprechen von einer „Rolle, in der ein Muster, eine Organisation oder ein Lebensentwurf recht gut in das Selbst integriert ist". Diese Rolle wird „immer stärker und vielfältiger, bis sie eine mehr oder weniger bestimmende, unterschiedliche Persönlichkeit wird". Der Betroffene lernt, seine Lebensgeschichte zu organisieren und auszuschmücken, so dass sie mit den Vorstellungen übereinstimmt, die man von einer „Multiplen Persönlichkeit" hat.

In der Literatur lässt sich auch leicht feststellen, dass Multiple Persönlichkeiten in den letzten Jahrzehnten immer nach hypnotischen Maßnahmen auftraten. Solche stark lenkende Maßnahmen im Rahmen einer Diagnose von Multiplen Persönlichkeiten sind längst zur Routine geworden.

Das menschliche Verhalten in bestimmten Situationen zeigt, dass das Phänomen der Multiplen Persönlichkeit auch im Alltag, wenn auch in quantitativ schwächerer Form, auftreten kann – jeder Mensch kann je nach Situation unterschiedliche Rollen am selben Tag spielen.

Manche Multiple Persönlichkeiten sind Psychopathen, die darin geschickt sind, ihre Selbstdarstellung zu ändern mit dem Ziel, andere zu manipulieren. Andere Multiple Persönlichkeiten wiederum sind selbst unsichere, unglückliche Menschen, die sehr viel darin investieren, um Interesse, Besorgnis und Billigung zu gewinnen.

Dennoch ist es nichts Außergewöhnliches, dass sich traumatisierte, also unglückliche oder gehemmte Menschen plötzlich befreit fühlen und sich hierbei ihre nonverbalen Signale umkehren. Veränderungen menschlichen Verhaltens und Aussehens sind demnach völlig plausibel, wenn sie von Personen unbewusst erzeugt oder wahrgenommen werden. Ein Mensch zeigt zu unterschiedlichen Zeiten und in verschiedenen Situationen unterschiedliches Verhalten: Die Persönlichkeit lässt sich nicht mit einem einzelnen Wort auf irgendeiner „Persönlichkeitsskala" beschreiben.

Die Gefahr, dass eine „Multiple Persönlichkeit" vorgetäuscht wird, besteht dann, wenn diese Veränderungen von Verhalten und Aussehen bewusst hervorgerufen werden. Von vielen Gewalttätern, insbesondere von Serien- und Massenmördern in den USA, wird die Diagnose „Multiple Persönlichkeit" als Grund ihrer Taten angeführt, um eine Erklärung ihrer Unzurechnungsfähigkeit zu erzielen. Hier weist *Spanos* eränzend hin, dass viele „Multiple Persönlichkeiten" ursprünglich als Psychopathen klassifiziert wurden. Und viele „Multiple Persönlichkeiten" sind Psychopathen, die geschickt ihre Selbstdarstellung verändern, um andere zu manipulieren.

Zudem führt *Loftus*, Psychologin auf dem Gebiet der Erinnerungsforschung, an, dass sich traumatisierte Personen immer sehr gut an den Vorfall erinnern – Alpträume sind hierfür Anzeichen. Hypnosen, so *Loftus*, können falsche Erinnerungen erzeugen: Von sexuellem Missbrauch bis hin zu satanischem Kult. Und obwohl es keinerlei Beweise dafür gibt, halten die Personen ihre Erinnerungen für wahr.

So stellt sich nach *Füllgrabe* das Phänomen der „Multiplen Persönlichkeit" als eine „Tragikomödie der Täuschung und Selbsttäuschung" dar.

2.10 Das angeborene Mörderchromosom: Hat Lombroso doch Recht?

Darüber hinaus gibt es wissenschaftliche Theorien, die von einer bestimmten genetischen Voraussetzung für aggressives Verhalten ausgehen.

Im Jahr 1935 untersuchte *Stumpfl* die Beziehung zwischen **Erbanlage und Verbrechen**. Hierbei stellte er fest, dass in so genannten „Verbrecherfamilien" die Zahl der Verbrecher unter den Nachfahren größer ist als in der Restbevölkerung. In diesem Zusammenhang stellte *Stumpfl* auch seine „biologische Partnerregel" auf, die besagt, dass Verbrecher ihre Frauen bevorzugt in ebenfalls mit Kriminalität belasteten Familien finden.

Und auch *Telfer* hat die These aufgestellt, dass Erbgut und Mordlust in einem kausalen Zusammenhang stehen, wobei er sich dabei auf die Ergebnisse der modernen Chromosomenforschung beruft.

So spielt die so genannte „XYY“-Chromosomenaberation eine Rolle, die die Annahme bestätigen würde, dass Männer in puncto Serienmord Frauen gegenüber deutlich dominieren.

Diese Theorie des „Mörderchromosoms“ findet ihren Ursprung in den sechziger Jahren, als anlässlich einer Untersuchungsreihe von 197 inhaftierten gemeingefährlichen Verbrechern einer schottischen Sicherungsanstalt festgestellt wurde, dass bei ca. 4 % der Probanden ein zusätzliches Y-Chromosom vorhanden war. Die verantwortlichen Wissenschaftler *Jacobs*, *Brunton* und *Melville* gingen also davon aus, dass dies zu übersteigerten männlichen Eigenschaften, insbesondere zu einer übersteigerten Aggressivität, führen kann, da das Y-Chromosom nur bei Männern vorkommt, wohingegen Frauen zwei X-Chromosomen aufweisen.

Ebenso ist *Mergen* der Ansicht, dass sich bei XYY-Männern meist ein eigentümliches, uneinfühlbares Sexualleben findet, in dem neben Aggressivität und sadistischen Komponenten auch Charme, Manierlichkeit und Kontaktfähigkeit stehen. Diese Männer können plötzlich, so *Mergen*, alle Angepasstheiten verlieren und kriminell werden. Sporadisch auftretende Aggressionen, besonders im Sexualbereich, sind nicht selten.

Ergänzend hierzu die Meinung von *Moor*, die bei Untersuchungen festgestellt hat, dass zwei Prozent aus ihrer Probandengruppe von männlichen Sexualverbrechern eine XYY-Chromosomenkonstellation aufweisen.

Und auch *Abbas*, *Bishop* und *Fellon* haben diese Auswirkungen erforscht und festgestellt, dass das überzählige Y-Chromosom als ererbte Anlage für gewalttätiges Verhalten (wie z. B. Mord und Vergewaltigung) verantwortlich ist.

Diese **Chromosomenanomalie** beruht auf der These von der „angeborenen Kriminalität“, die besagt, dass jeder Mensch in seiner genetischen Ausstattung 46 Chromosomen hat, XYY-Personen aber zusätzlich noch ein 47., ein männliches Chromosom.

Doch die fortgeschrittene Psychologie hat mittlerweile bewirkt, dass solche Feststellungen bezüglich eines „Mörderchromosoms“, wie sie *Murken* 1973 getroffen hat, genauso überholt sind wie die Verhaltenstheorie von *Lorenz* aus dem Jahr 1963, die besagt, dass jedem Menschen ein unausweichlicher Aggressionstrieb, das „so genannte Böse“, angeboren ist.

Der voreilige Schluss war, dass dieses zusätzliche Y-Chromosom erhöhte Aggressivität und Kriminalität erzeuge. Die Aussagekraft dieser letztlich irrigen These wurde dadurch beeinflusst, dass sie nur an einem geringen Anteil von XYY-Personen untersucht und benutzt wurde. So wurde u. a. zwar festgestellt, dass die untersuchten XYY-Personen einen geringeren IQ aufwiesen als der Durchschnitt in der Gesamtbevölkerung. Dennoch wurde außerhalb dieser Untersuchungsreihe eine große Streuung des IQ bei XYY-Personen, die von weit unterdurchschnittlich bis weit überdurchschnittlich reichte, beobachtet. Der IQ kann demnach nicht als Aspekt der Gefährlichkeit von XYY-Personen benutzt werden. Ähnliche Beobachtungen wurden hinsichtlich der Körpergröße gemacht, so dass auch dies nicht als Auswahlkriterium herangezogen werden kann.

Die Problematik liegt darin, dass aufgrund der Komplexität der Sexualität ein einzelnes bestimmendes Gen bzw. dessen spezifische Veränderung nicht bekannt und wohl auch nicht zu finden ist, das allein für das menschliche Sexualverhalten im Allgemeinen, für das sexuell abweichende Verhalten im Speziellen, verantwortlich gemacht werden kann.

Letztlich gelangte u. a. auch *Zerbin-Rüdin* zu dem Ergebnis, dass das „Gen für die Kriminalität und die Verbrecherpersönlichkeit" nicht existent ist.

2.11 Der Weg nach unten

Dieser Weg ist oftmals vorgezeichnet.

Ein Gedankenmodell zu einer möglichen Theorie über den Weg des Serienmörders ist das von *Burgess / Hartman / Ressler / Douglas / McCormack*. Sie stellen die nachfolgenden fünf Elemente in diesem Modell fest:
1. Unwirksame soziale Kontrolle, 2. Prägende Ereignisse, 3. Vorgeformte, stereotype Reaktionen, 4. Gegen andere gerichtete Handlungen und 5. Feedback-Filter.

a) **Unwirksame soziale Kontrolle:**
Den späteren Mördern fehlte der Anschluss an ihre Familie, insbesondere an die Familienmitglieder, die eigentlich ihr Leben entscheidend mitbestimmen und mitprägen sollten. Oftmals resultierte dieser Umstand aus dem missbrauchenden, zurückweisenden und achtlosen Verhalten ihrer Eltern bzw. Erzieher.

b) **Prägende Ereignisse:**
Traumatische Erlebnisse im frühen Alter wie z. B. körperlicher oder sexueller Missbrauch prägen die Gedankenmuster und das soziale Leben der Mörder. Ihre Gedanken bleiben auf diese Traumata fixiert, so dass sie sich hilflos fühlen (müssen). Daraus entstehen aggressive Phantasien, in denen sie Dominanz und Kontrolle, die eigentlich weit von jeglicher Realität sind, erreichen. Diese Konsequenz führt zu Fehlern in ihrer weiteren normalen Entwicklung und zur Unfähigkeit, erfüllte und befriedigende zwischenmenschliche Beziehungen einzugehen.

c) **Vorgeformte, stereotype Reaktionen:**
Als Antwort auf diese frühen Ereignisse entwickeln Mörder in erster Linie negative, unfreundliche Charaktereigenschaften, u. a. Wunsch nach sozialer Isolation und Vorliebe für autoerotische Handlungen. Zudem sehen sie die Welt als feindselig an; diese Feindseligkeit muss

um jeden Preis bekämpft werden, ohne Rücksicht auf mögliche Beeinträchtigung anderer.

d) **Gegen andere gerichtete Handlungen:**
Die Gedanken und auch die Handlungen der Mörder, die sie gegen andere richten, basieren auf dem Element der Beherrschung. Grausamkeiten gegen Tiere oder andere Kinder während der Kinderzeit entwickeln sich mehr und mehr in gewalttätigere Verhaltensweisen im späteren Erwachsenenleben.

e) **Feedback-Filter:**
In seiner sozialen Isolation ist der Mörder stolz auf seine Gewalttätigkeiten und rechtfertigt diese sich gegenüber. Mit zunehmenden Tätlichkeiten wird er seine Fehler verbessern und seine Phantasien erhalten und verfeinern.

2.11.1 Schritt für Schritt: Phasenmodelle

Derzeit existieren drei Modelle, die die verschiedenen Phasen, die der Serienmörder im Laufe seiner Entwicklung durchschreitet, beschreiben.

a) **Vier-Phasen-Modell nach Füllgrabe:**

Ein sadistischer Mord läuft nach *Füllgrabe* (1992, s.S. 307 ff.) in vier Phasen ab: „In der ersten Phase wird an den Mord gedacht. Der Mordplan nimmt Gestalt an. Der Mörder, der sich seiner sadistischen Phantasien bewusst ist, plant auch sein Verbrechen bewusst. Er spielt die Tat in seiner Phantasie durch. Diese Phantasie beinhaltet Gewalt, Folter, Sexualität, aber auch das Schicksal des Opfers. Für den Mörder, der sich seiner sadistischen Phantasien nicht bewusst ist, kann eine Person oder eine Situation des Hinweisreizes zum Glauben an die Ungerechtigkeit der Welt verhelfen. Der Täter fühlt sich ungerecht behandelt. Er sagt später z. B. dazu: Sie haben mich ausgelacht! Dieses Gefühl dient als Rechtfertigung zum Töten. Der Mörder, dessen Tat durch einen situationsbedingten Reiz ausgelöst wurde, sagt häufig, dass er sich zwar an den Mord selbst, aber nicht an die Vorgänge vor dem Mord erinnern könne. Er befand sich in einer gefährlichen Situation, und er handelte mit explosiver Wut: Sie schrie, und ich erwürgte sie.

In der zweiten Phase wird der Mord ausgeführt. Mit der Auswahl des Opfers beginnt das Ausleben der Phantasie. Das Opfer kann symbolisch für irgendeine Person in der Lebensgeschichte des Täters stehen (...). Auch gewisse Handlungen des Opfers können die mordfördernde Phantasie auslösen. (...) Wenn keine Planung vorliegt, kann gelegentlich die innere Unzufriedenheit oder eine Verstimmung (...) zur spontanen Auswahl eines Opfers führen. (...) Beim Töten des Opfers kommt der Täter von der Ebene der Phantasie zur Ebene der Realität, die ganz anders aussehen kann, als er sich die Abläufe vorgestellt hatte. Es kann sein, dass das

Opfer nicht so stirbt, wie der Täter es plante. Der Täter muss mehr Gewalt anwenden, er hat mehr Angst als erwartet oder er kann darüber erstaunt sein, dass er sich erregt fühlt. In dieser zweiten Phase erleben einige Täter ein Hochgefühl. Sie haben die Normen verletzt, sie haben getötet. Sie erleben das Gefühl der Dominanz und sie meinen, sie hätten Kontrolle über alles. Der große Einfluss der Phantasie während des Mordes wird durch den Modus Operandi eines Fetisch-Diebes verdeutlicht: Dieser tötete seine Opfer nur dann, wenn er gestört wurde. Ihn trieb nicht die Angst, identifiziert zu werden. Er führte vielmehr in der Tat seine intensiven Phantasien aus. Die unerwartete Unterbrechung machte ihn wütend. Er handelte dann aus dieser Wut heraus und fühlte sich für diesen Mord gerechtfertigt.
In der dritten Phase hat der Mörder ein Problem zu lösen: Wohin mit dem Körper des Opfers? Einige Mörder bedecken den Körper des Opfers, waschen die Wunden oder sorgen für den Körper des Opfers – eine Reaktion, die Bedauern oder Sorge verrät. Einige Täter verstecken oder vergraben den Körper, andere legen ihn an einem öffentlichen Ort ab, in der Hoffnung, die Öffentlichkeit werde schockiert sein. Zweierlei ist bei der Zerstückelung der Leiche zu unterscheiden: Einerseits der praktische Nutzen, den das Zerteilen des Körpers bietet, um die Leiche leichter verstekken oder besser transportieren zu können, andererseits die Verstümmelungen als Teil der Phantasie. Im letzteren Fall werden die Handlungen in die Realität umgesetzt, die in der Phantasie positive Gefühle auslösen: Symbolische Muster des Schneidens (...), das Hinterlassen von Markierungen auf dem Körper des Opfers, das Abtrennen der Geschlechtsteile usw. Derartige Handlungen, aber auch Folterungen des Opfers durch Schlitzen, Schneiden, Brennen, Beißen, Ausreißen der Haare oder von Körperteilen sind nur verständlich, wenn man sich klar macht, dass der Täter gerade dadurch unlustbetonte Gefühle in positive, lustvolle Gefühle verwandelt, das Gefühl der Machtlosigkeit in das der Macht und Dominanz und ein geringes in ein hohes Aktivitätsniveau. (...) Allerdings kann es auch bei der Umsetzung der Phantasie in die Realität zu Enttäuschungen kommen. (...)
In der vierten Phase schließlich stellen sich einige Täter der Polizei aus Abscheu über das, was sie getan haben. Aber einer dieser Selbststeller ermordete nach seiner Freilassung acht weitere Frauen. Im Allgemeinen konzentriert der Täter seine Energie darauf, nachdem die Phantasie durch seine Tat zur Realität geworden ist, nicht gefasst zu werden. Es drängt ihn, seine Methoden für den nächsten Mord zu verbessern. Die Entdeckung der Leiche ist manchmal in die Phantasie eingebettet. Damit versucht der Mörder, sein Erregungsniveau aufrechtzuerhalten. Er ruft die Polizei an, schreibt ihr oder hält sich in der Zuschauermenge auf, wenn der Körper entdeckt wird."

b) Sieben-Phasen-Modell nach Harbort:
Serienmörder, insbesondere die von sadistischen Gewaltphantasien getriebenen Täter, durchlaufen nach Meinung von *Harbort* nachfolgenden siebenstufigen Entwicklungs- und Handlungszyklus:

„In der ersten Phase, der „Prägungsphase“, erleben die Täter schon in ihrer Kindheit spezifische Schlüsselreize wie z. B. das Beobachten von Tierschlachtungen oder das Befingern eines blutenden, wehrlosen Menschen. Diese Reize werden zu Beginn nicht als Teil der eigenen Sexualität verstanden, sondern vielmehr als „irgendwie erregend, merkwürdig angenehm“ oder als „komisches Gefühl“.

In der zweiten Phase, der „Entwicklungsphase“, die nach Tagen, Wochen oder gar erst nach Monaten beginnt, erleben die Täter die Geschehnisse der Prägungsphase gedanklich nach, beobachten gezielt solche Erlebnisse oder nehmen an solchen Erlebnissen aktiv teil. Durch die andauernde Wiederholung und zusätzliche Unterstützung in Form von Masturbation verfestigt sich der Impulsreiz und wird zum zentralen, bestimmenden Thema ihrer Gewaltphantasien. Einen anderen sexuellen Anreiz nehmen sie nicht mehr wahr oder blenden ihn bewusst aus.

In der dritten Phase, der „Verselbständigungsphase“, entwickeln die Täter eine ganz eigene spezifische Erlebniswelt, bestehend aus ritualisiertem abnormem Sexualverhalten wie z. B. Tierquälereien. Diese eigene Welt erfährt zunehmend ein Eigenleben und eine Eigendynamik und muss als eine Art Perversion angesehen werden. Parallel hierzu wird die eigene Persönlichkeit in „gut“ und „böse“ aufgespalten. Die Täter können ihr Verlangen, oft als „unheimlich, abstoßend“ oder „zwanghaft“, aber dennoch gleichzeitig als „lustvoll“ empfunden, nur noch heimlich stillen. Sie bauen ihre Phantasien aus, die nun erstmals die Tötung eines Menschen einschließen. Am Ende dieser Phase steht eine vollständige soziale Abkapselung; die Täter gelten als „eigenbrötlerische Sonderlinge“.

In der vierten Phase, der „Probierphase“, verspüren die Täter den Drang, ihre Phantasien in die Realität umzusetzen. Bis zu diesem Zeitpunkt sind in der Regel zehn oder mehr Jahre verstrichen. Die bislang entwickelten sexuellen Ersatzhandlungen werden unwichtig oder erscheinen ausgereizt – sie werden durch das Bestreben, sich selbst in die Tat einzubringen, sich selbst in der Tat zu erleben, nach und nach verdrängt und schließlich gänzlich ersetzt. Und nun unternehmen die Täter ihre ersten „Gehversuche“: Sie suchen gezielt nach geeigneten Tatorten, belauern ihre möglichen Opfer, verfolgen und greifen diese letztlich an, ohne jedoch die Tat zu vollenden; der Versuch einer Tötung unterbleibt, weil die Täter von dieser Eigendynamik überrascht sind, weil Phantasie und Wirklichkeit in krassem Missverhältnis stehen, weil das Opfer unerwartet Widerstand leistet, weil die Täter Angst vor plötzlicher Entdeckung haben.

In der fünften Phase, der „Umsetzungsphase“, begehen die Täter schließlich die erste vollendete Tat, denn sie haben zwischenzeitlich entsprechende Erfahrungen gesammelt und gelernt, sich auch auf nicht geplante, unerwartete Situationen einzustellen und mit ihrer Angst umzugehen. Die Tötung stellt den Höhepunkt der Phantasie, des sexuellen Verlangens, dar: Nämlich mit dem Opfer „alles machen“ zu können.

In der sechsten Phase, der „Vertiefungsphase“, zeigen sich die Täter aufgrund ihres erotischen und zugleich grüblerischen Nachdenkens über ihre eigene Abnormität und Gefährlichkeit und aufgrund ihrer Angst vor baldiger Entdeckung sowohl „erleichtert“ als auch „schockiert, betroffen, verängstigt“. Dieser Selbstfindungs- und Orientierungsprozess bewirkt, dass die nächste Tat erst in einem Abstand von durchschnittlich zweieinhalb Jahren erfolgt, wobei dieser Abstand durch eine positive Änderung ihrer Lebensumstände, z. B. durch das Eingehen einer dauerhaften (sexuellen) Beziehung, verlängert werden kann.

In der siebten Phase, der „Wiederholungsphase“, flammen die Tötungsphatansien erneut auf. Sie wird geprägt von drei Erfahrungen: 1. Die Täter erlangen keine sexuelle Befriedigung allein durch gedankliches Nachleben der Tat, die Faszination stumpft ab und der Genuss lässt sich nicht länger konservieren. 2. Einige Täter gewinnen den Eindruck, dass das eigentliche Triebziel, nämlich das Umsetzen der Phantasien in die Realität, nicht erreicht wurde. Hier liegt ein wesentlicher Beweggrund für den enormen Wiederholungsdrang. 3. Andere Täter gehen davon aus, ungeschoren davongekommen zu sein – und ungeschoren zu bleiben. Dies begünstigt eine neuerlich begangene Tat. Private und berufliche Konflikte können diesen Prozess beschleunigen. Und nach der zweiten Tat wiederholt sich dies wieder und wieder, wobei die Tötungshemmung durch eine Tatgewöhnung und eine sich schneller verbrauchende Phantasie überlagert und letztendlich vollständig ausgeblendet wird. Diese Spirale der Gewalt vollzieht sich dann oftmals in immer kürzer werdenden Abständen.“ (*Harbort* 1999, S. 717 f.)

c) Sieben-Phasen-Modell nach Norris:

Norris beschreibt folgende sieben Phasen der Entwicklung, die seiner Auffassung nach der „typische“ Serienmörder durchläuft:

Die „aura phase“ umschreibt den geistigen Zustand des Mörders, in dem der Zwang zum Töten anwächst. In dieser Phase zieht er sich aus dem reellen Leben zurück und beginnt, über seine beabsichtigte Tat zu phantasieren. Er sucht so Zuflucht in seine perverse Vorstellungswelt, in Tagträume von Tod und Vernichtung. Diese Phase kann Minuten oder Monate dauern, in der einige Mörder ihre Gefühle äußern können und sich bewusst sind, dass sie den Kontakt zur Realität verlieren oder schon verloren haben. Dennoch entsteht für Außenstehende der Eindruck, dass der Täter „eigentlich ganz normal“ ist.

Die „tolling phase“ bezieht sich auf die Opfersuche bzw. Opferauswahl. Der Mörder sucht bevorzugte Örtlichkeiten auf, beispielsweise Schulhöfe oder Rotlichtbezirke, erkennt dabei „seinen“ Opfertyp und sucht sich dann gezielt ein Opfer aus dieser Zielgruppe aus. Er schleicht sich an sein Opfer heran und spioniert es über Tage oder gar Wochen aus, um das soziale Umfeld und die Gewohnheiten des Opfers kennen zu lernen.

Die „wooing phase“ beschreibt, wie der Täter das Opfer kennenlernt und dessen Vertrauen gewinnt. Er wird möglicherweise das Opfer überreden, ihn an einen Ort zu begleiten, wo er es angreifen und töten wird.

Die „capture phase“ beinhaltet die Eroberung, Überwältigung und Positionierung des Opfers in eine Weise, die es ihm nicht mehr ermöglicht, zu fliehen oder um Hilfe zu schreien. Beispielsweise wird es gefesselt oder bis zur Bewusstlosigkeit geschlagen.

Die „murder phase“ stellt für die meisten Serienmörder den emotionalen Höhepunkt dar.

Die „totem phase“ ist der Versuch, die Intensität des Tötens zu verstärken oder zu verlängern, indem der Mörder verschiedene Methoden der Opfereinwirkung anwendet, so z. B. das Zerstückeln der Leiche, das Vergraben von Körperteilen an für den Täter symbolhaften Orten, das Fotografieren bzw. Videografieren der eigentlichen Tötung und das Einbehalten von persönlichen Gegenständen aus dem Besitz des Opfers.

Die „depression phase“ beendet die siebenstufige Phasenabfolge. Hier gelangt der Täter wieder in einen Zustand psychischer Qualen und Schmerzen zurück, mit dem er die meiste Zeit seines Lebens zubringen muss und in dem er unbefriedigt, unzufrieden, machtlos und depressiv dahinvegetiert – und hier begeht er in den seltensten Fällen Suizid, sondern erträgt vielmehr diesen Zustand so lange, bis sein Wunsch zum Töten, von dem er besessen wird, erneut in ihm aufkommt und von ihm Besitz ergreift.

Wer wird warum zum Mörder? Neben den drei oben beschriebenen Phasenmodellen, die versuchen, die Frage zu beantworten, müssen weitere Aspekte berücksichtigt werden.

2.11.2 Ereignisse vor der Tat

Der erste Teil der Antwort auf diese Frage liegt möglicherweise in der Zeit vor der ersten Tat. Der Täter reagiert auf einen Auslösefaktor, wobei nicht unerwähnt bleiben soll, dass nicht jeder potentielle Mörder solche auslösenden Situationen erlebt. Der Zufall spielt hierbei eine nicht zu unterschätzende Rolle. Trotz gleicher Persönlichkeitsstruktur sind durch den Zufall unterschiedliche Entwicklungen möglich.

Eine Untersuchung von *Lempp* aus dem Jahr 1977 ergab, dass sich die befragten Mörder von anderen Jugendlichen mit ähnlichem Persönlichkeitsbild nur dadurch unterschieden, dass sie in eine Lage gerieten, der sie nicht gewachsen waren. Es gibt also nicht den typischen Mörder.

Beispielhaft dafür stehen nachfolgende Schilderungen von *Ressler* und *Shachtman*:

„Der Anlass für Richard Marquettes ersten Mord war seine Impotenz bei einer Frau. (...)

Ted Bundy gab vermutlich der Entzug der finanziellen Unterstützung den Rest. (...)

David Berkowitz' Probleme wurden übermächtig, als seine leibliche Mutter sich weigerte, ihn bei sich aufzunehmen. (...)

Nach einem besonders hässlichen Streit mit seiner Mutter knallte Ed Kemper die Tür hinter sich zu und nahm sich vor: „Die erste Frau, die mir über den Weg läuft, muss dran glauben."

Aber nicht nur die Situation an sich löst solche Handlungen aus. Der Wille als Herr des Gedanken, so zu handeln, muss vorhanden sein. Es ist demnach durchaus denkbar, dass Menschen die Schwelle zum abweichenden Verhalten nicht überschreiten, weil sie über einen starken Willen, einen Willen zum Widerstehen, verfügen.

Diese Selbstkontrolle und -verantwortung kann durch umweltbedingte Gelegenheiten und aggressive Erziehungsmethoden unterwandert werden. Bei häufig bestraften Kindern beispielsweise steht immer der strafende Erzieher im Vordergrund, der ihr Verhalten lenkt. Sie haben nicht gelernt, ihr Verhalten selbst zu lenken. Hingegen sind bei in einer freundlichen Atmosphäre aufgewachsenen Kindern weniger Verbotsübertritte festzustellen. Und sollten dennoch solche begangen werden, wird ein verstärktes Schuldgefühl empfunden.

Serienmörder überschreiten jedoch allem Anschein nach sämtliche Hemmschwellen. Danach, so *Prentky*, „lässt das Individuum sich auf eine Folge von immer exakter werdenden Versuchsdurchläufen ein, in dem Verlangen, die ursprüngliche Phantasie wahrzumachen. Da der Versuchsdurchlauf jedoch niemals genau an die Phantasie herankommt, entsteht das Bedürfnis, die Szene mit immer neuen Opfern aufzuführen."

2.11.3 Die Schere zwischen Normalität und Kriminalität

Der zweite Teil der Antwort auf die eingangs gestellte Frage liegt gegebenenfalls auch in der fortschreitenden oder fortgeschrittenen kriminellen Entwicklung. Das folgende Schema zeigt anschaulich, dass es mit Zunahme des kriminellen Werdeganges immer schwieriger wird, aufzuhören.

Je besser die Ausgangslage mit intakter Sozialisation ist, umso mehr positive Alternativen existieren. Die Gefahr, nach unten abzurutschen, verringert sich.

Geht man davon aus, dass das Problem in der Ausgangslage sich zunächst als klein darstellt und hierzu aber abweichende Problemlösungen erlernt werden, die sich von den eigentlich nahe liegenden erheblich unterscheiden, ist die Richtung nach unten eingeschlagen.

Die Auswahl an positiven Alternativen nimmt ab, die Zahl der negativen Alternativen wie z. B. Sucht oder Selbstaufgabe nimmt zu.

Diese Schere öffnet sich mehr und mehr, der Weg zurück zur Normalität wird länger, und das ursprünglich kleine Problem wird größer. Der Fortgang der so eingeschlagenen kriminellen Karriere ist vorprogrammiert.

2.12 Das Opfer

Die Frage nach dem Warum schließt auch die Frage nach dem Opfer und die Frage, warum das Opfer zum Opfer wird, ein. Es wäre ein Fehler anzunehmen, dass wir alle potentielle Opfer von Serienmördern sind oder dass hinter jeder Hausecke ein Serienmörder lauert. Aber andererseits ist es erkennbar, dass eine unbestimmte Zahl von Menschen einem Serienmörder zum Opfer fällt, ohne dass dieser Umstand bemerkt wird.

2.12.1 Wer wird warum Opfer?

Ihnen kommt eigentlich nur zufällig die Rolle der Opfer zu bzw. sie werden vom Täter nach bestimmten Kriterien ausgewählt; nach Kriterien, die sie, die Opfer, alle erfüllen. Grundsätzlich lässt sich festhalten, dass in den wenigsten Fällen eine persönliche Vorbeziehung zwischen Täter und Opfer besteht. Für Serienmörder ist das Opfer kaum mehr als ein „bewegter Gegenstand“. Es besitzt für den Täter keinerlei persönliche Bedeutung und weckt deshalb auch keine Emotionen bei ihm. Das Opfer dient ihm als bloßes Objekt und als Werkzeug für seine sexuellen Obsessionen; der Täter ist hierbei bestrebt, seine Wut auszuleben. Ihm genügt es nicht, seine Opfer zu gebrauchen – er muss sie missbrauchen und erniedrigen.

Jürgen Bartsch beschreibt die Kriterien, die seine Opfer erfüllen mussten, so: „Die Jungen sollten keine Sommersprossen und keine rote Haare haben, und sie sollten nicht zu dick sein. Wenn er eine richtige Bohnenstange war, dann sagte er mir auch nichts mehr.“

Bei einer Befragung von Serienmördern über die Auswahlkriterien ihrer Opfer wurden in den meisten Fällen Familienangehörige, die Gesellschaft schlechthin, Kinder, die ohne Geborgenheit in deren Familien aufgewachsen sind, und Frauen benannt, die als Opfer in Frage gekommen sind.

Darüber hinaus hat eine Untersuchung des FBI ergeben, dass bei Serienmorden die Opfer meistens weiblich sind.

Warum fast immer Frauen? Darum: Der Serienmörder wird gelegentlich als ein Extrem dargestellt, das die letzte Ausdrucksform männlicher Übermacht darstellt, die schon immer Elemente der Vergewaltigung und Ermordung von Frauen enthalten hat. Frauen werden hierbei für die Fehler der Männer verantwortlich gemacht und müssen dann, wenn sie dem Erfolg des Mannes im Wege stehen, bestraft werden: Erfolgreichen Frauen wird das Recht auf Schutz und Immunität aberkannt. Hier muss festgestellt werden, dass Männer, die Frauen Leid zufügen (vom körperlichen Missbrauch bis hin zum Serienmord), dabei sexuelle Freude und Befriedigung, einhergehend mit nachlassender sexueller Erregung und Anspannung sowie ein Gefühl der inneren Macht und Kontrolle erfahren und erleben.

Das Beispiel von Marc Lepine belegt diese Ansicht: Er betrat im Dezember 1989 bewaffnet die Universität von Montreal, forderte in einem Vorlesungssaal alle männlichen Studenten auf, den Raum zu verlassen und stellte anschließend die verbliebenen 27 Frauen an eine Wand. Mit den Worten „Ihr seid alle Feministinnen." schoss er auf die Frauen, von denen letztlich 14 starben und 13 schwer verletzt wurden.

Dies ist ein weiterer wichtiger Faktor, der die Opferauswahl beeinflusst: Die Fähigkeit des Täters, Macht und Kontrolle über das Opfer ausüben zu können. Der Serienmörder sucht sich dementsprechend physisch und auch psychisch unterlegene Opfer, indem er sie beispielsweise über einen längeren Zeitraum beobachtet und als geeignet oder ungeeignet einstuft. *Keppel* ist auch der Ansicht, dass sich die Täter „Menschen aussuchen, über die sie Macht und Kontrolle ausüben können, klein-wüchsige Frauen, Kinder und ältere Menschen."

Selten sind unter den Opfern Kinder festzustellen. Der Regelfall besagt, dass alle Opfer die gleiche Hautfarbe wie der Täter aufweisen und in der gleichen Altersgruppe wie der Täter anzutreffen sind.

Für die Auswahl seiner Opfer spielt für den Täter eine angeblich besondere Unattraktivität einer Frau keine Rolle. Vielmehr hängt diese Auswahl von der für den Täter günstigen Gelegenheit und dem Zufall ab, wer wie Opfer wird. Aus der Sicht des Täters waren seine Opfer zur richtigen Zeit am richtigen Ort. Das Opfer tritt für den Täter nicht als Person in Erscheinung, so dass die Tat weitgehend unabhängig von Verhalten, Charakter und Eigenschaften (hierzu zählt auch die Attraktivität) der Frau gesehen werden muss. Viele Opfer, die einen Angriff überlebten, berichteten, dass ihnen das Verhalten des Täters unerwartet und völlig fremd erschienen ist; meist interpretierten die Opfer dies so, als habe der Täter im fraglichen Augenblick nicht über einen klaren Verstand verfügt.

Das Töten von fremden Personen bietet dem Serienmörder aus seiner Sicht eine gewisse Sicherheit vor Entdeckung. Auch scheint das Ermorden von Fremden für den Täter einfacher zu sein, da er diese Opfer leichter als Objekt betrachten und sie entpersonifizieren kann. Ein Serienmörder gab bei seiner Vernehmung diesbezüglich an, dass er bei seiner Opferwahl darauf achtete, den Namen seiner Opfer nicht zu wissen oder zu erfahren, zum Opfer also keine Beziehung herstellen und sich so vergewissern wollte, fremd zu bleiben.

Seinen Phantasievorstellungen entsprechend wählt der Täter eine Studentin, ein Kind, eine alte Frau oder eine Prostituierte. Seine Möglichkeiten, ein Opfer zu suchen, werden aber teilweise durch seine Unfähigkeit, mit anderen Personen zu kommunizieren, eingeschränkt.

Eine ergänzende Unterteilung erfolgt in so genannte „Mitopfer“ und „Ersatzopfer“.

a) **Mitopfer:**
Nach *von Hentig,* der ein Verbrechen nicht mehr nur unter dem Aspekt des Täters betrachtet, sondern auch versucht, die Rolle, die das Opfer und die gesamte zur Tat führende Situation dabei spielen, zu ergründen, sind Mitopfer „allein Personen, die unerwartet nach dem ersten Mord dazwischentreten, oftmals dem angegriffenen Opfer helfen wollen“. Hierunter fallen Intim- und Ehepartner, Familienmitglieder und andere nahe stehende Personen, die mit Ärger reagieren oder sich machtlos, verwundbar, verwundet und schuldig fühlen. Sie sind in ihrem Selbstwertgefühl schwer getroffen. In einem schrecklichen Augenblick hat sich die Welt für das Mitopfer völlig verändert. Durch den plötzlichen, traumatischen, traumatisierenden Verlust entsteht eine Krise im gesamten sozialen Netzwerk des Mitopfers.

b) **Ersatzopfer:**
Bei einem Ersatzopfer wird nach *Glatzel* der wirkliche Gegner „lediglich indirekt getroffen, indem er eines Menschen beraubt wird, an den er meist seit längerer Zeit emotional stark gebunden ist“.

Die Opferauswahl des „organized“ Täters basiert oftmals auf seiner persönlichen, ganz individuellen Wahrnehmung bestimmter charakteristischer Merkmale des Opfers: Er überfällt meist Fremde, die er nach Alter, Aussehen, Frisur oder Beruf ausgewählt hat. Im Gegensatz dazu trifft der „disorganized“ Täter keine gezielte Opferwahl, sondern begeht seine Taten meistens durch willkürliche Überfälle, wobei er die Opferpersönlichkeit durch Bewusstlosschlagen, Gesichtverdecken und Entstellen ausschalten will.

Die Auswahl des Opfers gibt manchmal einen Einblick in die Vorstellungen und Fähigkeiten des Täters. Manchmal hat eine bestimmte Opfergruppe eine symbolhafte Bedeutung für den Täter. Beispielsweise steht das Opfer für seine Schwester, auf die er schon seit Kindheit eifersüchtig war. Andere Opfer wiederum waren am leichtesten greif- und angreifbar.

Auffallend und typisch ist bei nahezu allen Serienmördern die eigene Darstellung als Opfer – Opfer ihrer Eltern und Opfer ihrer Umwelt. Sie sind der Auffassung, selbst Opfer zu sein und deshalb das Recht zu haben, sich zu rächen, selbst wenn dadurch Menschen leiden, die nicht an ihrem Schicksal schuld sind. Sie sind somit bestrebt, ihre Handlungen herunterzuspielen und zu verharmlosen und ihre Schuld zu verteilen. Sie machen oftmals die Gesellschaft für ihre Taten verantwortlich, indem sie zugelassen hat, dass sie beispielsweise eine feindliche, unfreundliche Kindheit und Jugend erlebt haben.

Nur sollten sie sich der erschreckenden Angst ihrer Opfer bewusst sein und sich das ungeheure Entsetzen ihrer Opfer, die im Laufe des Verbrechens erkennen, was mit ihnen geschieht oder noch geschehen soll, vor Augen halten. Sie sollten sich die Frage gefallen lassen, wie die Opfer wohl reagieren und empfinden, wenn die Täter als Rechtfertigung für ihre Taten ihre „trostlose Jugend" oder die „feindselige Gesellschaft" erwähnen und auf diese Weise ihre Mordabsichten erklären.

2.12.2 Opfer in Zahlen

Aufgrund des Umstandes, dass die wichtigsten Forschungen zum Phänomen „Serienmord" nach wie vor in den USA durchgeführt werden, wo es auch die meisten Serienmörder gibt, können an dieser Stelle nur Zahlen benannt werden, die das amerikanische Justizministerium in den jährlichen Kriminalstatistiken, den „Uniform Crime Reports", veröffentlicht.

Erwähnenswert erscheint auch die Tatsache, dass diese Statistiken keine gesonderte Rubrik über Serienmörder und ihre Opfer ausweisen, dass also über Verbrechen ohne erkennbares Motiv, ohne bekannte, vor der Tat bestehende Beziehung zwischen dem Täter und dem Opfer, keine Zahlen existieren.

1966 wurden 640 Menschen Opfer von Morden, 1981 waren es 4 007 und 1989 schon 5 096 – diese Zahlen hier zu Beginn sollen nur aufzeigen, wie sich die Gewaltkriminalität, die sich gegen Leib und Leben anderer richtet, in den vergangenen Jahren oder Jahrzehnten sowohl in ihrer Qualität als auch in ihrer Quantität gesteigert hat.

Eine vom FBI erstellte, inoffizielle Übersicht gibt für den Zeitraum von Januar 1977 bis November 1989 die Zahl von 112 Massenmördern, 169 Serienmördern und 50 „Spree"-Mördern wieder, wobei man berücksichtigen muss, dass zahlreiche Morde nicht als zu einer Serie gehörend erkannt wurden. Dieser FBI-Übersicht folgend, werden die Opfer in drei Kategorien unterteilt:

a) **Opfer mit bekanntem Täter:**
Hierunter fallen Opfer von Verbrechen, deren Täter ermittelt wurden, sich schuldig bekannt haben oder für die Taten verurteilt wurden. Aus dieser Gruppe fielen 657 den Massenmördern, 306 den „Spree“-Mördern und 935 den Serienmördern zum Opfer.

b) **Opfer mit mutmaßlichem Täter:**
Hier sind Menschen gemeint, die Opfer von Tätern wurden, deren Täterschaften noch nicht feststehen, die bislang nur angeklagt, aber noch nicht überführt sind oder die mit der Tat in einem noch ungeklärten Zusammenhang stehen. 45 Menschen aus dieser Gruppe wurden Opfer von Massenmördern, 16 von „Spree“-Mördern und 834 von Serienmördern.

c) **Opfer einer versuchten Tat:**
Das Opfer überlebte einen Mordanschlag oder konnte dem Mörder auf irgendeine Weise entkommen. Aus dieser letzten Gruppe wurden 217 von Massenmördern, 112 von „Spree“-Mördern und 125 von Serienmördern angegriffen.

2.12.3 Mord in den USA im Jahr 1990

Die vorliegenden Zahlen bezüglich Mordtaten in den USA beziehen sich auf das Jahr 1990. Für diesen Zeitraum spricht das US-Justizministerium von 23 438 Tötungsdelikten.

Die Rate im Vorjahr lag bei 21 500, das einer Zunahme um 9 % entspricht.

Alle 17 Sekunden wurde in den USA ein Gewaltverbrechen verübt, hierzu zählten u. a. alle 22 Minuten ein Mord und alle 30 Sekunden ein gewalttätiger Überfall.

Gleichzeitig fiel die Aufklärungsquote, insbesonders bei Mordfällen, auf drastische Weise. Konnten 1960 noch 94 % aller Mörder verhaftet werden, waren es 1990 nur noch 67 %. Mit anderen Worten: Die Zahl der ungelösten Mordfälle ist innerhalb von 30 Jahren von 500 auf 7 000 gestiegen.

Die Opfer teilten sich wie folgt auf:

- 78 % waren Männer, von denen 49 % zwischen 20 und 35 Jahre alt waren.
- 49 % der Opfer waren weißer Hautfarbe, weitere 49 % waren Schwarze.
- 86 % der weißhäutigen Opfer wurden von Weißen, 93 % der schwarzhäutigen Opfer von Schwarzen getötet.
- 85 % der männlichen und 90 % der weiblichen Opfer wurden von Männern getötet.

Was die Opferauswahl durch sexuell motivierte Serienmörder anbelangt, so führt das FBI anhand seiner Studie von 118 Opfern, von denen 9 überlebten, folgende Zahlen an:

In den untersuchten Fällen waren von den Opfern

82 % weiblich;
80 % unverheiratet;
73 % zwischen 15 und 28 Jahren alt;
14 % älter als 30 Jahre;
12 % jünger als 14 Jahre;
57 % ähnlich alt wie der Täter;
37 % jünger als der Täter;
15 % älter als der Täter;
63 % zum Tatzeitpunkt alleine unterwegs.

Brooks geht davon aus, dass in den USA jährlich ca. 12 000 Menschen Opfer von Serienmördern werden; *Holmes* und *De Burger* gehen von einer Zahl zwischen 3 500 und 5 000 aus.

2.12.4 Das Opfer Kind

Betrachtet man die Gesamtzahl der Tötungen von Kindern, weist Deutschland für die Jahre 1988 und 1989 eine Rate von 0,82 bei den Bis-4-Jährigen und 0,57 bei den 5-14-Jährigen – jeweils bezogen auf 100 000 Einwohner – auf.

Gegenüber den Mittelwerten des Zeitraumes von 1965 bis 1988 ist bei den Bis-4jährigen (0,99) ein leichter Rückgang, bei den 5-14-Jährigen (0,54) ein geringer Anstieg festzustellen.

Im internationalen Vergleich rangiert Deutschland somit im Mittelfeld.

Der Anteil sexuell motivierter Tötungen von Kindern an der gesamten Sexualdelinquenz ist relativ gering. Für Deutschland lässt sich bezüglich vollendeter Sexualmorde folgende Statistik erstellen (Klammervermerk 1. Ziffer männlich, 2. Ziffer weiblich):

Jahr	Opfer insgesamt	Kinder unter 6 Jahren	Kinder zwischen 6 u. 14 Jahren	Jugendliche zwischen 14 u. 18 Jahren
1990	23 (2/21)	–	1 (0/1)	2 (0/2)
1991	30 (1/29)	–	4 (0/4)	4 (0/4)
1992	27 (2/25)	1 (0/1)	6 (2/4)	1 (0/1)
1993	26 (2/24)	1 (0/1)	2 (0/2)	2 (0/2)
1994	26 (3/23)	1 (0/1)	5 (3/2)	2 (0/2)
1995	13 (1/12)	–	1 (0/1)	2 (0/2)
1996	21 (2/19)	–	4 (2/2)	2 (0/2)

Zur Täterschaft eines Serienmörders bleibt festzuhalten, dass sich bei über einem Viertel von ihnen zumindest ein Kind unter ihren Opfern befindet, wobei zumeist sexuelle Motive eine Rolle spielen.

Die US-amerikanischen Wissenschaftler machen hierbei die Unterscheidung zwischen dem so genannten „lust murder" und dem „sex murder".

a) **„lust murder":**
Dieser Mord beinhaltet sadistische und brutale Tötungshandlungen mit Verletzungen von Körperteilen, insbesondere der Genitalien, wobei die Tötungshandlung an sich nicht das zentrale Moment darstellt.

b) **„sex murder":**
Dieser Mord weist zwar ähnliche Handlungen wie der „lust murder" auf, wird aber vom Täter spontaner und mehr aus Angst vor Entdeckung, unter impulsartiger Entladung von Vernichtungswillen in einer Art von lustvoller Befreiung sadistischer Triebwünsche verübt.

Hickey stellte in seiner Studie fest, dass 24 % der von ihm untersuchten Serienmörder mindestens ein Kind getötet haben; 74 % von den Tätern waren männlich, 26 % weiblich. Wenige Täter hatten schwarze Hautfarbe, der überwiegende Teil war weißhäutig aus der sozialen Mittelschicht.

39 % dieser Serienmörder gehörten der Kategorie des „traveling type" an; die meisten Täter jedoch waren dem „local type" zuzuordnen.

Männliche Täter wählten im Vergleich zu den weiblichen siebenmal häufiger fremde Kinder als Opfer aus – weibliche Serienmörder suchten ihre kindlichen Opfer zumeist aus dem Kreis ihrer Familien und Bekannten.

Die Besonderheit der Opferauswahl von Kindern wird aus psychodynamischer Sicht in der laufend wechselnden Identifikation des Täters gesehen, die zwischen der bösen, sadistischen Mutter einerseits und dem geängstigten, gequälten Kind andererseits schwankt, gekennzeichnet von Übergängen zwischen zärtlichen und zerstörerischen Aktionen. Gleichzeitig wird in das kindliche Opfer ein abgelehntes, gehasstes Stück des eigenen Ichs hineinprojiziert, indem der Täter mit seiner eigenen Kindlichkeit, dem Unmännlich-unerwachsen-Sein konfrontiert wird, nämlich das Schwache, Kindliche und Abhängige. Und diese nicht akzeptierten Anteile werden in den sadistischen Handlungen vernichtet.

2.12.5 Tot? Berufsrisiko!

Von Hentig bezeichnet die Prostituierten als „des Mörders willigste und urälteste Beute". Es stellt sich die Frage, warum und unter welchen Umständen ausgerechnet Prostituierte, die zweifelsohne ein hohes Opferrisiko aufweisen, so oft Opfer von Morden im Allgemeinen, von Serienmorden im Speziellen, werden.

Ebenso ist *Hickey* der Ansicht, dass die Gefahr, Opfer eines Serienmörders zu werden, bei Frauen, deren Lebensstil oder Beruf darauf ausgerichtet ist, mit fremden Personen, mit fremden Männern in Kontakt zu kommen (Prostituierte und Anhalterinnen weisen hierbei das größte Risiko auf), um ein vielfaches höher ist als bei der weiblichen Durchschnittsbevölkerung.

Auch hier spielt der Faktor „Macht und Kontrolle" eine wichtige Rolle: Schon allein das Bezahlen für Sexualität und der damit verbundene anschließende Gebrauch des weiblichen Körpers stellt eine Form von Macht und Kontrolle dar. Viele Beziehungen zwischen Prostituierten und Männern basieren auf körperlicher Kontrolle und beinhalten gewalttätige Handlungen. Und wie oft diese Gewalt in Mord umschlägt, wurde bislang noch nicht wissenschaftlich untersucht. Viele ungelöste Mordfälle werden an Menschen begangen, die ihren Körper verkaufen oder mit ihm Dienstleistungen anbieten. Es ist ein kleiner Schritt vom Objekt, an dem Sexualität ausgelebt wird, zum Subjekt, das gewalttätig behandelt wird.

Ein wichtiger Aspekt ist der Umstand, dass Prostituierte in einer Art von sozialer Isolation und Hilflosigkeit leben, in der viele Freier heimlich in der Dunkelheit mit ihnen Kontakt aufnehmen. Diese Männer sind Fremde – es werden kaum Fragen gestellt, aus denen eventuell eine Kommunikation entstehen könnte, die über das rein „Geschäftliche" hinausgeht. Opfer, die in einer gelockerten Beziehung zur Gesellschaft stehen, werden von Serienmördern sowieso bevorzugt. Diesen Umstand beschreibt der Psychiater *Rasch* als ein „Wagnis der flüchtig eingegangenen Gemeinsamkeit", aber auch als eine „Brücke der Gewalttätigkeit", da in dieser Kontaktaufnahme Sexualität und Aggression dicht zusammenstehen und somit die Beziehung zwischen Prostituierter und Freier von Aggression gekennzeichnet sein wird.

Hauptauslöser für den Prostituiertenmord, dessen Tötungsarten überwiegend Erwürgen, Erdrosseln und Erstechen sind, liegt in einem Streit zwischen der Prostituierten und ihrem Freier. Dieser Streit begründet sich darin, dass sich beide „Parteien" nicht an die zuvor vereinbarten „Spielregeln" oder „Geschäftsbedingungen" halten: Von Seiten der Prostituierten wird möglicherweise im Laufe der Zeit mehr Geld verlangt oder der Freier ist mit den Leistungen unzufrieden und fordert sein Geld zurück.

Ein weiteres, häufig beobachtetes Motiv des Prostituiertenmörders ist neben der Sexualität seine Raubabsicht. Es ist jedoch auch möglich, dass der Täter versucht, das eine oder andere Motiv vorzuschieben bzw. vorzutäuschen, um eventuelle Spuren zu verwischen.

Ein anderer Erklärungsversuch ist, den Prostituiertenmord als so genannte „abgeleiteten Konfliktmord" zu definieren, bei dem der Täter eigentlich seinen Partner töten wollte, diesen aber nicht antraf und deshalb eine Prostituierte aufsuchte, um entweder sich an ihr abzureagieren oder sie von vornherein zu töten. In dieser Phase des angespannten Zustandes ist der Täter oftmals zu einem Geschlechtsverkehr unfähig und wird zum Gespött der Prostituierten. Dies wirkt wie der Funke im Pulverfass – die Prostituierte wird ermordet.

Der als „Yorkshire Ripper" bekannt gewordene englische Serienmörder Peter Sutcliffe bezeichnete seine Morde an Prostituierten als eine Mission: „Die Frauen, die ich tötete, waren schmutzige Bastarde: Prostituierte, die die Straßen beschmutzten. Ich räumte nur ein wenig die Straßen auf."

2.12.6 Opfer eines Mordes – oder eines Serienmordes?

Da es an amtlichen Zahlen über Serienmörder, ihrer Taten und insbesondere ihrer Opfer fehlt, führte *Bourgoin* eigene Untersuchungen durch und kam zu folgendem Ergebnis:

65 % der Opfer von Serienmördern sind weiblich, 35 % männlich.

In 65 % aller Fälle sind die Opfer unterschiedlicher Hautfarbe, d. h. 35 % der Serienmorde weisen Opfer mit derselben Hautfarbe auf.

Die Opfer teilen sich in 89 % Weiße und 10 % Schwarze auf. 1 % sind anderer Hautfarbe.

2.12.7 Opfer einer Serienmörderin

In der *Seagrave*-Studie aus dem Jahr 1992 wurde festgestellt, dass die Serienmörderin im Schnitt 17 Opfer tötet, die hauptsächlich aus dem Familienkreis der Täterin stammen oder eine enge Beziehung zu ihr aufweisen (Arbeitskollegen, Freunde). Ein großer Anteil der Opfer war der Täterin gegenüber hilf- und machtlos wie z. B. Kinder und ältere oder kranke Menschen.

12 der Täterinnen beschränkten sich in ihrer Opferauswahl ausschließlich auf ihre Familien, wobei insgesamt 18 Ehemänner, 29 eigene Kinder, 4 Mütter, 1 Vater, 4 Cousins, 1 Bruder, 1 Schwester, 5 Stiefgeschwister, 1 Tante und 1 Onkel getötet wurden.

2.12.8 Opferverhalten

Die bereits erwähnte FBI-Studie aus dem Jahr 1980, bei der 36 Serienmörder befragt und in die Kategorie der „organized" und „disorganized" Täter eingeteilt wurden, gibt auch Auskunft über das Verhalten der Opfer vor und während der Tat.

10 der 16 Opfer von „disorganized" Tätern und 45 der 67 Opfer von „organized" Tätern leisteten gewaltfreien Widerstand durch Gehorsam

und sprachlichen Widerstand. Dennoch ließen die Täter von ihrem Vorhaben nicht ab und töteten ihre Opfer.

Schreien und Fliehen hingegen wurden von den Tätern als körperliche, also als gewaltsame Reaktion der Opfer angesehen und riefen bei ihnen wachsende Aggression hervor.

Die Zahl der Opfer, die körperlichen Widerstand geleistet hatte, hält sich mit der Anzahl der Opfer, die sich nicht wehrten, die Waage.

„9 Opfer sind bekannt, die die Angriffe der Serienmörder überlebten. Für sie spielte es keine wesentliche Rolle, ob es sich bei dem Angreifer um einen kontrollierten oder unkontrollierten Täter handelte. Sie überlebten die Taten dank ihres eigenen, zielgerichteten Handelns und nicht irgendwelcher Zufallsereignisse. Diese lebensrettenden Handlungen bestanden überwiegend darin, dass sich das Opfer vor dem Angreifer versteckte, aus dem Auto sprang, sich tot stellte, den Täter entwaffnete, indem es ihm die Waffe aus der Hand schlug oder einfach laut um Hilfe schrie." (*Füllgrabe* 1997, S. 310)

Es zeigt sich aber letztendlich, dass das Opferverhalten auf den Tatablauf wenig bis gar keinen Einfluss ausübt.

Bei den genannten Fällen war festzustellen, dass von den Opfern

28 %	sich wehrlos ergaben;
31 %	versuchten zu verhandeln;
10 %	schrien;
5 %	versuchten zu entkommen;
19 %	versuchten mit dem Täter zu kämpfen.

Auf Widerstand reagierten die Täter unterschiedlich:

34 %	blieben gleichgültig;
15 %	drohten verbal;
25 %	verstärkten ihre Aggression;
25 %	verschärften ihr aggressives Vorgehen.

In der Studie über Serienvergewaltiger von *Hazelwood* ergab sich hierzu ein signifikanter Hinweis: In den Fällen, in denen sich die Opfer zur Wehr setzten, verbrachten die Täter im Vergleich zu den Fällen, in denen kein Widerstand geleistet wurde, die doppelte Zeit mit ihren Opfern. Beispielsweise kann die Gegenwehr des Opfers starke Reaktionen des Angreifers auslösen, oder Erfahrungen mit früheren Opfern können einen Serienmörder motivieren, seine Methoden zu verfeinern. Typische Verhaltensweisen auf die Gegenwehr eines Opfers sind Flucht oder brutale Gewaltanwendung.

Es ist letztlich das Dilemma erkennbar, dass Passivität gleich wie Abwehrhandlungen die Erregung des Täters steigern können.

2.12.9 Das tägliche Jagen

Eine FBI-Untersuchung zeigt, dass oft das Verhalten des Opfers selbst auslösender Faktor für den Mord ist. Beispielsweise tötet ein Täter das Opfer, weil es fliehen wollte oder weil es während einer Vergewaltigung kooperativ war und der Täter annahm, dass die Entscheidungen vom Opfer getroffen werden – und nicht mehr von ihm.

Für die Täter gehört das Jagen als perverses Ritual in das Gesamtgeschehen, zusammen mit der Wehrlosigkeit und der Angst ihrer Opfer. Es stellt das von ihnen erschaffene und benötigte Szenarium dar, das sie zu ihrer sexuellen Erfüllung brauchen. Die Institution des jägerischen Tötens, das Raubtierverhalten, ist für das seelische Erleben des Mörders von tiefer Bedeutung.

Wobei nach Beginn dieser Jagd das Töten eher nebensächlich oder gar enttäuschend ist. Oder, wie es Robert Hansen, der seine Opfer mittels Flugzeug in die Wildnis von Alaska brachte, um sie dort nackt auszusetzen und mit einer Flinte regelrecht vor sich her zu jagen, beschreibt: „Die Spannung lag in der Pirsch", wobei er Prostituierte und Nackttänzerinnen als „angemessenes Jagdwild" ansah.

Die meisten Täter gaben in dieser Studie an, einfach ihre Phantasie in die Realität umzusetzen und beschrieben ihr Verhalten als „tägliches Jagen". Sie hatten eine bestimmte Vorstellung vom Opfer und warteten so lange, bis das „richtige" vorbeikam. In diesen Fällen war allein für den Täter der Umstand, das „richtige Opfer" gefunden zu haben, und für das Opfer, zur falschen Zeit am falschen Ort gewesen zu sein, der Mord auslösende Faktor. So fanden sie ihre Verwirklichung von Heranpirschen – Aufstöbern – Aufschrecken – Verfolgen – Zu-Tode-Hetzen.

Sofsky weist darauf hin, dass man jedoch diese Jagd nicht mit einem Kampf verwechseln darf: „Die Opfer haben keine nennenswerte Chance zur Selbstverteidigung. Dem Jäger steht kein ebenbürtiger Gegner gegenüber. Und Widerstand ist, falls er überhaupt stattfindet, nur von kurzer Dauer." Er beschreibt dieses Jagen als (s. S. 157 ff.) „stets gezielt (...), eine vorwärts drängende Bewegung", begleitet von den beiden Zeitfaktoren „Plötzlichkeit" und „Geschwindigkeit", „jedoch nicht unbedingt rational. (...) Der Täter spürt sein Opfer auf, treibt es vor sich her, der Abstand verringert sich, das Opfer wird ergriffen, niedergeschlagen. (...) Schon diese unbedingte Gerichtetheit trägt die Brutalität in sich, die im Moment des Ergreifens freigesetzt wird."

David Berkowitz umschreibt dies so:

„Ich jage gern. Streife durch die Straßen auf der Suche nach schöner Beute – leckerem Fleisch. (...) Ich leb für die Jagd – mein Leben."

3 Von A bis Z

In der nachfolgenden Übersicht auf den Seiten 200 bis 206, die keineswegs Anspruch auf Vollständigkeit erhebt, sind die wichtigsten und bekanntesten Serienmörder, die rechtskräftig verurteilt worden sind, in alphabetischer Reihenfolge aufgeführt.

Aus ihr gehen neben den Namen der Serienmörder auch ihre Nationalität, das Jahr ihrer Verurteilung sowie die Anzahl der (nachgewiesenen bzw. vermuteteten) Morde hervor. „(vgl. u. a. *Paulus* 1998 a, S 4 f.)“

Keine Berücksichtigung fanden die Serienmörder, die vor ihrer Verurteilung gestorben sind – die entweder, allerdings in den seltensten Fällen, eines natürlichen Todes gestorben sind oder die bei ihrer Festnahme durch die Polizei erschossen wurden, die Suizid begangen haben oder die während der Untersuchungshaft von Mithäftlingen getötet wurden.

Name	Nationalität	Jahr der Verurteilung	Anzahl der Morde (nachgewiesen/ vermutet)
Arkins, Benjamin	USA	1994	10
Balaam, Anthony	USA	1996	4
Barbosa, David	Ecuador	1989	71
Bartsch, Jürgen	D	1971	4
Báthory, Erzsébet	Ungarn	1610	80
Beck, Martha	USA	1951	3 / vermutlich 20
Becker, Marie	Belgien	1938	12
Berdella, Robert	USA	1988	6
Berkowitz, David	USA	1979	6
Bichel, Andreas	D	1809	2 / vermutlich 5
Biegenwald, Richard	USA	1985	5 / vermutlich 300
Bird, Jake	USA	1949	13
Black, Robert	GB	1994	4
Bladel, Rudy	USA	1979	3 / vermutlich 7
Boden, Wayne	USA	1972	5
Bonin, William	USA	1982	10 / vermutlich 21
Boost, Werner	D	1959	5
Brady, Ian	GB	1966	3
Briggen, Joseph	USA	1902	12
Britt, Eugene	USA	1995	11

Name	Nationalität	Jahr der Verurteilung	Anzahl der Morde (nachgewiesen/ vermutet)
Brudos, Jerome	USA	1970	4
Bundy, Theodor	USA	1979	36 / vermutlich 60
Burtsev, Roman	Russland	1996	6
Butler, Eugene	USA	1906	6
Caputo, Ricardo	USA	1994	4
Carignan, Harvey	USA	1975	5 / vermutlich 18
Carpenter, David	USA	1981	8
Cassimiro, André	Brasilien	1996	5
Chase, Richard	USA	1980	6
Christie, John R.	GB	1953	7
Clepper, Gregory	USA	1996	8
Cole, Carroll	USA	1980	35
Collins, John	USA	1970	7
Conde, Rory	USA	1995	7
Copeland, Michael	GB	1965	3
Corll, Dean	USA	1973	27
Corona, Juan	USA	1971	25
Corwin, Daniel	USA	1990	3
Costa, Antone	USA	1971	2 / vermutlich 20
Cottingham, Richard	USA	1979	5
Cotton, Mary Ann	GB	1873	14
Cowan, Fred	USA	1977	5
Cream, Thomas Neill	GB	1892	4
Cunanan, Andrew	USA	1997	7
Daglis, Andonis	GR	1997	3
Dahmer, Jeffrey	USA	1991	15
David, Horst	D	1990	7
De Andrade, Marcelo	Brasilien	1991	14
De Assis Pereira, F.	Brasilien	1998	9
Del Junco, Francisco	USA	1996	4
Dennis, Jerome	USA	1993	5
De Rais, Gilles	F	1440	vermutl. über 200

Name	Nationalität	Jahr der Verurteilung	Anzahl der Morde (nachgewiesen/ vermutet)
De Salvo, Albert	USA	1967	13
Dodd, Westley	USA	1993	3
Doss, Nanny	USA	1954	11
Drabing, Michael	USA	1976	3
Drenth, Herman	USA	1932	5 / vermutlich 50
Dschumagalijew, N.	Russland	1980	7
Dumollard, Martin	F	1862	10
Dutroux, Marc	Belgien	1996	5
Edwards, Mack	USA	1970	6 / vermutlich 22
Englemann, Glennon	USA	1985	7
Erskine, Kenneth	GB	1988	7 / vermutlich 9
Essex, Mark	USA	1973	6
Evans, Donald	USA	1991	1 / vermutlich 60
Eyler, Larry	USA	1986	23
Fernandez, Ray	USA	1951	3 / vermutlich 20
Ferrari, Werner	CH	1989	11
Fontaine, Roy	GB	1978	5
Francois, Kendall	USA	1998	8
Gacy, John	USA	1979	33
Gary, Carlton	USA	1986	7
Gein, Ed	USA	1968	12
Georges, Guy	F	1998	7
Geralds, Hubert	USA	1997	6
Giudice, Giancarlo	I	1987	7
Glattmann, Harvey	USA	1957	4
Glaze, Billy	USA	1989	3
Glover, John	AUS	1991	6
Golarkin, Sergej	Russland	1994	10
Golovkin, Anatoly	Russland	1994	11
Graham, Harrison	USA	1987	6
Green, Cleo	USA	1984	4
Greene, Ricky	USA	1997	4

Name	Nationalität	Jahr der Verurteilung	Anzahl der Morde (nachgewiesen/ vermutet)
Greenwood, Vaughn	USA	1977	9 / vermutlich 11
Gufler, Max	Österreich	1958	8 / vermutlich 18
Haarmann, Fritz	D	1924	24
Hahn, Anna	USA	1938	5 / vermutlich15
Haigh, John	GB	1949	9
Hance, William	USA	1978	4
Hansen, Robert	USA	1984	17
Hatcher, Charles	USA	1982	16
Heath, Neville	GB	1946	5
Heirens, William	USA	1958	3
Hindley, Myra	GB	1966	3
Holst, Thomas	D	1993	3
Hunter, Richard	USA	1986	4
Ireland, Colin	GB	1993	5
Jackson, Calvin	USA	1976	0
Jeanneret, Marie	CH	1864	30
Jegado, Hélène	F	1851	27
Johnson, Russell	CAN	1978	3 / vermutlich 7
Jones, Genene	USA	1982	20
Jordan, Gilbert	CAN	1987	10
Joubert, John	USA	1984	3
Ka-Chun, Chang	China	1999	3
Kallinger, Joseph	USA	1978	3
Kearney, Patrick	USA	1977	28
Kelly, Kiernan	GB	1983	10
Kemper, Edmund	USA	1973	7
Kodaira, Yoshio	Japan	1947	7
Kordiyeh, Ali Reza	Iran	1997	9
Kraft, Randy	USA	1983	16 / vermutlich 67
Kroll, Joachim	D	1978	8 / vermutlich 11
Kürten, Peter	D	1930	9
Kuklinsky, Richard	USA	1988	4 / vermutlich 100

Name	Nationalität	Jahr der Verurteilung	Anzahl der Morde (nachgewiesen/ vermutet)
Kuzikow, Ilshat	Russland	1997	3
Landru, Henri	F	1922	11
Laskey, Posteal	USA	1968	7
Laurance, Michael	AUS	1987	3
Legère, Allan	CAN	1989	5
Leonski, Edward	AUS	1942	3
Lewingdon, Gary	USA	1978	10
Lisong, Zhang	China	1998	9
Long, Robert	USA	1984	10
Lopez, Pedro	Ecuador	1980	53 / vermutl.
Lucas, Henry	USA	1983	vermutlich 10
Ludy, Josef	D	1972	3
Lüdke, Bruno	D	1944	49
Lupo, Michael	GB	1986	4
MacKay, Patrick	GB	1975	11
Manuel, Peter	GB	1958	7 / vermutlich 10
Marek, Martha	Österreich	1938	4
Maslich, Andrej	Russland	1996	4
Mc Cafferty, Archibald	AUS	1974	3
McDonald, William	AUS	1963	4
Meierhofer, David	USA	1974	3
Metheney, Joe	USA	1996	3 / vermutlich 4
Mikasewitsch, Gennadij	Russland	1986	36
Milat, Ivan	AUS	1996	7
Miller, Donald	USA	1979	6
Moore, Peter	GB	1996	4
Msomi, Elifasi	Südafrika	1955	15
Mudgett, Herman	USA	1896	25 / vermutl. 200
Mullin, Herbert	USA	1973	16
Nelson, Earl	USA	1937	20
Nesset, Arnfinn	Norwegen	1983	22 / vermutl. 27
Nilsen, Dennis	USA	1983	16

Name	Nationalität	Jahr der Verurteilung	Anzahl der Morde (nachgewiesen/ vermutet)
Northcott, Gordon	USA	1930	3 / vermutlich 17
Ogorzow, Paul	D	1941	8
Olson, Clifford	CAN	1982	11
Onuprijenko, Anatoli	Russland	1999	52
Pearson, Moses	USA	1976	3
Pekalski, Leszek	PL	1996	80
Petiot, Marcel	F	1946	27
Philippe, Joseph	F	1866	8
Pieydagnelle, Eusebius	F	1871	7
Piper, Thomas	USA	1876	4
Pommerenke, Heinrich	D	1960	4 / vermutlich 7
Prince, Cleophus	USA	1993	6
Puente, Dorothea	USA	1988	9 / vermutlich 25
Putt, George	USA	1969	5
Quick, Thomas	Schweden	1988	4 / vermutlich 10
Ramirez, Richard	USA	1985	13
Rees, Melvin	USA	1961	5
Renczi, Vera	Rumänien	1900	35
Riakowski, Sergej	Russland	1995	18
Rodriguez Vega, José	Spanien	1991	16
Rolling, Danny	USA	1994	5
Ross, Michael	USA	1987	6
Rudnik, Fred	D	1985	3
Rung, Thomas	D	1996	7
Sandwene, Ntimane	Südafrika	1937	8
Schmidt, Wolfgang	D	1992	6
Schumann, Friedrich	D	1920	6
Seefeld, Adolf	D	1936	12 / vermutlich 17
Shankaria, Kampatimar	Indien	1979	42
Simmons, Beoria	USA	1984	3
Sithole, Moses	Südafrika	1997	38
Slivko, Anatoli	Russland	1984	7

Name	Nationalität	Jahr der Verurteilung	Anzahl der Morde (nachgewiesen/ vermutet)
Sodemann, Arnold	AUS	1936	4
Speck, Richard	USA	1966	8 / vermutlich 14
Spencer, Timothy	USA	1988	5
Staniak, Lukian	Polen	1967	6 / vermutlich 20
Stano, Gerald	USA	1976	32
Stapelberg, Marthinus	Südafrika	1996	5
Starkweather, Charles	USA	1959	11
Storotschenko, Volodja	Russland	1981	20
Stumpp, Peter	D	1589	15
Suff, William	USA	1995	12 / vermutlich 22
Suradji, Achmad	Indonesien	1998	42
Sutcliffe, Peter	GB	1981	16
Thompson, Gerald	USA	1935	16
Toole, Otis	USA	1983	25 / vermutl. 108
Torinus, Metod	Jugoslawien	1980	5
Tschikatilo, Andrej	Russland	1992	52
Unterweger, Johannes	Österreich	1994	9 / vermutlich 11
Van Schoor, Louis	Südafrika	1992	7 / vermutlich 42
Van Zon, Hans	Niederlande	1967	5
Verzeni, Vincenze	I	1873	2 / vermutlich 12
Weber, Jeanne	F	1908	8 / vermutlich 20
Weidmann, Eugen	CH	1939	6
Wen Xian, Li	China	1996	13
West, Frederick	GB	1994	12
White, Nathaniel	USA	1993	6
Williams, Wayne	USA	1981	30
Wittmann, Manfred	D	1971	3
Woodfield, Randall	USA	1981	3 / vermutlich 18
Wuornos, Aileen	USA	1992	10
Yuhui, Li	Hongkong	1999	5
Zikode, Christopher	Südafrika	1997	8 / vermutlich 18

Quelle: Die Daten dieser Tabelle stammen teilweise aus *Paulus* 1998 a, S. 4 f.

Teil II
Das Täter-Profiling: Eine Ermittlungshilfe bei der Fahndung nach Serienmördern

„Versetz dich in die Position des Jägers. (...) Ein Löwe in der Serengeti. Er sieht die große Herde von Antilopen an einer Wasserstelle. (...) Er hat sich darin geübt, Schwäche, Verletzlichkeit zu erkennen, etwas, worin sich eine Antilope vom Rest der Herde unterscheidet.“

(John Douglas in: „Die Seele des Mörders“, 1996)

1 Historisches

Es gibt eine Vielzahl von Daten oder Namen, die in Verbindung mit der Erfindung oder erstmaligen Verwendung des Profiling bei der Verbrechensbekämpfung stehen.

Das Bestreben des Ermittlers, sich in die Denk- und Handlungsweise des Täters hinein zu versetzen, ist nicht neu. Bereits zu Beginn des 19. Jahrhunderts konnte der französische Kriminalbeamte *Vidocq* Erfolge bei der Verbrechensbekämpfung aufweisen, da er selbst aus dem Verbrechermilieu stammte und sich dieses Wissen zunutze machte.

Bei der seinerzeit in Hysterie ausgearteten Jagd nach dem Prostituiertenmörder „Jack the Ripper", der zwischen dem 6. August 1888 und dem 13. Februar 1891 in den Londoner Stadtteilen Whitechapel und East End insgesamt 8 Frauen bestialisch tötete, erstellte *Bond* ein psychologisches Profil des bis heute unbekannten Täters. Dieses Profil teilte er in einem Brief an den damaligen Leiter der Londoner Kriminalpolizei, *Anderson*, mit, wurde aber von den ermittelnden Detektiven des Scotland Yard in der Viktorianischen Ära gänzlich ignoriert. Parallel hierzu wandte der Polizeiarzt und Gerichtsmediziner *Phillips* in diesen Mordfällen eine neuartige Methode an, um kriminelles Verhalten zu charakterisieren: Die Analyse von Verletzungsmustern. Diese Methode basiert auf der Untersuchung aller Wunden am Körper der Opfer. So stellte *Phillips* u. a. fest, dass an bestimmten Opfern post mortem sauber und präzis geführte, regelrecht professionelle Messerschnitte vorgenommen wurden, die es dem Täter ermöglichten, so aus den eröffneten Körpern gezielt Organe entnehmen zu können.

Und auch schon bei der Entführung des Lindbergh-Babys 1932 wurde ansatzweise die Anwendung eines psychologischen Täterprofils versucht.

Nach dem Zweiten Weltkrieg war es *Howard*, zunächst britischer Royal Air Force-Offizier und junger Psychologe, der im Auftrag seiner Regierung Nazi-Kriegsverbrecher identifizierte, die in den Nachkriegswirren untergetaucht waren. *Howard,* der später zum führenden englischen Gerichtspsychologen avancierte, erstellte eine Liste mit Hinweisen, beispielsweise über die Art der bevorzugten Bekleidung und möglichen Besitztümer, die es den Siegermächten wesentlich einfacher machte und deren Ermittlungen ungemein erleichterte, die einstigen Täter aufzuspüren.

Zudem werden als Vorläufer der Täterprofile gelegentlich die Arbeiten des amerikanischen Psychiaters *Brussel* aus Greenwich Village / New York erwähnt, insbesondere seine Mitwirkung in seinem wohl bekanntesten Fall: Im Fall des „Mad Bomber" von New York, der im Zeitraum zwischen dem 16. November 1940 (dem Tag der ersten Bombenlegung) und dem 21. Januar 1957 (dem Tag seiner Festnahme) sein Unwesen trieb.

Hier hat *Brussel* zu Beginn der fünfziger Jahre auf Anfrage des ermittlungsführenden Inspektors *Finney* ein ziemlich detailliertes Profil des unbekannten Bombenlegers erstellt, dessen Beschreibung zwar nicht unmittelbar zur Überführung des Verbrechers führte, sich aber nach der Festnahme des 54-jährigen Attentäters George Metesky im nachhinein als weitgehend zutreffend erwies. Auch war *Brussel* zusammen mit einem Team namhafter Psychologen und Psychiater auf Anfrage des stellvertretenden Generalstaatsanwaltes von Massachusetts, *Bottomly*, im Ermittlungsverfahren gegen Albert De Salvo, dem „Würger von Boston", in den sechziger Jahren als Profilersteller beteiligt.

Eines der ersten Täterprofile in Europa erstellte im Jahr 1974 *Tooley* nach dem Mord an Susan Stevenson, die sich, nachdem sie niedergestochen wurde, zunächst noch in eine Polizeistation im englischen Kent schleppen konnte, danach aber an ihren Verletzungen starb. Dieses Profil wies enorm viele Übereinstimmungen mit dem später festgenommenen Täter Peter Stont auf.

Darüber hinaus gilt es auch als erwiesen, dass Profiling nicht allein als Ableger der Psychologie als Ursprungswissenschaft gesehen werden darf, sondern vielmehr eine eigenständige, interdisziplinäre Kriminalwissenschaft darstellt.

1.1 Das Erkennen von Bildern

Was verbindet Mona Lisa mit Sherlock Holmes?

1.1.1 Morelli

Der italienische Kunsthistoriker *Morelli* entwickelte im späten 19. Jahrhundert eine Methode, die es ermöglichte, originale Gemälde von Fälschungen unterscheiden zu können.

Hierzu forderte er die Betrachter auf, die Aufmerksamkeiten, die in aller Regel auf alle allzu augenscheinlich echten und für den Künstler typischen bezeichnenden Merkmalen der Kunstgegenstände gerichtet sind, abzuwenden, beispielsweise für die Augen der von *Leonardo da Vinci* gemalten Damen, namentlich die der „Mona Lisa". Denn hier sah *Morelli* die Gefahr für den Betrachter, einer Fälschung aufzuliegen bzw. die Gelegenheit für den Fälscher, am ehesten eine gelungene Imitation anzubieten. Der Fälscher wird bemüht sein, dieses Charakteristikum fehlerfrei nachzumalen, wird aber Kleinigkeiten, die der Betrachter sowieso außer Acht gelassen hätte, keine Bedeutung zumessen – und so Fehler begehen.

Vielmehr ist die volle Konzentration auf die nebensächlichen Details im Gemälde erforderlich; auf die Details, die für die Malweise jener Schule, der man den betreffenden Maler zuordnete, am untypischsten sind (so

z. B. die gemalten Ohrläppchen, Fingernägel, Finger- und Zehenbildung). *Morelli* ging davon aus, dass sich der Künstler von den kulturellen Traditionen löste und seine eigene persönliche Note in das Kunstwerk einbrachte. Er gab sich individuellen Anwandlungen hin, wobei die Details doch aus der Gewohnheit heraus niedergemalt wurden und beinahe unbewusst auch wiederholt wurden, d. h. die innerste Persönlichkeit des Künstlers wird mit Faktoren verknüpft, die außerhalb der Bewusstseinskontrolle liegen.

Morellis Idee bestand also darin, innerhalb eines kulturell festgelegten Zeichensystems diejenigen Zeichen zu finden, die, wie die meisten Symptome und Indizien, unbeabsichtigt entstanden. *Morelli* erkannte in diesen unbeabsichtigten Zeichen, in den Schnörkeln und Lieblingsworten, die die meisten beim Reden, Schreiben und Malen verwenden, ohne es bewusst zu bemerken, dass sie es tun, die verlässlichsten Indizien für eine künstlerische Identität.

Die Erfahrungen *Morellis* führten schließlich dazu, dass er über eine Vielzahl von Museen Bücher mit Abbildungen der dort ausgestellten Gemälde anfertigte. Die Abbildungen zeigten zahlreiche Finger und Ohren mit den dazu sorgfältigen Beschreibungen dieser charakteristischen Nebensächlichkeiten.

1.1.2 Castelnuovo

Diesen Gedankengang *Morellis* nahm später der italienische Kunsthistoriker *Castelnuovo* auf und verglich die Bilderbücher *Morellis* mit Verbrecheralben, in denen sich vergleichsweise der Künstler ebenso mit seinen typischen Merkmalen verrät wie ein Verbrecher mit seinen Fingerabdrükken.

Für *Castelnuovo* war *Morellis* Methode vergleichbar mit dem ermittlungstaktischen Vorgehen von Sherlock Holmes, der Detektivfigur von Sir *Arthur Conan Doyle*.

Sherlock Holmes erzählt gerne über seine Erfolge, was ihn mit modernen Profilern verbindet, und ähnlich wie diese, trug er sich auch mit dem Gedanken, sein Wissen in Buchform darzulegen.

„Und er kann auf eine Fülle von Erfahrungen zurückgreifen. Sehr oft hat er ausgeholfen, wenn Scotland Yard nicht mehr weiter wußte und sich Hilfe suchend an ihn wandte; sehr oft hat er die kompliziertesten Fälle gelöst und immer wieder Kostproben seiner Beobachtungsgabe und seines Scharfsinnes geliefert.

Holmes zieht nach folgendem Schema seine Rückschlüsse: 1. Beobachtung eines Resultates, 2. Heranziehung eines Gesetzes und 3. Erklärung des Beobachteten als Fall des Gesetzes.“ (*Reichertz* 2001, S. 7 f.) Hierbei beschreibt er die Verbrechensbekämpfung als eine „exakte Wissenschaft“, die mit Logik zu tun hat und für die man Beobachtung, Kenntnisse und Kombination braucht. Und man muss die Ordnung des Lebens, das „eine einzige Kette von Ursachen und Wirkungen“ ist, kennen – die Kette, an der sich an einem einzigen Glied alle übrigen Glieder als „das Wesen des Ganzen“ erkennen lassen.

Der Meisterdetektiv nimmt für sich in Anspruch, sowohl das Vergangene rekonstruieren als auch das Zukünftige vorhersagen und die Schlussfolgerungen vollständig darstellen zu können. Zudem unterscheidet er sich von anderen Detektiven: „Er arbeitet, durchaus auf der Höhe seiner Zeit, mit Logik (= Berechnung) und Lupe (= Beobachtung). Bei jedem Lokaltermin, der jeder Schlussfolgerung vorausgeht, beobachtet er den Tatort mit ordnenden und wissenden Augen.“ (*Reichertz* 2001, S. 9)

Zur Untermauerung seiner vergleichenden These zieht *Castelnuovo* die Holmes-Geschichte „The Cardboard Box“ aus dem Jahr 1892 heran.

An einer Stelle des Romans wird die Arbeit des Meisterdetektivs aus Sicht seines Mitarbeiters Dr. Watson geschildert, als zwei abgeschnittene Ohren per Post bei einer Dame namens Cushing eintreffen:

„(...) Holmes starrte mit ungewöhnlicher Aufmerksamkeit auf das Profil der Dame. Einen Moment lang mischten sich Überraschung und Befriedigung auf seinem eifrigen Gesicht; doch als sie einen schrägen Blick aussandte, um die Ursache seines Schweigens zu erforschen, war er wieder so gesetzt wie stets. Ich starrte nun meinerseits auf ihr glatt anliegendes graues Haar, ihren schmucken Kopfputz, ihre kleinen goldfarbenen Ohrringe und ihre sanften Gesichtszüge, doch konnte ich nichts entdecken, was die offensichtliche Erregung meines Gefährten erklärt hätte. (...).“ (*Ginzburg* 1985, S. 128)

Im weiteren Verlauf der Geschichte schildert dann Holmes seinen Gedankengang, den sich Watson zunächst nicht erklären kann:

„(...) Als Mediziner wissen Sie, Watson, dass kein Teil des menschlichen Körpers in so vielen Varianten erscheint wie das menschliche Ohr. Jedes Ohr ist in der Regel ausgesprochen charakteristisch und unterscheidet sich von allen anderen. Im letztjährigen Anthropological Journal können Sie zwei kurze Monographien zu diesem Thema nachlesen, die aus meiner Feder stammen. Ich hatte also das Ohr in der Schachtel mit dem Blick eines Experten in Augenschein genommen und mir sorgfältig seine anatomischen Besonderheiten notiert. Stellen Sie sich daher mein Erstaunen vor, als ich feststellte, dass Miss Cushings Ohr bis ins Kleinste mit dem gerade von mir untersuchten weiblichen Ohr übereinstimmte. Die Sache war vollständig jenseits allen Zufalls. Hier hatte ich dieselbe Verkürzung der Ohrmuschel, dieselbe breite Kurve des oberen Ohrläppchens und dieselbe Windung des Innenknorpels. In allen wesentlichen

Merkmalen waren die beiden Ohren sich gleich. Natürlich ging mir die ungeheure Bedeutung dieser Beobachtung sofort auf. Es war offensichtlich, dass das Opfer eine Blutsverwandte war und möglicherweise eine sehr enge dazu (...).“ (*Ginzburg* 1985, S. 129)

1.1.3 Freud (1)

Freud nahm den Gedanken *Morellis* auf. Er stellte fest, dass sich einige Kritiker *Morellis* daran gestoßen hatten, dass sich die Persönlichkeit dort entdecken lässt, wo der persönliche Einsatz am geringsten ausgeprägt ist. Die moderne Psychologie würde jedoch *Morelli* in diesem Punkt sicher beipflichten: Die unbeabsichtigten, unbewussten kleinen Gesten vermitteln sicher einen viel authentischeren Einblick in den Charakter als jede formale Pose, die sorgfältig einstudiert ist. *Freud* glaubte, dass *Morellis* „Verfahren (...) mit der Technik ärztlicher Psychoanalyse nahe verwandt (...)“ ist.

1.1.4 Medizinische Semiotik

„*Freud* war Arzt, *Morelli* hatte ein Medizinstudium absolviert und *Doyle* schließlich hatte als Arzt praktiziert, bevor er sich auf das Schreiben verlegte.

Hier lässt sich das Modell der medizinischen Semiotik erkennen, d. h. die Disziplin, die sich auf die Interpretation von Indizien stützt. Bereits zwischen 1870 und 1880 gewann dieses Modell im Bereich der Humanwissenschaften zunehmend an Bedeutung.

Die Semiotik erlaubt Diagnosen ohne direkte Beobachtung einer Krankheit, allein aufgrund der oberflächlichen Symptome und Anzeichen, die oft dem Auge des Laien oder selbst dem eines Dr. Watson irrelevant erscheinen mögen.“ (*Ginzburg* 1985, S. 134)

Dennoch scheinen die Methoden wenig verlässlich und ihre Ergebnisse nicht vorhersehbar. Hierfür gibt es zwei Gründe: Zum einen kann eine Krankheit bei verschiedenen Personen verschieden auftreten. Zum anderen bleibt die Kenntnis über die Existenz einer Krankheit immer indirekt – ein lebendiger Körper kann die Krankheit für sich behalten, ein toter Körper kann nur seziert, nicht aber befragt werden.

1.2 Es begann vor 160 Jahren

1.2.1 Lombroso

Die ersten Grundsteine bei der Erforschung der Psyche von Verbrechern und der damit verbundenen Tätertypisierung, also der Einteilung der Verbrecher in Typologien, wurden bereits Mitte des 19. Jahrhunderts gelegt.

Schon im Jahre 1846 versuchte der italienische Mediziner und Anthropologe *Lombroso*, den besonderen Merkmalen von Verbrechen und besonders von Verbrechern auf die Spur zu kommen, indem er aus kriminalanthropologischer Sicht die physischen Merkmale, an denen Verbrecher und sogar bestimmte Tätergruppen zu erkennen seien, beschrieb.

Aufgrund dieser Untersuchungen mit der darwinistischen Interpretation der Verbrechertypen, die durchaus als Pionierarbeit angesehen werden müssen, hat er sich als Mitbegründer der modernen Kriminologie einen Namen gemacht. Seine Verdienste werden auch nicht durch den Umstand geschmälert, dass die von ihm erzielten Ergebnisse und aufgestellten Thesen noch zu seinen Lebzeiten durch Untersuchungen des Berliner Arztes *von Baer* und des englischen Psychiaters *Goring* widerlegt wurden.

Lombroso ging vom Grundsatz aus, dass man zum Verbrecher geboren wird.

„Er beschränkte sich jedoch nicht nur auf biologische Merkmale des Körpers, sondern untersuchte auch seelische Phänomene wie das mangelnde Schmerzempfinden, das eingeschränkte Gefühlsleben, das fehlende sittliche Bewusstsein und das eigenmächtige Beibringen von Malen wie z. B. Tätowierungen.“ (*Hoffmann/Musolff* 1996, S. 10) In seinem späteren Wirken berücksichtigte er sogar meteorologische und klimatische, rassische, kulturelle und religiöse Aspekte in seinen Thesen. In diesem Modell korreliert körperliche Andersartigkeit mit seelischer Abartigkeit, nämlich der Delinquenz.

Er unterschied hierbei verschiedene Typen von Verbrechern, die jeweils durch ihre spezifischen genetischen Ausstattungen gekennzeichnet waren, d. h. dass der Verbrecher an sich schon an seinen äußeren körperlichen Merkmalen erkennbar sei, insbesondere an seinem Schädel, der oftmals eine fliehende Stirn, einen großen Unterkiefer und große Augenhöhlen aufweise, an anderen Körperteilen, so z. B. an der großen Armspannweite und der Größe der Extremitäten sowie an den Sinnesorganen, die nahezu keine Sinnes- und Schmerzempfindlichkeit besäßen.

Schädelvermessungen und andere körperliche Untersuchungen, die er während seiner Zeit als Militärarzt an einigen tausend Soldaten und später in Strafanstalten an inhaftierten Gefangenen vornahm, stützten die Fortentwicklung seiner These hin zu der Vermutung, dass es sich bei Verbrechern um einen Rückfall auf eine frühere menschliche Entwicklungsstufe handeln müsse. Bestärkt in seiner Annahme wurde *Lombroso* im Fall eines seinerzeit berüchtigten Mörders, als er bei dessen Obduktion eine Schädelanomalie feststellte, die auffallende Ähnlichkeit mit der Schädelform einer bestimmten Affenart aufwies.

Lombrosos Erkenntnisse wurden in verschiedenen Ländern unterschiedlich anerkannt und bewertet. „Sein Einfluss war am stärksten in Italien und Deutschland, schwächer in Frankreich, Spanien und in den USA. In Russland hingegen blieben seine Thesen unbekannt." (*Hoffmann/Musolff* 1996, S. 10)

1.2.2 Ferri

Der italienische Strafrechtsprofessor und Parlamentsabgeordnete *Ferri* gilt als einer der bekanntesten Schüler *Lombrosos.*

Ferri, ursprünglich ein eifriger Verfechter von *Lombrosos* Thesen, hat zur Jahrhundertwende erkannt, „dass das Verbrechen eine Erscheinung zugleich biologischen, physischen und sozialen Ursprungs ist", wobei nicht genau festzustellen ist, welche Faktorgruppe welchen Einfluss ausübt. Denn „dieser Einfluss wechselt für jede verbrecherische Handlung mit den psychologischen und sozialen Besonderheiten einer jeden. Der Mord wird ganz anders durch bestimmte Seiten der gesellschaftlichen Zustände und der biologischen Anlage beeinflusst als der Diebstahl oder die Notzucht."

Ferri unterscheidet in seinen Werken die Verbrechertypen in fünf Klassen; in den 1. verbrecherischen Irren, 2. geborenen Verbrecher, 3. Verbrecher aus erworbener Gewohnheit, 4. Gelegenheitsverbrecher und 5. Leidenschaftsverbrecher.

1.2.3 Aschaffenburg / Mezger / Exner / Seelig und Weindler

In Anlehnung an *Ferris* Einteilung unterschied *Aschaffenburg* zwischen sieben Verbrechertypen; zwischen dem 1. Zufalls-, 2. Affekt-, 3. Gelegenheits-, 4. Vorbedachts-, 5. Rückfall-, 6. Gewohnheits- und 7. Berufsverbrecher.

Auch *Mezger* traf eine Unterteilung, abhängig jedoch vom Grad der Bereitschaft zum Verbrechen. Demzufolge unterschied er in zwei Gruppen: 1. Die Situationsverbrecher und 2. Die Charakterverbrecher, die jeweils drei Untergruppen aufwiesen.

a) **Die Situationsverbrecher:**
   Diese Gruppierung untergliederte *Mezger* in die 1. Konflikt-, 2. Entwicklungs- und 3. Gelegenheitsverbrecher.
b) **Die Charakterverbrecher:**
   Hier untergliederte *Mezger* in die 1. Neigungs-, 2. Hang- und 3. Zustandsverbrecher.

Exner hingegen unterscheidet je nach charakterlichen Zügen des Täters zwischen dem Zustands- oder dem Gelegenheitsverbrecher.

Eine weitere von *Ferris* Thesen abgeleitete Variante der Verbrechertypisierung bieten *Seelig* und *Weindler,* die neben den charakterlichen Eigenschaften auch die spezifischen Handlungsweisen des Täters berücksichtigen. Die hier getroffene Einteilung umfasst acht Verbrechertypen:

1. Der arbeitsscheue Berufsverbrecher, 2. der Vermögensverbrecher aus geringer Widerstandskraft, 3. der Verbrecher aus Angriffslust, 4. der Verbrecher aus sexueller Unbeherrschtheit, 5. der Krisenverbrecher, 6. der primitiv-reaktive Verbrecher, 7. der Überzeugungsverbrecher und 8. der Verbrecher aus Mangel an Gemeinschaftsdisziplin.

1.2.4 Kurella

In Deutschland war es *Kurella*, der sich als Verfechter von *Lombrosos* Thesen einen Namen machte. *Kurella*, wie *Lombroso,* bestritt nicht, dass der Mensch, durch selbst erworbene Eigenschaften oder durch soziale Einflüsse geprägt, zum Verbrecher werden kann. „Die Erklärung hierfür liegt aber, so *Kurella*, in einer angeborenen Veranlagung. Schon *Lombroso* suchte die Ursache für verbrecherisches Fehlverhalten in einer zurückgebliebenen Entwicklung des Gefühlslebens. Daraus entwickeln sich zwangsläufig Grausamkeit, mangelnde Reue, Ehrlosigkeit, Sorglosigkeit, Gleichgültigkeit, fehlendes Mitleid, Unehrlichkeit und Schamlosigkeit unter gleichzeitiger Hervorhebung der Bedeutung von Impulsivität.“ (*Hoffmann/Musolff* 1996, S. 11)

1.2.5 Freud (2)

Hingegen war *Freud* neben seiner Überzeugung von *Morellis* Gedankengängen der Ansicht, „dass Kriminalität und gesellschaftlicher Erfolg dicht beieinander liegen. Für ihn handelt es sich bei einem Verbrecher um einen Mensch, der aufgrund seines gesamten Erscheinungsbildes und seiner Persönlichkeitsstruktur dem Triebverzicht, den die Gesellschaft von ihm fordert, nicht Folge leisten kann.

Eine Ausnahme bildet derjenige, der außergewöhnliche Kompetenz in der Gesellschaft beweist und deshalb Privilegien hat. Dadurch kann er sich durchsetzen und wird als Held gefeiert.“ (*Hoffmann* 1994, S. 71) Der Verbrecher wird ewiger Verlierer sein.

1.2.6 Kretschmer und Eysenck

Zwei Verfechter der genetisch bestimmenden Typologie *Lombrosos* waren der deutsche Psychiater *Kretschmer* und der englische Psychologe *Eysenck*.

Kretschmer, der in den zwanziger Jahren als Psychiater und Neurologe auf dem Gebiet der Typenforschung tätig war, begründete mit seinen Arbeiten die „Kriminalbiologische Schule“, d. h. die Lehre von der kriminellen Persönlichkeit, die sich zunächst mit dem Thema „Körperbau und Charakter“, später dann auch mit „Körperbau und Verbrechen“ befasste.

„Seinen Beobachtungen an psychiatrischen Patienten seiner Klinik zufolge besteht ein Zusammenhang zwischen verschiedenen Körperbautypen und der Art der psychischen Erkrankung. *Kretschmer* führte an einer Vielzahl von Patienten Körpermessungen durch, berechnete Durchschnittsmaße und entwickelte ein Diagnoseschema, um die gewonnenen Zahlenwerte verrechnen zu können. Es stellte sich in vielen Studien tatsächlich heraus, dass bestimmte Arten von geistigen Störungen bei Menschen mit bestimmten Körpermerkmalen überdurchschnittlich häufig auftraten." (*Hoffmann/Musolff* 1996, S. 20)

Demnach sind Schwerverbrecher eher schmale, magere Menschen, die sich durch Vitalität und Zähigkeit auszeichnen, so genannte leptosome Typen. Sie sind als Frühkriminelle, bei denen der Beginn der Karriere mit einer ausgeprägten Krise in der Pubertät zusammenfällt, bei Eigentumsdelikten (z. B. Diebstahl und Betrug) sehr stark vertreten und neigen nicht zur Triebhaftigkeit und zu Affekthandlungen. Sie sind eher zurückgezogen, zeigen starke Rückfalltendenzen, haben große Anpassungsschwierigkeiten und kommen schwer in sexuellen Kontakt zu anderen Menschen. Häufig werden sie als kühl und triebschwach beschrieben. Bei ihnen wurde eine vorsichtige, auf Sicherheit bedachte Arbeitsweise festgestellt. In der Regel hinterlassen sie keine Spuren, da die Vorbereitung und Ausführung sorgfältig geplant sind.

Der Kleinverbrecher wird hingegen durch einen mittleren, gedrungenen Körperbau mit starker Umfangsentwicklung der Eingeweidehöhlen (Kopf, Brust, Bauch) und Neigung zum Fettansatz unter gleichzeitiger graziler Ausbildung des Bewegungsapparates charakterisiert, ist also dem pyknischen Typus zugehörig, der unter Kriminellen wenig häufig vertreten ist und als sozial besser anpassungsfähig angesehen wird. Seine Kriminalität, die ihren Schwerpunkt im Betrugsbereich hat, beginnt später; er hat eine geringere Rückfallquote als andere Typen und ist auch eher resozialisierungsfähig. Bei ihm finden sich Kennzeichen von Kurzschluss- und Affekthandlungen.

85 % der Paranoiker haben einen athletischen Körperbau. Bei Gewaltverbrechen und sexuell motivierten Taten sind diese Athletiker in besonderem Maße in Erscheinung getreten. Sie beginnen ebenfalls mit einer geplanten Vorbereitung, bis das Temperament mit ihnen durchgeht und sie plan- und rücksichtslos werden. Gekennzeichnet sind sie durch Rohheit, Brutalität, Gewalttätigkeit, Grobheit und Schamlosigkeit. Athletiker sind in allen Rückfalls- und Altersklassen bis etwa zum 60. Lebensjahr zu finden. Sie leiden nicht so sehr unter äußeren Anpassungsschwierigkeiten, vielmehr unter inneren Spannungen, die sich plötzlich entladen.

Diese Dreiteilung – Leptosom, Pykniker und Athletiker – bedeutet zusammenfassend, dass die Art und die Ausführung eines Verbrechens unter anderem auch von der Konstitution des Täters abhängig ist.

Eysenck sah ebenfalls in den genetischen Faktoren grundlegende Elemente, die das verbrecherische Verhalten beeinflussen. 1964 stellte er die These auf, dass Kriminelle bevorzugt dem extravertierten (dem der Außenwelt zugewandten) Typus zuzurechnen sind. *Eysenck* geht davon aus, dass kriminelles Verhalten ein Zusammenspiel von sowohl äußeren Umwelteinflüssen als auch von angeborenen persönlichen Eigenschaften und biologischen Faktoren darstellt. Er stellt fest, dass die meisten Menschen nicht kriminell sind, weil sie als Kinder dazu erzogen wurden, Regeln und Gesetze der Gesellschaft zu beachten und einzuhalten. Die meisten Menschen vermeiden also antisoziales Verhalten, weil sie rechtzeitig die für sie negativen Konsequenzen auf ein solches Verhalten erkennen.

All diese Theorien sind jedoch als Instrumentarium bei der Fahndung nach Verbrechern beim heutigen Wissensstand viel zu global und unspezifisch und durch neuere Erkenntnisse teilweise auch widerlegt.

1.2.7 Das Profil Hitlers

Einer der ersten geschichtlich überlieferten Versuche eines „Täter-Profilings" wurde 1943 unternommen, als der amerikanische Militärgeheimdienst „OSS – Office of Strategic Services" unter der Leitung von Colonel *Donovan* mehreren psychoanalytisch ausgebildeten Medizinern, unter ihnen dem Psychiater *Langer*, den Auftrag erteilte, von Adolf Hitler ein Profil zu erstellen.

In dem später erstellten Bericht behauptete *Langer* und seine drei wissenschaftlichen Mitarbeiter, dass Hitler deshalb Diktator und Kriegsverbrecher wurde, damit er seiner Mutter gegenüber seine Männlichkeit unter Beweis stellen kann, da er als Kind den Ödipuskomplex nicht gelöst und die Ehe seiner Mutter als persönliche Zurückweisung zugunsten des sadistischen Vaters gewertet hat. Hitler werde, so die Prognose *Langers,* für den Fall einer deutschen Niederlage, entweder persönlich seine Truppen in den Tod führen oder als schizophrene Persönlichkeit zeitgleich mit dieser Niederlage ebenfalls psychisch und physisch zusammenbrechen.

1.2.8 Freud (3)

Der zuvor erwähnte Ödipuskomplex stellt sich als „Wunsch zur geschlechtlichen Beziehung mit dem gegengeschlechtlichen Elternteil dar und ist begleitet von einem Gefühl des Hasses und des Todeswunsches gegen das Elternteil gleichen Geschlechts." (*Hoffmann/Musolff* 1996, S. 47) Die beiden Beziehungen des Kindes – zum einen zur Mutter als eine „Objektbesetzung, die von der Mutterbrust ihren Ausgang nimmt" und an die sich das Kind anlehnen kann und zum anderen zum Vater, dessen sich „der Knabe durch Identifizierung bemächtigt"– gehen so lange nebeneinander her, bis durch die Verstärkung der sexuellen Wünsche nach der Mutter und die Wahrnehmung, dass der Vater hier ein Hindernis darstellt, der Ödipuskomplex entsteht.

Nach *Freud* entwickelt er sich in der phallischen Phase, also im Alter von etwa drei bis fünf Jahren.

Das Kind überwindet diesen Komplex durch den Vorgang der Identifikation mit dem Vater und durch die Angst und Unsicherheit, die sich festigende männliche Identität, Selbständigkeit und Aktivität wieder zu verlieren.

„Der Ödipuskomplex verschwindet etwa im Alter von fünf oder sechs Jahren. Die Art und Weise, wie der Mensch ihn bewältigt, ist entscheidend für sein Lebensschicksal, für seine Charakter- und Gewissensbildung, für die Ausrichtung seiner sexuellen Wünsche." (*Hoffmann / Musolff* 1996, S. 48)

Nach klassischer psychoanalytischer Auffassung umfasst der Komplex die Gesamtheit der Vorstellungen und Affekte, die mit der erotisch-sexuellen Rivalität des Jungen mit dem Vater um die Liebe der Mutter verknüpft sind, und der häufig bei Neurosen, Perversion, Süchten, Alkoholismus, Verwahrlosung und Verbrechen in Erscheinung tritt. Er ist demzufolge ein entscheidender Faktor in der Verbrechensentwicklung.

1.3 Das FBI in einer Vorreiterstellung

In Europa leisteten Großbritannien, Österreich und die Niederlande Pionierarbeit auf dem Gebiet der Erstellung von Täterprofilen. Im Gegensatz zu Großbritannien, wo Psychologen, also polizeifremde Wissenschaftler, Täterprofile erstellen, werden in Österreich und in den Niederlanden die Täterprofile von Polizeibeamten erstellt. In den Niederlanden geht man sogar so weit, den Profiler zur Vernehmung eines Tatverdächtigen heranzuziehen.

Übrigens: Im Jahr 1995 waren weltweit weniger als zwanzig Profiler tätig.

1.3.1 BSU / ISU

Neben anderen Forschungsabteilungen, wie z. B. der des Home Office in England, des Centrale Recherche Informatiedienst (CRI) in den Niederlanden sowie des Wiesbadener BKA und der Berliner Humboldt-Universität in Deutschland, die mit anderen Verfahren und anderen Deliktsbereichen an die Problematik herangingen, hat sich das FBI in den siebziger und achtziger Jahren speziell durch die Befragung von Serienmördern ein umfangreiches Wissen angeeignet. Warum gerade Serienmörder? Man war zu Recht der Ansicht, dass dieser Tätertyp die größte Erfahrung in der Tötung von Menschen hatte; er ist der „Experte", von dem man noch sehr viel lernen konnte.

Ausgangslage für das Profiling, das Gegenstand jahrelanger Untersuchungen und Studien des FBI war, war die sich Besorgnis erregend verschlechternde Aufklärungsquote bei Gewaltverbrechen in den USA, auf die das FBI reagieren musste.

Der Grund dafür lag in den veränderten Täter-Opfer-Beziehungen. „Stammten in den fünfziger Jahren noch mehr als 90 % der Täter aus dem engeren Freundes- und Bekanntenkreis des Opfers, wurde in den siebziger Jahren ein Drittel aller Tötungsdelikte von Unbekannten verübt.“ (*Hoffmann/Musolff* 1996, S. 12 f.)

Das FBI sah sich daher gezwungen, neue Wege zu gehen, indem es Psychologie, Informatik, Intuition und Wissenschaft miteinander zu verbinden suchte. Die amerikanische Bundespolizei gründete deshalb in den Jahren 1972 bis 1974 die Abteilung für Verhaltenswissenschaft, die „Behavioral Science Unit“, kurz „BSU“ genannt, zunächst unter der Leitung von *Jack Kirsch*, später unter dessen Nachfolger *John Phaft* und *Roger Depue*. Die BSU wurde in den achtziger Jahren in „Investigative Support Unit (ISU)“, die Einheit zur Unterstützung laufender Ermittlungen, umbenannt und später ein Teil der „Criminal Incident Response Group – CIRG –“ innerhalb des NCAVC an der FBI-Akademie. Die CIRG selbst wurde im Jahr 1994 gegründet und bietet Ad-hoc-Unterstützung bei der Bekämpfung schwerster Verbrechen, wie z. B. Terroranschlägen und Geiselnahmen, an.

Es überraschte zunächst, dass die BSU nur aus zwölf Kriminalbeamten, dem so genannten „Dirty Dozen“ (dem „dreckigen Dutzend“), zusammengesetzt war – keine Sozialwissenschaftler, keine Psychiater, keine Psychologen, die dieser Abteilung angehörten. Die Leitung der Profiling-Einheit innerhalb der BSU und der Ausbildung auf dem Gebiet des Erstellens von Täterprofilen innerhalb und außerhalb des FBI übernahmen zu Beginn die von den Arbeiten und Forschungsergebnissen von Dr. *Paul Kirk*, Dr. *Breyfocal* und Dr. *Douglas Kelly* beeinflussten *Howard Teten* und *Pat Mullany*, zwei FBI-Agenten, denen später die Agenten *Con Hassel*, *Tom Strenz*, *Dick Ault*, *Jim Reese*, *John E. Douglas* und *Robert K. Ressler*, Letzterer u. a. an Forschungsarbeiten an der „American Academy of Forensic Sciences“ (Amerikanische Akademie für gerichtsmedizinische Forschungen) und an der „American Academy of Psychiatry and the Law“ (Amerikanische Akademie für Kriminalpsychologie) beteiligt, nachfolgten.

In einem abgeschirmten, unterirdisch verlaufenden, ursprünglich zum Atombunker ausgebauten Komplex der FBI-Akademie in Quantico/Virginia begannen die Beamten, deren Personalzahl zuletzt bis auf dreißig angestiegen ist, mit ihrer Arbeit am „Criminal Personality Research Project – CPRP –“, dem Projekt zur Erforschung der Persönlichkeit von Verbrechern, das die Sammlung und Kategorisierung von Daten und Erfahrungswerten über Gewaltverbrechen und deren Täter umfasste. Hierzu bedienten sie sich u. a. des „VICAP Crime Analysis Report", eines Kataloges mit 189 Fragen, der bei systematischen Befragungen von Gewaltverbrechern Verwendung fand.

Das erste offizielle und ausführlich dokumentierte Täterprofil des FBI wurde 1974 im Fall des Serienmörders David Meierhofer angefertigt.

„Weiterhin wurde auch nach Techniken gesucht, die es den überall in den USA ermittelnden FBI-Agenten ermöglichen sollten, aus der Untersuchung des Tatortes und des Mordopfers Rückschlüsse auf die mögliche Identität des Täters zu ziehen. Eine ungeheuer schwierige und nahezu unlösbar erscheinende Aufgabe, wenn man neben der geographischen Dimension die Komplexität der Lebensstile, Subkulturen und Wohnmilieus in diesem Riesenstaat USA bedenkt, denn all diese Faktoren finden beim Profiling Berücksichtigung." (*Hoffmann* 1994, S. 72)

Derzeit sind dort 36 FBI-Agenten tätig, jedoch nur 10 von ihnen als „Full-Time-Profiler". Die anderen arbeiten an und mit VICAP, dem Computerprogramm des FBI, das mit Fakten über Schwerverbrechen und -verbrecher (nicht nur Serienmörder) gefüttert wird, um Tatzusammenhänge frühzeitig erkennen zu können.

Pro Jahr erhält diese Einheit ca. 11 000 Fälle aus den gesamten Vereinigten Staaten und auch von außeramerikanischen Ländern herangetragen; bei „nur" 800 von diesen ungeklärten Taten werden Täterprofile erstellt.

1.3.2 NCAVC

Zudem war festzustellen, dass die Kommunikation und der Informationsfluss unter den mehr als 16 000 Polizeibehörden in den USA oftmals schlecht organisiert oder gar nicht existent waren – und dies nicht nur aufgrund der großen geographischen Distanzen. Diese Behörden arbeiten nämlich unabhängig voneinander, beargwöhnen sich gegenseitig und sind oft aufeinander eifersüchtig.

Neben den großen Polizeibehörden von New York, Chicago und Los Angeles gibt es in den USA wenig große Polizeidienststellen im europäischen Sinne. Die meisten gehören zur kommunalen Ebene (counties, cities, townships) und mehr als 90 % der Gemeinden mit über 2 500 Einwohnern haben eine eigene Polizei. Zwei Drittel dieser Polizeien beschäftigen weniger als zwanzig Beamte, mehr als ein Drittel dieser Dienststellen haben weniger als fünf Polizisten.

Traditionell gibt es in den USA eine Abneigung gegen zu große Polizeibehörden, die zu weit vom Bürger entfernt und nicht kontrollierbar sind. Deshalb werden Staats- und Bundespolizeibehörden trotz größerer Erfahrung in der Regel misstrauisch betrachtet – und diese Behörden um Unterstützung zu bitten, fällt vielen Polizeidienststellen schwer.

Man darf nicht vergessen, dass die Polizeichefs von gewählten Volksvertretern ernannt werden und in ihrem Bezirk entsprechend gute Ermittlungs- und Fahndungserfolge aufzuweisen haben, sollten sie wieder in ihr Amt gewählt werden wollen.

Da Serienmörder diesen Umstand oftmals ausnutzten und eine gewisse Mobilität nach ihren Taten an den Tag legten, indem sie beispielsweise ihren Wohnort in einen anderen Bundesstaat verlegten, wurde, um dieses bekannt gewordene Manko auszugleichen, im Jahr 1984 das „National Center for the Analysis of Violent Crime (NCAVC)" vom „US Department of Justice", das sich aus dem „Office of Justice Programs", dem „National Institute of Justice" und dem „Office of Juvenile Justice and Delinquency Prevention" zusammensetzt, in Zusammenarbeit mit dem FBI und dem „Criminal Justice Center" an der Sam Houston State University von Huntsville, Texas, gegründet.

Das NCAVC als Ergebnis des weiteren Ausbaues der BSU dient vorrangig der Identifizierung und Aufspürung von Wiederholungstätern und umfasst die vier folgenden Bereiche: 1. Forschung und Entwicklung, 2. Ausbildung, 3. Täterprofilerstellung und 4. VICAP. NCAVC kombiniert seine Forschungsergebnisse, Ausbildungsziele und ermittlungstaktischen /operativen Funktionen in der Unterstützung aller Strafverfolgungsbehörden, die sich in ihren Ermittlungen mit ungewöhnlichen, bizarr erscheinenden oder sich wiederholenden Verbrechen auseinander setzen, schwerpunktmäßig mit Entführungen, Geiselnahmen, Erpressungen, Serienmorden, Serienvergewaltigungen, Brandstiftungen, Bombendrohungen und -legungen, Terroranschlägen.

Das NCAVC arbeitete zeitweilig mit zwei speziell für die Ermittlung von und für die Fahndung nach Serienmördern entwickelten Computerprogrammen, die den amerikanischen Dienststellen Bundesstaaten übergreifend auf Anfrage zur Verfügung gestellt werden. Zum einen war dies die Software „PROFILER", die eine exakte mengenmäßige Bestimmung der organisierten und nichtorganisierten Anteile eines Gewaltverbrechens ermöglichte, die zwischenzeitlich aber durch das „VICAP"-System ersetzt wurde. Zum anderen handelt es sich, wie erwähnt, um das Programm „VICAP", das dem Ergreifen von Straftätern, insbesondere von reisenden Gewalttätern dient.

Das NCAVC erstellt nicht nur für amerikanische Ermittlungsbehörden Täterprofile, sondern darüber hinaus auch für außeramerikanische Dienststellen. Hierzu muss jedoch die Straftat folgende Kriterien erfüllen:

a) Sie wurde bislang noch nicht aufgeklärt.

b) Sie weist kein erkennbares Motiv auf oder zeigt in ihrer Begehensweise Anzeichen für geistige, emotionale oder persönlichkeitsbezogene Defekte beim Täter.

c) Sie fällt in eine der folgenden Kategorien: Sadistische Misshandlung des Opfers bei sexuellen Angriffen – Opferzerstückelung – postmortal zugefügte Opferverletzung und -zerfleischung – motivlose Brandstiftungen – Lust- und Verstümmelungsmorde – rituelle Verbrechen – außergewöhnliche Vergewaltigungen.

Zusammenfassend sind beim FBI zwei verschiedene Versionen für die Erarbeitung von Täterprofilen erkennbar:

Die erste ist computergestützt. Details von hunderten früherer Straftaten werden in den Computer eingegeben und nach Merkmalsgruppen geordnet, damit sie mit den Besonderheiten eines aktuellen Verbrechens verglichen werden können. Wenn sich Übereinstimmungen zeigen, lassen sich die Spuren von Serienmördern verfolgen.

Die zweite befasst sich mit der Entwicklung individueller Täterprofile, die in der Psychologie des Kriminellen und seines Verbrechens verwurzelt sind. Das FBI analysiert spezielle Fälle und entwirft aufgrund langjähriger Erfahrungen seiner Ermittler Täterprofile.

1.3.3 Crime Analysis Unit, Redding / Kalifornien

Ein dem NCAVC ähnlicher Dienstzweig besteht zwischenzeitlich auch beim Police Department im kalifornischen Redding. Die dortige „Crime Analysis Unit – CAU –" ist eine Einheit, die dem „Captain of Field Operations" untersteht und aus einem Kriminalanalytiker, einem Kriminaltechniker und zwei weiteren Mitarbeitern besteht.

Die „CAU" bietet den Ermittlungsbehörden Unterstützung in folgenden Bereichen an:

a) **Strategisch-kriminalistische Analyse:**
Sie umfasst das Betreiben eines Computerprogrammes und damit verbunden die Auswertung der eingegebenen Daten über zurückliegende und aktuelle Fälle, um künftige ermittlungstechnische Strategien bei ähnlich gelagerten Fällen rechtzeitig festlegen und entsprechenden Personalansatz und -bedarf berücksichtigen zu können.

b) **Taktisch-kriminalistische Analyse:**
Hier werden bei der Auswertung statistischer Unterlagen und der Computerdaten wiederkehrende Tatmuster wie z.B. der Modus Operandi festgestellt und das Zusammenführen von Straftaten zu einer Serie gewährleistet.

c) **Administrativ-kriminalistische Analyse:**
Neben der Auswertung der Kriminalstatistik hinsichtlich der Brennpunkte von Straftaten erfolgt hier analog dazu eine alternative Fest-

legung der Polizeidichte, d. h. es werden Vorschläge ausgearbeitet mit dem Ziel, den personellen Aspekt der Dienststellen umzustrukturieren, um auf das Verbrechensgeschehen flexibler und effektiver reagieren zu können.

1.3.4 Bureau of Criminal Apprehension, St. Paul / Minnesota

Eine weitere Einrichtung mit gleicher Zielrichtung ist das „BCA", das „Bureau of Criminal Apprehension" in St. Paul, Minnesota. Das BCA wurde bereits 1927 gegründet, um die Polizeibehörden in ihrem örtlichen Zuständigkeitsbereich bei der Aufklärung von Kriminalfällen und bei der Festnahme von Straftätern zu unterstützen.

Das BCA baute Anfang der neunziger Jahre sein so genanntes „Criminal Assessment Program – (CAP)" auf, das neben einer Registrierung aller Sexualstraftäter auch die Erstellung von Täterprofilen, den Betrieb einer DNA-Datei sowie die Nutzung sowohl des überörtlichen „VICAP" als auch des regionalen „MNSCAP – Minnesota Sex Crimes Analysis Program" vorsieht, eines Computerprogramms, das dem VICAP in seiner Funktionsweise ähnlich konzipiert ist und auf Sexualstraftäter im US-Bundesstaat Minnesota begrenzt ist.

1.4 Europäische Varianten

1.4.1 University of Surrey (Großbritannien)

Wertvolle Ansätze zur Erstellung von Täterprofilen kommen vom Lehrstuhl für Ermittlungspsychologie der britischen Universität Surrey in Guildford. Hier werden statistische Verfahren bevorzugt, die auch in Deutschland Anwendung finden (sollen).

Der Begriff „Investigative Psychology (Ermittlungspsychologie)" basiert auf den Arbeiten von Professor *Canter* aus dem Jahr 1988. *Canter* hielt seinerzeit an der Universität Surrey Vorlesungen vor einer Reihe von Studenten, die heute bei der britischen Polizei beschäftigt sind.

Canter führte bereits im November 1985 auf Anfrage hin die ersten Unterredungen mit Scotland Yard in Sachen „Criminal Profiling" und erstellte in Zusammenarbeit mit dem ermittlungsführenden Detective Chief Superintendent *McFadden* ab Anfang 1986 für die Polizei in Guildford in einer bis dahin ungelösten Serie von Vergewaltigungen und Morden in den zurückliegenden fünf Jahren ein Täterprofil des so genannten „Railway Rapist/Murderer" John Francis Duffy – benannt nach den Tatorten entlang des Schienenetzes und der Gleisanlagen im Raum Groß-London, in einem Gebiet mit nahezu einem Drittel der britischen Gesamtbevölkerung.

Die Abteilung für Ermittlungspsychologie („Investigative Psychology Unit – IPU–") ist derzeit bei der Universität in Liverpool angesiedelt, wo die Zusammenarbeit zwischen den 40 Angehörigen dieser Abteilung und der Polizei von Merseyside im Vordergrund steht. Darüber hinaus werden auch ausländische Polizeidienststellen, u. a. in Australien, Barbados, Kanada, Irland und Israel, in ihren Ermittlungen unterstützt.

Canter sowie *Heritage* – ein Detective Constable bei der Polizei in Surrey, der sich in vielen Jahren seines Polizeidienstes ein umfangreiches kriminalistisches Wissen aneignete und der dann nach kurzer Zeit in das Team um *Canter* wechselte, um dieses Unternehmen hier sinnvoll zu ergänzen – haben als Resultat ihrer fruchtbaren Symbiose aus Polizeidienst und Wissenschaft folgende Grundsätze der Ermittlungspsychologie geprägt:

„a) Es handelt sich hierbei um eine wissenschaftliche Disziplin. Sie basiert auf systematischen Untersuchungen und statistischen Verfahren, nicht auf subjektiver Intuition.

b) Deshalb müssen Polizeibeamte zum besseren Verständnis des praktischen Verfahrens einen Kurs in Ermittlungspsychologie belegen.

c) Bei der Ermittlungspsychologie der IPU werden keine externen Mitarbeiter einbezogen.

d) Das Wissen wird innerhalb der Polizei entwickelt und beruht auf einem Aus- und Fortbildungssystem." (*BKA* 1998, S. 125)

Das Erstellen von Täterprofilen wird nicht allein von einem oder von zwei Wissenschaftlern vorgenommen. Eine ganze Reihe von Psychiatern und Psychologen bieten diese Leistung den ermittelnden Polizeibehörden an, um das gemeinsame Ergebnis auf mehreren systematischen Studien zu gründen.

Canters Versuch und Theorie, Gewaltkriminalität besser verstehen zu können, basiert nicht nur allein auf spezifischen Faktoren wie genetischen Merkmalen, traumatischen Kindheitserlebnissen, fehlender Selbstkontrolle oder gesellschaftlichem Druck, sondern besonders auf den gewonnenen Erkenntnissen und dem Wissen darüber, was einen Menschen dazu bewegt, die Schwelle der sozial akzeptierten und vertretbaren Aggression zu überschreiten. Davon ausgehend, dass jedes kriminelle Handeln eine Art zwischenmenschliche Transaktion beinhaltet, kann gefolgert werden, dass die Aspekte der Art und Weise, wie der Täter mit seinen Opfern umgeht, in einem bestimmten Verhältnis dazu steht, wie er ganz allgemein innerhalb seiner Umwelt handelt. Auf dieser Grundlage kann man daher Rückschlüsse auf sein nichtkriminelles Verhalten und Leben ziehen.

Canter und seine Mitarbeiter nennen folgende Hauptziele ihrer Arbeit und ihres Institutes:

a) Die Psyche von Kriminellen und das Erfordernis bei polizeilichen Ermittlungen besser verstehen lernen.
b) Zur Effizienzsteigerung bei polizeilichen Ermittlungen beitragen (mehrere Taten einem Einzeltäter zuordnen, Rückschlüsse aus Tatortbefunden und anderen Informationen auf die charakteristischen Merkmale des Täters ziehen, Vernehmungsstrategien festlegen, Entscheidungshilfen für den weiteren Verlauf der Ermittlungen geben).
c) Ausgewählte Polizeibeamte im Umgang mit Theorien und Methoden der Sozialwissenschaften trainieren.
d) Polizeiliche Ermittlungen unterstützen und Vorbeugungsprogramme begleitend mitgestalten.
e) Ermittlungsbeamte und Wissenschaftler zu einer engen und vertrauensvollen Zusammenarbeit ermutigen.

1.4.2 Paul Britton (Großbritannien)

Schon einige Jahre vor dem Zusammenschluss *Canter / Heritage* arbeiteten *Britton*, ein Psychologe im Krankenhaus von Leicestershire, und *Baker*, Leiter der Kriminalpolizei in Leicestershire, im Fall des zweifachen Mörders Paul Bostock eng zusammen. Im Verlaufe dieser Ermittlungen zu Beginn der achtziger Jahre fertigte *Britton* ein Profil des Täters an, das zwar nicht ausschlaggebend und unmittelbar zur Identifizierung von Bostock führte, aber die Ermittlungen gegen ihn fokussierten, nachdem er aus einer Vielzahl von Tatverdächtigen mehr und mehr in das Visier der Polizei geriet.

1.4.3 National Crime Faculty (Großbritannien)

Das Home Office kanalisiert Profilerstellungen mittlerweile mit Hilfe der „National Crime Faculty (NCF)", einer zentralen Einrichtung, die Strategien und Ausbildungsmaßnahmen für die Ermittlungsarbeit und Bekämpfung von Schwerverbrechen vorgibt. Die NCF versteht unter Schwerverbrechen sexuell motivierte Tötungsdelikte, Vergewaltigungen durch Fremde und Verbrechen, die in ihrer Einzigartigkeit schwer zu beschreiben sind, bei denen die Ermittlungen einen toten Punkt erreicht haben und bei denen ungewöhnliche oder originelle gedankliche Ansätze möglicherweise helfen können.

Die NCF wurde in den Jahren 1995/1996 in Bramshill/Hampshire gegründet, hat ihren geschichtlichen Ursprung aber schon in den achtziger Jahren. Im Jahr 1982 trieb der Serienmörder Peter Sutcliffe in der Grafschaft Yorkshire sein Unwesen. Im Laufe der Ermittlungen wurden Lücken im Ausbildungsbedarf bei der Polizei, insbesondere im Bereich der Bekämpfung von Schwer- und Serienverbrechen, deutlich, die durch die NCF 14 Jahre später kompensiert wurden.

Zu ihrer Aufgabenerfüllung bietet die NCF drei Lösungsansätze an:

a) Zur Unterstützung der Ermittlungsbehörde am Tatort wird ein Team, bestehend aus einem Ermittlungsbeamten, einem Forensiker mit der für den Tatort speziell erforderlichen Sachkenntnis, sowie einem Pathologen, einem Psychiater oder einem Psychologen, eingesetzt, das zum Ziel hat, neue Gedanken in die Ermittlungen zu bringen.

b) Es wird angestrebt, eine einheitliche nationale Datenbank zu erstellen und zu betreiben, da die etwa 50 Datenbanken in Großbritannien, die gegenwärtig existent sind, untereinander nicht kompatibel sind.

c) Ein weiterer Punkt ist die Aus- und Fortbildung von Polizeibeamten in bisher weitgehend polizeifremden Bereichen wie z. B. Psychologie und Soziologie, ohne sie hierbei zu Experten oder Generalisten machen zu wollen.

1.4.4 Offender Profiling Research Programme (Großbritannien)

Ein viertes britisches Modell stellt das „Offender Profiling Research Programme" bei der Londoner Polizei dar, das 1993 gegründet wurde. Ausgangspunkt war die 1991 gegründete „Police Requirements Support Unit – PRSU –", die ursprünglich als Verbindungsstelle zwischen dem Innenministerium und der Polizei fungieren sollte, um zu gewährleisten, dass die Polizei über notwendige personelle und materielle Ressourcen verfügen kann. Diese Einrichtung hatte auch eine wichtige Rolle auf dem Gebiet der Forschung und Entwicklung übernommen, wobei sie auch Ausbildung, Ausrüstung und Technologien im Gesetzesvollzug weltweit verfolgte. So gehörte auch die Entwicklung von Täterprofilen zu einem Aufgabenbereich der PRSU, die zeitgleich damit beauftragt wurde, mit dem Aufbau einer Datenbank einen Informationsdienst einzurichten, über den die Polizei mit dem Projekt in Kontakt treten und Täterprofile erhalten kann.

Das Forschungsprojekt „Offender Profiling Research Programme" hat es sich zur Aufgabe gemacht, die Anwendungsmöglichkeiten von Täterprofilen auszuloten und entsprechende Verfahren bei den Polizeibehörden zu etablieren.

So wurden bis 1994 etwa 200 in Großbritannien erstellte Täterprofile erfasst und auf ihren Erfolg hin bewertet. Weiterhin wurden bei den Polizeidienststellen Informationspunkte abgefragt, die man sich dort von einem Täterprofil erhoffte.

Schließlich sollten Wege gefunden werden, die es ermöglichen, dass das Forschungsprojekt als Servicedienststelle für die Ermittlungsbehörden mit eigenen entwickelten Profiling-Techniken fungieren kann.

Dies alles soll durch eine eigens hierfür angelegte Datenbank, die sowohl Informationen über 350 Vergewaltiger und ihre insgesamt 600 Taten als auch die statistischen Auswertungsergebnisse über ihr Tatverhalten und ihre Persönlichkeitsmerkmale enthält, unterstützt werden.

1.4.5 Unit for Crime Analysis and Offender Profiling (Schweden)

Die Geschichte des Täter-Profiling in Schweden geht auf das Jahr 1988 zurück, als die Königsfamilie und die Regierung bedroht wurden. Die Erstellung eines Täterprofils in diesem Fall wurde in Zusammenarbeit mit dem amerikanischen FBI ermöglicht.

Als im Zeitraum von 1991/1992 ein Serienmörder seine Verbrechen verübte, wurde in Schweden erneut die Methode des Profiling angewandt, die letztlich zur Identifizierung des Täters führte.

Daraufhin wurde eine Projektgruppe gebildet, die nach Abwägung aller Für und Wider der Profiling-Methode den Vorschlag unterbreitete, eine landesweite Arbeitsgruppe, die „Unit for Crime Analysis and Offender Profiling" mit der Aufgabe einzusetzen, in Fällen von Mord, Vergewaltigung, Erpressung und Brandstiftung Fallanalysen und Täterprofile zu erstellen.

Diese Arbeitsgruppe, angesiedelt beim „Swedish National Criminal Investigation Department" in Stockholm, wurde schließlich 1995 installiert und besteht aus vier Polizeibeamten und einem Psychiater.

Die Gruppe wird grundsätzlich nur auf Anfrage von Ermittlungsbehörden tätig.

Die Vorgehensweise der Gruppe beruht auf der Idee, den Tatort über Wochen oder Monate unverändert in seinem ursprünglichen Zustand zu belassen, um ihn im Laufe der Ermittlungen immer wieder aus einem anderen Blickwinkel betrachten zu können.

Die Mehrzahl der Gruppenmitglieder besichtigt den Tatort, wobei die eigene technische Ausrüstung (vor allem Videokamera und Digitalkamera) Verwendung findet. Danach setzt eine Gruppendiskussion ein, nachdem jedes einzelne Mitglied, das innerhalb der Gruppe eine Analyseeinheit bildet und für einen bestimmten Fall verantwortlich ist, für sich eine Hypothese formuliert hat, mit dem Ziel, einen Konsens über den Fall zu erreichen.

1.4.6 Centrale Recherche Informatiedienst (Niederlande)

Von 1988 bis 1991 wurde eine niederländische Arbeitsgruppe mit der Aufgabe betraut, Möglichkeiten der Anwendung des Täter-Profiling bei der Aufklärung schwerer Gewaltverbrechen zu prüfen.

Diese Arbeitsgruppe setzte sich aus Angehörigen der Amsterdamer Polizei, des Zentralen Kriminalpolizeiamts CRI (Centrale Recherche Informatiedienst) und der kriminalpolizeilichen Ausbildungsstelle (Rechercheschool) zusammen.

Letztlich wurde ein Profiler beim FBI ausgebildet und anschließend beim CRI, das in seiner Aufgabenzuweisung dem deutschen Bundeskriminalamt gleichzusetzen ist, angesiedelt. Hier wurde ein zweiköpfiges Team unter der Bezeichnung „Verhaltenswissenschaftliche Kriminalberatung", bestehend aus eben diesem Profiler und einem Psychologen, mit der Aufgabe gebildet, auf Ersuchen von holländischen Polizeidienststellen die festgefahrenen Ermittlungen durch das Erstellen von Täterprofilen und durch beratende Tätigkeit wieder in Gang zu bringen und zu unterstützen.

Diese Beratung ist in folgenden Formen denkbar:

„a) Vorschläge, welche Richtung die weiteren Ermittlungen nach Auswertung der vorhandenen Erkenntnisse nehmen sollen;

b) Abgleich unterschiedlicher Fälle anhand von Übereinstimmungen zur Feststellung eines möglichen Zusammenhangs;

c) Ratschläge zur Strategie der Vernehmung von Verdächtigen;

d) Beurteilung von Personen auf ihre mögliche Eignung als Tatverdächtige;

e) Analyse und Bewertung von Gefährdungen;

f) Beratung in Fällen, in denen nicht feststeht, ob eine Straftat, eine Selbsttötung oder ein Unfall vorliegt." (*BKA* 1998, S. 169)

Die Entwicklung und Fortführung der Täterprofilerstellung in den Niederlanden unterliegt ständig zweier Grundüberlegungen; demnach ist das Profiling ...

a) ... eine Kombination aus kriminalistischen Erfahrungen und verhaltenswissenschaftlichen Kenntnissen.

b) ... nicht der ultimative „Stein des Weisen", sondern vielmehr ein Instru-mentarium, um die polizeilichen Ermittlungen in bestimmte Richtungen zu lenken.

1.4.7 Kriminalpsychologischer Dienst (Österreich)

Im österreichischen Bundesministerium für Inneres wurde Anfang 1993 in der dortigen Gruppe D/Interpol, Abt. II/12, der Kriminalpsychologische Dienst (KPsD) unter der Leitung von Magister *Thomas Müller* installiert. Dieser KPsD soll als Servicedienststelle psychologische Fragestellungen bei der konkreten Verbrechensbekämpfung beantworten.

Darüber hinaus führte *Müller* im April 1996 den ersten internationalen Ausbildungskurs für „Tatortanalyse und Täterprofiling" für bayerische Kriminalbeamte und 58 südafrikanische Polizeioffiziere durch. Ein zweiter Kurs folgte ein Jahr später, an dem die ersten drei Beamten des deutschen Bundeskriminalamtes, und weitere Kriminalbeamte der Landeskriminalämter aus Bayern, Hamburg und Niedersachsen sowie ein Beamter der Oberstaatsanwaltschaft Basel teilnahmen. Vorlesungen außer- halb Österreichs hielt *Müller* u. a. an der englischen Ausbildungszentrale „National Crime Faculty" sowie vor mehreren Staatsanwälten und Ermittlungsbeamten im polnischen Krakau.

Müller war u. a. mit Hilfe einer Täterprofilerstellung maßgeblich an der Verhaftung des österreichischen Bombenlegers der „Bajuwarischen Befreiungsfront", Franz Fuchs, beteiligt; Fuchs terrorisierte zwischen 1993 und 1997 mit einer Serie von Sprengstoffattentaten, die insgesamt vier Tote und 13 Verletzte forderte, die Alpenrepublik, bis er letztlich 1997 festgenommen werden konnte, wobei er selbst während der Festnahmeaktion eine Explosion herbeiführte und schwer verletzt wurde.

Ein weiterer Aufgabenbereich des KPsD ist sowohl die Untersuchung bestimmter Deliktsgruppen hinsichtlich eventueller Unterschiede oder Gemeinsamkeiten als auch die Unterstützung der Ermittlungsbehörden mit den gewonnenen Ergebnissen.

Der eigentliche Schwerpunkt der Arbeit liegt in der Fragestellung nach der Verwertbarkeit von Täterprofilen bei sexuell motivierten Tötungsdelikten, da zum einen die Aufklärungsquote in diesem Bereich im Vergleich zur Gesamtzahl aller Morde sehr gering ist. Zum anderen soll festgestellt werden, ob die amerikanische Methode des Profiling auf europäische Verhältnisse übertragbar ist.

Hierzu bleibt beispielsweise festzustellen, dass in der Bundesrepublik Deutschland ca. 7,2 Mio. Ausländer (das entspricht 8,8 % der Gesamtbevölkerung) leben. Die Sozialisation eines Großteils dieses Personenkreises sowie der deutschstämmigen Aussiedler, die aus dem Osten eingewandert sind, ist durch die Wertanschauungen anderer Kulturkreise geprägt. Dieser Umstand ist verhaltensbeeinflussend. Sie sind deshalb von einem westlich geprägten Profiler schwer zu fassen und einzuordnen.

Harbort gibt bezüglich der Serienmörder in Deutschland zu bedenken, dass sich die Probanden seiner Studie deutlich von nordamerikanischen, oder aber auch osteuropäischen Serienmördern unterscheiden – von diesen Tätern also, die ein hohes Maß an Mobilität aufweisen. „72,2 % aus der Untersuchungsgruppe legten keine größere Strecke als 30 km zwischen den Tatorten zurück; Sexualmörder wohnten im Durchschnitt 10,6 km vom Tatort entfernt, Raubmörder 17,3 km. Nur 11,4 % wurden als so genannte „reisende Täter" identifiziert." (*Harbort* 1999, S. 714)

1.4.8 Alexander Buchanowski (Russland)

Im Jahr 1986 erstellte der Rostower Psychiater *Buchanowski* ein Täterprofil des erst Jahre später identifizierten Serienmörders Andrej Tschikatilo, der seine 53 Opfer über eine Zeitspanne von zehn Jahren ermordete.

„Dieses Täterprofil erwies sich nach der Festnahme Tschikatilos, die übrigens ohne Hilfe eines psychologischen Täterprofils erfolgte, erstaunlich zutreffend. So hatte *Buchanowski* eine detaillierte Beschreibung über Aussehen, Ausbildung und Beruf des Täters abgegeben.

Über Strategien und Überlegungen *Buchanowskis* liegen derzeit noch keine konkreten Erkenntnisse vor, da er selbst an einer Publikation arbeitet und solange seine Methoden in der Öffentlichkeit nicht preisgibt.

Die russischen Sicherheitsbehörden verfügen übrigens im Moskauer Serbsky-Institut über eine der weltgrößten Serientäter-Datenbanken." (*Hoffmann/Musolff* 1996, S. 15) Die Führung eines solchen umfangreichen EDV-Systems hat eine jährliche Mordrate von weit über 20 000 Fällen, die in Russland verübt werden, zum Hintergrund.

1.4.9 Operative Fallanalyse (Deutschland)

In Deutschland beschränkte sich das kriminalistische Interesse an Täterprofilen lange Zeit auf die Kontaktaufnahme zu ausländischen Dienststellen mit entsprechender Erfahrung. Anfang der 80er Jahre fanden umfangreiche Forschungsarbeiten bezüglich Sexualdelikten statt – dabei wurden 8 058 Fälle ausgewertet – und später in den 90er Jahren spezielle Untersuchungen zu Erpressungsdelikten. Das Bundeskriminalamt (BKA) hat dann seit 1987 Täterprofile im Rahmen von Fallanalysen zunächst zu Forschungszwecken, danach auch zur Unterstützung der Polizeidienststellen in den Bundesländern erstellt.

Ein erstes Konzept zur endgültigen Etablierung von Fallanalysen und Täterprofilerstellungen in Deutschland wurde beim BKA im Jahr 1988 vorgelegt, nachdem man sich einen Überblick sowohl über das amerikanische System als auch über die europäischen Ansatzmodelle verschafft hat. Mitarbeiter des Kriminalistischen Instituts beim BKA haben sich ab diesem Jahr eingehend mit den neuen Methoden der Fallanalyse, der Täterprofilerstellung und mit dem FBI-Datenbanksystem „VICAP“ in der entsprechenden Einheit des FBI in Quantico/Virginia befasst.

Nach diesem Konzept soll ein ganzheitlicher Ansatz vertreten werden. Das bedeutet, dass alle wesentlichen Elemente eines Falles bei der Bewertung berücksichtigt werden, um dadurch einen informatorischen Mehrgewinn zu erzielen, nach dem Leitspruch: Das Ganze ist mehr als die Summe seiner Teile. Somit ist das Erstellen von Täterprofilen nur ein Teilbereich des Gesamtsystems.

„Dass die psychologische Falluntersuchung idealerweise kollektiv durchgeführt wird, beruht auf der Annahme, dass ein Gruppenwissen immer umfassender ist als das des Einzelnen. Eine nach strengen Regeln durchgeführte Gemeinschaftsanalyse ermöglicht deshalb die bestmögliche Informationsausbeute.“ (*Hoffmann* 1999, S. 69-70)

Neben den eher am Individuum orientierten Deutungen setzt das BKA gleichzeitig auf statistische Methoden. Dabei versucht man, aus den vielfältigen Erscheinungsformen der Einzeltaten prototypische Tatverläufe herauszustellen. Im Gegensatz zum FBI-Modell, das sich stark an Persönlichkeitstypen orientiert, steht hier der Tatverlauf im Mittelpunkt.

Zunächst fand das Konzept nur in Form einer kleinen Arbeitsgruppe eine Realisierung. Im Jahr 1993 dann wurde die Forschungsgruppe „Kriminalistisch-kriminologische Fallanalyse (KKF)“ ins Leben gerufen mit der Aufgabe, Methoden der Fallanalyse unter Berücksichtigung der Täterprofilerstellung zu entwickeln. Diese Methoden sollten als Beratungssystem umgesetzt und getestet werden. Die Gruppe setzte sich aus Wissenschaftlern, Angestellten und Kriminalbeamten zusammen.

Neben den bereits in anderen Ländern erforschten Deliktsbereichen der sexuell motivierten Tötungsdelikte und der Vergewaltigungen wurden exemplarisch als neuer und zusätzlicher Bereich – Erpressung und erpresserischer Menschenraub – gewählt, um zum einen internationale Konkurrenz zu vermeiden und zum anderen zu verhindern, dass auf dem Gebiet der Tötungsdelikte und Vergewaltigungen international doppelt geforscht wird. Für diesen Bereich wurde eine so genannte Fallstrukturdatei „FEUER – Fallanalytische Ermittlungsunterstützung bei Erpressung und erpresserischem Menschenraub" eingerichtet, in der die erhobenen Daten unter kriminalistischen und kriminologischen Gesichtspunkten ausgewertet werden.

1998 wurden die Arbeitsbereiche – VICLAS, Fallanalyse und Täterprofilerstellung – in einer Projektgruppe mit der Bezeichnung „Operative Fallanalyse (OFA)" beim KKF angesiedelt. Das Computerprogramm VICLAS selbst wurde im August 1999 beim BKA in Betrieb genommen, nachdem es seit Anfang 1998 beim Bayerischen Landeskriminalamt in München in einer Erprobungsphase erfolgreich Anwendung fand.

Unter Leitung dieser Projektgruppe „OFA" erarbeitete eine Bund-Länder-Arbeitsgruppe ein gemeinsames Konzept zur Umsetzung dieser neuen Arbeitsweise in Deutschland. So entstanden zwischenzeitlich in den Landeskriminalämtern aller deutschen Bundesländer analoge Arbeitsschwerpunkte.

2 In Gedanken bin ich bei dir – Persönlichkeit

Es ist zwar unumstritten, dass aufwendige Täterprofilerstellungen bezogen auf Serienmörder vor allem aufgrund des „geringen Bedarfs“ im Sinne der Kosten-Nutzen-Frage nicht attraktiv erscheinen. Aber gerade weil sexuell motivierte Tötungen – mehr als alle anderen Tötungsdelikte – regelmäßig in der Öffentlichkeit heftige Reaktionen erregen, erscheint das Profiling mehr und mehr Sinn zu machen und an Bedeutung zu gewinnen. Denn immer wenn ein bizarr anmutendes, sadistisch wirkendes Verbrechen geschehen ist, tauchen wieder und wieder dieselben Fragen auf: Was für ein Mensch kann solch eine Tat begehen? Was veranlasst diesen Menschen, so etwas zu tun? Welche Faktoren beeinflussen seine Persönlichkeit derart, dass er Verstümmelungen, Nekrophilie, Vergewaltigung oder andere abartige Formen von Perversion offenbar auskostet?

Bestimmte, rational schwer verstehbare Erscheinungen, wie etwa die Rückkehr des Täters an den Tatort, Wiederholungstaten, Symbolhandlungen, sadistische Gewaltakte an Opfern oder andere scheinbar motivlose Taten, können mit Hilfe der Psychoanalyse gedeutet werden. Und gerade diese Deutungen können bei der polizeilichen Ermittlungsarbeit nützliche Hilfe zur Tätergreifung sein.

Füllgrabe beschreibt „Persönlichkeit“ als die Summe aller individuellen Unterschiede, die aus einem Entscheidungsprozess verschiedener Menschen heraus in der gleichen Situation entstehen, und in der sich diese Menschen individuell verhalten.

Nach *Zimbardo* bezieht sich die Persönlichkeit auf „die einzigartigen psychologischen Merkmale eines Individuums, die eine Vielzahl von charakteristischen (...) Verhaltensmustern (...) in verschiedenen Situationen und zu verschiedenen Zeitpunkten beeinflussen“.

R.M. Holmes und *S.T. Holmes* gehen in ihrem Buch „Profiling Violent Crimes – An Investigative Tool“ aus dem Jahr 1996 davon aus, dass jeder Mensch seine eigene Persönlichkeit, seine eigene Art, mit anderen umzugehen und zu kommunizieren und seine eigenen Ansichten von Werten und Einstellungen hat.

Die Kombination und das Zusammenwirken aus den fünf folgenden Komponenten machen die Persönlichkeit eines jeden einzelnen Individuums aus, so dass keine zwei exakt übereinstimmende Personen existieren (können): Biologie, Kultur, Umwelt, gemeinsame Erfahrungen und einzigartige Erfahrungen.

a) Biologie:

Es gibt keinen Beleg dafür, dass die Persönlichkeit ausschließlich durch biologisch-genetische Vererbung bestimmt wird. Es trifft zwar zu, dass

z. B. intelligente Kinder im Regelfall intelligente Eltern haben; aber natürlich gibt es Ausnahmen.
Was die Intelligenz angeht, um bei diesem Beispiel zu bleiben, so können diese Kinder durchaus einen anspruchsvollen IQ-Test deshalb bestehen, weil auch und gerade der soziale Faktor (wie z. B. Erziehung durch die Eltern, Zugehörigkeit zu einer privilegierten Schul- und auch Bevölkerungsklasse) und nicht nur eine biologische Vererbung eine ganz gewichtige Rolle spielt.

b) Kultur:
Die Kultur, in der eine Person aufwächst, stellt ihr Normen und Werte bereit. Als normative Struktur einer Gesellschaft, als soziale Kontrollinstanz mit den vorherrschenden Grundzügen – Ideale, Brauch und Sitte, Glaube an die Mächtigen in der Gemeinschaft – leitet die Kultur den Einzelnen an, die „anständige" Richtung einzuschlagen und dem weiteren Verlauf dieses „richtigen" Weges zu folgen.
Trotzdem entstehen in jeder Kultur Untergliederungen, die so genannten „Subkulturen": In ihren einfachsten und ureigensten Formen Mann und Frau, Reiche und Arme, Kriminelle und Nichtkriminelle usw. Jede dieser Subkulturen unterscheidet sich von der restlichen Gesellschaft im Allgemeinen, von den anderen Subkulturen im Besonderen, durch bestimmte Charaktermerkmale.
So wird sich eine Person, die in einem bestimmten Teil der Gesellschaft erzogen wurde, immer wieder unterschiedlichen Elementen der Gesellschaft gegenüber ausgesetzt sehen, die sie in anderen Gesellschaftsteilen bislang noch nicht vorgefunden hat und weiterhin auch nicht vorfinden wird. Und dieses Ausgesetztsein wird Einfluss auf die Persönlichkeitsentwicklung ausüben.

c) Umwelt:
Die Umgebung, also das persönliche Umfeld, in der ein Mensch lebt, wird sich auf sein Wahrnehmungsvermögen und sein Verhalten auswirken. Die Erfahrungen, die ein Mensch von einem Tag zum anderen macht, werden zu einem wesentlichen Bestandteil seiner Persönlichkeit. Und hierbei übt die soziale Schicht, zu der diese Person gehört, einen großen Einfluss auf den Umfang, d. h. auf Quantität und Qualität der Erfahrungen.

d) Gemeinsame Erfahrungen:
Innerhalb einer Gesellschaft werden viele gemeinsame Erfahrungen von allen oder doch den meisten Angehörigen gemacht. Z. B. durchläuft jeder eine Schulbildung, gehören viele einem Verein an, ist ein Teil verheiratet, sind einige wiederum geschieden, und nimmt ein Großteil am Straßenverkehr teil. Und obwohl nicht alle in derselben Schule bei demselben Lehrer Unterricht hatten und nicht alle – na-

türlicherweise – von denselben Eltern erzogen wurden und nicht alle Ehepaare glücklich verheiratet sind, kann man die gemeinsamen Grundideale, die die Persönlichkeit eines jeden mehr oder weniger bestimmen, entdecken: Vertrauenswürdigkeit, Treue, Aufrichtigkeit, Ehrfurcht und andere Werte, die die meisten Gesellschaftsmitglieder achten.

e) **Einzigartige Erfahrungen:**
Was den Einzelnen von den anderen in der Gesellschaft unterscheidet, sind nicht die oben erwähnten gemeinsamen Erfahrungen – es ist die Einmaligkeit und Einzigartigkeit dieser Erfahrungen. Bei der Betrachtung von Zwillingen beispielsweise wird man zwar dieselbe biologische Vererbung und gewöhnlicherweise auch dasselbe familiäre, soziale Umfeld mit derselben Kindheit feststellen, oft aber auch markante, unterschiedliche Charakteristika im Persönlichkeitsbild. Die einzigartigen Ereignisse im Leben von Zwillingen (z. B. verschiedene Zeiten der Essenseinnahme, des Windelwechsels, des Ausruhens nach dem Spiel oder auch des Zubettgehens) müssen als wenigstens teilweise verantwortlich für die Unterschiede in ihrer Persönlichkeitsentwicklung angesehen werden.

So stellt jeder Mord eine – wenn auch nur kurze und gewaltsame– soziale Interaktion dar. Täter und Opfer haben jeweils Familie, Freunde und eine eigene Biographie. Wie sie miteinander kommunizieren und darauf reagieren, wird durch ihre unverwechselbare Identität und die Faktoren bestimmt, die ihre Persönlichkeit geformt haben. Folglich reagieren unterschiedliche Menschen in der gleichen Situation verschieden. Jeder Mensch ist das Produkt seiner Vergangenheit. Das Opfer trägt alles in sich, was seine Person prägt – und dies alles bestimmt seine Reaktion gegenüber dem Täter: Es läuft weg, es wird zornig, es wehrt sich, es bleibt passiv. Und auch der Mörder hat ein ausgefülltes Leben, das seine Persönlichkeit und seine Handlungen prägt: Was geht in seinem Kopf vor, als er seinem Opfer gegenüber steht? Wen oder was sieht er? Warum wählt er (ausgerechnet) dieses Opfer aus? Ist er intelligent?

Der Psychiater Dr. Hannibal Lecter, genannt „der Kannibale“, die Romanfigur aus *Thomas Harris’* Werk „Das Schweigen der Lämmer“, drückt diese Persönlichkeit in seinen Taten gegenüber FBI-Officer Starling wie folgt aus: „Ich bin passiert.“

Marneros (s. S. 83) bezeichnet Persönlichkeit als „eine Summe von Verhaltensweisen, Gestaltungsmustern und Erlebensweisen zwischenmenschlicher Beziehungen, und sie zeigt sich im Umgang mit den gesellschaftlichen Anforderungen und Erwartungen.“ Weichen die Eigenschaften einer Person von den Erwartungen der Gesellschaft ab, spricht man von abweichendem Verhalten, von abweichenden Merkmalen einer Persönlichkeit;

leidet die Person selbst oder andere darunter, spricht man von einer Persönlichkeitsstörung, von einer „abnormen Persönlichkeit." Und diese „abnorme Persönlichkeit" ist die Zielgruppe der Profiler.

Dort, wo der Täter Entscheidungen treffen muss, offenbart sich seine Persönlichkeit. Und gerade ein Serienmörder muss fortwährend zwischen verschiedenen Handlungsalternativen wählen.

Diese Grundüberlegungen sind bei der Erstellung von Fallanalysen und von Täterprofilen unerlässlich, will man sich in die Persönlichkeit, in die Welt des Verbrechers, versetzen, um ihn kennen zu lernen, um ihm nahe zu sein, um mit den Gedanken bei ihm zu sein.

2.1 „Was und wie eine Person denkt, steuert ihr Verhalten!": Die Fallanalyse

Nach den Worten von *van de Plas*, einem Angehörigen der „General Police Headquarters – Head of Central Bureau of Investigation " in Brüssel, versteht die belgische Polizei unter Fallanalyse die „Untersuchung eines schweren Verbrechens mit Hilfe der Darstellung des chronologischen Ablaufes der Tätigkeiten aller daran beteiligten Personen (Opfer, Zeugen, Täter und Verdächtige), und zwar vor, während und nach dem Verbrechen".

2.1.1 Schlüsselreize

Bei der Erstellung von Fallanalysen und im Anschluss daran von Täterprofilen kann aufgrund der beim FBI gewonnenen Erkenntnisse von folgender These ausgegangen werden: „Was und wie eine Person denkt, steuert ihr Verhalten!"

Serienmörder sind Täter, deren Verhaltensmuster schwer nachvollziehbar sind. Und genau das entfernt sie emotional von normalen Empfindungen wie Mitleid, Schuld oder Reue. Somit sind sie nur zu fassen, wenn man lernt, so zu denken wie sie.

Das bedeutet, dass das Motiv und die Persönlichkeit des Täters bestimmbar sind, wenn bei der Fallanalyse bestimmte Fakten, die so genannten Schlüsselreize, erkennbar vorliegen. Das Wesen der Fall- oder auch Tatortanalyse ist einerseits durch intensive Beschäftigung mit dem Tatort und den dort vorhandenen Spuren einen unverfälschten Tatort zu erarbeiten sowie andererseits das Täter- und Opferverhalten zweifelsfrei zu erkennen. Dazu werden bereits gewonnene Fakten in einem Entscheidungsprozess analysiert und bewertet.

Die meisten Tatorte erzählen eine Geschichte, ihre Geschichte. Diese Geschichte enthält Details, die für die Aufklärung des Falles unerlässlich sind und deren Deutung von der Fähigkeit der Ermittler, den Tatort richtig analysieren zu können, abhängt.

Die Methoden der Fallanalyse als Interpretation des Täterverhaltens und die Methoden des Täterprofiling als Charakterbeschreibung einer unbekannten Person sollen jedoch nur als ergänzende Betrachtungsweise eines Falles angesehen werden. Sie müssen trotz ihrer Notwendigkeit vorsichtig und sensibel angewandt werden.

Zudem werden diese Methoden von vielen Ermittlern, auch von leitenden Polizeibeamten, also von Entscheidungsträgern innerhalb eines Strafverfolgungsorgans, in die Nähe von „Hexerei“ eingeordnet oder als „nutzloser Quatsch“ deklariert.

Keinesfalls können und sollen sie als „Wunderwaffen“ oder als letztes „Allheilmittel“ die herkömmlichen kriminalistischen Arbeitsweisen ersetzen. Auch sind sie nicht allumfassend. *Reichertz* (2001) meint dazu: „Der Kreativität der Täter kann man nur mit der Kreativität der Ermittler begegnen.“ Die Polizei muss also insbesondere in den Fällen, in denen klassische Ermittlungsmethoden nicht zum Erfolg geführt haben, bereit sein, sich neuen wissenschaftlichen Erkenntnissen nicht zu verschließen, sondern sich derer zu bedienen, um ihre Ermittlungen eventuell neu zu strukturieren.

Die endgültige Analyse beruht auf Wahrscheinlichkeiten. Denn es gibt keine zwei absolut gleiche Straftaten oder Straftäter. Es ist deshalb durchaus möglich, dass von Fall zu Fall ein Persönlichkeitsbild nicht in jeder Hinsicht genau dem Straftäter entspricht.

Die Methoden sollen den ermittelnden Beamten als Hilfsmittel dienen und ein Raster an die Hand geben, damit sie neue Ermittlungsansätze finden können.

2.1.2 Die vier Phasen der Tat (zitiert nach *Paulus* 1998 a)

Sexuell motivierte Taten spielen sich in vier Phasen ab, nämlich 1. im Täterverhalten vor der Tat, 2. in der eigentlichen Tathandlung, 3. in der Beseitigung der Leiche und 4. im Täterverhalten nach der Tat. In jeder dieser Phasen wird der Täter Entscheidungen treffen, die seine Persönlichkeit widerspiegeln und Aussagen über bestimmte persönliche Fähigkeiten und, damit unweigerlich verbunden, über seine Intelligenz zulassen.

a) Das Täterverhalten vor der Tat:

„Es liegt in der Natur der Sache, dass Informationen hierüber erst nach der Ermittlung des Täters vorliegen können, wobei die wichtigste Rolle in diesem Stadium die Phantasien des Täters spielen.“ (*Paulus* 1998 a, S. 9)

„Diese Phase bildet den Hintergrund für die Tat. Vorangegangener Stress, die Gemütsverfassung und die Tatplanung beeinflussen die Handlung des Täters in dieser Phase. In unterschiedlicher Intensität werden der emotionale Zustand, die Gemütsverfassung und das Verhalten des Täters vor dem Mord von jenen Dingen beeinflusst, die um ihn herum passieren." (*BKA* 1998, S. 245)
Untersuchungen bei sexuell motivierten Mördern ergaben folgende Gründe für ihre Taten (in der Reihenfolge ihrer Häufigkeit): Probleme mit anderen Frauen, mit den Eltern, finanzielle Probleme, Probleme am Arbeitsplatz und in der Ehe.

b) Die eigentliche Tathandlung:
„Durch den Mord wird der Täter mit der Tatsache konfrontiert, seine Phantasie realisiert zu haben. Vielleicht aber tötet er sein Opfer auf eine andere als auf die von ihm geplante oder in seiner Phantasie erdachten Art. Manche sind auch erschrocken, dass sie ihre Phantasiewelt verlassen und tatsächlich getötet haben. In diesen Fällen kommt es dann gelegentlich vor, dass sie sich der Polizei stellen. " (*BKA* 1998, S. 247)
Untersuchungen des FBI zeigen, dass der eigentliche die Tötungshandlung auslösende Faktor gänzlich unvorhersehbar und meistens ein anderer ist. Manchmal war es das Verhalten der Opfer selbst, welches den Phantasievorstellungen des Täters nicht entsprach. Beispielsweise tötete ein Täter sein Opfer, weil es fliehen wollte. Für den Täter bedeutete dies einen Verlust seiner Kontrollphantasien. Eine andere Frau wurde getötet, weil sie während einer Vergewaltigung kooperativ war und der Täter das Gefühl hatte, dass die Entscheidungen vom Opfer getroffen wurden und nicht von ihm.
Das sexuelle Element der Tötungshandlung variiert je nach Bedeutung für den Täter. Einige Opfer werden vergewaltigt und dann getötet, andere Opfer werden nach der Tötung verstümmelt. Bei solchen Tötungshandlungen werden oft Anzeichen von Folter, Verstümmelung und Übertöten gefunden. Diese Handlungen sind für den Täter manchmal notwendig, um eine sexuelle Befriedigung zu erlangen. Vergewaltiger, die morden, finden in der Tötung keine sexuelle Befriedigung. Auch begehen sie keine sexuellen Handlungen post mortem. In der Regel erfolgt die der Tötung vorausgehende Vergewaltigung an einem anderen Tatort. Der sadistische Mörder, im angloamerikanischen Raum als „lust murderer" bezeichnet, tötet als Teil seiner ritualisierten sadistischen Phantasie.
Ein wichtiges Kriterium ist auch die „Opferauswahl, d. h. welches Risiko das Opfer für den Täter darstellt: War es leicht anzusprechen, war von ihm Widerstand zu erwarten, wird es schnell vermisst wer-

den?" (*Paulus* 1998 a, S. 9) Möglicherweise hat sich der Serienmörder eine Liste bestimmter Kriterien zurechtgelegt, nach denen er sich seine Opfer aussucht.

„Weiterhin spiegelt sich in der Opferauswahl der momentane Status der Tatserie wider. Sind die Opfer, bei denen die Wahrscheinlichkeit gering ist, dass sie Widerstand leisten, leicht erreich- und angreifbar (wie z. B. Kinder), so kann davon ausgegangen werden, dass der Täter seine Serie erst begonnen" (*Paulus* 1998 a, S. 9) hat.

Ein anderes Merkmal, das den aktuellen Zustand der Mordserie beschreibt, ist die Art der Tathandlung (Folter, Vergewaltigung, Verstümmelung): „Serienmörder sind bestrebt, von Tat zu Tat ihre Vorgehensweise zu verbessern und zu perfektionieren. Dies läuft parallel einher mit den Täterphantasien, die ebenso mit Fortschreiten der Serie verfeinert und ausgereifter werden." (teilweise nach *Paulus* 1998 a, S. 9)

„In keinem Fall wurde bislang bekannt, dass eine Serienmörderin ihre Opfer allein verstümmelt hat;" (*Paulus* 1998 a, S. 9) im Umkehrschluss bedeutet dies, dass bei Verstümmelungen nahezu immer von Männern als Täter (oder eher unwahrscheinlich: von mehreren Täterinnen) ausgegangen werden kann.

„In allen Fällen handelt es sich bei den Opfern um potentielle Sexualpartner gleicher Hautfarbe. D. h. zwar, dass beispielsweise bei weiblichen Opfern nach einem Mann als Täter gesucht werden soll. Dennoch muss darauf geachtet werden, dass das Opfer ja möglicherweise homosexuell war und somit ein gleichgeschlechtlicher Täter in Frage kommt." (*Paulus* 1998 a, S. 9)

Das Tatwerkzeug lässt Schlüsse auf den Täter zu: „Erfahrungsgemäß greifen Frauen häufiger zu Schusswaffen oder Gift als Männer, die wiederum meistens stumpfe Schlagwerkzeuge, Messer oder Seile verwenden." (*Paulus* 1998 a, S. 9)

Schließlich deutet das „Fehlen von Gegenständen am Tatort bzw. an der Leiche auf einen Serientäter im fortgeschrittenen Stadium hin. Persönliche Dinge wie z. B. Schmuckgegenstände oder Hobbyutensilien, aber auch Körperteile wie z. B. Gliedmaßen oder Geschlechtsteile, benutzen die Täter primär, um später ihre Gefühle bei der Tatausführung aufs Neue zu durchleben. Darüber hinaus werden diese „Trophäen" bei der nochmaligen geistigen Tatausführung zu einer eventuellen Problemlösung herangezogen." (*Paulus* 1998 a, S. 9)

c) Die Beseitigung der Leiche:

„Nach dem Mord muss der Täter entscheiden, was er mit der Leiche macht. Hatte er dies in seiner Phantasie nicht berücksichtigt, stellt er sich in den meisten Fällen der Polizei.

Einige Täter bedecken die Opfer mit Gegenständen oder waschen sie, was eine Form von Reue und Schuld dem Opfer gegenüber darstellt. Andere Täter stellen den Körper an einem öffentlich zugänglichen Ort offen zur Schau in der Hoffnung, dass das Auffinden ein schockierendes Zeichen für die Gesellschaft ist.“ (*BKA* 1998, S. 249)

In manchen Fällen wiederum wird die Leiche versteckt oder vergraben, um die Handlung als ein persönliches Geheimnis zu betrachten. Ein Serienmörder in den USA gab in seiner Vernehmung hierzu an, dass „ihr (die Polizei, d. Verf.) nur die Körper findet, die ich will.“ Hierbei stellt sich oftmals eine sexuelle Erregung ein, die sich durch das nochmalige Erleben der Tat in der Phantasie des Täters steigert. Kürten (siehe *Lenk/Kaever*, S. 136 u. 210) schildert hierzu die Beseitigung eines seiner Opfer, wobei er sexuell erregt war und es zur sexuellen Befriedigung kam: „(...), da war auch noch mal ein Samenerguss, dadurch, dass ich mit der Leiche herumhantiert habe; ich habe da unten dringestanden in dem Loch, und wo ich die da so von oben hereingenommen habe – ich hatte sie schon eine ziemliche Strecke getragen, das war alles noch blutig, dass das Blut mir das ganze Hemd voll gemacht hat – und als ich die Leiche so von oben herabgenommen habe, wo sie da lag am Grabesrand, und da unten hingelegt habe, da war das geschehen. (...) Ich habe mich auch weiter mit der Leiche etwas beschäftigt durch Betasten und Befühlen, wobei es dann alles zusammengenommen zum Samenerguss kam.“

„Obwohl die meisten Opfer vergraben, versteckt oder am Tatort zurückgelassen werden, befinden sie sich doch oft in einer bestimmten Positionierung, deren Bedeutung nur dem Täter bekannt ist und auf seinen sexuellen Gewaltphantasien beruht.“ (*BKA* 1998, S. 251)

„Auch die Auffindeörtlichkeit, die er für seine Opfer wählt, ist für den sexuell motivierten Täter wichtig, wobei der Grund für die Bedeutung variiert. Der Ort, an dem der Täter das Opfer zurücklässt, kann im Zusammenhang damit stehen, wie schnell das Opfer gefunden wird. Es kann auch deshalb von Bedeutung sein, weil der Ort für den Täter etwas darstellt. So gaben u. a. Täter, die ihre Opfer unter ihrem eigenen Haus vergruben, an, dass sie diese nicht nur gut verstecken wollten, sondern dass sie ihren Phantasien entsprechend auch nach der Tatbegehung sehr nahe bei ihren Opfern sein wollten.“ (*BKA* 1998, S. 251) Die Beseitigung der Opfer so wie deren Tötung, erfahren mit zunehmender Zahl der Morde eine Perfektionierung, die sich an den Phantasien der Täter orientiert.

„In diesem Zusammenhang sei erwähnt, dass es während eines Verbrechens dieser Art mehrere Tatorte geben kann. So können beispielsweise die Entführung, die anschließende Vergewaltigung, die eigent-

liche Tötungshandlung und die letztliche Ablage der Leiche insgesamt vier Tatorte beinhalten, die alle in gewisser Weise den Vorstellungen des Täters entsprechen.“ (*BKA* 1998, S. 251)
„Gerade bei Serienmördern ist häufig zu beobachten, dass sie eine Identifizierung der Opfer dadurch zu verhindern suchen, indem sie Verstümmelungen und Amputationen an den Leichen vornehmen. Amputationen treten jedoch oft erst zu einem späteren Zeitpunkt der Serie auf, da es hier eine gewisse Abgebrühtheit und auch Erfahrung erfordert, sich über eine längere Zeit mit Leichen auseinander zu setzen, an ihnen zu manipulieren und hierbei nicht entdeckt zu werden.“ (*Paulus* 1998, S. 9)

d) Das Täterverhalten nach der Tat:
Diese Phase umschreibt das sich oftmals „aktive oder passive Einschalten in die polizeiliche Ermittlungsarbeit.“ Dies kann entweder durch „das persönliche Erscheinen am Tatort oder durch das Liefern von anonymen Hinweisen geschehen.“ (*Paulus* 1998, S. 9)
Das Verhalten des Täters in dieser Phase hat oft nur das eine Ziel: Die Fortsetzung der Phantasien.
Unmittelbar nach Verlassen des Tatortes plagen einige Täter Gewissensbisse, andere dagegen agieren in einer mehr aktiven Art und Weise. „Die Reaktion der Täter nach dem ersten Nachtatverhalten, nämlich den Tatort zu verlassen, ist grundsätzlich dadurch bestimmt, unentdeckt zu bleiben. Manchmal allerdings ist sein Bedürfnis, Beachtung und Aufmerksamkeit zu erhalten, stärker als seine Furcht vor Entdeckung.“ (*BKA* 1998, S. 252) Um diesem Bedürfnis gerecht zu werden, legt der Täter vier Verhaltensweisen an den Tag:

1. Das Zurückkehren an den Tatort, um entweder den polizeilichen Ermittlungsstand in Erfahrung zu bringen oder weitere sexuelle Handlungen an der Leiche vorzunehmen. Peter Kürten beispielsweise beantwortete die Frage, ob er an seine Tatorte zurückkehrte, wie folgt: „Ja, ja.“ Und die Frage, ob dies oft erfolgte: „Ja. Schon am selben Abend noch zweimal, am nächsten Morgen und in der Folgezeit noch öfter.“ Und die Frage, ob er bei diesen Besuchen Samenerguss hatte: „Nicht immer, aber wiederholt.“;
2. Das Beobachten der Entdeckung der Leiche, nachdem der Täter selbst die Polizei über den Ablageort informiert hat und sich anschließend unter der Zuschauermenge aufhält;
3. „Das Einbehalten von Gegenständen des Opfers als Souvenirs, um sich selbst zu beweisen, dass er in der Lage gewesen ist, seine Phantasie in die Wirklichkeit umzusetzen und sich gleichzeitig eine Möglichkeit zu schaffen, die Tat gedanklich zu wiederholen;“ (*BKA* 1998, S. 253)
4. Sich der Polizei nähern, indem er sich entweder aktiv in die Unter-

suchungen einschaltet und so Informationen über den Ermittlungsstand erhält oder mehr dazu tendiert, passiv Zeitungsartikel oder sonstige Berichte in den Medien zu sammeln. Auf die Frage, warum er anonyme Briefe, in denen er die Mordtaten beschrieb, an Zeitungen und an die Polizei verschickte, meinte Kürten (siehe *Lenk / Kaever*, S. 147 ff.): „In der Absicht, in der Bevölkerung (...), sowie bei der Polizei (...) Aufregung und Empörung hervorzurufen. Es ist auch eine Tatsache, dass bei dem Schreiben der Briefe ich eine – gewissermaßen eine Entschädigung dafür verspürt und empfunden habe, dass ich erstens in der fraglichen Zeit, als ich die Briefe schrieb, kein geeignetes Objekt gefunden hatte zur Ausführung einer Tat, andererseits hat mir das Schreiben dieser Briefe wirklich Erleichterung verschafft im Hinblick auf die Folgen, die diese Briefe hervorrufen sollten, auch als sexuelle Erleichterung, will ich Ihnen auch bejahen. (...) Ja, wenn ich Ihnen das bejahe, dass schon mal ein Samenerguss stattgefunden hat, dann muss ich was hinzufügen, dann muss ich sagen, dass ich da durch besondere Vorstellungen nachgeholfen habe. (...) Hinzugekommen ist dann das Sexuelle, und durch dieses Sexuelle und durch die Vorstellungen, was ich vielleicht noch begehen könnte oder begehen werde, wurden die Briefe dann auch in der erfolgten Form und Weise verfasst und dargestellt." Die Frage, ob er beim späteren Lesen der Zeitungsberichte über seine Briefe einen Samenerguss bekam, beantwortete er ebenfalls mit den Worten: „Nicht immer, aber wiederholt."

2.1.3 Seine Handschrift

Anlässlich der Fallanalyse, mit der durch systematische intensive Beschäftigung mit dem Tatort und den dort vorhandenen Spuren zum einen ein unverfälschter Tatort, zum anderen das Täter- und Opferverhalten zweifelsfrei erkannt werden soll, ist neben dem Modus Operandi ein besonderes Augenmerk auf die Personifizierung zu legen. Personifizierung bedeutet in diesem Zusammenhang so viel wie die „Handschrift des Täters", die dazu dient, die Phantasievorstellungen in die Realität umzusetzen. Um dies am Tatort feststellen zu können, muss man sich die Frage stellen: „Was hat der Täter getan, was er zur Durchführung des Verbrechens nicht hätte tun müssen?"

Der Ablauf der Tathandlung beginnt nämlich innerhalb der Vorstellung des Täters. Ausgangspunkt sind Tagträume über Vergewaltigung, über das Zufügen von Qualen, über das Töten an sich. Und wenn der Täter dann beginnt, seine Phantasien zu realisieren, zwingen ihn seine Bedürfnisse, ein ungewöhnliches Verhalten an den Tag zu legen. Dann sprechen wir von der Personifizierung – wenn das Verhalten, das wir am Tatort feststellen, weit über die eigentliche Tatbegehung hinausreicht.

Nicht nur das FBI, auch andere Ermittlungsbehörden, Kriminalisten und Kriminologen, unterscheiden zwischen dem Modus Operandi des Täters und dessen Handschrift.

a) Modus Operandi:

„Es handelt sich hier um das konkrete Verhalten und die Vorgehensweise des Täters während der Tat, um das, was er tun muss, um sein Ziel zu erreichen." (*Hoffmann/Musolff* 1996, S. 132) Es können daraus Rückschlüsse auf Tatzusammenhänge aufgrund gleich gelagerter Begehensweise gezogen werden. Das kann „beispielsweise die Art und Weise sein, wie er mit seinem Opfer Kontakt aufnimmt oder wie er sein Opfer fesselt." (*Hoffmann/Musolff* 1996, S. 132)

In vielen Fällen ist der Modus Operandi der überführende Beweis, der auf den Täter aufmerksam macht: Die Tat kann in allen Fällen zur gleichen Tages- oder Nachtzeit verübt worden sein; es handelt sich immer um gleichartige Tatorte (z. B. ebenerdig liegende Wohnungen, dunkle Tiefgaragen oder abgelegene Bushaltestellen); die Opfer sind sich in ihrem äußeren Erscheinungsbild oder in ihrem Verhalten Menschen gegenüber ähnlich; der Täter verwendet immer die gleichen oder gar dieselben Tatwerkzeuge; das Verletzungsmuster an den Opfern weist immer das gleiche Bild auf (beispielsweise mit großer Kraft und Intensität gegen die gleichen Körperteile gerichtete Waffen-/Gewalteinwirkung).

Der Modus Operandi begründet sich aus den persönlichen Fähigkeiten und dem Erfahrungswissen des Täters, d. h. „der Modus Operandi ist nicht stabil, sondern wandelt und verfeinert sich parallel zum Voranschreiten der kriminellen Karriere des Täters. Der Täter lernt durch die bei den zurückliegenden Taten gewonnenen Erfahrungen. So wird er beispielsweise mögliche Hilferufe seines Opfers während seiner letzten Tat künftig mit einem mitgebrachten Knebel zu verhindern wissen. Aus seinen Fehlern, die möglicherweise bereits einmal zu seiner Ermittlung und Verhaftung führten, lernt er und verfeinert seinen Modus Operandi." (*Hoffmann/Musolff* 1996, S. 132 f.) Somit ist der Modus Operandi ein dynamischer, der andauernden Veränderung unterliegender Prozess. Nach drei bis vier Monaten, so *Hazelwood* und *Warren*, beginnt sich der Modus Operandi nach der ersten Tat zu ändern, nachdem der Täter aus den ersten Erfahrungen seine Lehren gezogen hat.

„Der Modus Operandi kann sich sogar so dramatisch verändern, dass aus einem Serienvergewaltiger im Laufe seiner Tatserie ein Serienmörder wird, um nicht von den Opfern identifiziert werden zu können." (*Hoffmann/Musolff* 1996, S. 133) Zumindest ist bei Mehrfach- und Serienmördern regelmäßig zu beobachten, dass die Täter ihren

Modus Operandi bewusst verändern, um den Eindruck zu erwecken, es handele sich um mehrere Einzeltäter.

Drei Zielrichtungen beeinflussen den Modus Operandi:

1. Die Identität des Täters soll geschützt werden.
2. Der Erfolg der Tat soll sichergestellt sein.
3. Eine mögliche übereilte Flucht soll sichergestellt sein.

b) Handschrift:

„Im Gegensatz zum Modus Operandi bleibt die Handschrift, die „Visitenkarte“ des Täters, konstant. Sie bezeichnet die hinter den Taten stehende Motive, die Phantasien und Begierden, die durch die Taten realisiert und ausgelebt werden.“ (*Hoffmann/Musolff* 1996, S. 133) Die Handschrift stellt sozusagen die persönliche Note des Täters dar, sie liefert den Grund, warum er das Verbrechen begeht, sie ist das, was ihn emotional befriedigt, sie ist sein eigenes emotionales Motiv.

„Sie kann auch nur aus dem Tatverhalten erschlossen werden und ist nicht unmittelbar ersichtlich.“ (*Hoffmann / Musolff* 1996, S. 133) Nur der Täter selbst kennt die Bedeutung seiner ungewöhnlichen und auf den ersten Blick unsinnig erscheinenden Handlungen.

„Die Handschrift stellt sich in den Verhaltensweisen des Täters dar, die nicht unbedingt für die Durchführung der Tat notwendig sind. „Je persönlicher, individueller, charakteristischer, außergewöhnlicher, exzentrischer die Vorgehensweise des Täters ist, um so leichter kann die Handschrift identifiziert werden.

So enthüllen beispielsweise ausgeprägte rituelle Handlungen, Erniedrigungen und Machtdemonstrationen, exzessive Beschimpfungen und demütigende Anweisungen an das Opfer, oft eine Handschrift.

Andererseits kann diese Handschrift auch ein Bedürfnis des Täters nach einer „normalen“ Beziehung widerspiegeln, wenn er z. B. dem Opfer gegenüber Komplimente macht oder das Opfer zum Küssen auffordert.“ (*Hoffmann / Musolff* 1996, S. 133) Das Verhalten des Täters spiegelt hier vornehmlich sexuell abweichende oder gewaltorientierte Phantasien, auf die er fixiert ist, wider. Er wird und kann nicht auf die Durchführung dieses Rituals verzichten, denn er erfährt nur durch die Realisierung seiner Phantasien Befriedigung.

„Die Handschrift bleibt zwar konstant, aber nicht das Verhalten, das sie charakterisiert. D. h., Handlungsmuster können sich verändern, wenn sich die Phantasien weiterentwickeln oder der Täter durch seine gewonnenen Erfahrungen aus den zurückliegenden Taten neue Strategien gelernt hat, die seine Bedürfnisse und Begierden noch mehr befriedigen.“ (*Hoffmann / Musolff* 1996, S. 133)

Douglas und *Munn* beschreiben dies wie folgt: „Aspekte der Handschrift können sich weiterentwickeln, wie in dem Fall eines Lustmörders, der seine Opfer nach ihrem Tod von Tat zu Tat immer mehr verstümmelte." (*Douglas/Munn* 1992, S. 3, zitiert nach *Hoffmann/Musolff* 1996, S. 133)

Natürlich ist nicht bei allen sexuell motivierten Morden die Handschrift des Täters erkennbar. Dies kann unterschiedliche Gründe haben; möglicherweise hatte der Täter nur wenig Zeit, seine Phantasien zu verwirklichen. Dann muss auf andere Entscheidungen des Täters, die er bei der Opferwahl, bei der Tötungshandlung und bei der Leichenablage getroffen hat, zurückgegriffen werden.

2.1.4 Eine Art Wiedergutmachung

„Eine spezielle Art der Personifizierung ist die emotionelle Wiedergutmachung. Dieses Verhalten wird oft bei Taten festgestellt, bei denen zwischen Täter und Opfer eine tiefe Beziehung bestand oder bei denen das Opfer einen besonderen Status für den Täter besaß." (*BKA* 1998, S. 260)

Das Motiv für solche Handlungen liegt im Bereuen der Tat; der Täter versucht hierdurch, seine Tat emotional wieder gutzumachen.

Beispiele für solche emotionelle Wiedergutmachungen sind das Wechseln der blutgetränkten Opferkleidung, der Versuch, die Leiche wieder anzukleiden, das Zusammenfalten der Hände des Opfers, das Reinigen des Tatorts und des Leichnams, das Zudecken der Leiche oder das nur teilweise Bedecken des Opfergesichtes.

2.1.5 Toter als tot

„In vielen Fällen wurde das Phänomen des Übertötens registriert. Im Allgemeinen wird das Übertöten als das Zufügen von massiven Schlägen oder Verletzungen definiert, die üblicherweise zur Tötung nicht notwendig sind." (*BKA* 1998, S. 260) Dieses Übertöten beschreibt *Lempp* wiederholt in 19 von 80 von ihm analysierten Tötungsdelikten. Demnach erfolgt ein Ablauf, in dem nach einer ersten Tätlichkeit oder Folge von Tätlichkeiten eine Unterbrechung der Gewaltanwendung einsetzt. In dieser nun eintretenden Pause wird der Täter mit den Folgen seines Handelns konfrontiert und damit zur eigentlichen Tötungsaktion veranlasst, die selbst in einen „Overkill" mit salvenartiger Ausführung der tödlichen Aktion übergeht.

„Ursache dafür kann eine vormals existent gewesene Aggression gegen das Opfer sein. Der Täter wird durch Wut und Hass gegen das Opfer gezwungen, seinem Tötungsbedürfnis freien Lauf zu lassen." (*BKA* 1998, S. 260)

„Overkill" in dem Sinne, wie der Begriff vom FBI verwendet wird, bedeutet, dass der Angreifer sein Opfer persönlich gekannt haben muss, wenn der Täter ihm eine hohe Zahl von Stichwunden oder Schlagverletzungen (man geht hier von mindestens zwanzig aus) zugefügt hat.

„Selbstverständlich gibt es hier keine festen Regeln, doch kann bereits bei mehr als zehn wuchtigen Schlägen oder Stichverletzungen, speziell gegen den Kopf- oder Gesichtsbereich des Opfers, von Übertöten gesprochen werden." (*BKA* 1998, S. 260 f.) 40 oder 50 Hiebe oder Stiche reichen in den Bereich der Psychopathologie hinein. Dieses Vorgehen kann als „Zerfleischung" bezeichnet werden, wobei mit jedem Stich die Erregung des Täters zunimmt. Oftmals kann aus der Zahl der Wunden abgelesen werden, wie lang der Täter brauchte, um zum Orgasmus zu gelangen. Hier verhält es sich analog zur Reibung bei der Masturbation: Die nervöse Reizung nimmt zu und die Aufladung schreitet fort. Mit der Ejakulation bricht die Spannung ab und die motorischen Entladungen flachen ab.

2.1.6 Die Tat wird in Szene gesetzt

Für die Tatortinszenierung, bei der es sich um eine arrangierte Wahnvorstellung des Täters handelt, die sich nicht selten bei psychothischen Mördern wiederfindet und unter der das Verändern des Tatorts als bewusste Tarnhandlung vor dem Eintreffen der Polizei gemeint ist, gibt es zwei Gründe.

Zum einen soll die polizeiliche Ermittlungsarbeit in eine falsche Richtung gelenkt, das Tatmotiv verschleiert und von der eigentlichen Tat abgelenkt werden. Bei solchem Verhalten, mit dem der Täter den Tatort so darstellen will, wie nach seiner Auffassung ein sexuelles Tötungsdelikt aussehen muss, ist in der Regel davon auszugehen, dass vor der Tat eine enge Täter-Opfer-Beziehung bestand. „Der Täter versucht dadurch, die Ermittlungen von sich abzulenken, da er der Ansicht ist, dass diese aufgrund der Gesamtumstände bei ihm beginnen werden." (*BKA* 1998, S. 261) Somit ist eine Inszenierung oft der Schlüssel, der zu dem Mörder führt, der unter seinen Verwandten, Bekannten oder Freunden tötet, denn jeder, der dem Opfer so nahe wie ein Verwandter, Bekannter oder Freund ist, muss etwas tun, um den Verdacht von sich abzulenken.

„Zum anderen sollen das Opfer und die Familie des Opfers geschützt werden." (*BKA* 1998, S. 261) Es handelt sich also nicht um eine direkte Inszenierung, die der Täter unmittelbar selbst begeht, sondern eher um eine indirekte, da der Täter aufgrund der Gesamtumstände davon ausgehen kann, dass das Opfer von Familienangehörigen aufgefunden wird. Der Täter hinterlässt sein Opfer in vielen Fällen in einer provokanten und degradierenden Weise, z. B. mit weit gespreizten Beinen und einem in die Scheide eingeführten Gegenstand. Die Veränderung an dieser Situation wird oftmals dann durch die auffindenen Familienangehörigen vorgenommen.

Nach *Oevermann,* einem deutschen Soziologen, erfolgen diese Tarnhandlungen durch den Täter, mit denen er den Normbruch zu verschleiern sucht, um sich möglichen Repression zu entziehen oder um seinem Gewissen entsprechend zu handeln. Diese Handlungen werden als unausweichlich bezeichnet. *Oevermann* begründet dies mit dem Umstand, dass allgemein der Bruch einer Rechtsnorm als weitgehend gültig anerkannt wird. Das Bewusstsein um den Normbruch entfaltet beim Täter Wirkung und legt die Grundlage zur Tarnhandlung.

2.1.7 Die Methode der Analyse

Die Fallanalyse setzt sich aus Sicht des Bundeskriminalamts in Wiesbaden aus zwei Elementen zusammen, nämlich aus der Rekonstruktion und der Bedeutung von Täterverhalten.

a) **Rekonstruktion des Täterverhaltens:**
Es geht hierbei um eine minutiöse Rekonstruktion des Täterverhaltens, also um die Beantwortung der Frage: „Was haben der Täter (und das Opfer) in welcher Reihenfolge gemacht?"
Eine Untersuchung des Bundeskriminalamtes Wiesbaden hat ergeben, dass derartige Rekonstruktionen entgegen der vielleicht weit verbreiteten und herrschenden Meinung, dass dies sowieso getan wird, zum einen meist nur im Rahmen von Sonderkommissionen mündlich stattfinden und zum anderen in den seltensten Fällen schriftlich fixiert werden.

b) **Bedeutung des Täterverhaltens:**
Hier soll der Bedeutungsinhalt des Täterverhaltens bestimmt, also die Frage beantwortet werden: „Was bedeuten die einzelnen Täterhandlungen im Zusammenhang mit der Tat?"
Aus diesen beiden Komponenten der Fallanalyse, so das BKA, haben sich in zurückliegender Zeit die meisten neuen Ermittlungsansätze und Perspektiven ergeben.

Das BKA versteht unter dem Begriff „Fallanalyse" die ganzheitliche Berücksichtigung verfügbarer Fallinformationen vor dem Hintergrund ähnlich gelagerter Fälle mit der Zielvorgabe, Informationslücken zu schließen, Ermittlungsansätze zu finden, Täterverhalten zu bewerten und zu prognostizieren sowie Täterpersönlichkeiten und gegebenenfalls Täterkonfigurationen abzuleiten, wobei die Täterprofilerstellung einen Teilbereich der Fallanalyse darstellt.

Das FBI definiert die Fallanalyse als einen Ermittlungsprozess, der nach folgender Phase abläuft:

a) **Stufe 1:**
Sammlung von Daten aus möglichst vielen Quellen (polizeiliche Ermittlungsakten, gerichtsmedizinische Obduktionsberichte, Lichtbilder der Kriminaltechnik vom Tatort usw.)

b) **Stufe 2:**
Klassifizierung der Tat anhand der gesammelten Informationen

c) **Stufe 3:**
Rekonstruktion der Tat unter gleichzeitiger Erstellung einer Tat- und Täterhypothese

d) **Stufe 4:**
Erstellung eines Täterprofils unter Einbeziehung der Tat-/Täterhypothese und des am Tatort festgestellten Verhaltensmusters

Auf der nachfolgenden Seite wird die Chronologie einer solchen Fallanalyse anhand eines Ablaufmodells dargestellt.

Ablaufmodell: Chronologie einer Fallanalyse

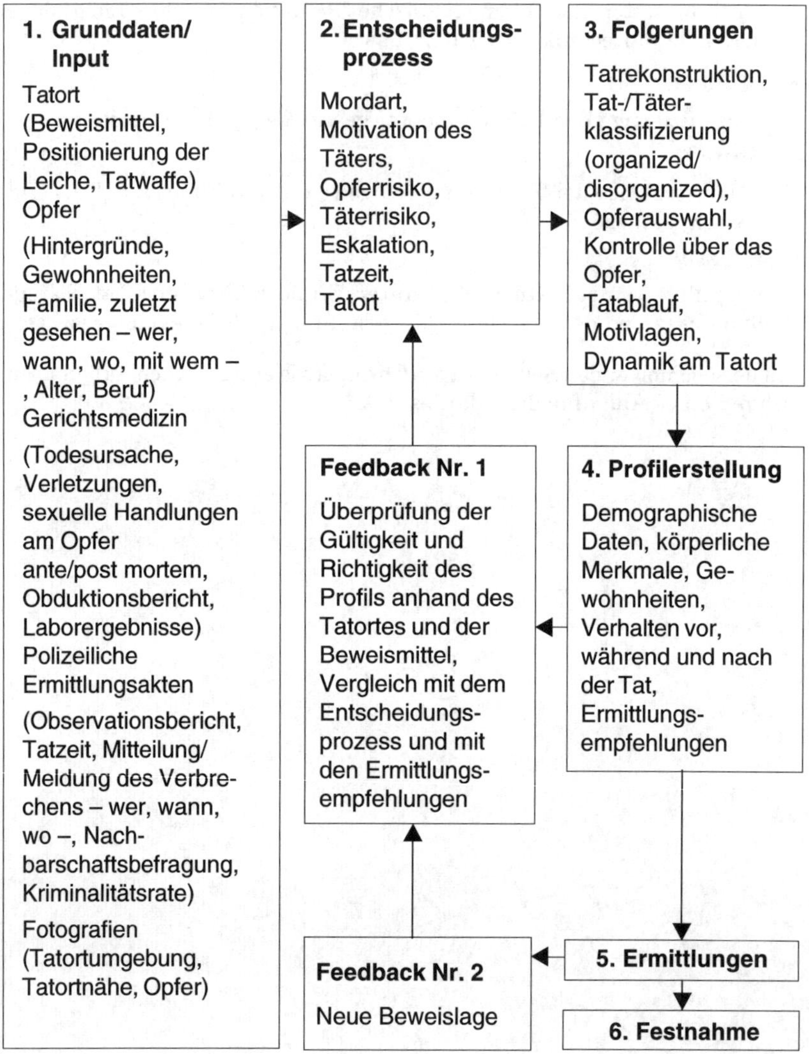

(Quelle: *Douglas/Ressler/Burgess/Hartman* 1986, S.6)

2.2 Das dritte Element: Das psychologische Profil

2.2.1 Grundsätzliches

Ein drittes Element in der Fallanalyse, neben Rekonstruktion und Bedeutung des Täterverhaltens, kann das psychologische Täterprofiling sein, das im Gegensatz zur Fallanalyse, die grundsätzlich immer Anwendung finden soll, nur in den Fällen gefertigt wird, in denen eine größere Anzahl von Verdächtigen verringert werden soll.

Kriminelle schreiben ihre eigene Geschichte; Psychologen können dabei helfen, sie zu lesen. Ein Ermittler muss versuchen zu verstehen, was zu einer bestimmten Szene in dieser Geschichte oder zu einem bestimmten Ereignis geführt hat, das er gerade untersucht. Die zentralen Elemente der Geschichte sind die Hauptdarsteller und ihre Charaktere: Täter und Opfer. Die Fähigkeit, zu erkennen, wie der Verbrecher seine Gewalt gegen das Opfer richtet, und diese Gewalt deuten zu können, kann zur Klärung der Frage beitragen, was der Täter eigentlich erreichen wollte. Die Gewaltanwendung spiegelt die Beziehung wider, die der Täter ansteuern und eingehen will. Und genau diese von ihm beabsichtigte Beziehung zeigt, wie Macht und Kontrolle den Täter in seiner Art, mit Menschen umzugehen, beeinflusst. So wie sich die Geschichte des Täters entwickelt, so erzählt sie auch von der persönlichen Welt, in der er lebt. All diese Aspekte werden in einem Verbrechen Entwicklungen aufzeigen, die dem Ermittler dabei helfen können, einen Verdächtigen herauszudeuten – in seinem sozialen und geographischen Umfeld.

Das Erstellen von psychologischen Täterprofilen wird als „biographischer Entwurf von Verhaltensmustern, Richtungen und Neigungen", als „ein Versuch, Informationen über einen bestimmten Tatverdächtigen zu gewinnen", als „eine sinnvolle ergänzende Maßnahme, wenn das Verbrechen psychopathologische Anzeichen aufweist", beschrieben. Es soll bewirken, dass kriminelles Verhalten sowohl verstanden als auch klassifiziert werden kann.

2.2.2 Was ist Profiling?

Die Arbeit des Profilers lässt sich mit der eines Arztes vergleichen, der die unterschiedlichen Symptome im Krankenbild seines Patienten einschätzt, um eine bestimmte Krankheit diagnostizieren zu können.

Profiler stecken bei dieser Aufgabenstellung in einem Dilemma.

Zum einen müssen sie sich in die Lage der Frau versetzen können, die mit einer Pistole oder einem Messer, mit einem Stein oder einer Faust bedroht wird. Weiterhin müssen sie den Schmerz und die Angst dieser Frau fühlen können, wenn sie vergewaltigt, geschlagen oder auf sie eingestochen wird. Sie müssen sich darüber hinaus vorstellen können, was diese Frau durchmacht, wenn sie den Täter sexuell befriedigen muss und hierzu gefoltert und gequält wird, sie hierbei schreit und um Hilfe bittet.

Und sie müssen wissen, dass dieses Schreien und Bitten nichts nützt, dass es den Täter nicht aufhalten wird – im Gegenteil: Dass es ihn nur noch mehr zu seinen Taten anspornen wird. Das Wissen um die vermutliche Reaktion der Frau verrät eine Menge über den Täter. Persönliche Merkmale verraten viel darüber, wie gründlich der Täter sein Verbrechen geplant, vorbereitet und ausgeführt hat.

Zum anderen müssen sich Profiler in die Lage des Täters versetzen können. Sie müssen denken können, wie er denkt und gemeinsam mit ihm die nächste Tat planen. Sie müssen seine Genugtuung verstehen und empfinden können.

Profiling ist der Versuch, Rückschlüsse auf die noch unbekannte Identität eines Verbrechers aufgrund der Analyse seiner Taten zu ziehen; es geht also nicht um die exakte Identifizierung des Täters. Weiterhin kann das Profiling eine Verstärkung der polizeilichen Untersuchung auf eine bestimmte Person hervorrufen, die am wahrscheinlichsten die gleichen Verhaltensmuster aufweist wie der noch unbekannte Täter. Darüber hinaus können bislang durchgeführte Ermittlungen durch das Erstellen eines Täterprofils bestätigt werden.

„Die Aufgabe des Profiling beschränkt sich also nicht nur auf die Fertigung eines Porträts eines unbekannten Täters, sondern erstreckt sich auf die Möglichkeit, den Verdächtigkeitsgrad einer Person aus einer Gruppe heraus abzuschätzen und die polizeiliche Ermittlungsarbeit entsprechend zu steuern.“ (*Hoffmann / Musolff* 1996, S. 8) Ziel ist es, den Täter so zu beschreiben, dass er sich von den anderen Tatverdächtigen abhebt, wobei der Täter nicht mit absoluter Sicherheit bestimmt werden kann. Es kann nur der Typ Mensch beschrieben werden, der aufgrund der Informationen und seines Verhaltens vor und nach der Tat möglicherweise als Täter in Frage kommt.

„Als ein weiterer Aufgabenbereich gelten Vernehmungstechniken, die zum Ziel haben, vom Tatverdächtigen möglichst viele Angaben zu erhalten und ihn zu einem Geständnis zu bewegen. Darüber hinaus sollen aus Vernehmungen von beispielsweise Vergewaltigungsopfern, aber auch von Zeugen und von Angehörigen und Freunden sowohl von Opfern als auch von Tatverdächtigen, Informationen für die Täterprofilerstellung erlangt werden.“ (*Hoffmann / Musolff* 1996, S. 8)

Beim Profiling geht es weiterhin um die Frage, ob eine Reihe von Straftaten von einem Täter oder von mehreren Tätern begangen wurde. Hierbei müssen Tatmuster festgestellt werden, die vergleichende Aussagen über den Urheber einer Tatserie erlauben. Wie unterscheiden sich Verbrechen, wie Verbrecher, voneinander? Das ist eine der zentralen Fragen, die das Profiling zu beantworten versucht.

Täterprofile sind nicht nur taugliches Mittel bei der Fahndung nach dem Täter: Ihre Ergebnisse sollten auch bei der Strafzumessung und später bei der Entscheidung über die Aussetzung einer Freiheitsstrafe zur Bewährung berücksichtigt werden, denn bei der Tatausführung hat der Täter ein Verhalten in einer Ausnahmesituation gezeigt, das Rückschlüsse auf seine Persönlichkeit zulässt.

„Ein wichtiger Aspekt des Täter-Profiling ist der Einsatz so genannter „pro-aktiver Strategien". Es geht hierbei darum, den Täter durch die Streuung von Erklärungen, z. B. in Form von Pressemitteilungen der Polizei, zu ganz bestimmten Handlungen zu veranlassen, um ihn insbesondere von der Begehung weiterer Straftaten abzuhalten oder um ihn zu verräterischen Offenbarungen seinerseits zu provozieren. So können etwa gezielte Medienauftritte von Angehörigen eines Entführungsopfers die Überlebenschancen des Entführten erhöhen." (*Hoffmann/Musolff* 1996, S. 9)

Bei diesen Strategien geht es darum, Schwachpunkte des Täters zu suchen und ihn in Zugzwang zu bringen, die ihn dazu bewegen, Fehler zu begehen.

Ziel des Profiling muss nicht immer nur die Identifizierung und Festnahme eines Tatverdächtigen sein. Wie ein Fall aus den USA beweist, kann das Erstellen eines psychologischen Gutachtens durchaus auch einen gegenteiligen Effekt erzielen: Aufgrund eines solchen Gutachtens nämlich, in dem ein Profiler nach fünf Jahren darlegte, dass die Verhaltensmuster eines bereits rechtskräftig verurteilten Mannes niemals mit denen des tatsächlichen Täters übereinstimmen konnten, wurde im Jahr 1989 eine Begnadigung ausgesprochen und der inhaftierte Mann entlassen – trotz des Umstandes, dass alle Indizien gegen ihn sprachen.

Beim Persönlichkeitsprofil handelt es sich um die auf wissenschaftliche Beine gestellte Weiterentwicklung eines Teils des Tatortbefundes, oder, mit den Worten von *Douglas*, um die „Beschreibung der hervorstechenden psychologischen und ethologischen Charakteristika einer Person; es zeichnet psychodynamisch die Person des Täters durch Identifikation der Persönlichkeits- und Verhaltensmuster, die sie eindeutig klassifizieren und von dem Durchschnittsbürger unterscheiden."

„Das Profiling arbeitet dabei – wie alle psychologischen Disziplinen – mit Wahrscheinlichkeiten, nicht mit Gewissheiten." (*Hoffmann* 1999, S. 70)

Somit werden Täterprofile nur dann Akzeptanz finden, wenn es gelingt, diesem Ermittlungsinstru-mentarium durch Forschung und Lehre den erforderlichen Stellenwert und die notwendige wissenschaftliche Anerkennung zu verschaffen. Die mit der Profilerstellung Beschäftigten müssen für die Praxis verständliche, nachvollziehbare und damit anwendbare Standards der Erstellung von Täterprofilen entwickeln.

Der Profiler muss in der Lage sein, die Vielzahl von Informationen, die sich aus der Aufnahme des objektiven und subjektiven Tatbefundes ergeben, auf ihre Notwendigkeit hin und für die Erarbeitung eines Täterprofiles zu selektieren und diese mit wissenschaftlichen Erkenntnissen aus Bereichen wie Kriminalistik, Kriminologie, Kriminaltechnik, Psychologie, Soziologie, der Geisteswissenschaften und der Medizin zu verbinden. Ein entscheidender Faktor hierbei ist ein gutes, offenes, vertrauensvolles Zusammenspiel von Polizei und Wissenschaft, von Ermittlern und Psychologen. Ohne dieses Zusammenspiel wird der Psychologe in die Rolle des „Magiers, Hexers und Hellsehers" gedrängt.

Ressler meint, vom Serienmörder, wie wir ihn bisher kennen, werden wir bald nicht mehr sprechen können. Er stellt eine ungeheuerliche Entwicklung fest: „Das Verhalten der Mörder hat sich in den vergangenen 30 Jahren verändert. Heutzutage töten sie nicht nur, sondern sie entführen ihre Opfer, sperren sie ein und stellen Experimente mit ihnen an." Unterstellt man die Richtigkeit dieser These, unterstreicht dies die Notwendigkeit ständiger Forschung auf diesem Gebiet – Verhalten ist keine statische Größe, es ändert sich mit dem Wertewandel.

Das Wichtigste beim Profiling ist jedoch, sich darüber im Klaren zu sein, dass sich nicht nur die Polizei über Täterprofil und Persönlichkeitsanalyse den Kopf zerbricht – die Menschen, die damit gejagt werden sollen, tun das auch. Jeder dieser Täter hat seine persönlichen Vorlieben und seine eigene Vorgehensweise. Er weiß genau, wo er seine Opfer aufspüren, nach welchen Merkmalen er sie auswählen und welche Fallen er stellen muss: Er erstellt ein Persönlichkeitsprofil seiner Opfer, indem er es versteht, sich in seine Opfer hineinzuversetzen. Und stets sollte sich der erfahrene Kriminalpsychologe klarmachen, dass der menschlichen Phantasie beim Erfinden neuer Verbrechen keine Grenzen gesetzt sind.

Unter optimalen Bedingungen lässt ein Täterprofil Aussagen über folgende Bereiche zu: Beurteilung und Analyse des Verbrechens, Erstellung eines Motivs, Feststellung der Stimmungslage des Täters vor, während und nach der Tat, Ermittlung der Reihenfolge aller Handlungen während der Tat, Alter, Rasse, Geschlecht und Familienstand, Intelligenz, Lebensweise, soziale Komponenten (beruflicher Werdegang, Arbeitsgewohnheiten), Erscheinungsbild/Äußeres, Wohnort im Verhältnis zum Tatort, emotionaler und sexueller Zustand (Abnormitäten) und Beschreibung früherer Straftaten.

„Diese erzielten Komponenten des Profiling lassen sich in drei Kategorien einteilen: In demographische, in biographische und in psychologische und physische Merkmale.

a) Die demographischen Merkmale:

Es sind hierunter Angaben über das Alter, den Familienstand, den Beruf und den Wohnort des Täters zu verstehen.

b) **Die biographischen Merkmale:**
Gemeint sind hier Erkenntnisse über die persönliche Vorgeschichte des Täters, z. B. ob er vorbestraft ist bzw. um welche Vorstrafen und Delikte es sich handelt, oder auch Informationen über seine mögliche Schul- und Berufsausbildung.

c) **Die psychologischen und physischen Merkmale:**
Diese Aspekte ermöglichen eine plastische Beschreibung des Täters und eine Prognose seiner künftigen Handlungen. Darunter fallen beispielsweise Angaben über sein soziales Verhalten, seine Motivation, sein Erscheinungsbild sowie psychische oder physische Auffälligkeiten.“ (*Hoffmann/Musolff* 1996, S. 7)

Der österreichische Kriminalpsychologe *Müller* stellt fest, dass „Täter, die augenscheinlich kein Motiv zum Morden haben, (...) nicht irr (...) sind, wie man sich das landläufig vorstellen möchte.“ Vielmehr sind es Menschen wie du und ich. Mit dem Täter-Profiling sollen Punkte herausgearbeitet werden, in denen sich der Täter vom Rest der Bevölkerung unterscheidet.

Dies ist auch der wichtigste Unterschied zur Psychiatrie; die Psychiatrie „beschäftigt sich mit dem Warum“, so *Müller*, „während die Kriminalpsychologie zu klären versucht, wo der Täter zu finden ist.“

In aller Regel erfolgt das Erstellen eines Täterprofils nach folgendem siebenstufigen Modell.

a) **Beurteilung des Opfers:**
Diese Beurteilung umfasst neben dem Sammeln und Analysieren möglichst aller umfassenden Personendaten auch den Versuch, sich ein aussagekräftiges Bild über die Persönlichkeit und die Verhaltensweisen des Opfers zu verschaffen. Vom größtem Interesse sind hierbei neben Geschlecht und Alter des Opfers insbesondere seine Herkunft, Erziehung, Schulbildung, sein sozialer Umgang, Charakter und Temperament. Je exakter das Bild des Opfers ist, desto aussagekräftiger wird das Täterprofil.

b) **Beurteilung des Tatortes:**
Erforderlich ist hier eine umfassende fotografische und/oder videografische Dokumentation sowie die Fertigung von Skizzen und Zeichnungen und die Erhebung von amtlichen Lageplänen. Jedes noch so kleine und unscheinbare Detail muss größte Beachtung finden, wobei jeder abgebildete Gegenstand und die Positionierung der Leiche in einen Zusammenhang mit dem vermuteten Tatablauf zu bringen sind.

c) **Beurteilung der Obduktionsberichte:**
An dieser dritten Stelle erfolgt eine Analyse des Tötungsverlaufes, gestützt auf die Obduktionsberichte, auf die gerichtlichen Gutachten

und auf die im Rahmen der Obduktion angefertigte Fotodokumentation. Dabei wird beurteilt, welche Waffen in welcher Reihenfolge mit welcher Intensität gegen welche Körperregionen des Opfers benutzt wurden. So ist es möglich, eine Feststellung zu treffen, ob das Opfer überrascht wurde oder ob vor der Tötung ein Kampf stattgefunden hat.

Die Beurteilung des Verletzungsbildes umfasst auch die Erfassung der Anzahl der Verletzungen und ihre Art (ob beispielsweise vor oder nach der Tat, ob durch die Bekleidung oder in die nackte Haut zugefügt), so dass Rückschlüsse auf die seelische Verfassung des Täters und auf die Kräfteverhältnisse zwischen Opfer und Täter gezogen werden können.

d) **Beurteilung der Gewalttat an sich:**
In diesem vierten Schritt kann der äußere Tatablauf rekonstruiert werden, d. h. es kann festgestellt werden, weshalb der Täter in dieser Art und Weise agierte und ob er geplant oder spontan gehandelt hat.
Dieser Tatablauf lässt zudem die psychische Verfassung des Täters während der Tat erkennen und gibt zugleich Hinweise auf seine Intelligenz und seinen Bildungsstand.
Besonderes Interesse gilt dem Täterverhalten in der Nachtatphase. Ein Täterprofil wird dadurch beeinflusst, dass hier der Täter entweder die Leiche samt Beweismittel beiseite schafft oder den Tatort unter Zurücklassung verschiedener Spuren panikartig verlässt.

e) **Beurteilung von gleich gelagerten Fällen:**
Unter Beachtung der Erkenntnisse der oben beschriebenen, ersten vier Schritte werden hier gleich gelagerte Fälle in die Analyse miteinbezogen und auf markante Gemeinsamkeiten hin untersucht, um eine mögliche Tatserie und demzufolge einen Serienmörder erkennen zu können.

f) **Erarbeitung des Täterprofils:**
Das Täterprofil zeichnet sich dadurch aus, dass es Auskunft über markante und charakteristische Tätermerkmale und Tätereigenschaften gibt.

g) **Ermittlungsvorschläge für den ermittelnden Sachbearbeiter:**
Das Täterprofil soll eine Ermittlungshilfe für den polizeilichen Sachbearbeiter darstellen, indem es entweder die Verdachtsmomente gegen einen Tatverdächtigen verstärkt oder es einen ersten Anfangsverdacht gegen bestimmte Personen begründet.
Auch kann das Täterprofil dem ermittlenden Beamten eine bestimmte Vernehmungstaktik und -technik empfehlen.

Pistorius, Ermittlungspsychologin bei der südafrikanischen Polizei, beschreibt ihre Arbeit wie folgt: „Ich suche einen Tatort auf und versuche, gedanklich das zu rekonstruieren, was geschehen ist – und warum. Dann erstelle ich ein Profil des Mörders: Seine Biographie, sein Alter, seine Hautfarbe usw. Einige Leute bezeichnen mich als forensische Psychologin; aber das klingt so, als ob ich tote Körper untersuchen würde. Deshalb gebe ich der Bezeichnung „Ermittlungspsychologin" den Vorzug. Es bedarf viel Intuition dazu, aber jeder kann das tun, was ich tue. Ich habe über 100 Kriminalbeamte unterrichtet (...), um Ermittlungen in solchen Fällen führen zu können. Das Hauptaugenmerk liegt auf dem Versuch, die sexuelle Phantasie des Täters zu erkennen. Egal, wie grotesk es klingen mag: Man muss das kleinste Detail hierzu gedanklich berücksichtigen."

2.2.3 In welchen Fällen Profiling und in welchen nicht?

Das Profiling findet bei ungeklärten sexuell motivierten Tötungsdelikten bzw. bei Tötungsdelikten ohne erkennbares Motiv und bei Vorliegen eines bestimmten Täterverhaltens, einer spezifischen Handschrift des Täters (Übertöten, Wiedergutmachung, Tatortinszenierung), Verwendung. Weitere Deliktsarten, bei denen Täterprofile erstellt werden können, sind Erpressungs- und Entführungsfälle, Vergewaltigungen und Fälle von sexuellem Missbrauch von Kindern, ungeklärte Todesfälle, Serienbrandstiftungen und Verbrechen mit rituellem Hintergrund.

2.2.4 Eingeschränkt verwendbar

Das Erstellen von Täterprofilen stößt jedoch relativ schnell an seine Grenzen.

Grundsätzlich muss bedacht werden, dass nur begrenzt aussagefähige Täterprofile möglich sind, wenn dem Täter wenig individueller Handlungsspielraum gegeben war oder wenn bei einer konkreten Einzeltat kaum spezifisches Tatverhalten zur Anwendung kam. Je spezieller die Struktur des Verbrechens (ein Täter oder mehrere; Einzeltat oder Teil einer Serie; individuelle Tatmerkmale), desto charakteristischer die Spurenlage und umso aussagekräftiger das Täterprofil.

Vor dem Hintergrund des Filmes „Das Schweigen der Lämmer" ist es zudem mehr als falsch, anzunehmen, dass das Erarbeiten eines Täterprofils auf den brillanten Fähigkeiten von Ermittlungsbeamten beruht und es zur Aufklärung aller schwierigen Fälle eingesetzt werden kann.

Hierzu erklärte der englische Psychologe *Canter* von der Universität Surrey: „Die Vorstellung von einem intuitiven Psychologen, der am Tatort umherstöbert und sodann mit einem klaren Bild aufwarten kann, ist völlig irreführend und wurde zu sehr vereinfacht. Das Erstellen eines Täterprofils kann sich als ein langwieriger Prozess gestalten, der das Sammeln aller verfügbaren Daten und Informationen, die Untersuchung von Verhaltensmustern sowie das Erkennen eines möglichen Zusammenhangs zwischen allen bekannten Faktoren beinhaltet."

Auch der Engländer *Stevens*, Ausschussvorsitzender der britischen Polizeipräsidenten, ist der Ansicht, dass „das psychologische Täterprofil (...) kein magisches Konzept (...) ist, mit dessen Hilfe sich ein Täter mit Bestimmtheit identifizieren lässt. Seine Erarbeitung hängt davon ab, ob Täter durch ihr Verhalten während der Tat Anhaltspunkte über ihre Person preisgeben, und stützt sich auf die Vielzahl von Quellen wie Kriminalistik, Kriminaltechnik, Psychologie, Geistes- und Medizinwissenschaften. Das psychologische Täterprofil soll dem Ermittlungsbeamten helfen, seine Untersuchung zu strukturieren und die Liste seiner Tatverdächtigen vorrangig zu ordnen. Es kann qualifizierten, sachverständigen Aufschluss über geeignete Vernehmungstaktiken sowie über die Wahrscheinlichkeit eines Zusammenhangs zwischen mehreren Delikten geben und die Leitung komplexer Morduntersuchungen erleichtern."

Die Schwächen des Profiling beschreibt *Müller* wie folgt: „Täterprofile stehen am Ende von Wahrscheinlichkeitsrechnungen. Keines der Merkmale lässt sich mit hundertprozentiger Sicherheit für den Täter behaupten. Größter Unsicherheitsfaktor ist das Alter. Aus den Tatortspuren lässt sich das Verhaltensalter des Gesuchten erkennen, nicht sein biologisches Alter."

Eine FBI-Untersuchung zeigte, dass von 192 Fällen, in denen ein Täterprofil erstellt wurde, 88 gelöst wurden. In 17 % dieser 88 Fälle verhalf das erstellte Täterprofil zu einer Identifikation eines Tatverdächtigen.

Es ist unter den folgenden Kriterien gar nicht oder nur sehr eingeschränkt möglich:

a) Das Alter des Falles:

Hier besteht die Gefahr, dass bestimmte erforderliche Daten nicht mehr oder nur noch unvollständig vorhanden sind oder eingeholt werden können.

b) Das Opfer ist nicht identifizierbar:

Ist die Identität des Opfers aufgrund vollständiger Skelettierung nicht mehr zweifelsfrei feststellbar und somit ein möglicher sexueller Missbrauch vor der Tötung nicht mehr nachvollziehbar, ist die Wahrscheinlichkeit gering, Angaben über eine Täterpersönlichkeit machen zu können.

c) **Das Opfer ist Angehöriger einer hohen Opferrisikogruppe:** Von der Faustregel ausgehend, dass mit steigendem Opferrisiko die Wertigkeit eines Täterprofils sinkt, muss festgestellt werden, dass die Anzahl der potentiellen Täter stark ansteigt und eine Überprüfung nicht mehr möglich ist.

d) **Ein veränderter Tatort:** Ist es unmöglich, den Originalzustand des Tatortes wiederherzustellen und hat vor allem eine andere Person als der Täter die Veränderungen vorgenommen, läuft man schnell Gefahr, die Situation falsch zu interpretieren und zu analysieren.

e) **Ein zerstörter Tatort:** Hierunter fallen insbesonders Brandfälle, bei denen der ursprüngliche Tatort total zerstört wurde und eine Analyse des „persönlichen Beweismaterials" des Täters sehr schwierig bzw. gänzlich unmöglich ist.

f) **Die Art der Tat:** Die Wirksamkeit von Täterprofilen ist stark eingeschränkt, wenn es sich entweder um eine konkrete Einzeltat ohne täterspezifische Verhaltensweise oder um eine Tat aus dem Milieu der Organisierten Kriminalität handelt.

2.2.5 Fehlerquote / Fehlerquelle

Die Fehlerquote, d. h. der Anteil der erstellten „psychologischen Phantombilder", die keine oder nur eine geringe Übereinstimmung mit später ermittelten Serienmördern aufwiesen, beziffert das FBI mit ungefähr 23 %.

Nach Angaben des Bundeskriminalamtes in Wiesbaden lag in einer durchgeführten Untersuchung an mehreren zurückliegenden Fällen die Erfolgsquote bei den

a) Fallanalysen zwischen 90,3 % und 92,8 %

b) Täterprofilen zwischen 81,0 % und 88,1 %.

Hier gilt es auch zu hinterfragen, wo die Fehlerquellen liegen. Handelt es sich überhaupt um einen elementaren Fehler am gesamten Profiling oder nur um Teilaspekte bei nebensächlichen Punkten?

Fehlerquellen sind oftmals die durch Sanitäter oder durch die zuerst am Leichenfundort eingetroffenen Zeugen, sogar durch Polizeibeamte, hervorgerufenen Veränderungen der Situation (z. B. das Öffnen von Opferbekleidungen, das Entfernen von Fesselungen, das Beiseitelegen von Gegenständen, die der Täter in ritueller Absicht platziert hat), also Veränderungen, die im ersten Augenblick unbedeutend erscheinen – und unwiederbringlich verloren gehen.

„Der Tatortuntersuchung kommt somit eine nicht zu unterschätzende Bedeutung zu. Hierbei entstehende kleinste Fehler sind im Nachhinein irreparabel und können zu gravierenden Fehleinschätzungen führen." (*Reichertz* 2001, S. 15)

Eine andere Frage, die im Zusammenhang mit diesem Aspekt den „Fehler im System" beleuchtet, ist die nach dem Wahrheitsgehalt der Aussagen aller befragten Serienmörder und der auf diesen Erkenntnissen beruhenden Methodik der Täterprofilerstellung. Mit anderen Worten: Lügen denn diese Menschen nicht?

Britton, englischer Psychologe und Profiler, dazu: „Natürlich lügen diese Menschen, (...). Da gibt es nichts, was man unbesehen glauben kann; die Tatsachen müssen von nachträglich verstandesmäßigen Rechtfertigungen getrennt werden." (*Reichertz* 2001, S. 16)

Deshalb müssen, um eine einseitige Sichtweise oder gänzliche Verfälschung des Sachverhaltes zu vermeiden, anhand weiterer Informationsquellen (z. B. Befragung von Angehörigen und Nachbarn, medizinische Unterlagen usw.) die Schilderungen der Täter verifiziert werden, so dass als Ergebnis sowohl die Ermittlung des Tätertyps als auch die Art und Weise, wie der Täter seine Tat begeht, festzuhalten ist.

„Aber im Zeitalter von Globalisierung und Modernisierung, begleitet von Mobilität und Flexibilität, ist die These der Perseveranz, die besagt, dass der (Serien-)Täter die gleiche Tat auf die gleiche Weise begehen wird, nicht mehr lange haltbar." (*Reichertz* 2001, S. 19) Gerade bei Serientätern muss davon ausgegangen werden, dass sie sich über polizeiliche Ermittlungsstrategien informieren und entsprechend handeln. Viele dieser Täter wechseln zumindest ihre Vorgehensweise, wenn sie denn ihren Deliktsbereich beibehalten. Der einzig stabil bleibende Faktor ist ihre „Handschrift" als Ausdruck ihrer Persönlichkeit.

„Diese „Handschrift" darf jedoch nicht einfach mit der am Tatort vorgefundenen Spurenlage gleichgesetzt werden. In den seltensten Fällen steht hinter einer bestimmten Tatbegehungsweise das gleiche Motiv oder die gleiche Entscheidung. Die Sinn gebende Deutung der Spurengesamtheit ergibt die „Handschrift" – und nicht die Summe der einzelnen Tatmerkmale." (*Reichertz* 2001, S. 20)

„Dennoch gilt es festzuhalten: Spuren werden nicht gelesen, sondern konstruiert." (*Reichertz* 2001, S. 18) Der Blick des ermittelnden Beamten am Tatort mustert alle Phänomene mit seiner ausgeprägten Vorstellungskraft und verzaubert einige dieser Phänomene in Spuren. „Durch diesen Vorgang werden vorher bedeutungslose Umstände zu möglicherweise bedeutungsvollen Spuren." (*Reichertz* 2001, S. 18) Die entscheidende Arbeit leistet also der Ermittler vor Ort. Arbeitet er schlecht und macht er dabei Fehler, so wird auch das Täterprofil schlecht sein.

2.2.6 Stärken und Schwächen

Schwächen beim FBI-Profilingmodell treten dann auf, wenn inhaltliche, logische und konzeptionelle Grenzen des Systems überschritten werden. Reaktionen auf untypische Muster, atypisches Täterverhalten, fremde Kultureinflüsse, Drogeneinnahme beim Täter, religiöser Fanatismus usw. können nicht berücksichtigt werden.

Stärken des Modells liegen in der praktischen und zeitnahen Anwendbarkeit. Außerdem beinhaltet das System eine gute Vermittelbarkeit auf der Anwenderebene – und die Akzeptanz beim Beamten vor Ort entscheidet über die Qualität sowohl der Grunddaten als auch des Täterprofils.

2.2.7 „Wenn Sie lernen wollen, befragen Sie die wahren Experten – die Täter!“

Nach diesem Motto befragte das FBI inhaftierte Serienmörder insbesondere zu folgenden Bereichen: Persönlicher Lebensweg, körperliche Merkmale und Persönlichkeitsmerkmale, Vorgehensweise bei der Tat, Verhalten vor und nach der Tat, Auswahl des Opfers, Einflussnahme auf und Kontrolle über das Opfer, Maßnahmen zur Verhinderung der Entdeckung, Festnahme, strafrechtliche Verfolgung und Inhaftierung. Da nämlich Serienmörder „erfolgreiche Mörder“ sind, die aus ihren eigenen Erfahrungen lernen, müssen Ermittler schneller lernen als sie.

Mit dieser Befragung gelang es, eine Verbindung zwischen den Gedanken der Täter und den Gegebenheiten am Tatort herzustellen.

Die Ergebnisse der Befragungsaktion mit ihren Klassifizierungen („Crime Classification Manual“) und Motiven („Sexual Homicide: Patterns and Motives“) bilden die Grundlage für das Täterprofiling.

Nach dieser FBI-Studie existieren vier erkannte Motive bei Morddelikten: Bereicherung, persönliche Gründe, sexuelle Motivation und Gruppendynamik.

a) Bereicherung:
Der Mord, der unter diesem Aspekt begangen wurde, beinhaltet zwangsweise einen materiellen Vorteil für den Täter. Dieser kann in Form von Geld, Besitzanspruch oder einer Gefälligkeit vorliegen.

b) Persönliche Gründe:
Auslöser solcher Morde sind zwischenmenschliche Aggressionen, die im Tod einer oder mehrerer Personen enden. Der Mord ist das Ergebnis eines emotionalen Konfliktes, der den Täter dazu treibt, das Opfer zu töten. Täter und Opfer müssen sich hierbei nicht unbedingt kennen.

c) Sexuelle Motivation:
Solche Tötungen beinhalten vor, während oder nach dem eigentlichen Mord eine sexuelle Aktivität; beispielsweise kann eine versuchte oder

vollendete Vergewaltigung der Tötung vorangehen, nachfolgen oder durch eine symbolische sexuelle Handlung (z. B. das Einführen von fremden Gegenständen in Scheide oder After) ersetzt werden.

Zentrales Element ist hier der Akt der Macht, der Dominanz und der Kontrolle über das Opfer.

d) **Gruppendynamik:**
Derartige Tötungsdelikte beziehen sich auf mehrere Personen mit einer gemeinsamen Ideologie, die eine Handlung, die zum Tod einer Person führt, akzeptiert. Die Tötungshandlung selbst kann durch mehrere Anhänger dieser Ideologie begangen werden.

2.2.8 Das Profiling-Schema

Um der analysierenden Dienststelle, die mit der Erstellung des Täterprofils beauftragt wurde, den gleichen Eindruck vermitteln zu können, den jeder hat, der den Tatort gesehen hat, müssen bestimmte Daten übermittelt werden.

Bei diesen Daten handelt es sich um Obduktionsbefunde und Laborberichte, Bilder, Luftaufnahmen und Videoaufzeichnungen vom Tatort, Landkarten, sonstige kriminalistische Fakten (u. a. erste Ermittlungsberichte und Vernehmungen), aber auch um den „VICAP Crime Analysis Report“, einen Fragebogen hinsichtliche Informationen über das Opfer (Name, Beschreibung, wann-wo-von wem zuletzt gesehen, Wohnort, Alter, Kleidung, körperliche Merkmale und Persönlichkeit), über den Täter (soweit überhaupt vorhanden), über den Zustand der Leiche, über den Tatverlauf (blitzschneller Angriff oder vorheriges Täuschen/Auflauern des Opfers), über Ähnlichkeiten mit anderen Fällen und um eine Zusammenfassung des Tathergangs.

Diese Daten, bei denen es sich um die Fakten der objektiven Spurenlage am Tatort handelt, werden im Laufe eines Entscheidungsprozesses analysiert und bewertet. Dies dient der authentischen Rekonstruktion des Deliktes. Darüber hinaus können bereits bestehende Hypothesen jederzeit neu überdacht und widerrufen werden, wenn sich neue Erkenntnisse ergeben.

Andererseits wird das Profil überprüft und entsprechend verändert, wenn neue Erkenntnisse (z. B. durch eine neue Tat) vorliegen oder kein Täter ermittelt wird.

In diesem Entscheidungsprozess wird folgende Einteilung getroffen:

a) **Mordklassifikation:**
Tat und Täter werden nach einem groben Raster klassifiziert, z. B. in „einfachen“ Mord, Massenmord, Serienmord, Erfahrenheitsgrad des Täters usw.

b) Primäres Motiv:
Hier geht es nur um den Anschein, den das Delikt auf den ersten Blick macht, und um die Frage welches mögliche Motiv zugrunde liegen könnte. Ist die Tat materiell (Bereicherung), emotional (Rache, Leidenschaft, Eifersucht, fanatische oder kultische Gründe) oder sadistisch (Sexualität in Verbindung mit Aggression) motiviert?

c) Opferrisiko:
Wie hoch ist das Risiko, Opfer zu werden? Welchen Einfluss auf dieses Risiko übt der Lebenswandel und das alltägliche Verhalten des Opfers aus?
Um diese Fragen dreht sich die Einschätzung des Opferrisikos, das dreistufig – in gering, mittel und hoch – eingeteilt wird.
Alter, Beruf, Lebensstil, Körperlichkeit und Wohnort geben Aufschluss über das Risiko, einem bestimmten Tätertyp zum Opfer zu fallen.
Douglas vergleicht hierzu den Täter, der nach seinem Opfer Ausschau hält, bevor er bei einer passenden Gelegenheit zuschlägt, mit einem Löwen, der nach einer Antilope, die sich aus der Herde von den anderen Tieren unterscheidet, jagt. Und leitet daraus die Methode des Profilers ab: „Nehmen wir an, ich bin in einem Einkaufszentrum, in dem sich Tausende von Menschen befinden. Dann gehe ich in eine Videospielhalle, und während ich mir die vielleicht fünfzig spielenden Kinder ansehe, muss ich ein Jäger sein, muss ich ein Persönlichkeitsprofil erstellen. Ich muss in der Lage sein, ein Profil des potentiellen Opfers zusammenzustellen. Ich muss herausfinden, welches der fünfzig Kinder das verletzlichste, das leichteste Opfer ist. Ich muss mir ansehen, wie das Kind gekleidet ist. Ich muss üben, die nonverbalen Signale aufzunehmen, die das Kind aussendet. Es ist nicht immer einfach (...), sich in die Haut dieser Männer zu versetzen – oder in ihre Köpfe. (...) Wir müssen versuchen nachzuempfinden, wie es für jeden Einzelnen von ihnen war."
Täter wählen vorzugsweise ein „leichtes" Opfer aus, das somit ein großes Risiko eingeht. Die Opfer werden an Orten gesucht, an denen Menschen leicht angreifbar sind (z. B. an Bushaltestellen oder einsamen Orten).

d) Täterrisiko:
Welches Risiko geht der Täter ein, bei der Tatausführung entdeckt zu werden?
Das Täterrisiko orientiert sich am Opferrisiko. Als Faustregel gilt, dass die Faktoren, die das Opferrisiko erhöhen, das Täterrisiko verringern.
Ein Täter, der beispielsweise mittags auf einer belebten Straße ein Opfer angreift, geht ein hohes Risiko ein. Wenn der Täter ein Opfer

mit niedrigem Risiko unter risikoreichen Umständen entführt, kann dies auf den Stress des Täters, unter dem er handelt, auf seinen Glauben daran, nicht gefasst zu werden, und auf sein Erregungsniveau, das er zur Begehung der Tat benötigt, hindeuten.

e) **Eskalation:**
Eskalationen werden immer wieder innerhalb einer Serie beobachtet, erkennbar durch immer gewalttätigere Verletzungen – häufig postmortal zugefügt. Innerhalb eines Falles beschreiben Eskalationen eine Situation, die der Täter nicht mehr unter Kontrolle hat. Dies führt zu einem hohen Maß an Gewalt, auch im Sinne des Übertötens.

f) **Zeit-/Ortsfaktor:**
Gemeint ist hier die Verweildauer des Täters am Tatort, also die vom Täter benötigte Zeit für die Tötung, für zusätzliche Handlungen an der Leiche und für deren Verstecken.

Weitere Aufschlüsse ergeben sich auch daraus, wo sich der Täter dem Opfer genähert hat, wo die Tat geschah und ob der Tatort mit dem Leichenfundort identisch ist oder ob die Leiche vom Tatort zum Leichenfundort transportiert wurde.

Möglicherweise kann hier ein Hinweis erlangt werden, ob der Täter mit dem Tatort vertraut war. Auch hier gibt es eine Faustregel: Je länger der Täter am Tatort war, desto eher hat er das Gefühl, er gehöre dorthin und habe eine Berechtigung, sich dort aufzuhalten.

Auch ist von Bedeutung zu wissen, ob die Taten zur Tages- oder Nachtzeit oder auch nur an Wochenenden verübt wurden. Dies kann ein entscheidender Hinweis auf den Lebensstil und eventuell auf die berufliche Beschäftigung des Täters sein.

Die Zeitbetrachtung ermöglicht auch Rückschlüsse darüber zu ziehen, wie lange der Täter benötigte, um das Opfer zu töten, weitere Handlungen am Opfer vorzunehmen oder sich der Leiche zu entledigen.

2.3 Gefährlichkeit – BASIC ID

Revitch hat im Jahr 1965 darauf aufmerksam gemacht, dass Fetischismus, sadistische Phantasien und kleinere Angriffe auf Frauen wichtige Indikatoren einer künftigen Gefährlichkeit sein können, aber nicht unbedingt sein müssen.

Dennoch ist es wichtig, darauf hinzuweisen, dass die Gefährlichkeit von Sexualtätern extrem unterschiedlich ist – nicht jeder von ihnen ist ein Mörder oder potentieller Mörder. Nur eine Teilgruppe ist wirklich gefährlich im Sinne massiver aggressiver Übergriffe. Diese Gruppe stellt eine sehr schwere Gefährdung der Rechtsordnung dar, zumal es bei der Enthüllung solcher Täter erhebliche Schwierigkeiten gibt.

Browne und *Howells* haben zur möglichen Erkennung der Gefährlichkeit von Sexualtätern in ihrem im Jahr 1996 erschienenen Artikel „Violent Offenders“ folgende Risikoliste zusammengestellt:

a) Vorgeschichte von Gewalt, Körperverletzung und Waffengebrauch
b) Ausgesetztsein gegenüber Gewalt in der Kindheit
c) Gefühle von geringem Selbstwert und Hilflosigkeit
d) Gefühle von Rückzug, sozialer Isolation und einem Mangel an sozialer Unterstützung
e) Eifersucht
f) Anwesenheit eines provozierenden Opfers, das Meinungsverschiedenheiten eskaliert und gegenseitige Aggression aufschaukelt
g) Anwesenheit eines besonders wehrlos-abhängigen Opfers, eventuell mit Gesundheits- oder Sexualproblemen
h) Alkohol- oder Drogenvorbelastung
i) Vorgeschichte psychischer Beeinträchtigungen wie Angst oder Depression
j) antisoziale Verhaltensstörung
k) sozioökonomische Probleme wie Arbeitslosigkeit und finanzielle Schwierigkeiten
l) Stress am Arbeitsplatz und berufliche Unzufriedenheit
m) kürzlich eingetretenes ungünstiges Lebensereignis wie Trennung vom Partner oder Tod eines Elternteiles oder Kindes

Und oft wurde bislang von der irrigen Annahme ausgegangen, dass besonders psychisch Kranke kriminell und gefährlich sind. Zwischenzeitlich wurde von *Böker* und *Häfner* festgestellt, dass psychisch Auffällige genauso oft straffällig werden wie gesunde.

Böker und *Häfner* untersuchten hierzu in einer zehnjährigen Studie die Gewalttaten Geistesgestörter in Deutschland von 1955 bis 1964. Sie definierten eine Gewalttat als „einen Angriff auf einen Menschen, der entweder zum Tod des Opfers geführt hatte oder dazu hätte führen können, wenn nicht Umstände, die nicht in der Hand des Täters lagen, dies verhindert hätten. (...) Verglichen mit der Gesamtheit der Gewalttäter in der strafmündigen Bevölkerung, stellen die Geistesgestörten rund 3 % der Täter. Das entspricht etwa der Häufigkeit dieser Erkrankung in der Erwachsenenbevölkerung. Daraus folgt, dass Geisteskranke und Geistesschwache insgesamt nicht häufiger, aber auch nicht wesentlich seltener zu Gewalttätern werden als Geistesgesunde.“

In ihrer Untersuchung nahmen *Böker* und *Häfner* Bezug auf die vertretene Lehrmeinung, wonach unvorhergesehene Gewalttaten das charakteristische Initialsyndrom der Schizophrenie seien, und warnten vor der

Gefährlichkeit solcher Verallgemeinerungen: Mit einer Krankheitsdauer zum Tatzeitpunkt von bereits über einem Jahr in 83 % der Fälle und über fünf Jahre in 55 % widerlegten sie die Theorie von der Gewalttat als Auslöser bzw. erstes Anzeichen einer beginnenden Schizophrenie.

Im Rahmen dieser Studie stellten *Böker* und *Häfner* einen Vergleich auf zwischen nicht-gewalttätigen und gewalttätigen, psychisch Kranken. Hierbei fiel die Gruppe der Schizophrenen deutlich auf: „Während Schizophrene bei den Gewalttätern 53,4 % der Probanden ausmachten, waren es bei den nicht-gewalttätigen Patienten nur 23,8 %. Das geschätzte Risiko eines Schizophrenen, gewalttätig zu werden, liegt mit 5 : 10 000 neunmal so hoch wie für andere Krankheitsgruppen. Diese Erkenntnis wird mittlerweile von der Mehrheit der wissenschaftlichen Arbeiten (u. a. *Taylor / Gunn*, London, *Steadman*, New York, *Sosowsky*, Kalifornien) bestätigt. Für Europa gilt vereinfacht dargestellt: Man müsste 100 Menschen begegnen, um einen Schizophrenen zu treffen, 10 000 Menschen, um einen Aggressionstäter und 200 000 Menschen, um einen gewalttätigen Schizophrenen zu sehen.“ (*Nedopil* 1996, S. 108 f.)

Der Nachweis, dass die Gefährlichkeit von psychisch Kranken ähnlich ist wie die von Gesunden, wurde in Untersuchungen mit mehr oder weniger eindeutigem Ergebnis geführt, wobei man bei diesen Studien ausschließlich von den beiden Faktoren Verhaftung und Verurteilung ausging.

Einerseits sind diese beiden Maße „Verhaftung“ und „Verurteilung“ für eine Gefährlichkeitsdiagnose nicht unbedingt geeignet, da viele Auffällige ohne Verhaftung und ohne Verurteilung einer psychiatrischen Behandlung zugeführt wurden. Nach Untersuchungen von *Levine* und *Lagos / Perlmutter / Saexinger* waren 71 % der von ihnen untersuchten Patienten straffällig geworden, ohne jemals den Strafverfolgungsbehörden bekannt geworden zu sein. Bei 36 % war sogar eine Gewalttat Grund für ihre Einweisung. Nur 2,6 % der Probanden waren behördlich bekannt.

Andererseits sind diese Untersuchungsergebnisse nicht sehr zuverlässig, da sie die Aspekte der polizeilichen Ermittlungen und der gerichtlichen Urteile außer Acht lassen. Sie lassen keinen eindeutigen Schwerpunkt von schweren Straftaten bei einer Straffälligkeit psychiatrisch Erkrankter erkennen.

In der Motivsuche stehen Notwehr, Rache und Eifersucht bei Schizophrenen an der Spitze. In den meisten Fällen werden Verwandte oder Bekannte zu Opfern.

Ergänzend hierzu betonen *Revitch* und *Eugene* in einer Untersuchung aus dem Jahr 1980, dass viele Täter mit sexuell motivierten Frauentötungen eine Tendenz aufweisen, ihre Aggressionen gegen Frauen oft Jahre nach der Haftentlassung zu wiederholen. Diese Sexualtötungen an

Frauen resultieren oft aus einer problematischen Mutterbeziehung, wobei diese Probleme symbolisch auf andere Frauen übertragen werden und schließlich in einem Mord ihren Höhepunkt finden.

Und *Monahan* nahm ursprünglich an, dass psychisch Kranke nicht gefährlicher seien als Gesunde. Doch nach Untersuchungen von *Link* relativierte er diese Meinung; *Links* Untersuchungen ergaben nämlich, dass akut erkrankte Personen ein erhöhtes Gewaltrisiko aufweisen, obwohl, so *Monahan*, die große Mehrheit der akut psychisch Gestörten nicht gewalttätig war. Eine Gefährlichkeit wurde nur in den Fällen angenommen, wenn die Tat unter Einfluss einer paranoid-halluzinatorischen Krankheitssymptomatik begangen wurde und dieses wahnhafte Erleben beim Betroffenen weiterhin fortbestand.

D. h., dass es unter den psychisch Auffälligen nicht die Psychotiker (Personen, die landläufig als „verrückt und gemeingefährlich“ bezeichnet werden) sind, die besonders kriminell in Erscheinung treten. Vielmehr sind es die, bei denen die gleichen Faktoren wirken wie bei Tätern aus der Gesamtbevölkerung, z. B. mangelnde Selbstkontrolle.

Trotzdem: Um die Gefährlichkeit von Serienmördern abschätzen zu können, muss man die Ursachen für die Morde herausfinden, denn gleichzeitig wiesen *Böker* und *Häfner* nach, dass Menschen mit Schizophrenie eine ungleich höhere Wahrscheinlichkeit zeigen, eine Gewalttat zu begehen, als Menschen aus anderen Krankheits- bzw. Risikogruppen.

Die moderne Kriminalpsychologie weiß, dass diese Ursachen nicht in einem mysteriösen Trieb oder in einer überstarken Sexualität liegen.

Vielmehr sind feindselige Gedanken und sadistische Phantasien ursächlich für das Verhalten von Serienmördern. Um also die Gefährlichkeit beurteilen zu können, muss man immer auf den Phantasiebereich des Täters eingehen.

BASIC ID

Zur Feststellung aller Gesichtspunkte, die diese beiden Bereiche – feindselige Gedanken und sadistische Phantasien – erfüllen, entwickelte *Lazarus* im Jahr 1981 das Modell des „BASIC ID“, zu Deutsch: Grundlegende Identität.

„Das Modell stellt insgesamt sieben Reaktionsebenen dar, in denen sich Menschen voneinander unterscheiden:

B ehaviors	Sichtbares Verhalten (Handlungen, Gewohnheiten, Gestik) und Verhaltensprobleme
A ffective Processes	Gefühle, Emotionen, Stimmungen
S ensations	Die fünf Sinne (Sehen, Hören, Riechen, Schmecken, Fühlen) und Körpergefühle (Anspannung, Schmerz, Erröten, Zittern, Schwitzen usw.)
I mages	Imagination, Phantasie, Träume, Selbstbild, unangenehme innere Bilder, Vorstellungen über das eigene Verhalten
C ognitions	Kognitionen, Gedanken, Ideen, Wertvorstellungen, Meinungen („Man sollte, man müßsste“), Selbstbild als Eigenbewertung mit Eigenschaftswörtern, irrationale Gedanken, Erwartungen
I nterpersonal Relations	Zwischenmenschliche Beziehungen, wichtige Personen im Leben (Familie, Freunde), Probleme mit anderen Menschen
D rugs	Biologische Gesichtspunkte: Gesundheitszustand, Ernährung, Hygiene, Drogen, Medikamente.“ (*Füllgrabe* 1997, S. 31)

Das Modell verhindert, dass wichtige Informationen über einen Menschen übersehen werden und dass Missverständnisse über menschliches Verhalten entstehen.

Es ist nicht einfach, aber grundsätzlich möglich, die Gefährlichkeit von sadistischen Serienmördern abzuschätzen. Dazu darf man aber nicht vom aktuellen Verhalten, das sie zum Zeitpunkt einer Untersuchung an den Tag legen, ausgehen.

Da relativ viele dieser Tätertypen häufig nichtaggressives und sozial angepasstes Verhalten demonstrieren, entsteht leicht der irreführende Eindruck: Dieser Mensch ist doch friedfertig.

Dies ist für die Betrachtung der Delikte von sadistischen Serienmördern, die fälschlicherweise als Sexualdelikte bezeichnet werden, wichtig. Dass bei derartigen Straftaten auch sexuelle Kontakte vorkommen können, führte zu einer falschen Betrachtungsweise von Sexualität, nämlich zur Annahme bzw. Interpretation einer sexuellen Motivation. Und da Sexualität als etwas Biologisches angesehen wurde, führte dies zu einem biologischen und medizinisch orientierten Modell dieser Kriminalität.

„Doch dieses Modell musste scheitern, da es nicht empirisch war und man die Phänomene nur oberflächlich betrachtete: *Ressler* stellte nämlich u. a. anlässlich seiner FBI-Studien an sadistischen Serienmördern viele Sexualstörungen fest. Und *Hazelwood* weist daraufhin, dass bei 34 % einer Untersuchungsgruppe von 140 Vergewaltigern und bei 39 % einer Untersuchungsgruppe von 41 Serienvergewaltigern während ihrer Taten sexuelle Störungen auftraten.“ (*Füllgrabe* 1997, S. 34)

Das Scheitern des biologischen Modells hätte durch die Anwendung des BASIC ID-Modells bei Sexualität vermieden werden können. „Normale“ Sexualität stellt sich demnach wie folgt dar:

„***B*** Sexuelle Kontaktaufnahme (Küssen, Streicheln)

A Liebe, Lust

S Erotische Empfindungen (Erregung, Erektion, Ejakulation)

I Erotische Phantasie

C Positive Gedanken an den Sexualpartner und positive Bewertung der eigenen Person

I Kooperation

D Normaler Ablauf der sexuellen Aktionen und Reaktionen.“ (*Füllgrabe* 1997, S. 36)

„Um also das Tatverhalten eines Serienmörders vom normalen, sexuell motivierten Verhalten zu unterscheiden, stellt sich für diesen Tätertypus folgendes BASIC ID-Modell dar:

B Töten, Zerstören

A Hass, Neid

S Berauschendes Gefühl der Macht

I Tatausführung in der Phantasie

C Eine Mischung aus Bösartigkeit und Wehleidigkeit („Andere Menschen sind bösartig und nur dazu da, um meine Bedürfnisse zu befriedigen. Ich bin das Opfer. Das macht Spaß, auch wenn andere leiden.“)

I Ausbeutung, Manipulation

D Physiologische Begleiterscheinungen beim Erleben eines „Kicks“, eines „Thrills“.“ (*Füllgrabe* 1997, S. 321)

Das Modell zeigt zum einen, dass die einzelnen Reaktionsebenen sich gegenseitig beeinflussen. So beispielsweise gehen Serienmörder bei der Realisierung ihrer Phantasien von der Ebene der Imaginationen zum direkt sichtbaren Verhalten über.

Zum anderen verdeutlicht das Modell, wie wenig man über einen Menschen weiß, wenn man nur eine der Ebenen betrachtet. Sieht man beispielsweise nur das angepasste, aggressionsfreie Verhalten, kann dies leichtfertig zu der irrigen Annahme führen, dass es sich um einen freundlichen und friedfertigen Menschen handelt. Dieser Eindruck kann, wie das Beispiel des Serienmörders zeigt, gefährliche Konsequenzen haben.

2.4 Hinweis auf eine bestimmte Person: Das empirische Täterprofil

Eine interessante Alternative zum FBI-erprobten psychologischen Täter-Profiling stellt die Erstellung eines so genannten „empirischen Täterprofils“ dar.

Im Gegensatz zum psychologischen Täterprofil, in dem es um das Erlangen von persönlichen Eigenheiten des unbekannten Täters und deren Einsatz bei der Fahndung nach ihm geht, zielt das empirische Täterprofil darauf ab, Hinweise auf eine bestimmte Person zu erhalten.

Grundlage hierzu können empirisch erhobene, d. h. aus der Beobachtung und dem Experiment entnommene Daten über bestimmte Täterkategorien sein.

2.4.1 Made in Germany

Eine diesbezügliche mehrjährige Studie führte *Harbort*, Diplom-Verwaltungswirt am Polizeiführungsinstitut in Neuss und Kriminalbeamter beim Polizeipräsidium Düsseldorf, durch.

Harbort geht hierbei beispielhaft von folgender Ausgangslage aus: „Seit 1945 konnten in Deutschland 22 sexuell motivierte Serienmörder ermittelt werden, die im Durchschnitt über einen Zeitraum von 4,6 Jahren morden konnten. 45,5 % der Täter wurden allein aufgrund der polizeilichen Ermittlungen überführt.

In den meisten Fällen gelang nur nach Hinweisen aus der Bevölkerung oder durch Zufall eine Täterermittlung.

Darüber hinaus wurde festgestellt, dass in nur 50 % der Mordserien ein Tatzusammenhang im Laufe der Ermittlungen hergestellt wurde. Für den Aufklärungserfolg waren in erster Linie die Geständnisse der Tatverdächtigen verantwortlich, die anlässlich ihrer Vernehmungen eine Vielzahl von unbekannt gebliebener Delikte oder solche, die man ihnen gar nicht vorgehalten hatte, einräumten.

In Anlehnung an die Methode des FBI bei der Erstellung von psychologischen Täterprofilen dienten folgende Unterlagen der Entwicklung eines „empirischen Täterprofils“: Tatortbefund-Berichte, Vernehmungen, Anklage- und Urteilsschriften, psychologische Gutachten, polizeiinterne Informationspublikationen, Presseberichte und einschlägige Literaturbeiträge.

Eine Bewertung erfolgte an insgesamt 109 Untersuchten, davon 55 Sexualmörder (33 sexuell motivierten Mehrfach- und 22 Serienmörder) und 54 Raubmörder (31 absolut gewinnorientierte Mehrfach- und 23 Serienmörder), die in Deutschland seit 1945 ermittelt und die wenigstens wegen zweier vollendeter Morde abgeurteilt wurden; allein die Bilanz der 55 Sexualmörder weist 187 versuchte und vollendete Tötungsdelikte auf. 8,4 % aller Raub- und Sexualmorde in Deutschland, fand *Harbort* heraus, werden von Serientätern begangen. Bisherige Studien, vor allem die des FBI, lehren, dass die meisten Serientäter sexuelle Motive hätten. Genau das, so *Harbort*, geben die deutschen Fälle nicht her; es stellte sich im Laufe der Studie heraus, dass es ebenso häufig Raubmörder wie Sexualmörder gibt. Es ist, so *Harbort*, „eine unangemessene Simplifizierung“, bei Serienmorden automatisch sexuelle Motive zu vermuten. Außerdem macht er die Beobachtung, dass deutsche Serienmörder ihre Tatorte nicht inszenieren, dort nur selten charakteristische Verwüstungen hinterlassen und keine makabren Trophäen ihrer Opfer mitnehmen.

Anlässlich der Studie wurden etwa 9 200 täter- und tatspezifische Daten erhoben (davon 4 900 bezogen auf den Sexualmord und etwas mehr als 4 200 auf den Raubmord), die in 79 Kategorien klassifiziert und ausgewertet wurden. Daraus entwickelte sich ein Fahndungsraster aus ausnahmslos objektiven Merkmalshäufigkeiten, die in mindestens 75 % der Fälle übereinstimmend festgestellt werden konnten.

2.4.2 Wertigkeit

Berücksichtigt werden Faktoren, die in der kriminalistischen Praxis ohne größeren Aufwand zu ermitteln sind. Die täter- und tatspezifischen Merkmalshäufigkeiten wurden jeweils mit einer Wertigkeitszahl von

1 für bedingt aussagekräftig über

2 für aussagekräftig bis

3 für sehr aussagekräftig versehen.

Hierdurch soll dem Umstand Rechnung getragen werden, dass bestimmte Faktoren auf viele Personen zutreffen und somit eine eher untergeordnete Rolle spielen, während andere Faktoren wesentlich aussagekräftiger sind. Auf diese Weise kann eine notwendige Differenzierung erfolgen.

Bei dieser Unterteilung fanden die vorherrschenden Quoten der Merkmalshäufigkeiten innerhalb der Zielgruppe aller 16 - 36-jährigen männlichen Deutschen Berücksichtigung, die durch das Statistische Bundesamt ermittelt wurden.

2.4.3 18 und 20 Merkmale

Nach dieser Methode ist es schließlich gelungen, nachfolgend die 18 für den Sexualmörder und die 20 für den Raubmörder aufgeführten täter- und tatspezifischen Merkmale eines empirischen Täterprofils herauszufiltern, mit denen erstmals rechtsgültig gesicherte Erkenntnisse zu Mehrfach- und Serienmördern erlangt werden konnten. Grundgedanke hierbei ist, dass dieses Fahndungsraster einen Tatverdächtigen nicht detailliert beschreiben kann, sondern vielmehr eine sinnvolle Eingrenzung des Verdächtigenkreises ermöglichen soll. Das empirische Täterprofil kann eine konkrete Aussage dazu machen, ob die anhand des Rasters überprüfte Person mit dem vorliegenden Täterprofil übereinstimmt.

2.4.4 Fahndungsraster für den sexuell motivierten Mehrfach- und Serienmörder

Faktoren	Häufigkeit	Wertigkeitszahl
1. männlich und weiße Hautfarbe und deutsche Staatsangehörigkeit	98,78 %	1
2. zwischen 16 und 36 Jahre alt	78,18 %	2
3. ledig oder geschieden	83,63 %	2
4. kinderlos	85,45 %	2
5. durchschnittlich bis überdurchschnittlich intelligent (IQ mindestens 100, mindestens Hauptschulabschluss abgeschlossene Lehre oder berufliche Tätigkeit)	78,18 %	1
6. leidet nicht unter einer Geisteskrankheit	98,18 %	1
7. ist zur Tatzeit beschäftigt in einer unterprivilegierten Tätigkeit (z. B. Gelegenheits-, Hilfsarbeiter)	78,18 %	1
8. in der Öffentlichkeit überwiegend unauffälliges und angepasstes Sozialverhalten	76,36 %	1
9. gilt als introvertierter und bindungsschwacher, sozialer Einzelgänger	78,18 %	2

Faktoren	Häufigkeit	Wertigkeitszahl
10. kommt aus einem Elternhaus mit psycho-sozialen Auffälligkeiten (z. B. geschiedene Eltern, Alkoholexzesse der Eltern, körperliche oder sexuelle Misshandlungen oder allgemeine Vernachlässigung durch die Eltern)	78,18 %	2
11. auffälliges Sexualverhalten oder psychische Störungen (Fetischismus, Exhibitionismus, Pädophilie, gewaltorientierte Sexualpraktiken, Suizidversuche)	81,81 %	3
12. übermäßiger Alkohol-, BtM- oder Arzneikonsum	76,36 %	1
13. wohnt in Großstadt mit mehr als 250 000 Einwohnern bzw. in deren Einzugsgebiet unter 25 km	80,00 %	2
14. wohnt zur Tatzeit weniger als 30 km vom Tatort entfernt	80,74 %	2
15. besitzt zur Tatzeit ein Kraftfahrzeug (Pkw oder Motorrad) oder konnte über ein solches verfügen (z. B. Leihwagen oder, bei Berufskraftfahrern, Lkw)	78,18 %	1
16. bereits wegen deliktsspezifischer Tat oder Taten unter Gewaltanwendung oder Verwendung von Waffen polizeilich in Erscheinung getreten	76,36 %	2
17. beging diese Tat als Alleintäter	95,23 %	1
18. keine vorherige Täter-Opfer-Beziehung	88,77 %	1

Gesamtsumme aller Merkmalshäufigkeiten: 2.291,45
(Siehe 2.4.6)

2.4.5 Fahndungsraster für den gewinnorientierten Mehrfach- und Serienmörder

Faktoren	Häufigkeit	Wertigkeitszahl
1. männlich und weiße Hautfarbe und deutsche Staatsangehörigkeit	81,48 %	1
2. zwischen 16 und 36 Jahre alt	88,88 %	1
3. ledig oder geschieden	83,33 %	1
4. kinderlos	79,62 %	1
5. wohnt in Großstadt mit mehr als 100 000 Einwohnern	75,92 %	1

Faktoren	Häufig-keit	Wertig-keitszahl
6. wechselte innerhalb von fünf Jahren vor der ersten Tat mindstens dreimal seinen Wohnsitz oder war/ist ohne festen Wohnsitz	75,92 %	2
7. verfügt über geringe oder durchschnittliche Intelligenz (bezogen auf Allgemeinbildung, sprachliche Fähigkeiten, soziale Intelligenz; IQ zwischen 80 bis maximal 109)	88,88 %	1
8. kommt aus Elternhaus mit psycho-sozialen Auffälligkeiten (Eltern geschieden, Straftaten durch Eltern/Geschwister, Arbeitslosigkeit, Alkoholprobleme mindestens eines Elternteils)	87,03 %	3
9. besuchte Sonder- oder Hauptschule oder erreichte keinen Schulabschluss	92,59 %	1
10. leidet nicht unter psychischen Störungen bzw. Krankheiten	94,44 %	1
11. mehrfach durch dissoziales Verhalten aufgefallen (fehlende oder mangelhafte Anpassungsfähigkeit, Vernachlässigung sozialer Pflichten, exzessiver Alkoholkonsum)	83,33 %	2
12. nicht alkohol-, drogen- oder arzneimittelabhängig	90,74 %	1
13. befand sich zur Tatzeit in finanzieller Not	96,29 %	2
14. ist berufslos, hat Berufsausbildung abgebrochen oder hat handwerklichen Beruf erlernt	96,29 %	1
15. arbeitet nicht oder nur sporadisch und unregelmäßig	88,88 %	2
16. wechselte innerhalb von vier Jahren vor der ersten Tat mindestens dreimal seinen Beruf bzw. innerhalb des gleichen Berufs seinen Arbeitsplatz	75,92 %	2
17. bereits wegen Eigentums- oder Urkundendelikten kriminalpolizeilich in Erscheinung getreten oder einschlägig vorbestraft	88,88 %	3
18. beging vorherige Straftaten manchmal auch als Mittäter, gilt nicht als chronischer Einzelgänger	75,92 %	1
19. keine sozialen Kontakte zwischen Opfer und Täter	89,88 %	1
20. Täter wohnte zur Tatzeit nicht mehr als 30 km vom Tatort entfernt oder war innerhalb dieses Bereiches zur relevanten Tatzeit amtlich gemeldet	76,66 %	1

Gesamtsumme aller Merkmalshäufigkeiten: 2.395,72
(siehe 2.4.6)

2.4.6 Verfahrensweise

Die einzelnen Merkmale für sich haben einen eher geringen Beweiswert, da das Fahndungsraster keinen Tatnachweis erbringen kann.

Demzufolge sind sämtliche 18 bzw. 20 Merkmale abzugleichen. Hierbei ist wie folgt zu verfahren:

Die zutreffenden Faktoren sind in ihrer prozentualen Häufigkeit mit der Wertigkeitszahl zu multiplizieren und die Gesamtsumme aus den einzelnen Faktoren zu addieren. Diese Gesamtsumme soll mit 100 multipliziert und schließlich durch die Gesamtsumme aller 18 bzw. 20 Merkmalshäufigkeiten (2.291,45 bzw. 2.395,72) dividiert werden.

Die untersuchten sexuell motivierten Mehrfach- und Serienmörder zeigten bei dieser Methode eine Übereinstimmung von 65,6 bis 96,8 %; dies ergibt einen Mittelwert von 77,6 %.

Die Verfahrensweise bei einem Wert unterhalb dieser 77,6 % ist abhängig von der Würdigung des Einzelfalles unter Berücksichtigung aller sonstigen Umstände und der Beweislage.

Beim Erreichen einer Profilübereinstimmung von mindestens 70 % erscheint es auf jeden Fall ratsam, die Person enger in die Ermittlungen einzubeziehen.

Für das empirische Täterprofil ergibt sich eine durchschnittliche Erfolgswahrscheinlichkeit von 81,8 %. Im Umkehrschluss bedeutet dies eine Fehlerquote von 18,2 %. Nicht-Täter, das ergaben Stichproben, kommen selten auf 50 %.

2.4.7 Unterschied zum psychologischen Täterprofil

Ein gravierender Unterschied zum psychologischen Täterprofil stellt die Tatsache dar, dass beim empirischen Täterprofil nur objektive Faktoren, die bei mindestens 75 % der Fälle zutreffen, Verwendung finden, wohingegen beim FBI-entwickelten psychologischen Täter-Profiling Merkmale berücksichtigt werden, die eine weit geringere Häufigkeit aufweisen und demzufolge auch eine geringere Gültigkeit besitzen.

Gänzlich verzichtet wurde beim empirischen Modell auf persönliche Interviews der Probanden, da sich ihre Angaben nicht auf ihre Richtigkeit bestätigen lassen, soweit sie von den polizeilichen Feststellungen abweichen sollten.

Das empirische Profiling hat im Vergleich mit dem Erstellen eines psychologischen Täterprofils den Vorteil, dass die Erfolgswahrscheinlichkeit in konkreten Zahlen vorliegt. So können auch mehrere Personen untereinander verglichen werden, um Prioritäten bei der Ermittlungsarbeit festzulegen und beispielsweise eine Art „Hitliste“ von Tatverdächtigen erstellen zu können.

Ein wesentlicher Unterschied ist die Tatsache, dass die vorliegenden Fahndungsraster auf empirischen Erhebungen beruhen – sie decken einen Zeitraum von 50 Jahren ab und sind fallunabhängig. Psychologische Täterprofile können dahingegen nur fallbezogen erstellt werden und differieren im Einzelfall deutlich.

Generell bietet das empirische Modell die Möglichkeit für jeden Ermittlungsbeamten mit einem gewissen kriminalistisch-kriminologischen Grundwissen, ohne besonders geschultes Spezialistentum in den Bereichen Psychologie und Kriminologie nachweisen zu müssen, diese Methodik an namentlich bekannten Tatverdächtigen durchzuführen." (*Harbort* 1998, S. 1 ff.)

2.5. Die Methode der verformelten statistischen Werte: Das mathematische Profiling

2.5.1 Entwicklung

Ein in seiner mathematischen Art her gleiches Verfahren wird unter anderem auch zur Diagnoseerstellung von psychiatrischen Patienten verwendet, wobei der Komplex „Krankheitssymptomatik" durch viele Merkmale erfasst wird, um daraus Kategorien zu bilden.

Nach diesem Prinzip erfolgt das Erstellen von Täterprofilen: Opfer- und Tatortmerkmale werden bestimmten Tätermerkmalen zugeordnet.

Dieses Modell wurde im Jahr 1995 von *Aitken / Connolly / Gammerman / Zhang / Oldfield* in Großbritannien entwickelt. Mit 320 geklärten Tötungsdelikten mit sexuellem Hintergrund an Kindern, d. h. Taten, die zwischen 1961 und 1991 in Großbritannien von Einzeltätern begangen und bei denen die Täter ermittelt wurden, wurden Berechnungsformeln zur Wahr-scheinlichkeitsvorhersage von Tätermerkmalen erstellt, die auf der Auswertung von 118 Opfer- und Tatortmerkmalen basieren. Diese statistische Auswertung erbrachte insgesamt bedeutende und somit für die Vorhersage von Tätermerkmalen relevante 35 Opfer- und Tatortmerkmale, die in der nebenstehenden Tabelle unter der Rubrik „Variablenbeschreibung" ersichtlich und die in 8 „Gruppenbeschreibungen" eingeteilt sind. Zum besseren Verständnis siehe hierzu 2.5.2.

Gruppenbeschreibung	Variablenbeschreibung	Tätervariablen				
		Alter des Täters unter 21 Jahre	Täter vorbestraft ja	Täterwohnung weniger als 8 km vom Tatort entfernt	Täter verheiratet oder mit Partner lebend	Täter und Opfer waren bekannt
	Konstante	-2,05	+1,23	+5,90	-0,87	-2,56
Opfer	männlich				-1,18	
Ort, an dem der Täter zum Opfer Kontakt aufnahm	Entführung			-2,52		
	Zuhause			-1,41		+1,63
	Park/öffentliche Anlage, Diskothek o.Ä.		+1,65	-2,73		
	Geschäft/Laden	-2,75				
	Privatgebäude					+1,34
	ländlicher Bezirk			-2,28		
	Hausarbeit	-1,24			+0,96	
	Radfahrer					-1,81
	andere Art des Reisens					+1,06
Täteraktivität	Versuch, freundlich zu sein					+1,61
	Zugang nicht bekannt		-0,78			+0,88
Tatort	Stadt/nicht Wohngebiet					+1,33
	Dorf					+1,10
	öffentliche Durchgangsstraße					-1,30
	Graben nahe der Straße				+2,23	

Gruppenbeschreibung	**Variablenbeschreibung**	**Tätervariablen**				
		Alter des Täters unter 21 Jahre	Täter vorbestraft ja	Täterwohnung weniger als 8 km vom Tatort entfernt	Täter verheiratet oder mit Partner lebend	Täter und Opfer waren bekannt
Tätigkeit während der Tatausführung	Erwürgen/Erdrosseln			-2,09		
	Tatwerkzeug nicht bestimmbar	-1,56		-2,00		
	Fremdkörpereinführung			+3,17		-1,62
	Ortskenntnis					+0,97
	Schläge/Hiebe			+2,01		
	Verstümmelung			-2,77		
	sekundäre Verletzungen unbekannt	-1,46				
	Opfer total entkleidet		+1,27			
	Opfer teilweise entkleidet		+0,72			
	Beweis auf Wiederankleiden	-1,26			+0,92	
	Vertuschung beabsichtigt			+1,44	+0,70	
	anderes Haus/Gebäude oder Aufenthalt			-1,68		
Entfernung	kein Beweis für Transport	+2,66			-0,97	
	Transport zwischen 18 und 130 km			-3,00		
Zeiten	Schulferien			-1,88		
Täterbesonderheiten	kehrt an Tatort zurück					-1,09
	nekrophil		-1,40			
	Hinweis auf weitere Morde			+2,15		

2.5.2 Verfahrensweise

In diesem Modell wird die Wahrscheinlichkeit von den fünf nachfolgend aufgeführten Tätermerkmalen, den so genannten „Tätervariablen", vorhergesagt:

a) Der Täter ist jünger als 21 Jahre;
b) Der Täter ist vorbestraft;
c) Der Täter wohnt in einer Entfernung von weniger als 8 km vom Tatort;
d) Der Täter ist verheiratet oder lebt mit einem Partner zusammen;
e) Opfer und Täter waren persönlich miteinander bekannt.

Für diese fünf Tätervariablen wurde aus der statistischen Erhebung je eine Konstante ermittelt, die bei jeder Berechnung mit einzubeziehen ist. Für jede dieser Tätervariablen wurden in der dazugehörenden Spalte verschiedene Werte aus den 35 Opfer- und Tatortmerkmalen, die so genannten „Variablenbeschreibungen", festgelegt, die zu der oben erwähnten Konstante addiert oder von ihr subtrahiert werden.

Unberücksichtigt bleiben solche Variablenbeschreibungen, bei denen kein Wert eingetragen ist. Trifft eine Variablenbeschreibung, bei der ein Wert eingetragen ist, nicht zu, so wird ein Null-Wert gesetzt.

Ein Beispiel:

Zur Errechnung der Wahrscheinlichkeit, dass der Täter verheiratet ist bzw. mit einem Partner zusammenlebt (siehe Spalte 4 der Tätervariablen), sind folgende sieben Variablenwerte gesetzt:

Täter ist verheiratet bzw. lebt mit einem Partner zusammen

exp.:	Variablenbeschreibung:	Variablenwerte:	Beispiel:
1	Konstante	-0,87	-0,87
2	Opfer männlich	-1,18	trifft zu: -1,18
3	Hausarbeit	+0,96	unbekannt: 0,00
4	Graben neben der Straße	+2,23	unbekannt: 0,00
5	Beweis für Wiederankleiden	+0,92	unbekannt: 0,00
6	Vertuschung beabsichtigt	+0,70	trifft zu: +0,70
7	kein Beweis für Transport	-0,97	trifft zu: -0,97

Summe des ermittelten Wertes im Beispielsfall: -2,32

Mit diesem ermittelten Wert von -2,32 errechnet sich die Wahrscheinlichkeit, dass der Täter verheiratet ist bzw. mit einem Partner zusammenlebt, mit folgender Formel:

$$\frac{\exp \cdot (-2{,}32)}{[\ 1 + \exp \cdot (-2{,}32)\ ]} = 0{,}09$$

exp steht hier für die Anzahl aller in Frage kommenden Variablenwerte der entsprechenden Tätervariablenspalte; im Beispielsfall also Spalte 4 mit insgesamt 7 Werten, d.h. exp = 7.

Dies bedeutet im Beispielsfall, dass der Täter mit einer 9 %igen Wahrscheinlichkeit mit einem Partner zusammenlebt bzw. verheiratet ist und zu 91 % alleine lebt.

2.5.3 Möglichkeiten und Grenzen der Mathematik

Einerseits wurden zwar anlässlich der statistischen Untersuchung der 320 Kindermorde so genannte „Grundquoten" für die fünf Tätervariablen ermittelt. Andererseits aber erzielte die „mathematische Methode" nach dem *Aitken*-Team im Vergleich hierzu zum Teil bessere Ergebnisse. Im Einzelnen fällt der Vergleich wie folgt aus (1. Spalte: Grundquoten / 2. Spalte: mathematisches Modell):

Täter war älter als 20 Jahre	57 %	72 %
Täter war vorbestraft	73 %	75 %
Täter wohnte weniger als 8 km vom Tatort entfernt	92 %	90 %
Täter lebte ohne Partner	74 %	76 %
Es bestand eine Täter-Opfer-Beziehung	58 %	73 %

Zudem werden zur Berechnung mehrere Opfer-/Tatortmerkmale mit einbezogen, die nur in Kombination mit anderen Merkmalen Rückschlüsse auf den Täter zulassen. Der Verknüpfung von mehreren Merkmalen in Kombination ist im menschlichen Denken mehr Grenzen gesetzt als dem statistischen, mathematischen Modell, denn der Mensch ist meist dazu geneigt, eindimensional zu denken.

Bei der Analyse durch das Team um *Aitken* wurden 118 Merkmale ausgewertet, wobei unklar bleibt, ob nicht andere unberücksichtigte, aber eventuell wichtigere Merkmale zur Vorhersage von Tätermerkmalen existieren. Außerdem tut sich der Ermittler mit Wahrscheinlichkeitsberechnungen schwer. Es kann z. B. nur vorhergesagt werden, dass der Täter mit 90 %iger Wahrscheinlichkeit mit einem Partner zusammenlebt; aber bei 10 von 100 Tätern wäre das Gegenteil der Fall.

Auffällig ist, dass sich einige Variablen erst nach der Ermittlung des Täters feststellen lassen (z. B. der Umstand, ob der Täter an den Tatort zurückkehrt oder ob der den Versuch unternimmt, zu seinem Opfer freundschaftlich zu sein).

Schließlich bieten verschiedene Tätervariablen keine Unterstützung bei der Fahndung, so dass lediglich eine Aussage über den Verdachtsgrad eines bereits ermittelten Tatverdächtigen getroffen werden kann.

2.6 My home is my castle: Die geographische Profilerstellung

Kriminalität, wie jede menschliche Handlung, hat ihre geographische Logik; sie geschieht nicht zufällig. Diese geographische Logik, die die Auswahl der Tatorte und der Opfer betrifft, unterscheidet sich nicht allzu sehr von den Entscheidungen, die Menschen treffen, wenn sie beispielsweise einen Supermarkt aussuchen, um ihre Einkäufe zu tätigen. Auf diese Logik baut das geographische Profiling auf.

Geographisches Profiling ist eine Methode, die die „Geographic Profiling Section“ beim Vancouver Police Department unter der Leitung von Detective Inspector *Rossmo* ins Leben gerufen hat. Es stellt anhand der sechsjährigen Doktorarbeit *Rossmos* über das Thema „Geographic Profiling: Target Patterns of Serial Murderers“ aus dem Jahr 1996 und mit Hilfe eines computergestützten Informationsprogrammes eine innovative Strategie im Umgang mit der Datenflut im Rahmen von Ermittlungen bei serienmäßig begangenen Gewaltverbrechen dar und nutzt hierzu die geographischen Lagen der bekannten Tatorte, um den Wohnort bzw. Arbeits- oder Aufenthaltsort, der am wahrscheinlichsten erscheint, zu bestimmen.

Die Mitarbeiter der „Geographic Profiling Section“ werden nicht nur von kanadischen Bundes-, Landes- und Stadtpolizeien angefordert: Anfragen wurden bisher auch schon von Ermittlungsbehörden der RCMP, des FBI und des „New Scotland Yard“ gehalten. Zwischenzeitlich wurde unter federführender Mitwirkung von *Rossmo* „Geographic Profiling Units“ bei der RCMP und den Police Departments in Winnipeg, Ottawa und Ontario eingerichtet.

Geographisches Profiling findet Anwendung in den Bereichen Mord- und Sexualdelikte, Brandstiftungen, Bombenanschläge, Banküberfällen, Geiselnahmen und Entführungen.

2.6.1 Heute hier, morgen dort

Der Grundgedanke dieser Methode hierbei basiert 1. auf kriminalistischen und kriminologischen Erfahrungen über die Art und Weise, wie Verbrecher von ihren Wohn-, Aufenthaltsorten oder Arbeitsplätzen an ihre späteren Tatorte gelangen, und 2. auf dem Versuch, diese gewonnenen Erkenntnisse und Informationen umzukehren, wenn zunächst nur die Tatorte bekannt sind. Geographisches Profiling ist demnach eine Idee, die auf der Umkehrung einer anderen Idee aufbaut. Die beiden an der „Simon Fraser University" im kanadischen Burnaby / British Columbia dozierenden Kriminologen *Paul Brantingham und Patricia Brantingham* hatten in ihren Forschungsarbeiten ein Konzept entwickelt, durch Sammeln und Analysieren von Daten und Beweismaterialien bei Serientätern und -taten vorauszuberechnen, wo sie beim nächsten Mal zuschlagen würden. *Rossmo*, der sich bei seiner Forschung mehr mit der Frage nach dem „Wo" als mit der Frage nach dem „Warum" beschäftigte, glaubte, diese Theorie in die andere Richtung umlenken und umfunktionieren zu können.

Ausgangslage und Erfordernis für das geographische Täterprofilerstellen waren u. a. folgende Umstände: In 63 % aller im Jahr 1990 in den USA bekannt gewordenen Fälle von Serienmorden liegt der Tatort innerhalb eines fest umrissenen Bereichs (z. B. innerhalb einer Stadt- oder Landesgrenze), zugleich aber in unmittelbarer Nähe des Wohnortes des Täters.

29 % dieser Serienmörder sind ohne festen Wohnsitz und morden demzufolge überall. In nur 8 % dieser Fälle liegt der Tatort direkt in der Wohnung oder am Arbeitsplatz des Täters.

Bereits in den dreißiger Jahren stellten Soziologen in Chicago fest, dass Kriminalität und Kriminelle auf Karten von großen Städten nicht zufällig verteilt sind, d. h. dort, wo die meisten Kriminellen wohnen, findet auch die meiste Kriminalität statt. Dies wiederum bedeutet, dass Kriminelle generell nicht weit reisen, um ihre Taten zu begehen.

2.6.2 „Ankerpunkte" / „Pufferzone" / „Komfortzone"

Wie andere Menschen auch, haben Kriminelle definierte geographische Bereiche, in denen sie ihr tägliches Leben leben und in denen so genannte „Ankerpunkte", wie z. B. ihre Wohnung oder ihre Arbeitsstelle, liegen.

Untersuchungen über kriminelles Verhalten haben ergeben, dass viele Straftäter sich scheuen, in der unmittelbaren Wohnumgebung straffällig zu werden, und zwar aus Angst, entdeckt oder erkannt zu werden. Diese sogenannte „kriminalitätsfreie Zone" um ihre Wohnung herum kann man als „Pufferzone" bezeichnen. An diese grenzt nach außen die „Komfortzone" an. In dieser fühlt sich der Täter sicher, weil er sich darin gut auskennt: Wenn er seine Wohnung verlässt und zu seiner Arbeit geht oder fährt, benutzt er eigentlich immer wieder dieselben Straßen und sucht entlang dieser Strecke die immer gleichen Örtlichkeiten (Geschäfte, Lokale usw.) auf.

Da Kriminelle auch „Gewohnheitstiere“ sind, begehen sie also ihre Straftaten in dieser, in ihrer „Komfortzone“. Je näher ein zur Straftat bereiter Täter in der „Komfortzone“ an seinem Wohnort ist, desto höher ist die Wahrscheinlichkeit, dass er beim Hinzukommen anderer günstiger Faktoren, z. B. ein für ihn geeignetes, annehmbares Opfer, zuschlagen wird. Im Umkehrschluss bedeutet dies, dass, je weiter der Täter an den äußeren Bereich seiner „Komfortzone“ gerät, desto geringer ist die Wahrscheinlichkeit, dass er nach potentiellen Opfern Ausschau hält.

Diesbezügliche Untersuchungen in den USA und in England haben u. a. ergeben, dass ältere Kriminelle und weißhäutige Straftäter weitere Strecken an ihre Tatorte zurücklegen als junge und dunkelhäutige. Die Größe der erforderlichen „Komfortzone“ ist individuell verschieden und unmöglich vorherzusagen. Dennoch gibt es einige verlässliche Hinweise, die sich aus der Literatur ergeben. Der „organized“ Mörder, der eine Mordwaffe an den Tatort mitbringt, der seine Opfer nach der Tat beseitigt und der insgesamt sein Verbrechen sorgfältig plant, tendiert dazu, weiter zu fahren und seine Taten weiter entfernt von zu Hause zu begehen als der „disorganized“ Mörder. Das bedeutet, dass der „organized“ Mörder einfach eine größere Pufferzone hat.

Ein geographisches Profil fügt sich in den unten beschriebenen Ermittlungsablauf wie folgt ein:

a) Vorliegen einer Verbrechensserie
b) Anwendung und Ausschöpfung herkömmlicher Ermittlungsmethoden
c) Erstellung einer Analyse zur Festlegung der in Frage kommenden Straftaten
d) Vorbereitung eines psychologischen Täterprofils
e) Erstellung eines geographischen Täterprofils

   (Hierzu zählt: 1. Berücksichtigung aller Ermittlungsakten, inkl. der Obduktionsberichte und, soweit vorhanden, des psychologischen Täterprofils, 2. Untersuchung der Tatorte anhand von Lichtbildern und durch Lokaltermine, 3. Beratung und „Brainstorming“ mit Ermittlern und Kriminaltechnikern, 4. Analyse der Kriminalstatistiken angrenzender Gebiete/Städte sowie der demographischen Daten, 5. Berücksichtigung von Kartenmaterial aller Art wie z. B. Stadtkarten, Straßenatlanten, Eisenbahn-/Schienennetz, Buslinien)

f) Entwicklung neuer Ermittlungsstrategien

Ein geographisches Profiling entsteht aus Erfahrungen und der alten Weisheit von Ermittlungsbeamten heraus, gemäß dem Motto: „Wenn du nicht mehr weiter weißt und alle Versuche fehlschlagen, dann kehre noch einmal an den Tatort zurück."

2.6.3 „Circle hypothesis" / „Range hypothesis" / „Safe area"

„Der Engländer *Canter* hat der Frage nach dem Wohnort eines unbekannten, sexuell motivierten Serientäters viel Aufmerksamkeit gewidmet." (*Hoffmann / Musolff* 1996, S. 141) Grundlage hierzu bildet seine „Marauder"-These, mit der er den „marodierenden", also den plündernden und zerstörerisch umherziehenden Serienvergewaltiger beschreibt, der von seinem Wohnsitz aus, der als Basis dient und der im Zentrum seiner „internen mentalen Landkarte" liegt, die Richtung seiner Beutesuche und seiner Jagd variiert.

a) „Circle hypothesis":

„Das zentrale Modell seiner Forschungen ist die sogenannte Kreis-Hypothese („Circle hypothesis"). Demzufolge lassen sich aus der geographischen Lage der Tatorte Aussagen über den Wohnort des Täters ableiten. Legt man die beiden am weitesten auseinander liegenden Tatorte als Endpunkte des Durchmessers eines Kreises fest, so soll der Täter mit hoher Wahrscheinlichkeit innerhalb dieses Kreises leben.

b) „Range hypothesis":

Aus dieser Kreis-Hypothese leitet *Canter* die so genannte Abstands-Hypothese („Range hypothesis") ab. Danach besteht ein Zusammenhang zwischen dem Abstand der einzelnen Tatorte untereinander und dem Abstand der Tatorte zum Wohnort des Täters. Das Gebiet, in dem der mutmaßliche Wohnort des Täters liegt, lässt sich so näher präzisieren." (*Hoffmann / Musolff* 1996, S. 141 f.) „Mit 80 %iger Wahrscheinlichkeit, so *Canter*, wohnt der Täter in diesem so eingekreisten Gebiet; halbiert man den Radius, liegt die Wahrscheinlichkeit immerhin noch bei 60 %." (*Hoffmann* 1994, S. 75)

c) „Safe area":

„So kann ebenfalls eine Prognose über die Größe der so genannten Sicher-heitszone („Safe area") gestellt werden. Bei dieser „Safe area" handelt es sich um den Mindestabstand, den der Täter bei seinen Tathandlungen von seinem Wohnort einhält, um nicht von einer Person aus dem alltäglichen Umfeld identifiziert zu werden." (*Hoffmann / Musolff* 1996, S. 142)

Canter hat hierzu ein Schema entwickelt, das von Ergebnissen aus FBI-Untersuchungen und aus Forschungsarbeiten von *Paul und Patricia Brantingham* aus dem Jahr 1993 gestützt wird:

„Zu Beginn der Tatserie werden die Täter in relativer Nähe zu ihrer Wohnung, eventuell auch der ihrer Partner, oder ihrer Arbeitsstelle, ihre Verbrechen begehen, da sie das Bedürfnis haben, sich nach der Tat in Sicher-

heit zu bringen. Dennoch halten sie bereits in dieser Phase einen Sicherheitsabstand zu ihrer Wohnung ein. Viele Täter bevorzugen es, in ihrer vertrauten Umgebung ihre Taten zu begehen.
Die ersten Angriffe finden also wahrscheinlich nahe an der zur Sicherheitszone gezogenen Grenze statt. Jedoch gewinnt der Täter mit dem Fortschreiten seiner Tatserie mehr und mehr Sicherheit und Selbstvertrauen, wobei er weiß, dass seine Taten bisher ohne Konsequenzen geblieben sind. So wagt er, in immer größer werdenden Abständen zu seiner Wohnung seine Verbrechen zu begehen." (*Hoffmann / Musolff* 1996, S. 142 f.)

Ein Experiment von *Canter* zeigt zudem, dass jede Person – und somit auch jeder Verbrecher – immer wieder die Nähe zu seiner gewohnten Umgebung sucht, die so einen großen Einfluss auf die Person und ihr Verhalten ausübt: In einem Filmstudio forderte *Canter* eine Reihe seiner Studenten hintereinander und unabhängig voneinander auf, mit der Studiokamera ein beliebiges Stadtviertel auf einer aufgestellten Stadtkarte von London anzuvisieren, das dann gleichzeitig auf einen Monitor übertragen wurde. Nahezu alle seiner Probanden richteten daraufhin das Objektiv entweder auf die Gegend, in der sie wohnen/wohnten oder zu der sie eine ganz persönliche Beziehung (z. B. Wohnort der Familie, der Eltern oder von Bekannten, Stammkneipen, ehemalige Schulen) pflegen/pflegten.

„Zweifellos treffen die mittels der Kreishypothese erstellten Prognosen nicht in allen Fällen zu. Diese Hypothese versagt oftmals bei Serienmördern, die ihre Opfer nach bestimmten Merkmalen auswählen, beispielsweise indem sie nur Prostituierte ermorden. Ihr geographisches Tatverhalten unterliegt oftmals anderen Prinzipien, da sie darauf angewiesen sind, ein Gebiet aufzusuchen, in dem sie Personen antreffen, die ihrem Opferschema entsprechen. Weitere Einflussgrößen sind etwa Faktoren wie das soziale und geographische Umfeld der Taten, d. h. ob die Tatserie in einer ländlichen oder städtischen Umgebung stattfindet. Dieses Umfeld besitzt oft einen Bezug zu biographischen Merkmalen des Täters." (*Hoffmann/Musolff* 1996, S. 142 f.)

Unabhängig hiervon, aber doch ergänzend zu diesen Theorien, führte die Verwaltungsfachhochschule – Fachbereich Polizei – im hessischen Wiesbaden eine Studie zum Thema „Mobilitätsverhalten von Serien- und Intensivtätern" durch.

U. a. wurden in der hessischen Justizvollzugsanstalt Darmstadt 80 männliche Inhaftierte befragt, von denen 45,8 % zwischen 22 und 25, weitere 37,5 % zwischen 26 und 30 Jahre alt waren.

Als Ergebnis konnte festgehalten werden, dass die Fallzahlen von Straftaten, die von den als Serien- und Intensivtätern identifizierten Befragten begangen wurden, mit der Entfernung vom Wohnsitz zunehmen.

Als Intensivtäter wurden hierbei diejenigen Täter definiert, die innerhalb eines Zeitraumes von einem Jahr mindestens 10 Delikte begangen hatten. Bezüglich dieser Klassifizierung konnte auch festgestellt werden, dass diese Täter große Defizite in ihrer Schul- und Berufsausbildung haben, häufig arbeitslos sind und mit hohen Vorstrafen belastet sind, ihre Delikte oft im Vorfeld planen, in den meisten Fällen als Alleintäter vorgehen und zur Tatausführung oftmals (gestohlene) Fahrzeuge verwenden.

Eine weitere These stellt *Harbort* vom Polizeipräsidium Düsseldorf auf, der anlässlich seiner Studie über empirische Täterprofilerstellung feststellte, dass in 80 % der von ihm untersuchten Fälle die Serienmörder von ihrem Wohnort aus zum Teil wesentlich weniger als 30 Kilometer zurücklegten. Zudem ergab eine Überprüfung seiner Probanden anhand der Kreis-Hypothese *Canters* lediglich eine Trefferquote von 40,6 %. *Harbort* schlägt, um diese These effizienter zu nutzen, eine Modifizierung vor: Zunächst ist ein Entfernungsmittelpunkt aller Tatorte festzulegen. Danach ist um diesen Punkt ein Kreis mit einem Durchmesser von 30 km zu ziehen. Auf diese Weise konnte *Harbort* den Wohnsitz von 90,6 % seiner Probanden erfassen. Die Erfolgswahrscheinlichkeit nimmt zu, je größer der Durchmesser ist: Bei einem Durchmesser von 10 km betrug die Trefferquote 34,4 %, bei 20 km 59,4 %. Wichtig hierbei ist jedoch der Abstand der einzelnen Tatorte zueinander: Waren die Entfernungen gering, wohnte der Täter weniger als 10 km entfernt. Bei größeren Tatortabständen lag sein Wohnsitz innerhalb der 20- bzw. 30-km-Zone.

„*Maschke* analysierte das Tatverhalten und die sozialen Rahmenbedingungen bei jungen Straffälligen und brachte dabei das Tatbild mit der allgemeinen Lebenssituation des Delinquenten in Zusammenhang. So stellte *Maschke* bei den Probanden aus Süddeutschland fest, dass der Wohnsitz oder der in der Freizeit bevorzugte Aufenthaltsort des Täters sich zumeist in der Nähe des Tatorts befand. In diesem Fall ermöglicht der Grad der Organisiertheit des Verbrechens Rückschlüsse auf die Identität des Täters (Vorstrafen, Wohnort).“ (*Hoffmann/Musolff* 1996, S. 92)

Eine andere Forschungsarbeit zu diesem Aspekt, durchgeführt von der „Scientific Intelligence Unit“ des „New Scotland Yard“ in London aus dem Jahr 1996, in der ca. 300 Sexual- und Gewaltdelikte von 79 Tätern untersucht wurden, ergab, dass in 75 % der Fälle der Wohnort des Täters weniger als 10 Kilometer vom Tatort entfernt lag.

In einer Studie des US-amerikanischen Kriminologen *Hickey*, in der u. a. 63 Serienmörder untersucht wurden, stellte sich heraus, dass zwei Drittel der Täter ihre Taten in einem eng umgrenzten Gebiet, in dem sie lebten, begangen haben; nur ein Viertel konnte als „reisende“ Täter klassifiziert werden.

2.7 Exkurs: Brandstiftung

Abseits des Themas „Serienmord und Serienmörder“, aber doch der Vollständigkeit halber, soll hier ein weiteres Anwendungsfeld für Täterprofile vorgestellt werden, nämlich der Bereich der Brandstiftungsdelikte. *Jäkel* vom LKA Brandenburg bietet hierzu folgendes Profiling-Modell aus dem Jahr 1999:

1. Schritt: Rational oder irrational

Zunächst unterlegt *Jäkel* der gängigen Einteilung von Brandstiftern ein zweites Raster, aus dem sich anhand ihrer Motivlagen drei Tätergruppierungen herauskristallisieren: 1. Brandstifter aus irrationalen, gefühlsbetonten Gründen, 2. Brandstifter aus rationalen Gründen und 3. Brandstifter, die sowohl rationale als auch irrationale Gründe bewegen (Drang nach sozialer Anerkennung, Sensationsbedürftigkeit, „Feuerwehrmotiv“). Bei einer vierten, ergänzenden Gruppe der Serienbrandstifter handelt es sich um eine verfestigte Motivlage, bei der sich ein ungehindertes Fortfahren des Brandstifters realisiert.

2. Schritt: Auswertung

Auf diese Einteilung aus dem 1. Schritt aufbauend, wurden empirische Daten aus dem deutschsprachigen Raum, zum Teil bis zur letzten Jahrhundertwende zurückreichend, ausgewertet. Es erfolgte eine Auswertung sowohl der kriminalpolizeilichen Statistiken als auch der einschlägig bekannten kriminologischen Studien. Hierbei zeigte sich, dass mehrere täter- und tatspezifische Indikatoren vorliegen.

Die so zusammengefassten Indikatoren bezogen sich vorrangig auf Brandstifter der 1. Gruppe. Es wurde zudem festgestellt, dass kaum Untersuchungen der Brandstifter der 2. Gruppe vorliegen. Dies ist u. a. darauf zurückzuführen, dass diese Tätergruppe schwer zu überführen ist und somit verhältnismäßig wenige verallgemeinerte Merkmalsmuster vorliegen.

3. Schritt: Indikatoren

In einer Zusammenfassung (siehe nachfolgende Seiten 288 und 289) der ermittelten empirischen Daten wurden die Brandstifter entsprechend ihrer Motivlagen aufgeteilt und Indikatoren hinsichtlich ihrer Täterpersönlichkeit und ihrer Tatausführung erfasst:

Tätergruppe 1: aus irrationalen Gründen	**Tätergruppe 2: aus rationalen Gründen**	**Tätergruppe 3: aus Drang nach sozialer Anerkennung**
männlich, deutsch	männlich, deutsch	männlich, deutsch
14 bis 30 Jahre alt	meist 30 bis 45 Jahre alt	14 bis 30 Jahre alt
ledig oder geschieden	oft ledig oder getrennt lebend; wenn verheiratet, dann instabile Ehe	zumeist nach außen hin wirkende intakte familiäre soziale Bindungen
gestörte familiäre und soziale Beziehung	antisozial eingestellt; ein Egoist ohne Schuldgefühle	
unter gestörten Familienverhältnissen aufgewachsen	impulsiver und unsteter Charakter	
geringes Bildungsniveau	Angehöriger der Mittelklasse	
Intelligenzminderung	mittlere bis hohe Intelligenz	normale bis geringe Intelligenz
psychisch auffällig	liebt das Risiko und die Sensation	pyrophile Neigung
insgesamt wenig verantwortungsbewusst handelnd und auftretend	Neigung, sich zu verschulden und über seine Verhältnisse zu leben	Geltungsbedürfnis
ständiger oder zeitweiliger übermäßiger Alkoholgenuss		
erhöhte Eigenempfindlichkeit und Oppositionsbereitschaft		
allein handelnder Täter	Einzel- und Gruppentäter	meist Einzeltäter
handelt am ständigen Wohn- oder Arbeitsort		handelt im sozialen Umfeld
zumeist ohne jegliche Beziehung zum Brandobjekt	Objekt- bzw. Personenbeziehung	
spontane Entschlussfassung vorherrschend	sorgfältige Planung	Planungselemente vorhanden

Tätergruppe 1: aus irrationalen Gründen	**Tätergruppe 2: aus rationalen Gründen**	**Tätergruppe 3: aus Drang nach sozialer Anerkennung**
keine Vorbereitungshandlung	umfangreiche Vorbereitungs- und Tathandlungen	zum Teil Vorbereitungshandlungen
Tatzeit in den Abend- und Nachtstunden	zu jeder Tages-/Nachtzeit	vorrangig Nachtzeit
bevorzugt allein stehende, frei zugängliche Objekte	Brandlegung in verschlossenen Objekten	bevorzugt allein stehende, frei zugängliche Objekte
geht zu Fuß	zumeist motorisiert	
steht unter Alkoholeinfluss	steht nicht unter Alkoholeinfluss	
keine Gewaltanwendung durch Werkzeug am Objekt	Einbruchsmerkmale werden erzeugt bzw. Manipulation an Geräten	
führt keine Gegenstände oder Hilfsmittel mit sich		
Zündung erfolgt mittels Streichhölzer oder Feuerzeug		
Nutzung der vorgefundenen brennbaren Mittel und Substanzen	Verwendung von Brandbeschleuniger und zum Teil Brandverzögerer/Brandvorrichtungen	teilweise Mitführen von Brandbeschleuniger
keine Spurenbeseitigung am unmittelbaren Tatort verlässt Brandobjekt auf gleichem Weg	Setzen von zum Teil fingierten Spuren	keine Spurenbeseitigung am unmittelbaren Tatort
begibt sich auf direktem Weg nach Hause bzw. beobachtet aus sicherer Entfernung das Brandgeschehen; tritt auch als Erstzeuge/Alarmierender auf	rechtzeitiges Verlassen vor Bemerken des Brandes	tritt als Erstzeuge/Alarmierender auf; hilft selber aktiv bei Löscharbeiten mit oder beobachtet aus sicherer Entfernung die Löschmaßnahmen
keine Alibibeschaffung oder andere Verschleierungshandlungen	Beschaffung „sicherer" Alibis	

Diese Zusammenstellung ist aufgrund der noch nicht vollständig vorhandenen empirischen Daten nur vorläufig. Das Bundesland Brandenburg beabsichtigt aufgrund der Tatsache, dass hier die höchste Häufigkeitszahl bei Brandstiftungsdelikten in der polizeilichen Kriminalstatistik zu verzeichnen ist, zu diesem Thema eine kriminologische Studie durchzuführen.

In den USA übrigens beschäftigt sich das FBI schon seit Jahren mit der Täterprofilerstellung bei (Serien-)Brandstiftungen; in einem Fall konnte der notorische Täter anhand eines solchen Profils erkannt und festgenommen werden. Hierzu wurde im NCAVC ein Computerprogramm mit der Bezeichnung „AIMS – Arson Information Management System" entwickelt, mit dessen Hilfe Informationen über Serienbrandstiftungen gesammelt, geordnet und analysiert werden. Das System unterstützt sowohl Feuerwehren als auch Polizeidienststellen in ihren Arbeiten, Strategien sowohl in der Brandbekämpfung als auch in der Brandvorbeugung und der Brandermittlung zu entwickeln. Die letzte Ergänzung dieses Analysesystems erfolgte anhand einer Studie des „Prince Georges County Fire Department" im US-Bundesstaat Maryland. Diese Studie lieferte wichtige Daten für künftige Täterprofilerstellungen bei Brandstiftern und deren Motivlagen.

In einer Studie über jugendliche Brandstifter im kalifornischen Fresno aus dem Jahr 1995, von denen mehr als die Hälfte jünger als 8 Jahre waren, wurde u. a. bekannt, dass folgende psychisch auffällige Verhaltensweisen bei den Untersuchten 1 200 Täter festzustellen waren: Lernschwierigkeiten, schlechte schulische Leistungen, mangelhafte Konzentrationsfähigkeit, körperliche Auseinandersetzung mit den Geschwistern, permanentes Lügen, übermäßige Zornesausbrüche, Ungehorsam, negative Beeinflussung durch gesellschaftliche Vergleichs-/Altersgruppe, dauernde Suche nach Aufmerksamkeit um jeden Preis, impulsiv, ungeduldig, fasziniert von Feuer und seinen Erscheinungsformen, unglücklich mit den gestörten Familienverhältnissen, ausgesprochenes Bedürfnis nach Sicherheit und Zuneigung.

3 Wie Profiling zum Erfolg führt – Ein Fall

Ein Fall sowie dessen Aufklärung mittels eines Täter-Profilings wurde 1986 von *Douglas* wie folgt geschildert:

3.1 Der Fall

„Beim Tatort handelte es sich um das Dach eines Appartementhauses im New Yorker Stadtteil Bronx. Dort wurde gegen 15.00 Uhr die nackte Leiche einer 26-jährigen Frau aufgefunden – mit dem Trageriemen ihrer Handtasche erdrosselt.

Beim Opfer handelte es sich um Francine Elveson, eine Lehrerin für behinderte Kinder in einer Kindertagesstätte, die mit ihren Eltern zusammenlebte. Sie war 1,50 Meter groß und wog 40 Kilogramm.

Die Spurenlage deutete daraufhin, dass sich der Täter seines Opfers im Treppenhaus bemächtigt und es dann auf dem Dach getötet hatte. Abwehrverletzungen oder Anzeichen eines zuvor stattgefundenen Kampfes waren nicht erkennbar.

Der Täter ging mit äußerster Brutalität vor; Kiefer, Wangenknochen und Nasenbein der Frau waren gebrochen. Es wurden zahlreiche, nicht in die Tiefe gehende Schnittwunden, die auf ein kleines Taschenmesser deuteten, festgestellt. Der gesamte Körper war mit Blutergüssen übersät und blutverschmiert. Weiterhin waren Bissspuren, die offensichtlich post mortem, also nach Todeseintritt, zugefügt wurden, auf dem Oberschenkel festzustellen.

Der Täter nahm ebenfalls postmortale Handlungen in Form von Amputationen der Brustwarzen vor. Diese legte er anschließend auf den Brustkorb der Frau.

Die Handgelenke und Knöchel waren mit den Nylonstrümpfen des Opfers lose zusammengebunden. Der Slip war der Frau über das Gesicht gezogen worden.

Die Ohrringe lagen, symmetrisch auf dem Boden abgelegt, auf beiden Seiten des Kopfes.

In ihrem Schamhaar steckte ein Kamm, in ihre Scheide waren ein Schirm und ein Füllfederhalter mit brutaler Gewalt eingezwängt worden. Zuvor hatte der Täter mit diesem Füllfederhalter auf das Schenkelinnere die Worte „Ihr könnt mich nicht stoppen“ und auf den Bauch „Fuck you“ geschrieben.

Ein Anhänger in Form eines hebräischen Buchstabens, den das Opfer als Glücksbringer um den Hals getragen hatte, fehlte und war offensichtlich vom Täter mitgenommen worden. So konnte auch erst später festgestellt werden, dass die Ablageposition der Leiche der Form dieses fehlenden Schmuckstücks entsprach.

Spermaspuren wurden nur auf dem Körper der Frau festgestellt, nicht in der Scheide, so dass davon ausgegangen wurde, dass der Täter über seinem Opfer stand oder auf ihm kniete und hierbei masturbierte.

Auf dem Dach fand man Kot des Täters, den er mit der Bekleidung des Opfers bedeckt hatte.

3.2 Der Entscheidungsprozess

Der nun eintretende Entscheidungsprozess der 26-köpfigen Sonderkommission gliedert sich in die sechs Punkte des Profiling-Schemas:

a) **Mordklassifikation:**
Im vorliegenden Fall ging man von einem geplanten Einzelmord aus.

b) **Primäres Motiv:**
Auf den ersten Blick wurde die Tat aus sexuellen Motiven heraus begangen.

c) **Opferrisiko:**
Es war bekannt, dass die Frau wegen ihrer geringen Körpergröße und einer leichten Versteifung und Verkrümmung ihrer Wirbelsäule sehr selbstunsicher gewesen war.
Sie führte ein zurückgezogenes Leben: Sie hatte keine Verabredungen und war zudem keine gut aussehende Frau.
Sie war ein Opfer, das weder gegen einen Mörder kämpfen würde oder könnte noch um Hilfe schreien würde.
Der Täter hatte mit ihr ein leichtes Spiel; sie konnte leicht dominiert und kontrolliert werden.
Von ihrem Beruf und Lebensstil her hatte die Frau ein geringes Risiko gehabt, Opfer eines Mordes zu werden. Auch der Wohnort selbst wies ein geringes Risiko auf, zu einem Tatort eines Mordes zu werden: Im Haus oder in der Umgebung hatte es keine ähnlich gelagerten Verbrechen gegeben.

d) **Täterrisiko:**
Aufgrund des Umstandes, dass er die Tat bei hellem Tageslicht begangen hatte und somit Gefahr lief, von anderen Personen entdeckt zu werden, ist der Mörder mit seinem Verbrechen ein sehr hohes Risiko eingegangen.

e) **Eskalation:**
Ein Eskalationsfaktor war an diesem Tatort nicht vorhanden; der Täter schien alles unter Kontrolle gehabt zu haben.

f) Zeit-/Ortsfaktor:
Das Verbrechen dauerte sehr lange, was das Entdeckungsrisiko vergrößerte. Alle Tathandlungen – das Abnehmen und Platzieren der Ohrringe, das Abschneiden der Brustwarzen, das Masturbieren über der Frau – nahmen beträchtliche Zeit in Anspruch.
Dennoch fühlte sich der Täter am Tatort sicher. Er muss schon früher einmal dort gewesen sein und glaubte, dass niemand die Tat stören würde.

3.3 Rekonstruktion und Schlussfolgerung

Trotz des Vorliegens einiger Elemente von Planung handelte es sich bei dem Täter nicht um den klassisch „organized" Typ. Es waren auch Elemente geringer Kontrolle vorhanden. Hinzu kam, dass das Opfer zufällig den Weg des Mörders gekreuzt hatte.

An der Tatortrekonstruktion lassen sich folgende psychologische Merkmale ableiten:

Rekonstruktion	Schlussfolgerung
Alle bei der Tat benutzten Gegenstände gehörten dem Opfer: Kamm, Füllfederhalter, Schirm. Der Täter hatte keine Waffen oder Fesselungswerkzeuge mitgebracht.	Die Tat wurde spontan begangen. Der Täter hatte sein Verbrechen nicht geplant, auch nicht, dass er sein Opfer gerade an diesem Tag an diesem Ort treffen würde.
Das Opfer hatte nicht gekämpft oder geschrien und auch nicht versucht zu fliehen.	Das Opfer hatte den Täter zunächst nicht als Bedrohung angesehen. Die Frau kannte ihn oder hatte ihn vorher schon einmal gesehen. Auch sah der Täter nicht bedrohlich aus und war möglicherweise als Postbote oder Vertreter verkleidet.
Der Täter hat sein Opfer zunächst bis zur Bewußtlosigkeit und gleich im Anschluss zu Tode gewürgt. Danach hatte er die Leiche auf das Dach geschleppt und abgelegt. Dort hatte er die Leiche entkleidet und bestimmte Phantasien ausgelebt, die von Masturbieren begleitet wurden.	Dass der Täter sich Zeit ließ, deutet darauf hin, dass er wusste, auf dem Dach nicht gestört zu werden. Das wiederum weist darauf hin, dass er mit dem Tatort vertraut war. Er hatte einen zwingenden Grund, an diesem Tag an diesem Ort zu sein: Entweder wohnte er dort oder er hatte dort beruflich zu tun.

Rekonstruktion	Schlussfolgerung
Die Frau war nach dem ersten Angriff zumindest bewusstlos, so dass der Täter sein Opfer nicht fesseln musste. Er legte die Ohrringe in der beschriebenen rituellen Weise ab und schrieb auf die Körperteile.	Dies spiegelt die wiederholt in der Phantasie des Täters durchgespielten Vorstellungen wider. Das Ausleben dieser Phantasie hat er entweder selbst entwickelt oder es war Inspiration aus exzessiver sadomasochistischer Pornographie.
Der Mörder ließ sein Opfer in entwürdigender Position – mit in die Scheide eingeführtem Schirm und Füllfederhalter – zurück.	Es weist auf die Unfähigkeit, den Mord zu bedauern.
Der Kothaufen wurde mit der Kleidung des Opfers abgedeckt.	Dies muss keinen Bestandteil der rituellen Phantasie darstellen. Der Kot wurde deshalb auch zugedeckt und blieb nicht offen sichtbar. Es weist eher darauf hin, dass die Tat recht lange dauerte und der Täter wusste, nicht gestört oder entdeckt zu werden.

3.4 Das psychologische Täterprofil

Aufgrund der vorliegenden Informationen und der empirischen Erfahrungswerte, die das FBI in jahrelangen Studien und Untersuchungen gesammelt hat, wurde für den beschriebenen Fall folgendes Täterprofil erstellt:

Bei dem Täter handelt es sich um einen Mann mit weißer Hautfarbe im Alter zwischen 25 und 35 Jahren bzw. in der gleichen Altersstufe wie das Opfer.

Der Mörder hebt sich nicht aus seiner Umgebung hervor. Er weist einen durchschnittlichen IQ auf und hat eine höhere Schulbildung abgebrochen. Er ist einfacher Arbeiter oder Facharbeiter.

Alkohol und Drogen spielen im Leben des Mannes keine bedeutende Rolle, da die Tat am frühen Morgen begangen wurde.

Der Täter hat Schwierigkeiten, irgendwelche Beziehungen zu Frauen aufzubauen oder aufrechtzuerhalten. Wenn er sich mit Frauen trifft, dann sind diese in aller Regel jünger als er selbst, so dass er in den Beziehungen dominieren und die Kontrolle aufrecht halten kann.

Der Täter ist sexuell unerfahren, hat sexuelle Defizite und war noch nie verheiratet. Weiterhin verfügt er über eine Sammlung pornographischer Werke.

Er hat sadistische Neigungen. Der Schirm und die Art der Masturbation sind eindeutig Ersatz für sexuelle Handlungen. Die sexuellen Handlungen zeigen kontrollierte Aggression, aber Wut und Hass auf Frauen sind offensichtlich vorhanden. Der Mörder handelt nicht so sehr aus Zurückweisung durch Frauen als vielmehr aus krankhafter Neugierde.

Der Grund seiner Anwesenheit am Tatort liegt darin, dass er hier wohnt oder beruflich hier beschäftigt ist.

Entgegen seinem inneren Wunsch, die Frau bei Bewusstsein zu lassen, hat er sie bis zur Bewusstlosigkeit gewürgt, damit sie nicht um Hilfe schreien kann und er unentdeckt bleibt.

Die sexuell-sadistischen Handlungen zeigen, dass es sich bei dem Täter um eine gestörte Persönlichkeit handelt, die ihre Tat nicht genau plant. Es handelt sich um eine verwirrte Person mit psychischen Störungen in früheren Jahren.

Seine Persönlichkeitsstruktur wäre eine völlig andere, wenn er seine Handlungen an einem lebenden Opfer ausgeführt hätte. So zeigt es nur seine Unfähigkeit, mit lebenden Personen umgehen zu können.

Der Täter fühlt sich in seiner Handlungsweise gerechtfertigt und bestätigt und hat keinerlei Schuldgefühle. Er ließ das Opfer in einer provozierenden, entwürdigenden Position zurück; genau auf die Art und Weise, wie es sich der Täter wünschte, dass die Frau gefunden werden soll.

Die auf den Körper der Frau geschriebenen Worte stellen eine Herausforderung und Provokation an die Polizei dar. Gleichzeitig weisen sie darauf hin, dass der Täter weiterhin morden wird.

Der Täter weiß, dass die Polizei ihn früher oder später ansprechen wird, da er entweder im Appartementhaus wohnt oder dort arbeitet. Er wird sich in die Ermittlungen einschalten. Und obwohl es den Anschein hat, dass er kooperativ bei den Ermittlungen mitwirken will, ist er in Wirklichkeit nur auf der Suche nach Informationen, nach dem Wissensstand der Polizei.

3.5 Der Täter

Nach der Erstellung des Täterprofils wurden anhand der bislang angefallenen Akten, die u. a. Aussagen von etwa 2 000 Zeugen beinhalteten, insgesamt 22 Verdächtige überprüft. Dabei fiel beim Abgleich mit dem Täterprofil ein Mann besonders auf. Sein Vater lebte im gleichen Appartementhaus wie das Opfer; der Verdächtige selbst war Patient in einer psychiatrischen Klinik und am Tag vor dem Mord dort ohne Erlaubnis abwesend.

Bei dem Verdächtigen handelte es sich um den ledigen 30-jährigen weißhäutigen Carmine Calabro, einen entlassenen und arbeitslosen Bühnenarbeiter, der in einem Nachbarhaus ganz in der Nähe des Tatobjekts wohnte. Sein Vater lebte in einer Wohnung im Tathaus. Bei seiner Verhaftung gab Calabro als Beruf Schauspieler an.

Vor 11 Jahren war seine Mutter gestorben, weshalb er schulische Probleme bekam und die Schule deshalb abgebrochen hat.

Er war als Einzelkind aufgewachsen und bisher noch nie verheiratet gewesen.

Die Durchsuchung seiner Wohnung führte zum Auffinden einer Pornographiesammlung. Weiterhin wurde bekannt, dass er keine Freundinnen hatte und unsicher im Umgang mit Frauen war. Er zeigte sich unfähig, mit Frauen eine Beziehung einzugehen.

Er litt an Depressionen und hatte sowohl vor als auch nach der Tat einen Selbsttötungsversuch unternommen.

Obwohl Calabro leugnete, die Tat begangen zu haben, wurde er zu einer lebenslänglichen Haftstrafe verurteilt. Insbesondere die Tatsache, dass die Zahnabdrücke auf dem Körper des Opfers mit seinem Zahnstatus übereinstimmten, wurde hierbei als stärkstes Beweismittel gewertet." (*Füllgrabe* 1997, S. 315 ff. und *Douglas/Ressler/Burgess/Hartman* 1986, S. 21 ff.)

4 Die elektronische Jagd nach der Seele

Ohne die Hilfe der elektronischen Datenverarbeitung ist eine systematische und vor allem lückenlose Bearbeitung eines Mordes im Allgemeinen, eines Serienmordes im Speziellen, nicht vorstellbar, bedenkt man die Menge an bereits vorhandenen Daten und Spuren, die sich sowohl aus den ersten polizeilichen Ermittlungen und Tatortanalysen als auch aus einer Flut von eingehenden Hinweisen ergibt.

Erschwerend kommt hinzu, dass bei vielen später ermittelten Serienmördern ihre Tatausführung nicht als sich wiederholend erkannt wurde, die Täter ihre Tatwerkzeuge wechselten, mal ältere, mal jüngere Opfer bevorzugten und auch schon einmal einen Mann statt einer Frau töteten. Damit wird die kriminalistische Vergleichsarbeit erheblich erschwert.

Um deshalb die Effizienz der polizeilichen Ermittlungsarbeit zu steigern (Spurenverwaltung innerhalb eines Tatkomplexes, Datenabgleich mit anderen Fällen), sind spezielle Computerprogramme unerlässliche Instrumentarien zur Bekämpfung von Gewaltverbrechen.

Drei Beispiele sollen dieses Erfordernis, trotz Schutz des Persönlichkeitsrechts des Einzelnen vor staatlichem Zugriff, beschreiben. Denn bereits *von Humboldt* hat erkannt, dass „ohne Sicherheit keine Freiheit ist“:

a) Das erste Beispiel handelt von den noch immer ungeklärten Fällen des „Green River Killers“ in der Gegend um Seattle im amerikanischen Bundesstaat Washington, die sich zu einer der größten Mordserien in der Geschichte der USA in den achtziger Jahren entwickelten, deren Ermittlungskomplex 49 Prostituiertenmorde umfasst und bei dem bislang zwei Drittel der insgesamt ca. 18 000 Tatverdächtigen überprüft werden konnte. Zusammen 8 000 Beweismittel wurden an den Tatorten sichergestellt; und eine einzige Ausstrahlung des Falles, verbunden mit einem Fahndungsaufruf in einer Fernsehsendung hat nahezu 3 500 Hinweise erbracht. Die nahezu achtjährige Ermittlungstätigkeit der 46 Beamten verursachte neben einer durchschnittlichen Anzahl von 2 000 Seiten Aktenpapier täglich auch einen Kostenberg von ca. 2 Mio. Dollar jährlich.

b) Das zweite Beispiel ist das des als „Yorkshire-Ripper“ bekannt gewordenen Engländers Peter Sutcliffe. Im Komplex dieser Ermittlungen und Untersuchungen war eine Registrierung von rund 268 000 Namen, 27 000 Wohnungen und 5,4 Millionen Fahrzeugkennzeichen erforderlich. Die damaligen Kosten beliefen sich auf geschätzte 4 Mio. englische Pfund.

c) Das letzte Beispiel ist der Fall des englischen Kindermörders Robert Black, der zwischen 1980 und 1991 insgesamt drei Mädchen im Alter von 6 bis 8 Jahren ermordete und eine im Nachhinein nicht mehr nachvollziehbare Anzahl von Kindern entführte und sexuell missbrauchte, bis er aufgrund eines glücklichen Zufalles auf frischer Tat festgenommen werden konnte – obwohl in diesen 11 Jahren insgesamt 6 Polizeibehörden, die insgeheim auf eben diesen glücklichen Zufall hofften und warteten, landesweit über 185 000 Tatverdächtige im weitesten Sinne überprüften.

4.1 Guy's Hospital, London

Die erste rein rechtsmedizinisch orientierte Datenbank in Europa wurde 1994 am Londoner „Department of Forensic Medicine" des Guy's Hospital eingerichtet.

Zum aktuellen Zeitpunkt umfasst die Datenbank über 3 000 Fälle aus ganz Großbritannien. Die regelmäßige Erfassung erfolgt seit 1992, Einzelfälle reichen bis 1970 zurück.

Es handelt sich um ein System zur Analyse der Verletzungen von Opfern anhand von Bild- und Textdaten. Die Datenbank hat zum Ziel, die Analyse von Verletzungen bei Mord- und Sexualopfern und, damit verbunden, das frühzeitige Erkennen von Zusammenhängen zwischen einzelnen Taten zu ermöglichen, um die Effizienz der polizeilichen Ermittlungsarbeit zu steigern.

Die Datenerfassung erfolgt mit einem Fragekatalog, der 25 Seiten mit insgesamt 803 Datenfeldern umfasst.

Der Großteil der Daten wird mittels Multiple-Choice-Verfahrens („ja", „nein", „unbekannt") aufgenommen. Nur ein geringer Teil der Datenfelder kann mit freitextlichen Bemerkungen ausgefüllt werden.

Darüber hinaus eröffnen zusätzliche Dialogfelder weitere Möglichkeiten bei der Beantwortung der einzelnen Fragen, ohne dass eigene Formulierungen benutzt werden müssen, so dass ein schneller Abgleich mit bereits einliegenden Fällen ermöglicht wird.

Die Analyse von Verletzungen durch Einblenden und Übereinanderlegen bekannter Verletzungsmuster wird zum einen durch die Digitalisierung im Bereich der Fotografie und zum anderen durch die Auswertung über die entsprechende Software realisiert und erleichtert. So besteht auch die Möglichkeit, eine vergleichende Untersuchung von Verletzungsmustern mit eventuellen Tatwerkzeugen durchzuführen, um eine Zuordnung und eine gutachterliche Stellungnahme vornehmen zu können.

Die Datenbank stellt schließlich für statistische Auswertungen eine wertvolle Hilfe dar; eine Einteilung von Tötungsdelikten in verschiedene Kategorien (Raub-, Sexual-, Serienmord) anhand der Tatort- und Verletzungsmusteranalyse ist durchführbar.

4.2 CATCHEM und SHOP

Bei diesem ebenfalls britischen Datennetz CATCHEM („Central Analytical Team Collating Homicide Expertise and Management"), in dem rund 4 000 Fälle eingespeichert sind, darunter sämtliche Kindermorde der vergangenen dreißig Jahre in Großbritannien, handelt es sich nicht um ein rechtsmedizinisches Mittel wie das zuvor beschriebene. Diese Datenbank wurde im August 1986 in Derbyshire unter der Leitung von *Don Dovaston*, dem Assistant Chief Constable im Hauptquartier der dortigen Polizei, ins Leben gerufen und speichert Daten von Straftaten, überwiegend Tötungsdelikten, die gegen Kinder gerichtet waren und die bis ins Jahr 1961 zurückreichen sowie Daten von Vermissten und unbekannten Toten, die vermutlich Opfer einer Straftat wurden.

Hier werden, im Vergleich zur Datenbank der Rechtsmedizin, bestimmte Tatzusammenhänge bei bestimmten Tötungs- und Sexualdelikten hergestellt und Entscheidungshilfen gegeben, um die Ermittlungen in bestimmte Richtungen zu leiten.

Ist das Opfer beispielsweise weiblich und jünger als 17 Jahre, so ist der Täter in 62 % der Fälle allein stehend. Dies trifft sogar auf 83 % der Täter zu, wenn es sich bei dem Opfer um einen Mann handelt, der jünger als 16 Jahre ist.

Fand vor der Tötung eines Kindes ein sexueller Missbrauch statt, so sind die Eltern nur mit einer 1-2 %igen Wahrscheinlichkeit die Täter. Der Verdacht erhöht sich jedoch schlagartig auf eine 70 %ige Wahrscheinlichkeit, wenn dagegen kein Sexualkontakt stattfand.

In enger Anlehnung an die Funktionsweisen des Computerprogramms „CATCHEM" wurde im Januar 1993 bei der Polizei im englischen Northumbria eine Datenbank mit der Bezeichnung „SHOP – Statistical House Offender Profiling" installiert, die bei der Erstellung von Täterprofilen bei Serieneinbrüchen und -einbrechern wertvolle analytische Hilfe leistet (ein weiteres Indiz dafür, dass Profiling nicht nur bei Mord- und Sexualdelikten anwendbar ist oder sich auf solche Deliktsbereiche beschränken darf). Im Laufe zahlreicher Analysen mittels SHOP ließ sich u. a. feststellen, dass drei Viertel der Täter zum wiederholten Male in einem Umkreis von einer halben Meile um ihre Wohnung Einbrüche begangen haben.

4.3 H.O.L.M.E.S.

Das in Großbritannien seit 1987 verfügbare Computersystem H.O.L.M.E.S. („Home Office Large Major Enquiry System") dient der Klassifizierung, Speicherung und Prüfung von Querverweisen von Informationen und Spuren. Es wurde eingeführt, als bei den Ermittlungen im so genannten „Yorkshire Ripper"-Fall die Gefahr bestand, dass aufgrund der Flut von Hinweisen und Spuren wichtige Informationen verloren gehen könnten. Der seinerzeit ermittelte Täter, Peter Sutcliffe, wäre mit Sicherheit früher als Tatverdächtiger in das Visier der Beamten geraten, wenn es schon eher ein vergleichbares Computersystem gegeben hätte, das seinen Namen in Verbindung mit den „Ripper"-Mordfällen gebracht hätte.

4.4 Criminal Geographic Targeting: ORION

Die von *Rossmo*, einem kanadischen Doktor der Kriminologie und Kriminalbeamten gegründete Firma „Environmental Criminology Research Inc." aus Kanada unter der technischen Leitung von Direktor *David Demers* und die Fa. „Facet" aus Vancouver haben aufgrund der von der „Geographic Profiling Section", einer Abteilung des Vancouver Police Department, entworfenen Strategie der Informationsverarbeitung und unter Mitwirkung des „National Research Council of Canada" und der „Simon Fraser University" in Burnaby / British Columbia das Computerprogramm „Criminal Geographic Targeting System – CGT –" mit dem Namen „ORION" entwickelt, das auf „Sun Microsystems" läuft, das mit dem VICLAS-Programm kompatibel ist und mit dem bei mathematischer Berechnung aller Fakten der Wohnort des Täters eingekreist werden kann. Es soll die Polizeibehörden befähigen, eine Vielzahl von Daten aus folgenden Bereichen zu analysieren, um so herauszufinden, wo sich Serienverbrecher bevorzugt aufhalten: Psychologische Täterprofile, Luftaufnahmen, Postfachauskünfte, Führerscheindaten, Fahrzeugzulassungsregister, Volkszählungs- und Einwohnermeldeunterlagen sowie Grundbucheintragungen.

Die Software erstellt eine Analyse der angelieferten Daten und entwirft eine dreidimensionale „Gefährdungsoberfläche (Jeopardy Surface)", eine mehrfarbige Landkarte, in der die Städte/Gebiete zu erkennen sind, in denen der Aufenthaltsort eines Tatverdächtigen am wahrscheinlichsten ist. *Rossmo*, der als Erfinder des auf wissenschaftlichen Erkenntnissen basierenden geographischen Täter-Profilings gilt, geht davon aus, dass die meisten Täter ihre Verbrechen in ihrer „Komfortzone", die fast immer in absoluter Nähe zum Wohn-/Aufenthaltsort oder Arbeitsplatz zu finden ist, begehen; das ist das Konzept von ORION: Die „Gefährdungsoberfläche" zeigt die „Komfortzone" des Täters. Es analysiert also das Jagdverhalten eines Angreifers und seine Opferauswahl.

Interesse an diesem System haben bereits das britische New Scotland Yard, das amerikanische FBI und die Ermittlungsbehörden der Niederlande bekundet. Sergeant *Christine Wozney* von der RCMP bezeichnet dieses System als „ein Teil eines Puzzles" bei der Ermittlung von Schwerverbrechen; die zwei anderen „Puzzleteile" sind zum einen die Erstellung eines psychologischen Täterprofils und zum anderen das Computersystem

VICLAS: „Diese drei Methoden“, so *Wozney*, „passen hervorragend zusammen. (...) Wenn traditionelle Methoden der polizeilichen Ermittlungen nicht mehr ausreichen, brauchen wir neue Systeme. Geographisches Profiling weist uns den Weg.“

Als Input in das System dienen die Tatorte einer Verbrechensserie, die mit dem Täter verbunden sind, der – der Hypothese folgend – im Umkreis der Tatorte wohnt oder arbeitet. Gleichzeitig erlaubt das System dem Profiler, mit jeglichen Kombinationen aus Verdächtigen, Straftaten und Tatorten zu experimentieren.

Output des Systems ist dann eine Übersicht über die Bereiche, in denen der Täter höchstwahrscheinlich seine Wohnung oder seinen Arbeitsplatz hat. Auf dieser Basis untersuchte *Rossmo* den wahrscheinlichen Wohn-, Aufenthalts- oder Arbeitsort. Am Ende des Outputs steht eine Dezimalzahl zwischen 0 und 1: Erhält beispielsweise ein Tatverdächtiger eine Wertigkeit von 0,8, bedeutet dies für die Ermittler eine 80 %ige Wahrscheinlichkeit für dessen Täterschaft; oder wird für eine Straftat z. B. die Wertigkeit 0,9 festgestellt, bedeutet dies eine 90 %ige Wahrscheinlichkeit, dass sie zu einer Tatserie gehört.

Das ist schwieriger bei solchen Tätern, die ihre Taten über einen großen geographischen Raum verteilen. In solchen Fällen wird man möglicherweise nur eine Stadt als möglichen Wohnort erkennen und einkreisen, was aber zunächst kaum weiterhelfen wird.

Arbeitet der Täter auf den Bereich einer Stadt beschränkt, kann unter Umständen sogar ein bestimmter Wohnblock oder Straßenzug als Wohnort identifiziert werden.

Dieses Programm kann keine absolute Erfolgsgarantie sein und funktioniert nur in etwa zwei Drittel aller Serienmorde: Wenn der gesuchte Mörder keinen „Ankerpunkt“ hat, gibt es keinen Ansatzpunkt. Und wenn der Mörder zwischen den einzelnen Tatorten große Entfernungen zurücklegt, wird die Identifizierung nochmals erschwert. Und da das System auf einer Wahrscheinlichkeitsberechnung beruht, benötigt es mindestens fünf Tatorte zur Unterbreitung eines Analysevorschlages.

4.5 VICAP

Beim VICAP („Violent Criminal Apprehension Program“) handelt es sich um ein Computerprogramm des FBI, das der Ergreifung vor allem von reisenden Gewalttätern dient. Der Fall des reisenden Serienmörders Ted Bundy beweist, dass mit diesem Programm seine Reisebewegungen in den unterschiedlichsten Bundesstaaten der USA frühzeitig hätten erkannt und seine Mordserie in den Jahren 1974 bis 1978 viel rascher gestoppt werden können.

Dieser Umstand liegt in einem wichtigen Aspekt des „American Way of Life“ begründet: In der extremen Mobilität der Amerikaner, die auch für den Anstieg und die Verbreitung der Kriminalitätsrate verantwortlich ist. Aus einer solch mobilen und schnelllebigen Gesellschaft, in der stets Fremde Fremden begegnen, können Serienmörder ihren Nutzen ziehen und über Jahre hinweg töten und ihre Opfer in den nahezu unendlichen Weiten der Wälder und in den Straßengräben entlang der monoton verlaufenden Highways ablegen, ohne Gefahr zu laufen, dass entweder die Leichen schon nach kurzer Zeit entdeckt werden oder dass man ihnen als Täter auf die Schliche kommt; und schon gar nicht, dass man sie als Täter eines Serienmordes erkennt.

Und solche Entwicklungen übrigens, die in den USA stattgefunden haben, zeigen sich im Abstand von nur wenigen Jahren dann auch in Deutschland, denn „die Kriminalität“, so *Depue* vom NCAVC, „passt sich in großem Umfang an die Umweltbedingungen an.“ Folgende Umweltbedingungen scheinen auch in Deutschland das Auftreten sadistischer Serienmörder zu begünstigen:

a) Die wachsende Anonymisierung der Gesellschaft, die Vereinzelung und Vereinsamung der Menschen, wodurch die Tatausführung begünstigt und die Gefahr, zum Opfer zu werden, erhöht wird.

b) Die wachsende Zahl aggressiver Themen in den Massenmedien.

c) Die Öffnung der innereuropäischen Grenzen.

d) Die wachsende Zahl von Ausländern mit höchst unterschiedlichen Wertvorstellungen und Verhaltensweisen.

Entwickelt wurde das VICAP-System unter Mitwirkung von *Robert „Bob“ Keppel*, einem Kriminalbeamten im Morddezernat und Mitarbeiter bei der Staatsanwaltschaft in Seattle/Washington State und unter der Leitung von *Pierce Brooks*, einem Ermittler des Morddezernates beim Los Angeles Police Department, der in den fünfziger Jahren mit der Bearbeitung einer Mordserie an jungen Frauen im Großraum Los Angeles betraut war. Diese Ermittlungen bezeichnete *Brooks* als auslösenden Faktor für die Entwicklung eines Computersystems zur frühen Erkennung von Tatserien. *Brooks*, der im Februar 1998 im Alter von 75 Jahren verstarb, war bei der Bearbeitung der Mordserie der Ansicht, andere Fälle mit ähnlicher Charakteristik herauszufinden, um so schließlich zum Täter zu gelangen, war jedoch aufgrund fehlender technischer Ausstattungen gezwungen, u. a. sich Informationen über die einzelnen Taten aus den Archiven der Tageszeitungen zu besorgen.

Im VICAP werden seit 1985 sämtliche Daten und Informationen zu bestimmten Arten von Gewalttaten gespeichert und analysiert. Mit Stand 1998 sind über 12 000 Fälle im System eingestellt.

Diese Zahl erscheint auf den ersten Blick im Vergleich mit den tatsächlich begangenen Gewalttaten in den USA relativ gering. Man muss aber wissen, dass die Datenerfassung mit Hilfe der Übersendung eines ausgefüllten Fragekataloges nicht in allen amerikanischen Bundesstaaten für deren Polizeibehörden gesetzlich verbindlich vorgeschrieben ist. Zudem nimmt die gewissenhafte Bearbeitung des Erhebungsbogens, die möglichst am Tatort erfolgen soll, viel Zeit in Anspruch – und nicht jeder Ermittlungsbeamte ist von diesem Instrumentarium überzeugt genug; oder er wird vom Umfang des Fragebogens abgeschreckt.

Momentan werden im VICAP Angaben zu Fällen aus folgenden Bereichen gesammelt:

a) Mordfälle (geklärt oder ungeklärt), auch Versuche, die entweder in Verbindung mit Sexualverbrechen stehen oder die kein erkennbares Motiv aufweisen.

b) Mordfälle, die zu einer Serie zu gehören scheinen.

c) Vermisste/verschwundene Personen, wenn Umstände auf ein wahrscheinliches Verbrechen hindeuten.

d) Unbekannte/nicht identifizierte Tote.

Die Daten werden in das VICAP mittels eines 15-seitigen Fragebogens mit insgesamt 189 Fragen, dem so genannten „VICAP Crime Analysis Report", der eigentlich die gesamten Aspekte der Tat abdecken soll, gespeist. Die zwischenzeitlich aktualisierte Fassung des Erhebungsbogens wurde vom Umfang her halbiert und beinhaltet nur noch 95 Datenfelder.

Zu Beginn der Einführung des VICAP umfasste der Fragebogen 61 Seiten mit den drei Schwerpunktbereichen: 1. Ermittlungsanlass mit 31 Seiten, 2. Folgeermittlungen mit 19 Seiten und 3. rechtsmedizinische Laboruntersuchungen mit 11 Seiten. Diese größtenteils recht detaillierten Angaben erwiesen sich rasch als nicht nützlich, so dass eine Analyse schwierig und gar zu oft unmöglich wurde.

Ziel des VICAP war aber eine solche Analyse, nicht die Aufklärung des Mordfalles. Und dieses Ziel war schneller zu erreichen, wenn man allgemeine Informationen über die Taten eingibt, anstatt die Taten minutiös zu rekonstruieren. Die Analyse eines Mordes erfordert jeweils spezifische Erhebungen von Daten und Informationen. So sind sich beispielsweise die Tatorte nur sehr selten ähnlich, während es die Tathandlungen häufiger sind.

Logische Konsequenz war, dass im Jahr 1986 ein modifizierter Fragenkatalog in der jetzigen Fassung vorgelegt wurde.

Der Fragenkatalog gliedert sich in die zwölf nachfolgend aufgeführten Abschnitte:

a) Einteilung in die Art des Verbrechens / Datum und Uhrzeit / zuständiger Gerichtsbezirk

b) Angaben über das Opfer

c) Informationen über das Aussehen und die körperlichen Merkmale des Täters oder des Tatverdächtigen

d) Bei identifizierten Tätern: Auszug des Strafregisters und erste Vernehmung (eventuell Geständnis)

e) Beschreibung eines Fahrzeuges, das am Tatort gesehen wurde

f) Tatort- und Tathergangsschilderung: Wie hat sich der Täter dem Opfer genähert? / Beschreibung des Ortes, an dem sich der Täter mit dem Opfer erstmals in Verbindung gesetzt hat / Tatortereignisse: Hat der Täter den Tatort verwüstet? Wurde die Telefonleitung gekappt? / Vom Täter am Tatort oder am Körper des Opfers hinterlassene Botschaft / Rituelle Handlungen durch den Täter: Bestimmte Anordnung von Gegenständen, brennende Kerzen, geopferte Tiere

g) Position / Ablage der Leiche: Lage des Körpers, Fesselungen, fehlende persönliche Gegenstände (Schmuck) oder Körperteile

h) Todesursache / Verletzungen (Folterwunden, Würgemale, Bissspuren) / Sexuell abartige Handlungen an der Leiche

i) Obduktionsbericht / Beschreibung der Tatwaffe / toxikologische, serologische, ballistische und andere Laboruntersuchungsergebnisse

j) Frage nach der Erstellung eines psychologischen Täterprofils

k) Benennung ähnlich gelagerter Fälle

l) Zusammenfassung der wesentlichen Aspekte und Untersuchungsergebnisse des Falles.

Dem VICAP vergleichbare Computerprogramme werden in verschiedenen US-Bundesstaaten und in Kanada betrieben, so z. B. in New York und New Jersey(„HEAT – Homicide Evaluation and Assessment Tracking“), in Iowa („Sex Crime“), in Washington State und Oregon („HITS – Homicide Investigation Tracking System“), in Indiana („ICAAP – Criminal Apprehension Assistance Program“), in New York („HALT – Homicide Assessment and Lead Tracking System“) und in Brampton/Ontario („Dr. Watson Case Management System“, ähnlich den Systemen H.O.L.M.E.S. und HALT).

„HITS“ und ein weiteres Computerprogramm, das „VICIS – Violent Crime Information System“ aus Florida, sollen an dieser Stelle etwas ausführlicher dargestellt werden.

4.5.1 HITS

HITS ist ein Computerprogramm, in dem Informationen über Mord- und Sexualdelikte sowie über vermisste Personen und unbekannte Leichen, bei denen der Verdacht besteht, dass sie Opfer einer Straftat wurden, gesammelt und analysiert werden. Verantwortlich für die Einrichtung dieses Analysesystems ist der Mitbegründer des VICAP, *Bob Keppel*.

Dieses Programm läuft bei den Polizeibehörden in Washington State seit 1986 und in Oregon seit 1991. Weitere US-Bundesstaaten, darunter Kalifornien, Idaho und Kansas, zeigen zudem Interesse an diesem System, das aus drei Komponenten besteht und folgende Daten aus diesen Komponentenbereichen den Ermittlungsbehörden anbietet:

a) Das System liefert Informationen über Morddelikte und Fälle von sexuellen Übergriffen. Dies umfasst im Einzelnen:
   1. Alle gemeldeten Vorkommnisse mit sich ähnelnden Merkmalen in den Bereichen Mord, Mordversuch, Mordverdacht und im Bereich sexueller Übergriffe sowie Ereignisse im Zusammenhang mit Vermisstenfällen, bei denen der Verdacht nahe liegt, dass die fehlenden Personen Opfer eines Tötungsdeliktes wurden.
   2. Daten über Beweismaterial, über Opfer und gegebenenfalls Täter und Mittäter, Tatbegehungsweise, geographische Lage des Tatortes, benutzte Waffen und Fahrzeuge.
   3. Erkenntnisse über bekannte Mörder und Sexualstraftäter, die zu ihrer Identifizierung und deren örtlichen Zuordnung in bestimmte Gemeinden oder Landstriche dienen.

b) Weiterhin erlaubt das Computersystem Analysen in Mordfällen, um nachfolgende Feststellungen treffen zu können:
   1. Frühzeitiges Erkennen ähnlich gelagerter Fälle.
   2. Rückschlüsse von einem Einzelfall (d. h. in der Regel ein Opfer und ein Täter), basierend auf vorhandenen Beweismitteln, auf andere Fälle ziehen.
   3. Überprüfung von Angaben, die von Informanten und Tätern bezüglich anderer angeblicher Morde in zurückliegender Zeit gemacht wurden, die aber unvollständig und/oder fragwürdig sind.

c) Schließlich beliefert das Programm den Ermittler mit folgenden Informationen:
   1. Namen und Anschriften von Sachverständigen und Experten auf dem Gebiet der Tötungs- und Sexualdelinquenz und deren Ermittlungstätigkeit.
   2. Ratschläge und technische Unterstützung in den unterschiedlichsten Ermittlungsstadien.

Die meisten der rund 1 600 Fälle, die anfangs in das System gespeist wurden, stammen aus den Jahren 1981 bis 1986 und wurden von den verschiedenen Ermittlungs- und Untersuchungsbehörden (Police Departments, Sheriff Departments, Staatsanwaltschaften, Uniform Crime Report Units, Gerichtsmediziner) zusammengetragen. Nachdem der Generalstaatsanwalt von Washington State schließlich die Einführung und den Betrieb von HITS befürwortet hatte, wurden in die Datenbank zusätzliche Informationen über weitere Mord- und Sexualdelikte aus den Jahren vor 1981 aufgenommen. Eine Eingabe weiterer 700 Datensätze erfolgte 1991 durch die Ermittlungsbehörden des Staates Oregon.

Die Datenerhebung selbst erfolgte zunächst mittels eines 54-seitigen Fragenkatalogs mit 467 Datenfeldern. Der Umfang des Katalogs wurde jedoch ab 1986 auf 250 Datenfelder verringert.

Alle Daten sind in insgesamt sieben Pools eingestellt, deren Inhalte sich auf folgende Informationsbereiche erstrecken:

a) Morddelikte (Opfer, Täter, Tatvorgehensweise aus ca. 4 000 Ermittlungsprotokollen).
b) Sexualdelikte (Opfer, Täter, Tatvorgehensweise aus ca. 2 000 Ermittlungsprotokollen).
c) Zeitungsberichte, Ermittlungsakten und Auszüge aus dem Strafregister über Klassifizierungen und Chronologien von Opfern und Tätern, Tatbegehungsweisen und geographische Lagen der Tatorte.
d) Akten von Justizvollzugsanstalten über aktuelle und inaktuelle Inhaftierte, die wegen Mord- und/oder Sexualdelikten in Gefängnissen einsitzen/einsaßen.
e) Bandendelikte (über 76 000 Ermittlungsprotokolle des Los Angeles County Sheriff 's Department).
f) VICAP: Automatische Einstellung von Neufällen, die in HITS gespeichert werden, in das vom FBI USA-weit betriebene VICAP.
g) Chronologien und Biographien von bekannten Mördern (Aufenthaltsorte und Aufenthaltsdauer; mit Stand 01/93 lagen 9 083 Datensätze über 73 Mörder ein, die vorwiegend aus Dateien der Arbeitsämter, von Geldinstituten, Meldeämtern und Justizvollzugsanstalten stammen).

4.5.2 VICIS

VICIS stellt eine von insgesamt acht Initiativen des „Florida Violent Crime Act“ aus dem Jahr 1993 dar, einer Gesetzesnovelle des Staates Florida als Antwort auf die Jahre zuvor begangenen schweren Straftaten, auch oder gerade an ausländischen Touristen.

VICIS ist ein Computerprogramm, das allen Strafverfolgungsbehörden in Florida zur Verfügung steht, um zeitverkürzende Informationswege zur Übertragung von Daten über Gewaltkriminalität und Straftäter, einschließlich deren Tatbegehungsweisen, zu schaffen. Dieses Programm soll kompatibel sein, d. h. es soll sicherstellen, dass die Behörden in Florida diese Daten mit den Behörden anderer Bundesstaaten, die über ähnlich funktionierende Computersysteme verfügen, austauschen können.

Das im Jahr 1992 zunächst als Pilotprojekt in Tampa gestartete System wurde zunächst mit Daten über 1 191 Mordfälle und 13 429 Sexualdelikte gespeist, zugleich aber auch mit der Option versehen, dass im Nachhinein weitere Datensätze über Raubüberfälle aufgenommen werden können.

VICIS weist drei Zielrichtungen auf:

a) Unterstützung bei der Identifizierung eines Täters anhand des Modus Operandi.
b) Bereitstellung neuester Ergebnisse aus aktuell laufenden Ermittlungen für die Bearbeitung zurückliegender Straftaten und für die Überprüfung von Tatverdächtigen.
c) Ermöglichung der Teilnahme an einer Evaluation und einer Analyse des Systems aller an dem Pilotprojekt teilnehmenden Behörden aus der „Teststadt“ Tampa

4.6 VICLAS

VICLAS ist eine Abkürzung und steht für „Violent Crime Linkage Analysis System“, für ein Analysesystem zur Verknüpfung von Gewaltverbrechen.

Es handelt sich um eine in den Jahren 1991/1992 durch *Ron MacKay*, einem Inspektor der Royal Canadian Mountain Police (RCMP), vorgenommene Weiterentwicklung einer Software, die im VICAP, dem Computerprogramm des amerikanischen FBI, ihren Ursprung hat. VICLAS stützt sich auf die Erfahrungen des NCAVC an der FBI-Akademie, der australischen Bundespolizei, der kanadischen RCMP, des Analysezentrums der niederländischen Polizei und von INTERPOL.

4.6.1 Kanadische Erfahrungen

Ausschlaggebend für die Entwicklung des VICLAS war der Fall des kanadischen Serienmörders Paul Kenneth Bernardo, der in den späten achtziger und frühen neunziger Jahren im Bereich um den Ontariosee neben einer Vergewaltigungsserie auch eine Mordserie an mindestens vier Schulmädchen begangen hat. Im Laufe der Ermittlungen stellte sich die Zusammenführung seiner Taten als sehr schwierig dar. Es stellte sich am Ende der Untersuchungen im sogenannten „Campbell“-Bericht heraus, dass in Kanada kein geeignetes Instrumentarium zur Zusammenführung von Tötungs- und Sexualdelikten zur Verfügung stand.

Aus den Erfahrungen des FBI lernend, dass im dortigen VICAP nur ein geringer Teil der tatsächlich begangenen Taten eingespeichert werden, wurde per Gesetz in Kanada die Nutzung des VICLAS als Verpflichtung verfügt. Die Tatsache, dass seit 1994, seitdem VICLAS in Kanada in Betrieb ist, mehr als 24 000 Fälle in das System aufgenommen wurden, gibt dieser Vorgehensweise Recht.

Bis 1998 konnten mehr als 3 200 Tatzusammenhänge und mehr als 1 300 Serien (Tatzusammenhänge von mehr als zwei Delikten) erkannt werden.

Den neuesten kanadischen Untersuchungen zufolge begehen derzeit rund 20 Serienmörder und 200 Serienvergewaltiger über das ganze Land verteilt ihre Verbrechen.

Kanada stellt übrigens das für rund 30 Mio. Dollar entwickelte VICLAS weltweit kostenlos zur Verfügung.

4.6.2 Zusammenhänge erkennen

Die VICLAS-Datenbank dient der Erkennung von Tatzusammenhängen bei Gewaltdelikten und wurde zur Täteridentifizierung und Zusammenführung von Serien im Bereich der Tötungs- und Sexualdelikte auf nationaler und internationaler Ebene entwickelt.

VICLAS soll die Instrumentarien der Fallanalyse und des Täter-Profiling ergänzen.

In der Datenbank werden versuchte und vollendete Sexual- und Tötungsdelikte sowie bestimmte Vermisstenfälle, bei denen die Gesamtumstände auf ein Verbrechen hindeuten, und einzelne Fälle des „verdächtigen Ansprechens von Kindern und Jugendlichen“ eingestellt.

Verdächtiges Ansprechen von Kindern und Jugendlichen ist oftmals der erste Schritt des Täters zur Begehung eines Tötungs- oder Sexualdeliktes. Bewertungskriterien solcher Fälle können insbesondere Versprechen, Täuschungshandlungen oder Übergabe und Vorzeigen von Geschenken sein, um das Opfer zu einem bestimmten Verhalten zu veranlassen. Auch zählen hierzu der Versuch des Wegführens vom Ort der ersten Kontaktaufnahme und sonstige Handlungen wie z. B. das Fotografieren oder verbale Belästigungen, die aus einem abweichenden Sexualverhalten resultieren können.

Ausgenommen sind persönlich motivierte Delikte mit familiärer Vorbeziehung und ohne besondere Tatumstände.

4.6.3 Datenerhebung

Zu Beginn erfolgte die Datenerhebung durch einen 263 Fragen umfassenden Fragebogen, der zwischenzeitlich in seinem Umfang auf 168 Fragen gekürzt wurde. Der Fragenkatalog soll durch die sachbearbeitende Dienststelle im Multiple-Choice-Verfahren ausgefüllt werden. Diese Methode ermöglicht eine grenz- und sprachüberschreitende Verwendung; das auf dem Betriebssystem „Windows“ basierende Programm weist eine entsprechende Kompatibilität auf und kann in englischer, französischer, niederländischer und deutscher Sprache bedient werden.

VICLAS findet derzeit in folgenden Staaten Anwendung: Australien, Österreich, Niederlande, Belgien, Großbritannien, Deutschland und teilweise in den USA. Interesse an der Einführung des Computerprogramms haben Polen, Schweiz, Tschechien, Portugal, Spanien, Griechenland, Schweden und Finnland bekundet.

Die Datenerhebung erstreckt sich über die nachfolgenden Bereiche:

a) Datum/Uhrzeit des Verbrechens

b) Datenverwaltung

c) Klassifikation des Verbrechens

d) Informationen über das Opfer (Status, persönliche Daten, Hautveränderungen, Narben, auffallendes Verhalten, Bekleidung, Lebensunterhalt)

e) Angaben über den Täter (Status, persönliche Daten, körperliche Beschreibung, Hautveränderungen, Narben, allgemeine bzw. besondere Merkmale, zusätzliche Angaben, Besitz von fremden Gegenständen, Geständnis)

f) Angaben über das Fahrzeug

g) Angaben zu den Tatorten (Tatort der ersten Kontaktaufnahme, genaue Angaben hinsichtlich des ersten Kontaktes, eigentlicher Tatort, Leichenauffindung oder Ort der Freilassung)

h) Dynamik des Angriffes (Täter-Opfer-Beziehung, Annäherung des Täters an das Opfer, Ausmaß und Art der Gewaltanwendung gegen das Opfer, sexuelles Täterverhalten bzw. Fehlfunktionen, Änderungen im Verhalten des Täters im Verlauf der Tat, verbales Täterverhalten bzw. Reaktionen des Opfers, nahm der Täter Gegenstände des Opfers mit?, Vorkehrungen des Täters, Aufzeichnungen des Tatgeschehens)

i) Verwendete Waffen

j) Abfolge der Ereignisse (ungewöhnliche Ereignisse während des Angriffes, wurden Fesselungswerkzeuge verwendet?)

k) Todesursache (Anzeichen von außergewöhnlichen oder zusätzlichen Verletzungen)

l) Zusammenfassung des Falles

4.6.4 Ablauf eines VICLAS-Falles

Bei Vorliegen einer entsprechenden Straftat erfolgt zunächst das Ausfüllen der 168 Datenfelder durch die sachbearbeitende Dienststelle. Danach erfolgt die Kontrolle der Datenqualität und die Dateneingabe durch die analysierende Dienststelle.

Eine Analyse des Falles schließt sich hier an, die sich der Daten aus den Bereichen Opferinformationen, Täterbeschreibung, verwendete Fahrzeuge, Modus Operandi, forensische Beweise und Verhaltensmuster des Täters (seiner so genannten „Handschrift") bedient.

Die Analyse umfasst die verbale, sexuelle und physische Umsetzung der Täterpersönlichkeit in die Realität. Dies erlaubt, dem Täterverhalten bestimmte Persönlichkeitsmerkmale zuzuschreiben.

Sollte in der anschließenden Recherche ein Deliktszusammenhang erkannt werden, wird eine zweite Fallanalyse durchgeführt. In kontroversen Fällen wird ein weiterer Analytiker/Profiler hinzugezogen, um eine Entscheidung über eine mögliche Feststellung eines Tatzusammenhanges herbeizuführen.

Im Erfolgsfall wird schließlich eine Serie im VICLAS erstellt.

VICLAS unterstützt also die Fallanalyse bei der Fragestellung, ob es sich bei dem Fall um ein Einzeldelikt oder um den Teil einer Serie handelt. Es beantwortet nur die einzige Frage: „Gibt es ähnlich gelagerte Fälle?"

Die VICLAS-Daten allein reichen für eine Fallanalyse nicht aus, weil wesentliche Elemente, so z. B. Lichtbilder, Tatortbefundberichte und Obduktionsberichte und -bilder, nicht gespeichert werden.

Um dieses Manko auszugleichen, sind beispielsweise beim Kriminalpsychologischen Dienst im Österreichischen Innenministerium in Wien Angaben zu folgenden Bereichen aus bereits vorliegenden Unterlagen erforderlich, die sich in sechs Abschnitte unterteilen:

Abschnitt 1:
Zusammenfassung der Ereignisse, erste Polizeiberichte, durchgeführte Untersuchungen am Tatort, Beschreibung der Gegend, Welche Erkenntnisse wurden am Tatort gesammelt?

Dieser Abschnitt umfasst im Wesentlichen die ersten fünf Stunden nach Bekanntwerden der Tat. Das Analysezentrum sollte nach Durchsicht einen Überblick über das Verbrechen und die ersten getroffenen Maßnahmen haben.

Abschnitt 2:

Obduktionsbericht, toxikologische Berichte, Laborberichte beigezogener Institutionen, Auswertung der am Tatort gesammelten Spuren.

Dieser Abschnitt umfasst im Wesentlichen alle wissenschaftlichen Berichte, die im Zusammenhang mit dem Verbrechen erstellt werden.

Abschnitt 3:

Landkarten des Gebietes, Skizzen des Tatortes, Umgebungsfotos.

Dieser Teil umfasst im Wesentlichen die Möglichkeit, eventuelle Zusammenhänge zwischen dem Opfer und dessen Lebensgewohnheiten visuell darzustellen. Dabei wird versucht, vom Gesamteindruck bis zum Detail Ursächlichkeiten zu finden.

Abschnitt 4:

Tatortfotos, Obduktionsfotos.

Dieser Abschnitt ermöglicht das Ausmaß des Verbrechens zu erfassen. Auch hier gilt: Von der Gesamtheit zum Detail.

Abschnitt 5:

Opfer, Hauptaktivität des Opfers.

Dieser Abschnitt gilt als einer der Eckpfeiler einer guten Profilerstellung. Alles, was über das Opfer in Erfahrung gebracht werden kann, sollte dem Analysezentrum zur Verfügung gestellt werden. Gerade bei diesem Teil ist Objektivität sehr wichtig. Falsche Informationen können zu einem verzerrten Bild führen und damit die Qualität einer Analyse deutlich verringern.

Informationen können aus den Bereichen Gesundheitszustand, Schul- und Berufsausbildung, wirtschaftliche Verhältnisse, Familiensituation, persönliche Verhältnisse und persönliche Eigenschaften stammen.

Abschnitt 6:

Durchgeführte Vernehmungen, Informationen über den Verdächtigen.

Dieser Abschnitt wird normalerweise bei der Profilerstellung nicht herangezogen. Er erhält dann Bedeutung, wenn andere Leistungen des Analysezentrums in Anspruch genommen werden.

5 Das Verhältnis zu Justitia in Deutschland

Dem VICLAS mit seiner Datenbank und den Rechercheergebnissen wird im Strafverfahren keine Bedeutung zukommen. Es ist ja in erster Linie als Hilfsmittel gedacht, um Parallelen bei ähnlich gelagerten Fallkonstellationen zu entdecken und um den Ermittler in die Lage zu versetzen, Taten und Spurenlagen zusammenführen zu können.

5.1 Spezifischer Sachverstand

Im deutschen Strafverfahren wird jedoch das Profiling, das hinter dem VICLAS als „Gedankengebäude" eines kriminalwissenschaftlichen Spezialbereichs steht, mehr und mehr an Bedeutung gewinnen. Dieser Gewinn liegt in den Profiling-Leitsätzen, die dem Gericht im konkreten Einzelfall über die vom Richter in Anspruch genommene Alltagspsychologie hinausreichende Erkenntnisse bieten.

Im Gegensatz hierzu stützen beispielsweise in den USA die meisten Richter in vielen Fällen bereits ihre Urteile auf Aussagen von Profiling-Experten.

5.2 Profiling im Zeugenstand

Das „Gedankengebäude" ist eine eigene kriminalwissenschaftliche Disziplin, die spezifischen Sachverstand in das Strafverfahren einbringt.

Nichtsdestotrotz wird es zum einen noch Probleme bei der wissenschaftlichen Anerkennung des Profiling vor Gericht geben. Zum anderen ist es aus heutiger Sicht unvorstellbar, dass ein Gericht die Verurteilung eines Angeklagten allein oder überwiegend auf das Ergebnis des Profiling stützen wird. Auch *Douglas* räumt ein, dass „das was wir tun, alles andere als eine exakte Wissenschaft" ist. Diese Äußerung und die zum Profiling selbst gemachten Aussagen verdeutlichen das Hemmnis, dem die Anklagevertreter ausgesetzt sind: Das Täterprofil beruht zwar auf empirisch abgesicherten Wahrscheinlichkeitsaussagen, sie bieten aber verschiedene Ansatzpunkte, die angreifbar sind. Das Problem für die Anklagevertreter ist daher zunächst weniger ein juristisches denn ein psychologisches.

5.3 Das Allgemeinwissen des Richters oder die Sachkunde des Profilers?

Grundlage für diese Entscheidung ist die Aufklärungspflicht des Gerichts. Es hat die Wahrheit zu erforschen, indem alle Tatsachen und Beweismittel entsprechend gewürdigt werden.

Dies setzt jedoch voraus, dass das Profiling entscheidungserheblich ist, um im Strafverfahren Berücksichtigung zu finden. Das bedeutet, dass sich die im Profiling erhobenen Befunde auf den Ausgang des Strafverfahrens auswirken können.

Wenn aber aufgrund der zur Verfügung stehenden sachnäheren Beweise (wie z. B. ein Geständnis, die Zeugenaussagen und die Tatortspuren) der Angeklagte überführt werden kann, wird auf das Einbringen des Täter-Profiling verzichtet werden.

In der Praxis wird ein Profiler regelmäßig hinzugezogen, wenn er bereits im polizeilichen Ermittlungsverfahren tätig war und sich dies aus der Aktenlage ergibt. Es ist daher erforderlich, dass das Ergebnis eines Täter-Profiling in die Ermittlungsakten aufgenommen wird.

Darüber hinaus ist es aber auch vorstellbar, dass Profiler erst in einem fortgeschrittenen Stadium des Strafverfahrens hinzugezogen werden, wenn etwa die Verteidigung versucht, durch die Erstellung eines Täterprofils den Angeklagten zu entlasten.

Letztlich muss das Gericht darüber entscheiden, ob es zur Erstellung eines überzeugenden Gesamtbildes des Falles einer sachverständigen Hilfe bedarf oder ob es sich ausreichenden eigenen Sachverstand zutraut. Hierzu existiert ein grundlegende Entscheidung des Bundesgerichtshofs aus dem Jahr 1952, nach der die Hinzuziehung eines Sachverständigen nicht geboten ist, wenn nach der ganzen Sachlage die Lebenserfahrung und die Menschenkenntnis des Richters allein ausreicht. Im Jahr 1969 erfolgte eine Eingrenzung dieser Entscheidung: Der Richter darf sich, so die Entscheidung des Bundesgerichtshofes, bereits dann nicht mit seiner Sachkunde begnügen, wenn er auch nur geringe Zweifel hat. In solchen Grenzfällen muss er eher ein Zuviel als ein Zuwenig tun.

5.4 Der Profiling-Profi

Der „Modus-Operandi-Vergleich“ bei Serienstraftaten ist für den Richter eine nicht ganz ungewöhnliche Beweismethode, um die Taten einem Täter zuzuordnen.

Douglas und *Burgess* definieren das „Criminal Profiling“ aber als „eine Ermittlungstechnik, durch welche der Kern der Persönlichkeit des Täters und seines Verhaltens auf der Grundlage einer Analyse der Straftaten, die er begangen hat, festgestellt wird.“ Es ist „ein Werkzeug der Ermittlungsbehörden, das es erlaubt, die Ergebnisse von Untersuchungen anderer Disziplinen mit eher traditionellen Ermittlungstechniken zur Bekämpfung der Gewaltkriminalität zu vereinen.“

D.h. also, dass der professionelle Analytiker im Idealfall in den folgenden Bereichen eine vertiefte interdisziplinäre Ausbildung aufweisen kann, ohne jedoch überall ein Fachmann zu sein: Psychologie, Soziologie, Kriminalistik, Kriminologie, Gerichtmedizin. Dies bedeutet zwangsläufig für das Strafverfahren, dass das Erstellen von Täterprofilen eine über das Allgemeinwissen und die einschlägige forensische Erfahrung des Richters hinausreichende Sachkunde erfordert und der Richter folglich einen Profiler als Sachverständigen hinzuziehen muss.

5.5 Beweiserhebung

Im Strafverfahren gilt der so genannte Unmittelbarkeitsgrundsatz, der besagt, dass stets der unmittelbare Beweis vor Gericht zu erheben ist. Im Umkehrschluss bedeutet dies, dass Sachverhalte, die vor Gericht nicht reproduziert werden können, vom Gericht nicht zur Kenntnis genommen werden dürfen.

Konkret heißt das, dass es in der Regel nicht genügt, wenn das Gutachten verlesen wird – nein, der Sachverständige muss selbst gehört werden.

5.6 Weder Zeuge noch sachverständiger Zeuge

Der Profiler ist ein solcher Sachverständiger, da er dem Gericht seine Sachkunde vermittelt, d. h. der Sachverständige macht seine Wahrnehmungen erst nach seiner Bestellung als Sachverständiger aufgrund besonderer Sachkunde und darf auch die aufgrund dieser Sachkunde aus einem Sachverhalt gezogenen Schlussfolgerungen mitteilen.

Interessant ist die Frage, wie die dem Profiling zugrunde liegenden Feststellungen in die Hauptverhandlung eingeführt werden. Das Strafprozessrecht unterscheidet nämlich bei den Tatsachen, auf denen ein Sachverständiger sein Gutachten aufbaut, zwischen zwei Gruppen: den so genannten Befundtatsachen und Zusatztatsachen.

a) Befundtatsachen:
Dies sind Tatsachen, die nur der Sachverständige aufgrund seiner Sachkunde erkennen kann. Hierunter fallen solche Tatsachen wie z. B. die von einem medizinischen Sachverständigen aufgrund ärztlicher Untersuchung oder ärztlicher Eingriffe gemachten Feststellungen. Diese Tatsachen können durch Verlesen vor Gericht in die Hauptverhandlung eingeführt und vom Gericht verwertet werden.

b) Zusatztatsachen:
Hier handelt es sich um Tatsachen, die auch das Gericht mit den ihm zur Verfügung stehenden Erkenntnisse und Beweismitteln feststellen könnte. Hierzu gehören die vom Sachverständigen ermittelten Tatsachen, die er z. B. durch Zeugenbefragung oder durch Mittel, deren sich auch das nichtfachkundige Gericht bedienen kann, erlangt hat. Diese Tatsachen müssen

etwa durch die Vernehmung des Gutachters in der Hauptverhandlung eingeführt werden.

Für Gutachten von Profilern heißt das, dass für die Einführung des Täterprofils der Vortrag des Sachverständigen genügt.

5.7 Das Täterprofil im rechtlichen Sinne

Ein Täterprofil hat den Status einer Hypothese, die sich auf die im betreffenden Fall bereits gewonnenen Ermittlungsergebnisse stützt. Um jemandem eine Tat zur Last legen zu können, ist aber eine solche Hypothese nicht ausreichend. Ein Täterprofil stellt den Täter nicht so dar, wie es eine Zeugenaussage tun würde. Es ist ein Phantasieprodukt des Profilers, wohingegen die Zeugenaussage auf einer tatsächlichen Wahrnehmung beruht, d.h. eine reale physische Grundlage hat. Das Täterprofil kann also nicht einmal als Indiz herangezogen werden, sondern stellt lediglich eine Ermittlungshilfe oder einen Ermittlungshinweis dar. Für polizeiliches Handeln bedeutet dies, dass alleinig auf das Täterprofil keine Eingriffsmaßnahmen gestützt werden können.

Dagegen sind aber Vorermittlungen und informatorische Befragungen möglich, die Aufschluss darüber geben können, ob ein Anfangsverdacht wegen einer bestimmten Tat gegen eine Person begründet ist. Im Rahmen dieser Maßnahmen hat der Betroffene nicht die Position eines Beschuldigten.

5.8 Wohin mit den Profiling-Akten?

Festzustellen bleibt, ob das erstellte Täterprofil zusammen mit den Akten für die Anklageerhebung an die Staatsanwaltschaft weitergegeben werden muss.

Die Staatsanwaltschaft muss von allen verfolgten Spuren Kenntnis erhalten. Folglich hat die Polizei sämtliche Spurenakten vorzulegen, soweit sie einen Bezug zu Tat und Täter haben. Ansonsten verbleiben sie bei der Polizei. Zu den polizeilichen Spurenakten zählt alles, was im Laufe der Ermittlungen gegen einen – bekannten oder unbekannten – Täter angefallen ist, falls ihr Inhalt für die Feststellung der vorgeworfenen Tat und für etwaige Rechtsfolgen von Bedeutung sein kann. So sind für die Staatsanwaltschaft all diejenigen Vorgänge irrelevant, die nur zur Ausschaltung anderer Personen als Tatverdächtige dienen. Beim Täterprofil geht es aber gerade darum: Den Kreis der möglichen Tatverdächtigen zu selektieren, zu minimieren; es begründet keinen Anfangsverdacht und dient nicht dem Tatnachweis gegen den Täter. Es kann so auch nicht Gegenstand einer Verurteilung sein. Die Folge ist, dass das Täterprofil in der Polizeiakte verbleibt.

Nachwort:
Nicht ohne sie

„Diesen, hör ich, sind wir losgeworden.
Und er wird es nicht mehr weiter treiben.
Er hat aufgehört, uns zu ermorden.
Leider gibt es sonst nichts zu beschreiben.
Diesen nämlich sind wir losgeworden.
Aber viele weiß ich, die uns bleiben."
(Bertolt Brecht in: „Auf den Tod eines Verbrechers", 1925)

Besser ein Ende mit Schrecken als ein Schrecken ohne Ende

Trotz alledem: Serienmörder sind keine Außerirdischen – es sind Menschen. Sie führen augenscheinlich ein ganz normales Leben. Sie leben in unserer Stadt, sie lernen uns und wir sie als Freunde kennen, sie gehen ihrer Arbeit nach, trinken in der Gaststätte am Nebentisch ihr Bier und sprechen unsere Sprache. Den allermeisten unscheinbaren jungen Männern, deren Konterfeis in den vergangenen Jahrzehnten in den Schlagzeilen der Zeitungen zu sehen waren, würden wir mit Sicherheit auf der Straße begegnen, ohne sie als das zu erkennen, was sie wirklich sind: Serienmörder.

Das also sind Serienmörder!

Und so sind sie zu fassen!

Oder doch nicht?

Zwei Serienmörder charakterisieren sich selbst und den Serienmörder schlechthin so:

„Wir Serienmörder sind eure Söhne, wir sind eure Ehemänner, wir sind jedermann.“
(Ted Bundy)

„Schau auf mich herab, und Du wirst einen Narren sehen.
Schau zu mir hoch, und Du wirst Deinen Herrn sehen.
Schau mir geradewegs in die Augen, und Du wirst Dich selbst sehen.“
(Charles Manson)

Last but not least

Neben den allgemein zugänglichen Publikationen, die mir der Buchhandel und diverse Bibliotheken bereitstellten, war ich um jede weitere Literatur dankbar, die ich sowohl von polizeiinternen Einrichtungen als auch von polizeifremden Institutionen erhalten habe: Sei es, dass sie nicht veröffentlicht wurde oder dass sie auf normalem Wege nicht mehr verfügbar war.

Erst im Laufe meiner Recherchen stellte ich fest, wie viele Menschen sich eigentlich bereits Gedanken über die Psyche des Mörders und den Sinngehalt des Täter-Profilings gemacht haben.

Insbesondere angewiesen war ich auf persönliche Anregungen und Kritiken von zahlreichen Wissenschaftlern, Polizeibeamten und von auf andere Weise mit der Thematik befassten Fachleuten, denen ich hier und jetzt herzlich für ihre Kontaktfreudigkeit und Unterstützung danken will. Ohne sie wäre es mir schlicht und ergreifend nicht gelungen, das Buch in dieser Form, in der es nun vorliegt, fertig zu stellen. Ich kann nicht jeden Einzelnen namentlich erwähnen, dies würde den Rahmen sprengen. Doch bei den wenigen hier ist es mir ein persönliches Anliegen, dies doch zu tun:

John Arvidson,
ein dänischer Mitarbeiter bei der EU-Kommission, der sich nebenamtlich mit der Problematik auseinander setzt und der mich mit einer Unmenge englischsprachiger Literatur aus der größten mir bekannten Büchersammlung zum Thema „Serienmörder und Profiling“ versorgte;

Horst Mummert,
pensionierter Kriminalbeamter, der mir die Einsichtnahme in Ermittlungsakten und Gutachten zu einem lange Jahre zurückliegenden authentischen Fall ermöglichte, an dem er selbst als Ermittler tätig war und bei dem er seinerzeit eine Tat-/Täteranalyse fertigte;

Gerhard Lang,
österreichischer Polizeibeamter, der derzeit selbst an einer Publikation zum Thema arbeitet und der mir zahlreiche Unterlagen zusandte;

Volker Ludwig,
Diplomsozialwissenschaftler der Fachhochschule für öffentliche Verwaltung des Landes Nordrhein-Westfalen, Fachbereich Polizei, für seine Literaturhinweise und angebotene Hilfe;

Prof. Dr. Andreas Marneros,
Direktor der Klinik und Poliklinik für Psychiatrie und Psychotherapie der medizinischen Fakultät an der Martin-Luther-Universität, Halle-Wittenberg;

Prof. Dr. med. G. Geserick,

Direktor des Instituts für Rechtsmedizin am Charité-Klinikum der Humboldt-Universität zu Berlin;

Dr. R.-D. Splitthoff,

Chefarzt für forensische Psychiatrie und Psychotherapie am akademischen Lehrkrankenhaus der Universität Heidelberg, psychiatrisches Zentrum Nordbaden in Wiesloch, der mir umfang- und aufschlussreiche Literaturverzeichnisse zukommen ließen;

Prof. Dr. Jo Reichertz,

vom Fachbereich 3 – Literatur- und Sprachwissenschaften (Kommunikationswissenschaft) an der Universität / Gesamthochschule Essen, der mir eines seiner bis dahin unveröffentlichten Manuskripte zuschickte;

Friedhelm Werremeier,

Autor mehrerer Bücher u. a. auch über Fritz Haarmann und Jürgen Bartsch;

Nihola Hahn,

Mitglied der Deutschen Gesellschaft für Polizeigeschichte, für ihre hilfreichen Ratschläge an mich als Erstautor;

Dr. Earl James,

pensionierter Polizeichef des Lansing Police Department in Michigan/USA, für die Zusendung eines Exemplars seines veröffentlichten Buches über die Ermittlungsmethoden in mehreren zurückliegenden Serienmordfällen, an denen er selbst mitgewirkt hatte;

Dr. D. Kim Rossmo,

Detective Inspector beim kanadischen Vancouver Police Department und Leiter der dortigen „Geographic Profiling Section", für die umfangreichen Informationen zum Thema „Geographisches Täter-Profiling";

Aufbau- und Kontaktstudium Kriminologie an der Universität Hamburg, für die Aufnahme in einen Verteilerkreis, der regelmäßig mit Informationen über interessante Veranstaltungen (Vortragsreihen, Studienwochen) versorgt wird, und für die Zusendung zweier Reader, die anlässlich von Studienwochen zum Thema „Serienkiller" und „Gewalt gegen Frauen" aufgelegt wurden;

Kriminologische Zentralstelle in Wiesbaden
und
Gewerkschaft der Polizei in Hilden,
für ihre ausführlichen Literaturlisten;

Bayerische Staatsbibliothek in München,
für die Zusendung einer Doktorarbeit zum Täter „Aggressionstäter“

Stephan Harbort,
Kriminalbeamter beim Polizeipräsidium Düsseldorf, für die Überlassung seiner Ausführungen zum Thema „Empirische Täterprofile“;

Polizeiführungsakademie in Münster-Hiltrup,
für die Zusendung einer unveröffentlichten Seminararbeit zum Thema „Profiling“;

Fachhochschule Villingen-Schwenningen – Hochschule für Polizei –,
die mir sowohl ein umfangreiches Literaturverzeichnis als auch zwei unveröffentlichte Seminararbeiten zum Thema „Täterprofilerstellung“ zukommen ließ;

Zusätzlich möchte ich mich bedanken bei:

meinen Kolleginnen und Kollegen im Dezernat „Kriminaltechnik“ der Polizeidirektion Heilbronn,
die mich direkt oder indirekt, bewusst oder unbewusst, mit ihrer überwiegenden Skepsis meiner Arbeit und der Thematik gegenüber, auf diese ihre Weise immer wieder motiviert haben;

meiner Ehefrau Ruth, die mich immer wieder motivierte und mich in meiner Arbeit immer wieder bestärkte, obwohl sie dadurch viele Stunden allein verbringen musste, während ich in dieser Zeit meinen vorläufigen Lebensmittelpunkt an den Computer im Büro verlegte.

Dank all den hier Genannten und Ungenannten. Ich weiß es zu schätzen.

Peter Fink,
Kriminaloberkommissar,
Polizeidirektion Heilbronn.

Literaturverzeichnis

Ablow, Keith: Kalt, kaltes Herz, Bern München Wien 1999

Abrahamson, David: The Murdering Mind, New York 1973

Adelson, L.: The Pathology of Homicide, Springfield 1974

Adler, Alfred: Das Problem der Homosexualität und sexueller Perversionen – Erotisches Training und erotischer Rückzug, Frankfurt/Main 1977

Adler, Lothar: Amok – Eine Studie, München 2000

Adler, L. / Lehmann, K. / Räder, K. / Schünemann, K.F. / Hajak, G.: Gibt es Prädiktoren für impulsive, homizidal-suizidale Gewalttaten?, in: Das Gesundheitswesen 10/94, Stuttgart New York 1994

Ainsworth, Mary D.S.: Affective aspects of the attachment of infant to mother: Individual differences and their correlates in maternal behavior, Washington 1978

Aitken, C. / Connolly, T. / : Gammerman, A. / Zhang, G. / Oldfield, D.: Predicting an Offender's Characteristics: an evaluation of statistical modelling, London 1995

Alberts, Jürgen: Landru, Stuttgart 1987

Anderson, Jeremy: Genesis of a Serial Killer: Fantasy's integral role in the creation of a monster, Decorah 1994

Arnold, W. / Eysenck, H.J. / Meili, R.: Lexikon der Psychologie, Freiburg Basel Wien 1993

Aschaffenburg, Gerhard: Das Verbrechen und seine Bekämpfung, Heidelberg 1906

Ault, R.L. / Reese, J.T.: A Psychological Assessment of Crime: Profiling, Quantico 1980

Badenoch, Andrea: Und nichts ist wie es scheint, München 1999

Bak, R.C.: Fetishism, New York 1953

Bakos, Susan: Dr. Englemans Morde – Die unglaubliche Geschichte um Liebe, Mord und Hörigkeit, Bergisch Gladbach 1993

Baldwin, James: Das Gesicht der Macht bleibt weiß, Hamburg 1986

Bandura, Albert: Aggression: Eine soziallerntheoretische Analyse, Stuttgart 1979

Barnes, Linda: Rückkehr aus dem Reich der Toten, Reinbek bei Hamburg 1999

Bartol, C.R. / Bartol, A.M.: Criminal Behaviour: A Psychosocial Approach, Englewood Cliffs 1995

Bastian, Till: Eine Hand im Park, München 1998

Bataille, Georges: Gilles de Rais – Leben und Prozess eines Kindermörders, Frankfurt/Main 1975

Bauer, Günther: Serien- und Wiederholungstäter – Probleme der Ermittlung und Verhütung, in: Göppinger, Hans / Bresser, Paul H.: Kriminologische Gegenwartsfragen, Heft 14, Tötungsdelikte – Bericht über die XX. Tagung der Gesellschaft für die gesamte Kriminologie vom 4. bis 6. Oktober 1979 in Köln, Stuttgart 1980

Baumann, Hans D.: Horror: Die Lust am Grauen, Weinheim Basel 1989

Baur, E.G. / Schmid-Bode, W.: Was heißt hier pervers – Die Lust, sexuelle Phantasien auszuleben, München 1992

Baurmann, Michael C.: VICLAS: Ein neues kriminalpolizeiliches Recherchewerkzeug – Datenbank als Hilfsmittel zur Bekämpfung der schweren Gewaltkriminalität im System der „Operativen Fallanalyse (OFA)“, in: Kriminalistik 12/99, Heidelberg 1999

Baurmann, Michael C.: Vorurteile, Modediskussionen und Klassifizierungen der Straftaten gegen die sexuelle Selbstbestimmung, in:

	Scheerer: „Frauen und sexuelle Gewalt" (Reader der Kriminologischen Studienwoche vom 14. bis 18. Juni 1999 an der Universität Hamburg, Aufbau- und Kontaktstudium Kriminologie, Hamburg 1999 – nicht veröffentlicht)
Becker, Nikolaus:	Psychoanalytische Theorien sexueller Perversionen, in: Sigusch, Volkmar: Sexuelle Störungen und ihre Behandlung, Stuttgart New York 1997
Becker, Nikolaus:	Psychogenese und psychoanalytische Therapie sexueller Störungen, in: Sigusch, Volkmar: Sexuelle Störungen und ihre Behandlung, Stuttgart New York 1997
Benezech, M. / Bourgeois, M.:	L'Homicide est fortement correle à la depression et pas à la manie, Paris 1992
Bergmann, Peter:	Tore des Bösen, Berlin 1996
Berke-Müller, P.:	500 Brandstifter und ihre Taten, in: Kriminalistik 7 + 8/66, Heidelberg 1966
Bernard, T. / Vold, G.:	Theoretical Criminology, New York 1986
Bettauer, Hugo:	Der Frauenmörder, Bremen 1995
Blake, Nicholas:	Mein Verbrechen, Zürich 1995
Blier, Bertrand:	Der Dessousverkäufer – Bekenntnisse eines Mörders –, Köln 1999
Bloch, Robert:	Psycho, München 1999
Bochnik, H.J. / Burchard, J. / Dieck, C.:	Alkoholmißbrauch bei Frauen, Stuttgart 1959
Böker, W. / Häfner, H.:	Gewalttaten Geistesgestörter – Eine psychiatrisch-epidemiologische Untersuchung in der Bundesrepublik Deutschland, Berlin Heidelberg New York 1973
Bolte, C. / Dimmler, K.:	Schwarze Witwen und Eiserne Jungfrauen – Geschichte der Mörderinnen, Leipzig 1997

Bosetzky, Horst (-ky): Wie ein Tier – Der S-Bahn-Mörder (Dokumentarischer Roman), München 1998

Boss, Medard: Sinn und Gehalt der sexuellen Perversionen: Ein daseinsanalytischer Beitrag zur Psychopathologie des Phänomens der Liebe, Frankfurt/Main 1984

Bourgoin, Stephane: Serienmörder, Reinbek b. Hamburg 1995

Bowker, David: Das Tier, Berlin 1998

Bowlby, John: Bindung, München 1975

Braun, Kay: Interview mit John Douglas, WWW-Dokument URL http://www.serienkiller.de, 1999

Bräutigam, Walter: Reaktionen, Neurosen, Abnorme Persönlichkeiten: Seelische Krankheiten im Grundriss, Stuttgart New York 1985

Brehal, Nicolas: Ein Gespür für die Nacht, Stuttgart 1999

Breinersdorfer, Fred: Der Hammermörder, Stuttgart 1986

Brenner, Gerhard: Täterprofile – Wie Mörder denken, in: Öffentliche Sicherheit 11/93, Wien 1993

Brenner, Gerhard: Täterprofil - Phantombild der Seele, in: Öffentliche Sicherheit 12/97, Wien 1997

Brian, D.: Murderers Die, New York 1986

Britton, Paul: Das Profil der Mörder – Die spektakuläre Erfolgsmethode des britischen Kriminalpsychologen, Düsseldorf München 1998

Bromberg, W.: Crime and the Mind: A Psychiatric Analysis of Crime and Punishment, New York 1965

Brooks, P.R. / Devine, M.J. / Green, *T.J. / Hart, B.L. / Moore, M.D.:* Serial murder: A criminal justice response, Washington 1987

Brophy, J.: The Meaning of Murder, New York 1966

Brownmiller, S.: Against Our Will: Men, Women and Rape, New York 1975

Brussel, James A.: Das ungezähmte Böse, Bern 1971

Buckert, Jens: Der Rote Mann, Egelsbach Frankfurt/M. Washington 1998

Bundeskriminalamt: Methoden der Fallanalyse – Ein internationales Symposium, Wiesbaden 1998 (nicht veröffentlicht)

Bundeskriminalamt: Symposium: Täterwissen – Nutzung der Sicht des Täters und des Täterwissens für die Verbrechensbekämpfung (Referate und Diskussionsbeiträge), Wiesbaden 1986

Burgess, A.W. / Hartman, C.R. / McCausland, M.P. / Powers, P.: Response patterns in children and adolescents exploited through sex rings and pornography, New York 1984

Burgess, A.W. / Hartman, C.R. / Ressler, R.K. / Douglas, J.E. / McCormack, A.: Sexual homicide: A motivational model, New York 1986

Burghard, W. / Herold, H. / Hamacher, H.W. / Schreiber, M. / Stümper, A. / Vorbeck, A.. Kriminalistik Lexikon – Grundlagen der Kriminalistik, Heidelberg 1984

Buval, Jaques: Nur für Schokolade – Die Geständnisse des Leszek Pekalski, des wahrscheinlich größten Massenmörders unserer Zeit, Berlin 1998

Cameron, D. / Frazer, E.: Lust am Töten, eine feministische Analyse von Sexualmorden, Frankfurt/Main 1993, aus: Krasmann/Scheerer: „Serienkiller" – Alltagsweltliche, kriminologische und künstlerische Thematisierung eines ungeheuren Phänomens (Reader der Kriminologischen Studienwoche vom 9. bis 13. Juni 1997 an der Universität Hamburg, Aufbau- und Kontaktstudium Kriminologie, Hamburg 1997 – nicht veröffentlicht)

Canter, David: Criminal Shadows – Inside the Mind of the Serial Killer, London 1994

Canter, D. / Heritage, R.: Developments in Offender Profiling, Guildford 1990

Canter, D. / Heritage, R.: A Multivariate Model of Sexual Offence Behavior: Development in Offender Profiling, London 1990

Canter, D. / Heritage, R. / Wilson, M.: A Facet Approach to Offender Profiling, Vol. I, Guildford 1991

Canter, D. / Kovacik, M. / Heritage, R.: Offender Profiling: Background, Literature Review and Examples, Guildford 1989

Canterbury, Scott: Der Club der toten Herzen, München 1999

Capote, Truman: Kaltblütig, Wiesbaden 1966

Carr, Caleb: Die Einkreisung, München 1994

Carr, Caleb: Engel der Finsternis, München 1998

Carson, Paul: Das Skalpell, München 1999

Case, John F.: Der Schatten des Herrn, Bern München Wien 1997

Chasseguet-Smirgel, Jamine: Psychoanalyse der weiblichen Sexualität: Die weiblichen Schuldgefühle, Frankfurt/Main 1974

Clark, Mary Higgins: Nimm dich in Acht, München 1998

Clark, St. / Morley, M.: Murder in Mind – Mindhunting the Serial Killers, London 1993

Cleckley, H.: Mask of Sanity, St. Louis 1976

Connolly, John: Das schwarze Herz, Berlin München 2000

Connelly, Michael: Der Poet, München 1998

Cook, Robin: Profil eines Serienmörders, Hamburg 1996

Cook, Thomas H.: Die Killer, Bergisch Gladbach 1996

Cornwell, Patricia: Die Hornisse, Hamburg 2000

Cornwell, Patricia: Die Tote ohne Namen, Hamburg 1996

Cornwell, Patricia: Ein Fall für Kay Scarpetta, München 1998

Daly, M. / Wilson, M.: Homicide, New York 1988

Dannecker, Martin: Sexueller Missbrauch und Pädosexualität, in: Sigusch, Volkmar: Sexuelle Störungen und ihre Behandlung, Stuttgart New York 1997

Davis, Don: Jeffrey Dahmer – Der Schlächter, der junge Männer auf bestialische Weise tötete, München 1992

Deaver, Jeffrey: Schule des Schweigens, München 1996

Degen, Rolf: Serien-Killer: Mord als Mission?, in: Psychologie Heute 8/90, Weinheim 1990, aus: Krasmann/Scheerer: „Serienkiller" – Alltagsweltliche, kriminologische und künstlerische Thematisierung eines ungeheuren Phänomens (Reader der Kriminologischen Studienwoche vom 9. bis 13. Juni 1997 an der Universität Hamburg, Aufbau- und Kontaktstudium Kriminologie, Hamburg 1997 – nicht veröffentlicht)

Dickson, G.: Murder by Numbers, London 1958

Diehl, William: Der Ministrant des Bösen, München 1998

Dietz, P.E. / Hazelood, R.R./ *Warren, J.:* The Sexually Sadistic Criminal and his offenses, Washington 1990

DiMaio, D. / DiMaio, V.: Forensic Pathology, New York 1993

DiMaio, V.: Gunshot Wounds: Paracitcal Aspects of Firearms, Ballistics and Forensic Techniques, Boca Raton 1993

Dobyns, Stephen: Die Kirche der toten Mädchen, Frankfurt/Main 1998

Dolan, Robert W.: Serial Murder, Philadelphia 1997

Douglas, J.E. / Burgess, A.W. / Burgess, A.G. / Ressler, R.K.: Crime Classification Manual, San Francisco 1992

Douglas, J.E. / Olshaker, M.: Die Seele des Mörders – 25 Jahre in der FBI-Spezialeinheit für Serienverbrechen, Hamburg 1996

Douglas, J.E. / Olshaker, M.: Jäger in der Finsternis – Der Top-Agent des FBI schildert seine Methoden bei der Fahndung nach Serienmördern, Hamburg 1997

Douglas, J.E. / Olshaker, M.: Mörder aus Besessenheit – Der Top-Agent des FBI jagt Sexualverbrecher, Reinbek b. Hamburg 1999

Douglas, J.E. / Olshaker, M.: The Anatomy of Motive, New York 1999

Douglas, J.E. / Olshaker, M.: Unabomber – On the Trail of America's Most-Wanted Serial Killer, New York 1996

Douglas, J.E. / Ressler, R.K. / Burgess, A.W. / Hartman, C.R.: Criminal Profiling from Crime Scene Analysis, Quantico 1986

Dubner, Steven J.: Portrait of a Serial Killer, New York 1992

Dutton, D.G. / Hart, S.D.: Evidence for long-term, specific effects of childhood abuse and neglect on criminal behavior in men, New York 1992

Dvorchak, R.J. / Holewa, L.: Wer ist Jeffrey Dahmer? – Das schockierende Porträt des Milwaukee-Mörders, Bergisch Gladbach 1992

Eckert, Horst: Finstere Seelen, Dortmund 1999

Edelbacher, Maximilian: Die Erstellung von Täterprofilen – Eine in Zukunft gebräuchliche Ermittlungsmethode in Österreich?, in: Kriminalistik 5/93, Heidelberg 1993

Egger, Steven A.: Serial Murder: An Elusive Phenomenon, New York 1990

Egger, Steven A.: The Killers Among Us – An Examination of Serial Murder and its Investigation –, New Jersey 1998

Ellenberger, H.: Psychologische Beziehungen zwischen Verbrecher und Opfer, Stuttgart 1954

Ellis, A. / Gullo, J.: Murder and Assassination, New York 1971

Ellis, Bret Easton: American Psycho, Köln 1998

Ellroy, James: Blutschatten, Berlin 1995

Ellroy, James: Die Rothaarige – Die Suche nach dem Mörder meiner Mutter, Hamburg 1997

Ellroy, James: In der Tiefe der Nacht, Berlin 1987

Ellroy, James: Stiller Schrecken, Berlin 1998

Evans, Colin: Die Leiche im Kreuzverhör – Erstaunliche Lösungen spannender Kriminalfälle, Basel Boston Berlin 1998

Eysenck, Hans Jürgen: Kriminalität und Persönlichkeit, Wien 1977

Feltes, Thomas: Täter und Tätertypen – Lehr- und Studienbriefe Kriminologie Nr. 9, Hilden 1995

Fenichel, Otto: Perversionen, Psychosen, Charakterstörungen – Psychoanalytische spezielle Neurosenlehre – (Bibliothek klassischer Texte), Wien 1931/ Darmstadt 1992

Fiedler, Peter: Persönlichkeitsstörungen, Weinheim 1994

Fietze, Katharina: Strukturelle und körperliche Gewalt gegen Frauen, in: Frauen und sexuelle Gewalt, aus: Scheerer: „Frauen und sexuelle Gewalt“ (Reader der Kriminologischen Studienwoche vom 14. bis 18. Juni 1999 an der Universität Hamburg, Aufbau- und Kontaktstudium Kriminologie, Hamburg 1999 – nicht veröffentlicht)

Fischer-Lexikon Frankfurt/Main 1996

Fisher, Mark: Der Psychiater, München 1997

Föster, Michael: Jürgen Bartsch – Nachruf auf eine Bestie, Essen 1984

Fox, J.A. / Levin, J.: Overkill: Mass Murder and Serial Killing Exposed, New York 1994

Frank, Gerold: Der Würger von Boston – Ein Tatsachenbericht, Wien München 1967

Franz, Andreas: Das achte Opfer, München 1999

Franz, Andreas: Jung, blond, tot, München 1996

Freud, Sigmund: Drei Abhandlungen zur Sexualtheorie, Gesammelte Werke, Bd. 5, London 1942

Freud, Siegmund: Jenseits des Lustprinzips, Gesammelte Werke, Bd. 13, London 1920

Freud, Sigmund: Fetischismus, Gesammelte Werke, Bd. 14, London 1948

Freud, Sigmund: Abriß der Psychoanalyse, Gesammmelte Werke, Bd. 17, London 1940

Frobenius, Nikolaj: Der Anatom, München 1998

Fromm, Erich: Anatomie der menschlichen Destruktivität, Reinbek b. Hamburg 1977

Füllgrabe, Uwe: Die Multiple Persönlichkeit – die Macht der Suggestion, in: Magazin für die Polizei – Internationales unabhängiges Fachmagazin, Heft 251, März 1997, Aschaffenburg 1997

Füllgrabe, Uwe: Kriminalpsychologie – Täter und Opfer im Spiel des Lebens, Frankfurt/Main 1997

Füllgrabe, Uwe: Psychologische Täterprofile – Das Modell des Federal Bureau of Investigation FBI, in: Kriminalistik 5/93, Heidelberg 1993

Füllgrabe, Uwe: Psychologische Täterprofile – Fortsetzung und Schluss des in Heft 5/93, S. 297 ff. begonnenen Artikels, in: Kriminalistik 6/93, Heidelberg 1993

Füllgrabe, Uwe: Sadistische Mörder, in: Dinges, Hannspeter / Füllgrabe, Uwe / Harms, Dieter / Hoff, Hans Henning / Karau, Ellen / Müller, Ernst Ulrich / Thon, Ulrich / Wienberg, Hans /

Wittneben, Herbert: Gewalttätige Sexualtäter und Verbalerotiker – Kriminalistische Studien, Schriftenreihe der Kriminalistischen Studiengemeinschaft (Band 5 (1)), Bremen 1992

Füllgrabe, Uwe: „Sexual“verbrechen aus Gewaltmotivation – BASIC ID – Die realitätsgerechte Analyse menschlichen Verhaltens, in: Kriminalistik 4/94, Heidelberg 1994

Gale, A.: EEG-studies of extraversion – introversion: What's the next step, in: Lynn, R.: Dimensions of personality, Oxford 1981

Gallwitz, Adolf: Warum tötet ein Mensch? – Profiler – Psychologen als wissenschaftliche Sachverständige an der Seite der Ermittlungsbehörden, in: Contact – Junge Gruppe, Gewerkschaft der Polizei, Heft 3/99, Hilden 1999

Gebhard, P.H.: Sex Offenders, New York 1965

Gee, D.J.: A pathologist's view of multiple murder, New York 1988

Gercke, Doris: Der Tod ist in der Stadt, Hamburg 1998

Gerlach, Gunter: Neurodermitis, Hamburg 1996

Giegerich, Wolfgang: Tötungen; Gewalt aus der Seele – Versuch über Ursprung und Geschichte des Bewußtseins, Frankfurt/Main Berlin Bern New York Paris Wien 1994

Gierowski, J.K. / Heitzmann, J. / Szymusik, A. / Zyss,T.: Die Sexualmörder – Psychopathologie, Persönlichkeit und Motiviation, in: Forensische Psychiatrie und Psychotherapie (Werkstattschriften) 2/94, Lengerich Berlin Riga Scottsdale Wien Zagreb 1994

Giese, Hans: Zur Psychopathologie der Sexualität, Stuttgart 1973

Giese, Hans: Die Sexualität des Menschen – Handbuch der medizinischen Sexualforschung, Stuttgart 1971

Gimlette, J.D.: Notes on a Case of Amok, Chicago 1901

Ginzburg, Carlo: Indizien: Morelli, Freud und Sherlock Holmes, in: Eco/Sebeok: Der Zirkel oder Im Zeichen der Drei, München 1985, aus: Krasmann/Scheerer: „Serienkiller" – Alltagsweltliche, kriminologische und künstlerische Thematisierung eines ungeheuren Phänomens (Reader der Kriminologischen Studienwoche vom 9. bis 13. Juni 1997 an der Universität Hamburg, Aufbau- und Kontaktstudium Kriminologie, Hamburg 1997 – nicht veröffentlicht)

Glaser, B.G. / Strauss, A.: The Dscovery of Grounded Theory: Strategies for Qualitative Research, Chicago 1967

Glatzel, J.: Forensische Psychiatrie, Stuttgart 1985

Glatzel, Johann: Mord und Totschlag: Tötungshandlungen als Beziehungsdelikte – Eine Auswertung psychiatrischer Gutachten, Heidelberg 1987

Göbel, Otto H.: Sexualmord – Taten eines psychisch kranken Sexualmörders, in: Kriminalistik 4/96, Heidelberg 1996

Göbel, Otto H.: Todbringende Phantasien – Sexualmord aufgrund massiver Männlichkeitsprobleme, in: Kriminalistik 12/93, Heidelberg 1993

Goring, C.: The English convict, London 1913

Grangé, Jean-Christophe: Die purpurnen Flüsse, Bergisch Gladbach 1998

Grazinuas, D. / Starlin, J.: Ich weiß, wer du bist, München 1996

Grimes, Martha: Inspektor Jury steht im Regen, Reinbek bei Hamburg 1996

Grippando, James: Der Informant, München 1998

Groth, A. Nicholas: Men Who Rape – The Psychology of the Offender –, New York 1979

Gudjonnson, G.H. / Haward, L.R.C.: Forensic Psychology – A Guide to Practice, London New York 1998

Gullou, Jan: Über jeden Verdacht erhaben, München 1999

Guttmacher, M.: The Mind of the Murderer, New York 1973

Haberland, Jens: Serienmörder im Europa des 20. Jahrhunderts, Berlin 1997

Hall, Matthew: Die Kunst, Glas zu brechen, Bergisch Gladbach 1999

Haller, Reinhard: Forensisch-psychiatrische Aspekte des Falls Jack Unterweger, in: Forensische Psychiatrie und Psychotherapie (Werkstattschriften) 2/95, Lengerich Berlin Riga Scottsdale Wien Zagreb 1995

Hammersfahr, Petra: Der Puppengräber, Reinbek b. Hamburg 1999

Hammersfahr, Petra: Die Sünderin, Reinbek b. Hamburg 1999

Harbort, Stephan: Empirische Täterprofile als Fahndungs- und Ermittlungshilfe bezogen auf den Tätertypus des mehrfachen Raub- und Sexualmörders, Düsseldorf 1998 (nicht veröffentlicht)

Harbort, Stephan: Empirische Täterprofile – Ein Raster für die Ermittlung sexuell motivierter Mehrfach- und Serienmörder, in: Kriminalistik 8-9/97, Heidelberg 1997

Harbort, Stephan: Ein Täterprofil für multiple Raubmörder – Zum Täter-Profiling auf empirischer Grundlage, in: Kriminalistik 7/98, Heidelberg 1998

Harbort, Stephan: Kriminologie des Serienmörders – Forschungsergebnis einer empirischen Analyse serieller Tötungsdelikte in der Bundesrepublik Deutschland, in: Kriminalistik 10 + 11/99, Heidelberg 1999

Harding, Paul: Der Kapuzenmörder, Frankfurt/Main 1994

Harding, Paul: Tödliches Rätsel – Ein Kriminalfall aus dem mittelalterlichen London, Frankfurt/Main 1998

Hare, R.: Without Conscience, New York 1993

Harris, Thomas: Das Schweigen der Lämmer, München 1990

Harris, Thomas: Roter Drache, München 1988

Hayder, Mo: Der Vogelmann, München 2000

Hazelwood, R. / Burgess, A.: Practical Aspects of Rape Investigation: A Multidisciplinary Approach, Boca Raton 1995

Hazelwood, R. / Burgess, A. / Dietz, P.: Autoerotic Fatalities, Lexington 1983

Hazelwood, R.R. / Douglas, J.E.: The lust murderer, Quantico 1980

Heim, Nikolaus: Operation „Triebtäter“: Kastration als ultima ratio – Gespräche mit kastrierten Sexualtätern, in: Forschungsergebnisse zur Sexualpsychologie - Schriftenreihe -, Band 8, Hamburg 1998

Heim, Uta-Maria: Engelchens Ende, Reinbek b. Hamburg 1999

Hein, Paul Michael / Schulz, Ernst / Hümpfner, Richard: Mehrfachtötungen – Rechtsmedizinische und kriminalistische Aspekte, in: Archiv für Kriminologie, 186. Band, Frankfurt/Main 1990

Hentig, Hans von: The criminal and his victim, New Haven 1948

Hentig, Hans von: Zur Psychologie der Einzeldelikte – Band II: Der Mord –, Tübingen 1956

Hermanutz, M. / Carl, U.: Psychologische Profile – Vorhersage von Tätermerkmalen mit statistischen Quellen (Seminararbeit im Rahmen eines Wahlpflichtfaches an der Fachhochschule Villingen-Schwenningen – Hochschule für

Polizei–,Villingen-Schwenningen 1997, nicht veröffentlicht)

Hermanutz, M. / Ludwig, C. / Schmalzl, H.P.: Moderne Polizeipsychologie in Schlüsselbegriffen, Stuttgart München Hannover Berlin Weimar Dresden 1996

Herzog, Gunter: Zwischen Neugier, Grauen und Hilfe – Die psychiatrische Darstellung des Sexuellen, in: Herzog, G. / Tergeist, G.: Störfall Sexualität – Intimitäten in der Psychiatrie, Bonn 1996

Hewson, David: Semanta Santa, Berlin 1997

Hickey, E.W.: Serial Murderers and Their Victims, Pacific Grove 1991

Hickey, Eric W.: Serial Murderers and their Victims, Second Edition, Belmont 1997

Hill, Sean Wolf: Nurutre-Born Killers: The Motivation and Personality Development of the Serial Killer, Fall 1994

Hirschi, T.: Causes of Delinquency, Los Angeles 1969

Hiss, Barbara Mary: Aggression und Gewalt in der Psychose, in: Die Psychotherapeutin – Psychotherapie und Sozialpsychiatrie, Band 9, Das Böse, Bonn 1998

Hobe, K. / Körzer, H.U.: Junge Brandstifter, Heidelberg 1976

Hoffmann, Jens: Profiling – Die Psychofahndung nach Serienkillern, in: Psychologie Heute 12/94, Weinheim 1994

Hoffmann, Jens: Profiling: Psychogramm des Täters – Psychologische Täterprofile unterstützen inzwischen in vielen Ländern die Polizei, in: Psychologie Heute 1/99, Weinheim 1999, aus: Scheerer: „Frauen und sexuelle Gewalt" (Reader der Kriminologischen Studienwoche vom 14. bis 18. Juni 1999 an der Universität Hamburg, Aufbau- und Kontaktstudium Kriminologie, Hamburg 1999 – nicht veröffentlicht)

Hoffmann, Jens: „Schockierend war die Sinnlosigkeit dieser Verbrechen“ – Der Kriminalpsychologe David Canter über Serienmörder und die alltägliche Gewalt, in: Psychologie Heute 19/94, Weinheim 1994

Hoffmann, J. / Musolff, C.: Psychologische Täterprofile von Serienmördern und Serienvergewaltigern für polizeiliche Ermittlungsarbeit (Diplomarbeit im Fach Psychologie an der Technischen Hochschule Darmstadt, Institut für Psychologie, Fachbereich 3, Darmstadt 1996 – nicht veröffentlicht)

Hoffmann-Richter, Ulrike: Das Böse, in: Die Psychotherapeutin – Psychotherapie und Sozialpsychiatrie, Band 9, Das Böse, Bonn 1998

Holmes, Ronald M.: Sex Crimes, Newbury Park 1991

Holmes, R.M. / De Burger, J.: Serial Murder – Studies in Crime, Law and Justice, Newbury Park 1988

Holmes, R.M. / Holmes, S.T.: Murder in America, London 1994, aus: Krasmann/Scheerer: „Serienkiller“ – Alltagsweltliche, kriminologische und künstlerische Thematisierung eines ungeheuren Phänomens (Reader der Kriminologischen Studienwoche vom 9. bis 13. Juni 1997 an der Universität Hamburg, Aufbau- und Kontaktstudium Kriminologie, Hamburg 1997 – nicht veröffentlicht)

Holmes, R.M. / Holmes, S.T.: Profiling Violent Crimes – An Investigative Tool, London 1996, aus: Krasmann/Scheerer: „Serienkiller“ – Alltagsweltliche, kriminologische und künstlerische Thematisierung eines ungeheuren Phänomens (Reader der Kriminologischen Studienwoche vom 9. bis 13. Juni 1997 an der Universität Hamburg, Aufbau- und Kontaktstudium Kriminologie, Hamburg 1997 – nicht veröffentlicht)

Homberg, Annelore: Il male non esiste, esiste la malattia – Die Theorie Massimo Fagiolis über menschliche Destruktivität, in: Die Psychotherapeutin – Psychoptherapie und Sozialpsychiatrie, Band 9, Das Böse, Bonn 1998

Horn, Hans-Jürgen: Motivationstypologische Gesichtspunkte bei (sexuellen) Tötungsdelikten als Beitrag zur Tatbestandsfrage, in: Göppinger, Hans / Bresser, Paul H.: Kriminologische Gegenwartsfragen, Heft 14, Tötungsdelikte – Bericht über die XX. Tagung der Gesellschaft für die gesamte Kriminologie vom 1. bis 6. Oktober 1979 in Köln, Stuttgart 1980

Iles, Greg: @E.R.O.S., Bergisch Gladbach 1999

Jackman, T. / Cole, T.: Rites of Burial, New York 1992

Jackson, J.L. / Bekerian, D.A.: Offender Profiling – Theory, Research and Practice, Chichester 1997

Jacobs, P.A. / Brunton, M. / Melville, M.M.: Aggressive behavior, mental subnormality and the XYY male, Washington 1965

Jäkel, Harry: Täterprofiling bei vorsätzlichen Brandstiftungen, in: Die Kriminalpolizei, Heft 3/99, Hilden 1999

James, Earl: Catching Serial Killers – Learning from Past Serial Murder Investigations, Lansing 1991

Jenkins, P.: Serial murder in England, New York 1988

Jenkins, Philip: Using Murder – The Social Construction of Serial Homicide, New York 1994

Jordan, Uwe: Täterprofile – Theorie und praktische Erfahrungen (Seminararbeit zum Seminar „Ausgewählte Themen angewandter Kriminologie“, Polizeiführungsakademie Hiltrup, Fachbereich Kriminalistik/ Kriminologie, Münster-Hiltrup 1998 – nicht veröffentlicht)

Kaplan, Louise J.: Weibliche Perversionen, Hamburg 1991

Karpman, B.: The Sexual Offender and His Offenses, New York 1954

Katzenbach, John: Das Auge, Bergisch Gladbach 1987

Keck, A. / Poole, R.J.: Serial Killers – Das Buch der blutigen Taten, Leipzig 1997

Kelleher, M.D. / Kelleher, C.L.: Murder most rare – The Female Serial Killer, New York 1998

Kellerman, Jonathan: Wölfe und Schafe, Bergisch Gladbach 1999

Keppel, Robert D.: Serial Murder: Future Implications for Police Investigations, Cincinnati 1989

Keppel, R.D. / Weis, J.G.: Improving the Investigation of Violent Crime: The Homicide Investigation And Tracking System, in: National Institute of Justice – Research in Brief, August 1993, Washington D.C. 1993

Kernberg, Otto F.: Wut und Haß – Über die Bedeutung von Aggression bei Persönlichkeitsstörungen und sexuellen Perversionen, Stuttgart 1997

Kerner, Stefan: Zur Kriminologie der Tötungsdelikte (Teil 2), in: Magazin für die Polizei – Internationales unabhängiges Fachmagazin, Nr. 252 (4/97), Aschaffenburg 1997

Kerr, Philip: Das Wittgenstein-Programm, Reinbek b. Hamburg 1996

Kerr, Philip: Im Sog der dunklen Mächte, Reinbek b. Hamburg 1995

Keupp, Lutz: Aggressivität und Sexualität,München 1971

Kinsey, A.C. / Pomeroy, W.B. / Martin, C.E.: Sexual behavior in the human male, Philadelphia London 1948

Knecht, Thomas: Amok – Transkulturelle Betrachtungen über eine Extremform menschlicher Aggression, in: Kriminalistik 1/98, Heidelberg 1998

Koch, J.L.A.: Kurzgefaßter Leitfaden der Psychiatrie, Ravensburg 1889

Kockott, Götz: Die Sexualität des Menschen, München1995

Kohler, Ulrich Friedrich: Psychiatrische Begutachtung von Gewalttätern – Statistische Auswertung von 118 Gutachten über Gewalttäter, differenziert nach Körperverletzungsdelikten, Tötungs delikten und nach dem Geschlecht, Inaugural-Dissertation zur Erlangung des Doktor grades der Medizin der Medizinischen Fakultät (Klinische Medizin) der Eberhard-Karls-Universität Tübingen (nicht veröffent licht) Tübingen 1990

Koontz, Dean: Flüstern in der Nacht, München 1998

Koontz, Dean: Intensity, Bergisch Gladbach 1998

Konrad, Norbert: Sexuell motivierte Tötungen von Kindern durch verheiratete Täter – Die Institution Ehe als Maske, in: Recht und Psychiatrie 1/99, Bonn 1999

Korall, Harald: Die Stunde vor Mitternacht – Authentische Kriminalfälle, Leipzig 1998

Kraeplin, E.: Psychiatrie – ein Lehrbuch für Studierende und Ärzte, Leipzig 1909

Krafft-Ebing, Richard von: Psychopathia sexualis, München 1997

Krebber, Werner: Sexualstraftäter im Zerrbild der Öffentlichkeit – Fakten, Hintergründe, Klarstellungen, Hamburg 1999

Kretschmer, E.: Medizinische Psychologie, Stuttgart 1971

Kretschmer, E.: Körperbau und Charakter, Berlin Heidelberg New York 1977

Krieg, Berthold: Kriminologie des Triebmörders: Phänomenologie-Motivationspsychologieätiologische Forschungsmodelle (Europäische Hochschulschriften, Reihe 2 Rechtswissenschaft, Band 1840), Frankfurt/Main Berlin Bern New York Paris Wien 1996

Kurella, H. / Jentsch, E.: Die Ursachen und Bekämpfung des Verbrechens. Von Professor Cesare Lombroso, Berlin 1902

Lande, R.:	Violent Death in the city, Cambridge 1979
Landeskriminalamt Baden-Württemberg:	AG VICLAS BW – Kurzinformationen zum Thema VICLAS/Tatortanalyse/Täterprofilerstellung, Stuttgart 1998 (nicht veröffentlicht)
Lane, B. / Gregg, W.:	The New Encyclopedia of Serial Killers, London 1992
Lane, B. / Gregg, W.:	The Encyclopedia of Mass Murder, London 1994
Lane, B. / Gregg, W.:	The New Encyclopedia of Serial Killers, London 1996
Lang, Kajo:	Amokmann – Beschreibung eines Phänomens –, Fulda 1994
Lang, Uwe:	Psychologische Täterprofile – Eine in Deutschland vernachlässigte Ermittlungshilfe, in: Kriminalistik 11/97, Heidelberg 1997
Lange, J.E.T. / DeWitt, K.:	What the FBI doesn't know about Serial Killers and Why, Arlington 1990
Langelüddecke, A. / Bresser, P.H.:	Gerichtliche Psychiatrie, Berlin New York 1976
Langevin, R. / Ben-Aron, M.H. / Wright, P. / Marchese, V. / Handy, L.:	The sex killer, San Francsico 1988
Laplanche, J. / Pontalis, J.-B.:	Das Vokabular der Psychoanalyse, Frankfurt/Main 1972
Lawton, John:	Blackout, Berlin 1998
Lee, H. / DeForest, P. / Gaensslen, R.:	Forensic Science: An Introduction to Criminalists, New York 1983
Leibman, F.H.:	Serial murderers, Washington 1989
Leith, R.:	The Prostitute Murders, New York 1983
Lempp, R.:	Gerichtliche Kinder- und Jugendpsychiatrie, Bern Stuttgart Wien 1983

Lenk, E. / Kaever, K.: Peter Kürten, genannt der Vampir von Düsseldorf, Frankfurt/Main 1997

Lessing, Theodor: Haarmann – Die Geschichte eines Werwolfes, München 1995

Lester, David: Serial Killers – The Insatiable Passion, Philadelphia 1995

Lester, David: The Murderer and his Murder – A Review of Research, New York 1986

Leuschner, Peter: Der Mordfall Hinterkaifeck – Spuren eines mysteriösen Verbrechens, Hofstetten 1997

Levin, J. / Fox, J.A.: Mass Murder: The Growing Menace, New York 1985

Lewis, Dorothy Otnow: Guilty by Reason of Insanity – A Psychiatrist Explores the Minds of Killers, New York Toronto 1998

Leyton, E.: Compulsive Killers: The Story of Modern Multiple Murder, New York 1980

Liebert, J.A.: Contributions of psychiatric consultation in the investigation of serial murder, New York 1985

Lindell, Unni: Das dreizehnte Sternbild, Düsseldorf München 1997

Lindquist, O. / Lidberg, L.: Violent mass shootings in Sweden from 1960 - 1995: Profiles, patterns and motives, Uppsala 1998

Lindsey, David L.: Abgründig, Bern München Wien 1991

Lindsey, David L.: Sog der Gewalt, München 1990

Loftus, E.: Erinnerung und Wahrheit, Frankfurt/Main 1992

Lorenz, K.: Das sogenannte Böse, München 1984

Lombroso, Cesare: Der Verbrecher in anthropologischer, ärztlicher und juristischer Beziehung, Hamburg 1894

Lovett, Sarah: Engel der Finsternis, München 1998

Lucarelli, Carlo: Der grüne Leguan, Köln 1999

Lüpke, Alexander von: Täterprofile – Crime Profiling, Eine „neue“ Form der Verdachtsstrategie, in: Kriminalistik 12/99, Heidelberg 1999

Lullies, Stefan: Das Problem der Tötungshemmung beim Mörder – Zur Psychologie des Mordes, Schriften zum Strafrecht, Band 12, Berlin 1971

Lunde, D.T.: Murder and madness, San Francisco 1976

Mankell, Henning: Die falsche Fährte, Wien 1999

Mankell, Henning: Die fünfte Frau, Wien 1998

Mankell, Henning: Mittsommermond, Wien 2000

Markman, D. / Bosco, D.: Alone with the devil: And other famous cases of a courtroom psychiatrist, New York 1989

Marneros, Andreas: Sexualmörder – Eine erklärende Erzählung, Bonn 1997

Marr, J.S. / Baldwin, J.: Die elfte Plage, München 1998

Martin, Julia Wallis: Der Vogelgarten, München Zürich 1999

Marylin, Kim: Killing Spree, Honolulu 1989

Maschke, W.: Das Umfeld der Straftat, München 1987

Maslow, A.H.: Motivation and Personality, New York 1970

Masters, Brian: Todeskult: Der Fall Jeffrey Dahmer, Reinbek bei Hamburg 1995

Matthews, Anne McLean: Die Höhle, Frankfurt/Main 1998

May, R.: Sex and Fantasy, New York 1980

McCabe, Patrick: Der Schlächterbursche, Reinbek b. Hamburg 1997

McCord, J.: A life history approach to criminal behavior, Atlanta 1977

McKay, Gardner: Toyer, München 1999

Megargee, E.I.: Undercontrolled and overcontrolled personality types in extreme antisocial aggression, London 1976

Megargee, E.I. / Bohn, M.J.: Classifying criminal offenders: A new system based on the MMPI, London 1979

Melzl, Julie: Der Penis als Waffe – Der Mann an der Angel, in: Die Psychotherapeutin – Psychoptherapie und Sozialpsychiatrie, Band 9, Das Böse, Bonn 1998

Mergen, Armand: Das Teufelschromosom: Zum Täter programmiert, Essen 1995

Mertens, Fritz: Auch du stirbst, einsamer Wolf, Zürich 1985

Merz, F. / Stelzl, I.: Einführung in die Ergpsychologie, Stuttgart Berlin Köln Mainz 1977

Michaud, Stephen G.: The Evil that Men Do – FBI Profiler Roy Hazelwood's Journey into the Minds of Sexual Predators, New York 1998

Middendorf, Wolf: Kriminologie der Tötungsdelikte, München 1984

Miehte, T.D. / McCorkle, R.: Crime Profiles: The Anatomy of Dangerous Persons, Places and Situations, Roxbury 1998

Miller, John Ramsey: Der schwarze Mann, München 1998

Millon, Theodore: Disorders of Personality-DSM III, New York 1981

Mina, Denise: Schrei lauter, Maureen, München 1999

Mittmann, Wolfgang: Aktion Roland – Jagd auf einen Frauenmörder, Berlin 1999

Möller, Heidi: Menschen, die getötet haben – Tiefenhermeneutische Analysen von Tötungsdelinquenten, Opladen 1996

Monahan, John: Mentally Disordered Offenders: Perspectives form Law and Social Science, New York 1983

Moor, Paul: Jürgen Bartsch: Opfer und Täter – Das Selbstbildnis eines Kindermörders in Briefen, San Francisco 1991

Morgenthaler, Fritz: Homosexualität, Heterosexualität, Perversion, Frankfurt/Main New York 1994

Moss, Jason: The Last Victim – A Ture-Life Journey into the Mind of the Serial Killer, New York 1999

Müller, Jörg: „Wenn die Seele trauert...“ – Psychische Ursachen körperlicher Erkrankungen, München 1994

Müller, Thomas: Allgemeininformation und Eingabefragebogen für die Profilerstellung, Wien 1994

Müller, Thomas: Tatanalyse und Täterprofile bei sexuellen Gewaltdelikten im internationalen Vergleich, aus: Scheerer: „Frauen und sexuelle Gewalt“ (Reader der Kriminologischen Studienwoche vom 14. bis 18. Juni 1999 an der Universität Hamburg, Aufbau- und Kontaktstudium Kriminologie, Hamburg 1999 -nicht veröffentlicht-)

Mummendey, A.: Aggressives Verhalten, in: Thomae, H.: Enzyklopädie der Psychologie, Göttingen 1983

Murakami, P. / Murakami, J.: Lexikon der Serienmörder – 450 Fallstudien einer pathologischen Tötungsart, München 2000

Nabb, Magdalen: Das Ungeheuer von Florenz, Zürich 1997

Nagel, U. / Horn, A.: VICLAS – Ein Expertensystem als Ermittlungshilfe, in: Kriminalistik 11/97, Heidelberg 1997

National Institute of Justice: Research Proposal Research Program on Offender, Classification and Prediction of Criminal Behavior Program, Washington 1990

National Institute of Justice: National Guidelines for Death Investigation, Washington 1997

Nedopil, Norbert: Forensische Psychiatrie – Klinik, Begutachtung und Behandlung zwischen Psychiatrie und Recht, Stuttgart New York 1996

Nesser, Hakan: Das vierte Opfer, München 1999

Neumann, H.: Schizophrenie und Gewalttat, Seeheim-Jugenheim 1990

Neustatter, L.W.: The Mind of the Murderer, London 1957

Newton, Michael: Hunting Humans, Port Townsend 1990

Norris, Joel: Serial Killers, the Growing Menace – A Controversial Look at a Horrifying Trend, London 1990

Norris, Joel: The Killer Next Door – Inside the Minds of Seven Serial Killers, London 1993

Nowara, Sabine: Gefährlichkeitsprognosen bei psychisch kranken Straftätern – Untersuchung zur Qualität der Gutachten gemäß § 14 Abs. 3 MRVG NW – (Neue Kriminologische Studien, Band 15), München 1995

Oehmichen, Manfred: Lebensverkürzung, Tötung und Serientötung – Eine interdisziplinäre Analyse der „Euthanasie" –, Lübeck 1996

Olsen, Jack: Der missratene Sohn – Ein Serienkiller und seine Opfer, Bergisch Gladbach 1994

Olsen, Jack: Wie unter einem stummen Zwang – Das aufwühlende Psychogramm eines Mannes, der die Frauen hasste, Bergisch Gladbach 1992

Olsen, Morten Harry: Die Osiris-Morde, Berlin 1997

Olshaker, Mark: Ein Schritt zu weit, München 1997

Palmer, S.: A study of murder, New York 1960

Paprotta, Astrid: Mimikry, Frankfurt/Main 1999

Parsons, Julie: Die Insektenforscherin, München 1999

Patterson, James: ... denn zum Küssen sind sie da, Düsseldorf 1994

Patterson, James: Morgen Kinder wird's was geben, Düsseldorf Wien New York Moskau 1993

Patterson, James: Wenn die Mäuse Katzen jagen, München 1990

Paulus, Christoph: Das Erstellen von Täterprofilen bei Serienmorden, WWW-Dokument URL http://www.uni-sb.de/philfak/fb6/ezw/abteil/motiv/paper/profil.htm, Saarbrücken 1998 a

Paulus, Christoph: Serienmörder: Ursachen und Entwicklung extremer Gewalt, WWW-Dokument URL http://www.uni-sb.de/philfak/fb6/ezw/abteil/motiv/paper/murder.htm, Saarbrücken 1998 b

Paulus, Christoph: Zum Mörder erzogen? – Die mörderische Suche nach Liebe – (Entwicklungs)-Psychologische Erklärungsansätze zur Genese einer extrem gewalttätigen Persönlichkeit, WWW-Dokument http://www.uni-saarland.de/philfak/fb6/ezw/abteil/motiv/paper/HH.htm, Saarbrücken 1998 c

Pead, David: Psychologische Täterprofile – Wie Psychogramme die polizeiliche Arbeit unterstützen, in: Kriminalistik 5/94, Heidelberg 1994

Pearson, Ridley: Spur ohne Schatten, München 1996

Pellegrino, Anna Maria: Tagebuch eines Vergewaltigers, München 1994

Pfäfflin, Friedemann: Angst und Lust. Zur Diskussion über gefährliche Sexualtäter, in: Recht und Psychiatrie 2/97, Bonn 1997

Pfäfflin, Friedemann: Zur Lust am Lustmord, in: Der Nervenarzt 53/82, Hamburg 1982, aus: Krasmann/ Scheerer: „Serienkiller“ – Alltagsweltliche, kriminologische und künstlerische Thematisierung eines ungeheuren Phäno mens (Reader der Kriminologischen Studienwoche vom 9. bis 13. Juni 1997 an der Universität Hamburg, Aufbau- und Kontaktstudium Kriminologie, Hamburg 1997 – nicht veröffentlicht)

Pfeiffer, Hans: Der Zwang zur Serie – Serienmörder ohne Maske, Leipzig 1997

Philin, J. / Sierra, P.: Wolfsjagd, Berlin 1998

Pietzcker, Adolf: Der Exhibitionismus – eine forensisch-psychiatrische Untersuchung, Inaugural-Dissertation zur Erlangung des Doktorgrades der Medizin einer Hohen Medizinischen Fakultät der Eberhard-Karls-Universität zu Tübingen, (nicht veröffentlicht), Tübingen 1969

Poszar, C. / Farin, M.: Die Haarmann-Protokolle, Reinbek b. Hamburg 1995

Prentky, R.A. / Cohen, M.L. / Seghorn, T.K.: Development of a rational taxonomy for the classification of sexual offenders: Rapists, Washington 1985

Prochazka, Elvira: Zur Typologie aggressiven Verhaltens: Versuch einer psychopathologischen Differenzierung von Tätern mit Tötungsdelikten – Dissertation zum Erwerb des Doktorgrades der Humanbiologie an der Medizinischen Fakultät der Ludwig-Maximilians-Universität zu München (nicht veröffentlicht), München 1992

Pschyrembel, Willibald: Klinisches Wörterbuch, Berlin New York 1994

Pye, Michael: Der sechste Mann, München 1999

Raine, A.: The Psychopathy of Crime, San Diego 1993

Rappaport, R.G.: The serial and mass murderer, New York 1988

Reichertz, Jo: „Meine Mutter war eine Holmes" – In: Musolff C., Hoffmann J., Täterprofile bei Gewaltverbrechen – Mythos, Theorie und Praxis des Profilings, Springer Verlag Heidelberg, 2001

Reichs, Kathy: Knochenarbeit, München 1999

Reichs, Kathy: Tote lügen nicht, München 1998

Reinhardt, J.M.: The Psychology of Strange Killers, Springfield 1962

Reinwarth, Jürgen: Psychological Profiling – Eine neue „Wunderwaffe" im Dienst der Verbrechensaufklärung?, in: Kriminalistik 4/86, Heidelberg 1986

Rennie, Y.: The search for criminal man: The dangerous offender project, Lexington 1977

Ressler, R.K. / Burgess, A.W. / Douglas, J.E.: Sexual Homicide – Pattern and Motives, New York 1988

Ressler, R.K. / Douglas, J.E. / Groth, A.N. / Burgess A.W.: Offender Profiles – A Multidisciplinary Approach, Quantico 1980

Ressler, R.K. / Shachtman, T.: Ich jagte Hannibal Lecter – Die Geschichte des Agenten, der 20 Jahre lang Serienmörder zur Strecke brachte, München 1993

Revitch, E.: Sex murderer and the potential sex murderer, Washington 1965

Revitch, E. / Schlesinger, L.B.: Psychopathology of Homicide, Springfield 1981

Rizzo, N.D.: Murder in Boston: Killers and their victims, Boston 1982

Roes, Michael: Der Coup der Berdache, Berlin 1999

Rossmo, D.K.: Geographic Profiling: Target Patterns of Serial Murderers, Burnaby 1995

Rötzer, Richard: Der Wachsmann, München 1997

Russell, D.E.H. / Howell, N.: The prevalence of rape in the United States revisted, New York 1983

Sacher-Masoch, Leopold: Venus im Pelz, Dresden 1881

Saferstein, R.: Criminalistics: An Introduction to Forensic Science, Upper Saddle River 1998

Salzgeber, J. / Stadler, M.: Programm zur Behandlung von Sexualstraftätern, in: Zeitschrift für Rechtspolitik 4/97, Frankfurt/Main 1997

Samenow, Stanton E.: Inside the Criminal Mind, New York Toronto 1984

Schaeffer, Max Pierre: Der Triebtäter – Lustmörder vor Gericht. Von Haarmann bis Bartsch, München 1970

Schechter, H. / Everitt, D.: The A to Z Encyclopedia of Serial Killers, New York 1996

Scheerer, Sebastian: „Sexuelle Gewalt und kritische Kriminologie", in: Protokolle der kriminologischen Studienwoche vom 9. bis 13. November 1998 an der Universität Hamburg, Aufbau- und Kontaktstudium Kriminologie, Hamburg 1998 (nicht veröffentlicht)

Schetsche, Michael: Der Wille, der Trieb und das Deutungsmuster von Lustmord, WWW-Dokument URL http://www.uni-bremen.de/mschet/lustmord.html, Bremen 1997

Schipkowensky, N.: Schizophrenie und Mord, Monographie aus dem Gesamtgebiet der Neurologie und Psychiatrie, Berlin 1938

Schlesinger, L.B. / Revitch, E.: Sexual dynamics of Anti-Social Behavior, Springfield 1983

Schmauch, Ulrike: Probleme der männlichen sexuellen Entwicklung, in: Sigusch, Volkmar:

	Sexuelle Störungen und ihre Behandlung, Stuttgart New York 1997
Schmelz, Gerhard:	Mobilitätsverhalten von Serien- und Intensivtätern oder: Fördern die polizeilichen Organisatorischen Rahmenbedingungen eine effektive Kriminalitätsbekämpfung?, in: Kriminalistik 12/97, Heidelberg 1997
Schneider, Hans Joachim:	Kriminologie der Sexualdelikte – Teil 1, in: Kriminalistik 4/99, Heidelberg 1999
Schneider, K.:	Klinische Psychopathologie, Stuttgart 1980
Schorsch, Eberhard:	Affekttaten und sexuelle Perversionstaten im strukturellen und psychodynamischen Vergleich, in: Recht und Psychiatrie 3/88, Bonn 1988
Schorsch, Eberhard:	Perversion, Liebe, Gewalt – Aufsätze zur Psychopathologie und Sozialpsychologie der Sexualität 1967-1991 – (Beiträge zur Sexualforschung, Organ der Deutschen Gesellschaft für Sexualforschung, Band 68), Stuttgart 1993
Schorsch, E. / Becker, N.:	Angst, Lust, Zerstörung. Sadismus als soziales und kriminelles Handeln. Zur Psychodynamik sexueller Tötungen, Reinbek bei Hamburg 1977
Schreiber, F.R.:	Sybil, Chiago 1973
Schreiber, F.R.:	The Shoemaker, New York 1983
Schumacher, W.:	Zur Typologie und Dynamik delinquenter Sexualabweichungen – Klinische Aspekte und psychodynamische Modellvorstellungen, Berlin 1990
Schultz, U. / Hermanns, L.M. / Kütemeyer, M.:	Die psychoanalytische Behandlung einer Lustmörderin im Jahre 1930, in: Psyche – Zeitschrift für Psychoanalyse und ihre Anwendungen – 1/90, Stuttgart 1990

Schwind, Hans-Dieter: Kriminologie – eine praxisorientierte Einführung mit Beispiele, Heidelberg 1995

Schwindt, Friedrich: Das Schweigen der Lämmer – Ermittlungshilfe Täterprofil bei Serienmördern – WWW-Dokument URL http://www.polizei-web.net/Polizei_USA/US_Artikel/KILLER/killer.htm, 1999

Seagrave, K.: Women Serial and Mass Murderers, Jefferson 1992

Sears, D.: To Kill Again, Wilmington 1991

Seges, Ivan: Eine ungewöhnliche Spielart des Sexualmordes – Zur Kasuistik des Serienmordes aus sexueller Motivation, in: Kriminalistik 7/98, Heidelberg 1998

Seelig, E.: Lehrbuch der Kriminologie, Darmstadt 1963

Selg, H. / Glombitza, C. / Lischke, G.: Psychologie des Sexualverhaltens. Eine Einführung, Stuttgart Berlin Köln Mainz 1979

Selg, H. / Mees, U. / Berg, B.: Psychologie der Aggressivität, Göttingen Toronto Zürich 1988

Seltzer, Mark: Serial Killers – Death and Life in America's Wound Culture, New York London 1998

Sereny, Gitta: Schreie, die keiner hört – Die Lebensgeschichte der Mary Bell, die als Kind tötete, München 1998

Siebold, Franz: Grenzen bei der Erstellung von Täterprofilen im polizeilichen Ermittlungsverfahren (Seminararbeit im Rahmen der Studiengruppe für Ratsanwärter 1997-1999 an der Fachhochschule Villingen-Schwenningen – Hochschule für Polizei-, Fachbereiche Gesellschaftslehre und Kriminalwissenschaften – nicht veröffentlicht), Villingen-Schwenningen 1998

Siegel, Ronald K.: Der Schatten in meinem Kopf – 12 ganz normale Geschichten aus den Grenzwelten des Wahnsinns, Hamburg 1999

Sigusch, Volkmar: Symptomatologie und Klassifikation sexueller Störungen, in: Sigusch, Volkmar: Sexuelle Störungen und ihre Behandlung, Stuttgart New York 1997

Siol, Joachim: Mordmerkmale in kriminologischer und kriminalpolitischer Sicht – Eine Untersuchung anhand von Gerichtsurteilen, Göttingen 1973

Smith, H.E.: Serial killers, New York 1987

Sofsky, Wolfgang: Traktat über die Gewalt, Frankfurt/Main 1996

Spanos, N.P.: Multiple identity enactments and multiple personality disorder: a sociocognitive perspective, New York 1994

Spazier, Dieter: Der Tod des Psychiaters: Die gefährliche Zähmung des Irrationalen – Gedankennachspiel zu einem Kriminalfall, Hamburg 1994

Spitz, René A.: Anaclintic depression, New York 1946

Stark, Holger: Die Seele des Mörders – John Douglas – (Rezension), WWW-Dokument URL http://fritz.de/leben/buch/reviews/1998/dousee.htm, 1999

Steck, Peter: Merkmalscluster bei Mordhandlungen – Ergebnisse einer clusteranalytischen Studie, in: Monatsschrift für Kriminologie und Strafrechtsreform 6/90, Köln 1990

Steigleder, Emanuel: Mörder und Totschläger, Stuttgart 1968

Steinböck, Herbert: Das Problem schwerer Gewalttaten und deren Prognostizierbarkeit, in: Recht und Psychiatrie 2/97, Bonn 1997

Stoller, Robert J.: Perversion – Die erotische Form von Hass (Bibliothek der Psychoanalyse), Gießen 1998

Stumpfl, F.: Die Ursprünge des Verbrechens, Leipzig 1936

Stumpfl, F.: Motiv und Schuld, Wien 1961

Süskind, Patrick: Das Parfum, Zürich 1985

Sugarman, P. / Dumughn, C. / Saad, K. / Hinder, S. / Bluglass, R.: Dangerousness in exhibitionists, Washington 1994

Sugden, P.: The Complete History of Jack the Ripper, New York 1995

Taylor, P. / Gunn, J.: Violence and psychosis I – risk of violence among psychotic men, London 1984

Thiery, Danielle: Was die Nacht verbirgt, Hamburg 1998

Tithecott, Richard: Of Men and Monsters – Jeffrey Dahmer and the Construction of the Serial Killer, Wisconsin 1997

Title, Elise: Eros, Bern München Wien 1997

Title, Elise: Romeo, Berlin 1999

Tölle, R.: Entlassungs- und Risikoprognose bei psychisch kranken Tätern, Berlin 1991

Treut, Monika: Die grausame Frau – Zum Frauenbild bei de Sade und Sacher-Masoch, Basel Frankfurt/Main 1984

Tulley, J.: Prisoner 1167: The Madman Who was Jack the Ripper, New York 1997

Turvey, Brent E.: Criminal Profiling – An Introduction to Behavioral Evidence Analysis, London 1999

Unbekannt: Aggression: Ursachen und Ausdrucksformen, WWW-Dokument URL http://www.cheatweb.com/de/009/a000429.txt, 1999

Unbekannt: Douglas/Olshaker: Die Seele des Mörders (Rezension), WWW-Dokument URL http://www.ksk-clausthal-zellerfeld.de/tre/bbe/serienm.html, 1999

Unbekannt: Forensic Psychology, WWW-dokument URL http://www.astolat.demon.co.uk/forensic/forpsych.htm, 1999

Vanezis, P.: Pathology of Neck Injury, Somerset 1989

Vachss, Andrew: Die Schritte des Falken, Frankfurt/Main 1996

Vogel, Christian: Vom Töten zum Mord: Das wirkliche Böse in der Evolutionsgeschichte, München Wien 1989

Volk, P. / Boeckle-Joest, C. / Hilgarth, M.: Zur Kriminologie der Vergewaltigung – Gesellschaftliche Vorurteile und psychologische Erfahrungen, in: Hexagon Roche Supplementum, Nr. 2/82, Freiburg 1982

Volk, P. / Hilgarth, M. / Kolter, J.: Zur Viktimologie des Sexualverbrechens – Nachuntersuchungen der Opfer und Konsequenzen für Verhalten, Prophylaxe und Therapie, in: Münchener Medizinische Wochenschrift, Heft 40/1979, München 1979

Walker, Mary Willis: Der rote Schrei, München 1996

Walker, N.: Crime and Insanity in England: Historical Perspectives, Edinburgh 1968

Weller, Stefan: Tätertypen und Tatsituation – Dissertation zum Erwerb des Doktorgrades der Medizin an der Medizinischen Fakultät der Ludwig-Maximilians-Universität zu München (nicht veröffentlicht), München 1990

Werremeier, Friedhelm: Bin ich ein Mensch für den Zoo?: Der Fall Jürgen Bartsch – Bericht über vier ermordete Kinder und den Jugendlichen, der sie getötet hat, Wiesbaden 1968

Werremeier, Friedhelm: Haarmann – Der Schlächter von Hannover (Die grauenvollen Verbrechen des berüchtigten Serienmörders), München 1992

Werremeier, Friedhelm: Haarmann – Nachruf auf einen Werwolf (Die Geschichte des Massenmörders Friedrich Haarmann, seiner Opfer und seiner Jäger), Köln 1992

West, A. / Wells, S.: Täterprofilerstellung und die National Crime Faculty, in: Bundeskriminalamt: Methoden der Fallanalyse – Ein internationales Symposium, Band 38.1, Wiesbaden 1998

Wetzel, Albrecht: Über Massenmörder – Ein Beitrag zu den persönlichen Verbrechensursachen und zu den Methoden ihrer Erforschung, aus: Von Lilienthal, K. / Schott, S. / Wilmanns, C.: Abhandlungen aus dem Gesamtgebiete der Kriminalpsychologie (Heidelberger Abhandlungen), Heft 3, Berlin 1920

Wille, R.: Tätertypen bei Unzucht mit Kindern, Berlin 1967

Wille, R. / Beier, K.M.: Nachuntersuchungen von kastrierten Sexualstraftätern, Berlin 1997

Wille, W.: Citizens who commit murder, St. Louis 1974

Wilson, C. / Seaman, D.: The Serial Killers – A Study in the Psychology of Violence, London 1992

Wilson, Colin / Wilson, Damon: The Killers Among Us, Book I: Motives Behind Their Madness, New York 1995

Wilson, Howard: Engel des Todes, Berlin 1997

Winchester, Simon: Der Mann, der die Wörter liebte, München 1998

Winzenried, Urs: „Criminal Profiling“ – Die Schweizer Polizei profitiert aus FBI-Ermittlungsmethode, in: Kriminalistik 7/89, Heidelberg 1989

Winzenried, Urs: Serien-Kindermörder bewegt die Schweiz – Täter erst nach fast zehn Jahren gefaßt, in: Kriminalistik 12/92, Heidelberg 1992

Wirth, I. / Strauch, H.: Mord an der Ehefrau nach zwei Probetötungen, in: Archiv für Kriminologie, 200. Band, Frankfurt/Main 1997

Wirth, I. / Strauch, H. / Gebhardt, R.: Ein sadistischer Knabenmörder oder: Grenzen und Erfolge kriminalistischer Ermittlungen, in: Kriminalistik 11/96, Heidelberg 1996

Wolfgang, M.E.: Criminal Homicide and the Subculture of Violence: Studies in Homicide, New York 1967

Wollschläger, Martin: Fetischismus, Transvestitismus, Transsexualität, Homosexualität – Überlegungen aus klinischer und sozialhistorischer Sicht, Köln 1983

Wurmser, Leon: Raubmörder und Räuber – Ihre Persönlichkeit in psychologischer und kriminologischer Sicht, Hamburg 1959

Yarvis, Richard M.: Homicide – Causative Factors and Roots, Lexington 1991

Zimbardo, Philip G.: Psychologie, Berlin Heidelberg New York 1995

Stichwortverzeichnis

A
Abbas *181*
Abkühlungsperiode *50, 59*
Abkühlungsphase *39, 51*
Abrahamson *50*
act-focused type *87*
adistische Handlung *69*
Adler *147*
Aggression *32, 42, 48, 55, 63, 67, 79, 93, 94, 118, 119, 120, 121, 123, 133, 161, 165, 198, 263, 265*
Aggressionstrieb *36*
aggressiv-sadistischer Phantasie *154*
Aggressivität *64, 71, 83, 181*
Ainsworth *130*
Aitken *276, 280*
Amok *31, 32, 33, 34, 36, 38*
anale Phase *140*
Anderson *209*
Ankerpunkte *282*
Arnold *31, 164*
Arson Information Management System (AIMS) *287*
Aschaffenburg *215*
Ashbrook *38*
Asphyxiophilie *157*
Ault *220*
aura phase *186*
autoerotische Unglücksfälle *157*

B
Bak *150*
Baker *226*
Bandura *121*
Barton *38*
Bartsch *66, 135, 137, 159, 166, 189*
BASIC ID *264, 268, 269*
Bass *151*
Bauer *55*
BCA *224*
Becker *135, 161, 162*
Behavioral Science Unit (BSU) *61, 220*
Beier *171*
Benezech *74*
Benkerts *153*
Berke-Müller *156*
Berkowitz *188, 199*
Beruhigungsphasen *50*
Bichel *40*
Binet *150*
Bishop *181*
Black *297*
Bleuler *174*
Blitzartiger Überfall *68*
Bluglass *153*
Bochnik *80*
Bohn *61*
Böker *81, 265, 266, 267*
Bond *209*
Bostock *226*
Bottomly *210*
Bourgoin *52, 197*
Bowlby *130*
Brandstiftung *62, 67, 102, 126, 156, 166, 257, 281, 287*
Brantingham *282, 284*
Brantley *123*
Breggin *123*
Bresser *160*
Breyfocal *220*
Britton *226, 260*
broken home *124*
Brooks *194, 302*
Brophy *49*
Browne *265*
Brunton *181*
Brussel *209, 210*
BSU *219, 222*

Buchanowski *231*
Bundeskriminalamt (BKA) *229, 230, 248, 259, 231*
Bundy *65, 168, 188, 301, 319*
Burgess *74, 109, 182, 313*
Burt *52*

C
Calabro *296*
Cameron *45*
Canter *77, 79, 87, 88, 224, 225, 226, 257, 284, 285, 286*
Canters *77*
capture phase *187*
Castelnuovo *211, 212*
CATCHEM *299*
Centrale Recherche Informatiedienst *229*
Christie *142*
Circle hypothesis *284*
Clark *39*
Cleckley *77*
comfort type *113*
comfort-oriented type *86*
Connolly *276*
Cooling down phase *51*
Cooling off period *51, 60*
Crime Analysis Unit (CAU) *223*
Criminal Assessment Program – (CAP) *224*
Criminal Incident Response Group (CIRG) *220*
Criminal Personality Research Project – CPRP *220*
Cruising *66*

D
Dahmer *25, 128, 141*
Davis *67*
De Burger *24, 52, 56, 85, 86, 87, 113, 194*
de Montaigne *121*
De River *41*
DeBardeleben *162*
Degen *41*
Demers *300*
Denke *154*
depression phase *187*
Depue *220, 302*
DeWitt *170*
Dickson *88*
Diesinger *80*
Dietz *24, 66, 73, 74, 85, 95, 96, 130, 151*
disciple type *27, 113*
disgruntled employee type *27, 28*
disorganized Täter *61, 70, 191*
Donovan *218*
Douglas *54, 61, 74, 122, 182, 220 245, 253, 263, 291, 312, 313*
Dovaston *299*
Doyle *211*
DSM-I *173*
DSM-II *173*
DSM-III *173*
DSM-III-R *173*
DSM-IV *160, 173*
Duffy *224*
Dumughn *153*
Dutton *123, 124*

E
echte Triebmörder *48*
EEG *81*
Egger *58*
ego-dystonischen Akt *90*
Eibl-Eibesfeldt *121*
ekrophile Komponenten *59*
Elektroenzephalogramm (EEG) *80*
Ellenberger *32*
Ellis *80*
Elveson *291*
endogene Psychose *173, 174*
Entpersonifizierung *68, 71*
Entwicklungsphase *185*
Epilepsie *25, 32, 77*

Epileptiker *81*
epileptische Anfälle *65*
episodische Aggression *95*
Ersatzopfer *191*
erweiterten Suizid *32*
Eugene *266*
Exhibitionismus *73, 74, 95, 101, 146, 149, 151, 152, 173, 273*
Exhibitionist *127, 152, 153*
Exner *215*
exogene Psychose *173*
externe Phantasie *134*
Eysenck *31, 164, 216, 218*

F
familiärer Massenmörder *26, 27*
family annihilator type *27*
FBI (Federal Bureau of Investigation) *24, 36, 49, 52, 59, 61, 62, 65, 71, 73, 74, 90, 109, 122, 123, 128, 130, 134, 136, 159, 190, 192, 194, 197, 219, 220, 221, 223, 229, 232, 246, 258, 261, 270, 275, 294, 306*
Fellon *181*
Fenichel *83, 147*
Ferri *215*
Fetisch *150, 151, 184*
Fetischismus *73, 146, 149, 150, 154, 157, 173, 273*
Fetischisten *74*
Fiedler *77*
Finney *210*
Fox *25*
Frazer *45*
Freud *80, 82, 121, 136, 140, 142, 147, 50, 156, 158, 169, 179, 213, 216, 219*
Fromm *121, 161*
Frotteurismus *151*
Fuchs *230*
Füllgrabe *180, 183, 234*

G
Gacy *141*
Gale *80, 81*
Gammerman *276*
Gee *99*
genitale Phase *140*
Geographic Profiling Section *281*
Gewalt *46, 48, 55, 57, 65, 68, 69, 73, 80, 81, 87, 91, 94, 117, 118, 119, 175, 256, 265*
Gewaltphantasie *98, 134, 135, 185, 241*
Giese *48, 144, 145, 152, 153, 154, 164*
Gimlette *32*
Glaser *175*
Glatzel *191*
Goring *214*
Gottfried *115*
Gottlieb *33*
Gough *7*
Gregg *42, 57*
Gunn *266*
Gunness *116*
Guthrie *32, 33*
Guttmacher *70*
Guttmann *153*
Guy's Hospital *298*

H
H.O.L.M.E.S. *304*
Haarmann *154, 170*
Hacker *118*
Häfner *81, 265, 266, 267*
Halluzinationen *65, 102, 176, 177*
halluzinatorischer Verwirrtheit *32*
Handschrift *243, 245, 257, 260, 310*
Harbort *51, 52, 53, 60, 66, 104, 106, 107, 49, 168, 173, 185, 231, 270, 271, 286*

Hare *77*
Hare's Revised Psychopathy Checklist (PCL-R) *77*
Harris, E. *38*
Harris, T. *236*
Hart *123, 124*
Hartman *182*
Hassel *220*
Hazelwood *54, 61, 73, 74, 95, 96, 122, 129, 138, 151, 159, 198, 244, 269*
hedonistic type *86, 113*
Heidnik *65*
Heim *171*
Helmer *156*
Hentig *167, 196*
Heritage *225, 226*
Hickey *25, 26, 30, 41, 45, 52, 195, 196, 286*
Hill *32, 33*
Hinder *153*
Hindley *108*
Hirschi *127, 128*
HITS *306*
Hobbes *119*
Hobe *156*
Hofstätter *120*
Holmes *24, 27, 56, 58, 86, 87, 113, 194, 234*
Home Office Large Major Enquiry System (H.O.L.M.E.S.) *299*
Homicide Assessment and Lead Tracking System (HALT) *304*
Homicide Evaluation and Assessment Tracking (HEAT) *304*
Homicide Investigation Tracking System (HITS) *304*
Honka *170*
Howard *209*
Howells *265*
Humboldt *297*

I

Ich-Störungen *176, 177*
instrumentelle Aggression *121*
Intelligenzquotiente (IQ) *30, 65, 66, 91, 105, 181, 182, 235, 272, 274, 294*
interne Phantasie *134*
Investigative Support Unit (ISU) *61, 220*
Investigative Psychology Unit (IPU) *225*
ISU *219*

J

Jack the Ripper *49*
Jacobs *181*
Jäkel *287*
James *98*
Jenkins *97*
Joubert *65*

K

Kannibalismus *55, 71, 135, 154*
Karpman *71*
Kastration *171, 172*
Kelleher *60, 109, 110, 114*
Kelly *220*
Kemper *126, 133, 135, 188*
Keppel *190, 302, 305*
Kernberg *84*
Kinsey *139, 154*
Kirsch *220*
klassischer Massenmörder *26*
Klebold *38*
Kleptomane *155*
Koch *76*
Komfortzone *282, 283*
Koopmann *153*
Koprophilie *149, 154*
Körzer *156*
Kraeplin *76*
Krafft-Ebing *40, 41, 153, 155*

Kreis-Hypothese *285, 286*
Kretschmer *216, 217*
Kriminalpsychologischer Dienst *134, 230, 310*
Kroll *170*
Kurella *216*
Kürten *72, 128, 129, 137, 155, 242*

L

Lagos *266*
Lane *42, 57*
Lange *40, 170*
Langelüddeke *160, 171*
Langer *218*
Langevin *129, 170*
Laplanche *82, 157*
Lasègue *152*
Latenzphase *140*
Lazarus *268*
Lehmann *34*
Leibman *90*
Lempp *188, 246*
Leonhard *148*
Lepine *190*
Lester *58*
Levin *25, 90*
Levine *266*
Lewis *123, 170*
Leyton *52*
Lidberg *26*
Liebert *43*
Lindqvist *26, 175*
Linedecker *52*
Link *267*
local type *103, 195*
Locke *119*
Loftus *180*
Lombroso *99, 180, 213, 214, 215, 216*
Long *142*
Lorenz *181*
Lunde *89*
lust murder *195, 239*
lust-oriented type *86*
Lustmord *40, 41, 42, 46*
Lustmörder *40, 43, 44, 45, 46, 122, 170*

M

MacKay *307*
Manson *65, 319*
Marneros *236*
Marquettes *188*
Martin *179*
Masochismus *154, 157, 173*
Masochist *148, 157*
masochistisches Verhalten 67
Massenmord *24, 25, 26, 33, 45, 55, 262*
Massenmörder *24, 25, 49, 88, 89, 111, 192, 193*
McCormack *182*
McFadden *224*
Megargee *61, 92, 93, 95*
Meierhofer *221*
Meili *164*
Melville *181*
Menesclou *170*
Mergen *36, 181*
Merz *120*
Metesky *210*
Mezger *215*
Millon *179*
Minnesota Sex Crimes Analysis Program (MNSCAP) *224*
mission oriented type *85*
Mitopfer *191*
Mixed Sexual Homicide *74*
Mobilität *57, 66, 112, 231, 260, 302*
Modus Operandi *51, 168, 184, 243, 244, 245, 310*
Modus-Operandi *313*

Monahan *267*
Moor *181*
moralischer Masochismus *158*
Mörderchromosom *181*
Morelli *210, 211, 213, 216*
Morgenthaler *144, 147*
Morley *39*
Mullany *220*
Müller *26, 134, 255, 258*
Multiple Personality Disorder – (MPD) *178*
Multiple Persönlichkeit *178, 179, 180*
Mummendey *120*
Munn *245*
murder phase *187*
Murken *181, 178, 179, 180*

N

National Center for the Analysis of Violent Crime *24, 222*
National Crime Faculty (NCF) *226*
National Institute of Justice *57*
NCAVC *24, 221, 222, 287, 302*
NCF *91*
Nedopil *93*
Neelley *108*
Nekrofetischismus *155*
nekrophile Handlungen *44*
Nekrophilie *71, 135, 149, 155, 234*
Newton *109*
Nicht-sexueller Sadismus *163*
Norris *99, 166, 186*

O

ödipale Phase *140*
Ödipuskomplex *218, 219*
Oevermann *247, 248*
Oldfield *276*
Operative Fallanalyse (OFA) *311, 233*
orale Phase *140*
organized Täter *61, 62, 70, 74, 191*
organized Typ *293*
ORION *300*
Overkill *57, 246*

P

Pacciani *51*
Pädokriminalität *150*
Pädophile *172*
Pädophilie *149, 150, 173, 273*
Pädosexualität *150*
Palmer *89*
paranoide Psychose *175*
Paraphilie *149*
Paulus *85, 86, 87, 125, 130, 131, 132, 133, 200, 239, 240, 241, 243*
Pekalski *69*
Perlmutter *266*
perverse Phantasie *139*
Perverser Sadismus *163*
Perversion *40, 88, 109, 138, 141, 143, 144, 145, 147, 155, 159, 185, 19, 234*
Pfäfflin *45, 46*
Pfeiffer *32*
Phaft *220*
Phantasie *42, 55, 59, 62, 64, 69, 71, 86, 126, 134, 184*
Phantasien *44, 48, 50, 67, 74, 91*
Phantasiewelt *44*
Phillips *209*
Piqueurismus *154*
Pistorius *257*
place-specific type *103*
Plauts *153*
Pleil *49*
Police Requirements Support Unit (PRSU) *227*
Ponsold *41*

Pontalis *82, 157*
power seeker type *113*
power-control-oriented type *86*
Prägungsphase *185*
predatory type *87*
predictable type *97*
Prentky *95, 188*
primäre Psychopathen *91*
primärer Masochismus *158*
primary psychopath *92*
pro-aktiver Strategien *253*
Probierphase *185*
process-focused type *87*
Przygodda *116*
Pschyrembel *47*
pseudo commando type *27, 28*
Psychopath *80, 97, 128, 178, 180*
Psychopathen *41, 74, 76, 77, 79, 179*
psychopathische Aggression *95*
psychopathische Mörder *61*
psychopathische Täter *74, 82*
Psychose *33, 36, 82, 85, 93, 172*
Psychotiker *33, 83, 84, 96, 97, 267*
psychotische Mörder *61*
psychotische Täter *54, 82*
Pufferzone *282, 283*
Pyromanie *156*

R

Range hypothesis *284*
Rappaport *72*
Rasch *196*
RCMP *307*
Reese *220*
Reich *42*
Reichertz *20, 211, 212, 238, 260*
respectable type *97, 98*
Ressler *25, 49, 56, 63, 68, 73, 74, 122, 135, 137, 182, 188, 220, 254, 269*
Revitch *110, 136, 264, 266*
Rickles *153*
Rizzo *90*
Rossmo *281, 300, 301*

S

Saad *153*
Sadismus *40, 48, 67, 90, 118, 143, 149, 157, 158, 160, 161, 162, 166*
Sadist *41, 42, 96, 136, 148, 157, 158*
Sadisten *72, 89*
sadistische Gewalt *59*
sadistische Perversion *63*
sadistische Perversionsentwicklung *138*
sadistische Phantasie *43, 64, 72, 183, 239*
sadistische Phantasien *159, 268*
sadistische Serienmörder *70, 74*
sadistische Sexualmörder *67, 71*
sadistische Züge *58, 67*
sadistischen Phantasie *239*
sadomasochistische Pornographie *294*
Saexinger *266*
Safe area *284*
Sangmeister *41*
Schaeffer *41*
Scherer *119*
Schipkowensky *175*
schizophren *49*
Schizophrene *266*
schizophrene Psychose *175*
Schizophrenie *32, 33, 174, 175, 176, 178, 265, 267*
Schlesinger *110, 136*
Schlüsselreize *63, 185, 237*
Schmidt *32, 33, 141*
Schneider *55*
Schorsch *135, 141, 145, 146, 147, 150, 153, 160, 161, 162*

Schreiber *179*
Schünemann *34*
Scientific Intelligence Unit *286*
Seagrave *111, 197*
Seaman *41*
Sears *91, 92*
secondary psychopath *92*
Seelig *215*
sekundäre Psychopathen *91*
sekundärer Masochismus *158*
Selg *47, 120, 121*
Semiotik *213*
Senate Committee on Juvenile Justice *108*
Serbsky-Institut *231*
set-and-run type *27, 28*
Sex Crime *304*
sex murder *195*
Sexualmord *45, 53*
Sexualmörder *46, 49, 51, 55, 66*
Sexualmörderin *114*
Sexueller Sadismus *163*
Shachtman *49, 188*
Sicherheitszone *285*
Sioli *137*
Smith *77*
Sodomie *101, 149, 153*
Sofsky *64, 159, 165, 199*
Sosowsky *266*
Spanos *180*
Spree-Mörder *39, 97, 192, 193*
Staehlin *153*
Statistical House Offender Profiling (SHOP) *299*
Sterbehilfe *28*
stereotaktische Operationen *171*
Stevens *258*
Stevenson *210*
Stoller *141, 144, 145, 147*
Straßmann *27*
Steadman *266*
Steigleder *47*
Strenz *220*
Streumörder *39, 58*
Stumpfl *180*
Sugarman *153*
Suizid *27*
Sutcliffe *197, 226, 297*
Swedish National Criminal Investigation Department *228*

T

Taylor *179, 266*
Telfer *180*
Teten *220*
thrill-oriented type *86*
Tierquäler *62*
Tierquälerei *102, 126, 128, 129, 185*
Tölle *120*
tolling phase *187*
Tooley *210*
totem phase *187*
Tötungsphantasien *44*
Transvestismus *73, 146, 157*
Transvestit *74, 95, 127*
traveling type *103, 195*
Triebmörder *46, 47, 48, 49, 136*
Tschikatilo *231*

U

Über-Ich *80, 135, 136*
überkontrollierte Täter *93*
Übertöten *246, 247, 257*
Umsetzungsphase *186*
Unechte Triebmörder *48*
Unit for Crime Analysis and Offender Profiling *228*
Unterkontrollierte Mörder *94*
Urophilie *154*

V
Vampirismus *71, 135, 155*
van de Plas *237*
Verdinglichung *68*
Verfolgungswahn *39, 83, 102*
Verselbständigungsphase *185*
Vertiefungsphase *186*
VICAP *221, 224, 232, 262, 302, 303, 304, 305, 306*
VICIS *307*
VICLAS *233, 307, 308, 309, 310, 312*
Vidocq *209*
Violent Criminal Apprehension Program (VICAP) *301*
visionary type *85, 113*
Voyeure *152*
Voyeurismus *67, 95, 146, 149, 152, 173*

W
Wahn *36, 70, 97, 174, 175, 176, 177*
Wahnsinn *39*
Warren *73, 74, 95, 96, 244*
weiblicher Masochismus *158*
Weindler *215*
West *91*
Wetzel *25, 26, 27, 175*
Whitman *25*
WHO-ICD-10 *173*
Widom *76, 129*
Wiederholungsmörder *23*
Wiederholungsphase *186*
Wille *61, 171*
Wilson *41*
Witter *47*
wooing phase *187*
Wozney *300*
Wuornos *116, 141*

X
XYY-Chromosomenaberation *181*

Z
Zerbin-Rüdin *182*
Zhang *276*
Zimbardo *147, 234*